中经金课管理类专业精品课程

新时代高等教育创新型教材

ICT 项目管理

ICT Project Management

主 编 刘成刚　董　婧　李倩君

中国经济出版社

CHINA ECONOMIC PUBLISHING HOUSE

图书在版编目（CIP）数据

ICT项目管理 / 刘成刚，董婧，李倩君主编.--北京：中国经济出版社，2023.12（2025.7重印）
中经金课管理类专业精品课程
ISBN 978-7-5136-7430-0

Ⅰ.①I… Ⅱ.①刘…②董…③李… Ⅲ.①信息产业-项目管理-高等学校-教材 Ⅳ.①F49

中国国家版本馆CIP数据核字（2023）第160285号

选题策划　雷　生
责任编辑　彭　欣
责任印制　李　伟
封面设计　牧野春晖

出版发行	中国经济出版社
印 刷 者	宝蕾元仁浩（天津）印刷有限公司
经 销 者	各地新华书店
开　　本	889 mm×1194 mm　1/16
印　　张	16
字　　数	451千字
版　　次	2023年12月第1版
印　　次	2025年7月第2次
定　　价	59.00元

广告经营许可证　京西工商广字第8179号

中国经济出版社 网址 www.economyph.con 社址 北京市东城区安定门外大街58号 邮编 100011
本版图书如存在印装质量问题，请与本社销售中心联系调换（联系电话：010-57512564）

版权所有　盗版必究（举报电话：010-57512600）
国家版权局反盗版举报中心（举报电话：12390）　　服务热线：010-57512564

编委会

主　编　刘成刚　　山东建筑大学
　　　　　董　婧　　山东农业工程学院
　　　　　李倩君　　山东建筑大学

副主编　闫兴荣　　滨州职业学院
　　　　　胡　宁　　山东建筑大学
　　　　　王彦博　　济南职业学院
　　　　　徐晓慧　　山东建筑大学
　　　　　张　娟　　山东建筑大学
　　　　　孙学辉　　山东建筑大学
　　　　　赵大洪　　中兴协力（山东）数字科技集团有限公司
　　　　　王世渭　　中兴协力（山东）数字科技集团有限公司
　　　　　李松玲　　中兴协力（山东）数字科技集团有限公司
　　　　　王晓红　　滨州职业学院
　　　　　孔　倩　　济南职业学院
　　　　　郭　宁　　山东财经大学东方学院
　　　　　李纪云　　山东省科学院激光研究所

编　委　王　晨　　山东建筑大学
　　　　　许虹艳　　山东建筑大学
　　　　　段慧娟　　山东建筑大学
　　　　　刘睿哲　　山东建筑大学
　　　　　殷慕瑄　　山东建筑大学
　　　　　刘裕昊　　中国农业大学
　　　　　李光辉　　中兴协力（山东）数字科技集团有限公司
　　　　　杨中焕　　山东服装职业学院
　　　　　郑　昆　　中兴协力（山东）数字科技集团有限公司
　　　　　边振兴　　山东理工职业学院
　　　　　孙艳霞　　山东理工职业学院
　　　　　史甫现　　山东理工职业学院
　　　　　邵　惠　　山东理工职业学院
　　　　　李　林　　山东理工职业学院
　　　　　陈　标　　山东理工职业学院
　　　　　崔　娟　　山东理工职业学院
　　　　　邢　燕　　山东理工职业学院
　　　　　张　慧　　烟台职业学院
　　　　　姜　荣　　威海职业学院
　　　　　杨春民　　德州职业技术学院
　　　　　肖丰霞　　山东水利职业学院
　　　　　徐　俐　　中兴协力（山东）数字科技集团有限公司
　　　　　王　朔　　中兴协力（山东）数字科技集团有限公司

PREFACE 前言

随着科技与经济的发展，组织的管理方式和经营模式正在发生巨大的转变，也使得项目管理成为各个组织的热门话题，备受关注。组织项目管理中所遵循的理念和使用的方法几乎被运用到每一项工作当中，并且成为各个组织发展过程中不可缺少的部分。ICT 项目管理可以把传统组织难以实现的目标以快速有效的方式实现。在知识大爆炸时代，ICT 项目管理是一种极其有效的管理方法，可以为处于激烈市场竞争环境中的企业提供一种获得和维持竞争优势的管理方法，这种管理方法具有规范化和专业化的特点，让企业在竞争中立于不败之地。

"ICT 项目管理，不仅仅是科学，还是艺术。"它是一个整体的管理战略，不仅需要技术能力，还需要与人相关的管理能力。项目管理已成为技术、人力、项目利益相关者以及其他一切对项目的成功来说必不可少的要素的综合管理。它需要各方面的知识，包括领导力、团队建设、冲突解决、谈判协商等。

本书是山东建筑大学商学院市场营销专业校企合作教育部产学研项目《ICT 项目管理课程体系建设与改革》的成果之一。本书将 ICT 项目管理理论、ICT 项目管理实践和 ICT 项目管理研究相结合，使读者从多视角理解项目管理。本书结合中兴协力（山东）教育科技集团有限公司在该领域的产学研实践案例进行讲解，融合了公司和公司众多合作院校的 ICT 项目管理的实践经验和教学经验，增加了众多独创的理论知识点和实践创新点，为国内兄弟院校校企合作领域的实践与教学提供了一定的帮助和启示。

编 者
2023 年 3 月

目录 CONTENTS

第一章　项目管理概述 ········· 001
- 第一节　项目与项目管理 ········· 001
- 第二节　项目生命周期 ········· 007
- 第三节　项目管理的内容 ········· 009
- 第四节　项目组织 ········· 013
- 本章小结 ········· 020

第二章　ICT 信息技术 ········· 021
- 第一节　大数据技术 ········· 021
- 第二节　云计算技术 ········· 026
- 第三节　人工智能 ········· 029
- 第四节　物联网技术 ········· 033
- 第五节　移动互联网技术 ········· 035
- 本章小结 ········· 039

第三章　项目整体管理 ········· 040
- 第一节　项目整体管理概述 ········· 040
- 第二节　制定项目章程 ········· 044
- 第三节　制定项目初步范围说明书 ········· 049
- 第四节　制订项目管理计划 ········· 051
- 第五节　指导与管理项目执行 ········· 052
- 第六节　监控项目工作 ········· 054
- 第七节　整体变更控制 ········· 056

第八节 项目收尾 ··· 059
本章小结 ··· 061

第四章 项目利益相关者管理 ··· 062
第一节 项目利益相关者的概念 ··· 062
第二节 项目利益相关者及其职责 ·· 067
第三节 项目利益相关者的责任 ··· 069
第四节 项目利益相关者的管理 ··· 073
本章小结 ··· 075

第五章 项目范围管理 ·· 076
第一节 项目范围管理概述 ·· 076
第二节 范围规划 ··· 081
第三节 范围定义 ··· 083
第四节 制作工作分解结构 ·· 086
第五节 范围核实 ··· 094
第六节 范围变更控制 ··· 095
本章小结 ··· 097

第六章 项目时间管理 ·· 099
第一节 项目时间管理概述 ·· 099
第二节 规划进度管理 ··· 100
第三节 项目活动定义 ··· 102
第四节 项目活动排序 ··· 104
第五节 项目活动资源需求估算 ··· 108
第六节 项目工期估算 ··· 113
第七节 项目进度计划编制 ·· 118
第八节 项目进度计划控制 ·· 122
本章小结 ··· 128

第七章 项目成本管理 ·· 129
第一节 项目成本管理概述 ·· 129

第二节　项目资源计划 ·· 131

　　第三节　项目成本估算 ·· 134

　　第四节　项目成本预算 ·· 138

　　第五节　项目成本控制 ·· 144

　　第六节　挣值分析法 ·· 148

　　本章小结 ·· 153

第八章　项目质量管理 ·· 154

　　第一节　项目质量管理概述 ·· 154

　　第二节　项目质量规划 ·· 159

　　第三节　项目质量保证 ·· 163

　　第四节　项目质量控制 ·· 167

　　本章小结 ·· 175

第九章　项目人力资源管理 ·· 176

　　第一节　项目人力资源管理概述 ·· 176

　　第二节　项目人力资源管理规划 ·· 177

　　第三节　项目团队组建 ·· 180

　　第四节　项目团队建设 ·· 184

　　第五节　项目团队管理 ·· 189

　　本章小结 ·· 193

第十章　项目沟通管理 ·· 194

　　第一节　项目沟通管理概述 ·· 194

　　第二节　项目沟通计划管理 ·· 196

　　第三节　项目沟通管理 ·· 199

　　第四节　项目沟通控制管理 ·· 203

　　本章小结 ·· 205

第十一章　项目风险管理 ·· 206

　　第一节　风险管理 ·· 206

　　第二节　风险识别 ·· 208

第三节　风险定性分析 ………………………………………………… 212

　　第四节　定量风险分析 ………………………………………………… 216

　　第五节　风险应对规划 ………………………………………………… 218

　　第六节　风险监控 ……………………………………………………… 221

　　本章小结 ………………………………………………………………… 224

第十二章　项目采购管理 …………………………………………………… 226

　　第一节　项目采购管理概述 …………………………………………… 226

　　第二节　项目采购计划编制 …………………………………………… 230

　　第三节　项目采购计划实施 …………………………………………… 235

　　第四节　项目合同管理 ………………………………………………… 237

　　本章小结 ………………………………………………………………… 246

参考文献 ………………………………………………………………………… 247

第一章 项目管理概述

CHAPTER 1

学习目标

○ 了解项目以及项目管理的概念和发展历程
○ 熟悉项目生命周期和项目阶段的相关内容
○ 掌握项目管理九大知识领域和项目管理过程阶段的划分
○ 了解不同项目管理组织架构的特点和适用环境

第一节 项目与项目管理

一、项目管理概述

1. 项目的定义

项目是指在一定的约束条件下（主要是有限的时间和资源），为了创造独特的产品、服务或成果而进行的临时性工作。我国"项目"一词最早出现在 20 世纪 50 年代。在现代社会生活中，"项目"一词的使用已经非常普遍，根据实际项目的特点，可以将项目分成不同的类别。例如，根据项目规模的大小，将项目分为大型项目、中型项目和小型项目；根据项目的不确定性，将项目分为封闭性项目和开放性项目；根据项目实施方式的不同，将项目分为业务项目和自我开发项目。

项目是一类具有固有特性的人类社会活动，目的在于创造特定的产品、服务或者成果。因此项目独有的特性和多样性，使人们对项目的理解也有所不同。

国际标准化组织在全球规范《质量管理——项目管理质量指南》（ISO 10006）中，对于项目的解释是：项目是由一系列有开始和结束日期的、彼此调节的受控活动所构成的一定流程，此流程需达成吻合既定条件的目的，包含时间、本钱和物资的限制条件。

在美国项目管理领域著名的詹姆斯·P. 刘易斯博士对项目的定义为具有不可重复性、职责不少的工作，通常具备如下特征：工作范畴是一定的、起止时间是确定的、预算范畴是一定的、性能维持在一定的水准。

2. 项目管理的定义

一般来看，项目管理概念源于第二次世界大战，比如有名的曼哈顿计划。1950—1980 年，使用项目管理概念的一般是国防建造部门和建设公司。自 20 世纪 80 年代起，项目管理概念的使用延伸到工业产业，如制药部门、电信产业、软件研发部等。何谓项目管理？所说的项目管理，即项目的管理者，在并非无限的资源制约下，运用系统的方法、方式和对知识的理解与论述，把各种知识、技术、方法运用到项目中，来满足或超过项目利益相关者的条件和期望，自项目的投入决议开始到项目完结的整个过程实施规划、组织、领导、调节、掌控和评估，来达成项目的目的。

根据一贯的做法，单位设置了一个项目后，参加这个项目的将有多个部门，有管理部门、执行部门、监督部门等，不同部门在项目运行过程中将会不可避免地产生冲突，且需进行调解，这些毫无疑问将增添项目的成本，影响项目开展的效率。而当代项目管理方法却与之不同。不同职能部门的人员由于特定的项目而组建团队，项目团队的引领者即为项目经理，他们承担的职责就是引领他的队伍按时、高质量地完成工作任务，在把握预算的前提下达成项目目的。

项目管理大概包含外界的和内在的因素，即包含人员和资源的因素。项目管理是围绕着人开展的，即围绕着项目队伍、人的鼓励、队伍建设、交流与领导艺术、商榷等展开。能否最大限度地发挥人的作用决定着项目的成败。建立在人的基础上的还有项目的管理方式、公司的文化和项目组织。文化包含人的三观和理想、倾向、作为；组织包含授权和责任。项目管理又包含规划与信息管理。规划包含任务介绍、任务策略以及战略和工作的时间安排、进展规划；信息管理包含信息的交流、历史资料以及任务行进、现状与对未来的预测。有了项目规划，还需要对项目进行掌控，通过比较、检验、评比和更正等方式来控制项目，根据预定的目的和安排好的路线行进。

二、项目管理的发展历程

1. 项目管理沿革

既往历史中不缺少典型的管理项目，闻名世界的埃及金字塔、中国的万里长城和京杭大运河都是令世人称颂的罕见典型项目。然而直至"二战"爆发，项目管理都未形成独立的科学知识体系。"二战"时期，战役需要新式武装、勘测需要雷达设施等，这些以前没有接触过的项目一个接一个地到来，不仅技术繁杂，参与成员众多，还时间紧迫。如此这般，逼迫人们开始注重项目管理的有效性，寻找切实有用地开展项目管理的科学方式以达成预定目标。"项目管理"一词便应运而生，渐渐地被世人接受。

2. 国际项目管理发展情况

20世纪50年代，美国的项目管理取得突破性进展。1957年，因为之前出于产能考虑，路易斯维化工厂经常持续加班加点工作，所以每年必须抽出一定的时间，暂停生产线对其实施全面检验与维修，时长通常是125小时。为了提高效率，他们仔细分析检验与维修过程，发现不同线路维修时长是不同的，如果减少最长线路上流程的工期，便可以减少整个检验与维修的时长。经过反复改良，他们最终仅耗费了78小时就完成了检验与维修，时间节省率高达38%，在那一年，增长的收益在100万美元以上。时隔一年，美国海军着手研发北极星导弹。这是一个应用于军事领域的项目，技能新、体量大，据说那时美国所有的科学家都参与了这项任务，管理这般巨大的高端项目，难度可想而知。美国海军与布兹-艾伦-汉密尔顿和洛克希德公司合作，为每个任务估计一个悲观的、一个乐观的和一个最可能情况下的工期，在"关键路径法"技术的基础上，用"三值加权"方法进行计划编排，使美国海军部门顺利解决了组织、协调参与这项工程的遍及美国48个州的200多个主要承包商和11000多个企业的复杂问题，最后竟然只用了6年的时间就完成了预定8年完成的项目，时间节省率达到了25%，这就是著名的"计划评估和审查技术"。此后，美国三军和美国国家航空航天局在各自的管辖范围内全面推广了这一技术。

随后，这类方法在"阿波罗"载人登月计划中得以应用，该项目耗资400亿美元，42万人参与，涉及2万多个企业，并取得巨大成功。自美国的军用项目与太空项目迅速延伸到各种类别的民事项目，项目管理快速传到全球各个国家。这时项目管理的特征是面对市场、迎接挑战，在规划和调节之外，对购买、合约、进展、消费、品质、风险等予以了更多重视，形成了当代项目管理的构架。

20世纪90年代以来，伴随知识经济时代的到来及高新技术成为支柱产业，项目管理的特征发生了翻天覆地的变化，守旧古板的管理准则已不适应快速发展的知识经济时代。为在国际化浪潮和激烈的全球市场争夺中占据角逐优势，人们在项目管理的流程中格外关注人的作用、看重客户、重视柔性管理，同时运用最高端的科学技术方法，并最大限度地借助内外部资源，这一时期关于项目管理的理解与论述以及方式得以迅速发展，应用的专业区域越来越广泛，极大地提升了工作效率，成为企业重要的、更加有效的管理手段。当下，在西方发达国家，项目管理不但广泛运用于国防、航空、建造等传统产业，而且也广泛应用于通信、软件开发、制造业、金融保险等行业，成为美国等西方发达国家政府、企业及其他组织机构核心部门的运作模式。

3. 国内项目管理发展情况

我国著名科学家华罗庚教授和钱学森教授分别倡导的统筹法和系统工程是我国项目管理的里程碑。华罗庚是中国优选法统筹法与经济数学研究会的创始人，他于1964年倡导并开始应用推广"统筹法"。1965年华罗庚编撰的《统筹方法平话及补充》一书由中国工业出版社出版，此书的特点是制订出了一套相对成体系的、适宜本国情况的项目管理方案，包含调查钻研、绘制箭头图、寻找关键矛盾线，并在预定目标要求下改善资源分配等。1980年以来，华罗庚与他的助手们将统筹法运用于不少国家巨型项目。他们将以统筹法作为基石的项目管理水准提升至一个前所未有的高度，其间十分有意义的是通过运用统筹法模仿完整的作业过程、测试现金流、在一定目标下改良资源分配等方面的实践，为巨型项目开展提供了有效的管理经验与方法。

20世纪80年代末，我国已研发出了以统筹法与网络技术为基础的项目管理软件，由"北京统筹法与管理科学研究会"第一次在全国的建设工程领域鼎力推广，大幅提升了全国建筑业的项目管理水准。当下国内已涌现出很多与项目管理相关联的软件，齐备了资金预估与管理、进展操控、风险剖析等许多功能，在项目抉择、计划、开展、监控乃至招投标等方面起到了正面的影响。

为了促进我国的项目管理钻研与运用，华罗庚在世时创立的"中国优选法统筹法与经济数学研究会"于1992年设立了中国项目管理研究委员会，对推动我国项目管理的发展起到了积极的作用，该委员会还加入了国际项目管理协会（IPMA）。20世纪80年代中期以后，国内许多大学也开展了相关的项目管理培训与教育。2004年，包括中国科学院研究生院在内的72所大学获得培养"项目管理"工程硕士的资格，推进了我国高端项目管理人才的培养。同时，近年来一些国家重点工程项目，如神华国家煤炭液化项目成功地引进了国外最著名的项目管理公司，组成联合项目管理团队，通过这种方式获得了宝贵的经验，引进了国外先进的技术与管理，实现了与国际接轨。

从管理科学中分出的项目管理，自20世纪80年代引进以来，虽然一些政府部门以及高校都开展了项目管理培训和认证考试课程，但是没能形成我国统一的项目管理标准，我国项目管理整体呈现多头无序的状态，既有项目管理师这种国家职业标准认证，也有美国项目管理协会（PMI）和国际项目管理协会（IPMA）的资格认证，这造成了人才培养的困境，也无助于形成规范化、有特色的统一的标准。与项目管理水平较高的发达国家相比，我国项目管理状况整体不容乐观。随着中国经济的发展，超大型项目越来越多，并且繁杂程度越来越高，这些项目多是依赖业主自主管理，由于项目的繁杂性，项目管理触及多脉络的综合性交叉学科，这不仅需要各类外界资源支持，还需要复合型的高水准专业人力资源的控制，这是许多项目业主不具备的。这就产生投资缺乏民主和科学决策、随意性较强、不讲求经营效益、资金效率低、重复建设等弊端。因此，尽快形成中国的项目管理标准，组建中国项目管理协会，确立中国的项目管理话语权是推进我国项目管理行业进一步专业化、规范化、市场化的重要保障。

三、项目的特点

1. 项目的特征

（1）一次性。项目与其他反复性运作工作最明显的区别就是一次性。项目的其他特性亦是由这一关键特性引申出来的。任何项目皆有清楚的起止点，没有一丝不差照搬的前例，也没有一丝不差的复刻。在一个项目的目的达成时，或已然了解该项目的目的不再需要或没有实现的希望时，该项目就抵达了它的终点。一次性不代表连续的短期，事实上大部分项目会连续好几年。可是，无论在何等条件下，一个项目持续的时长皆是受限的，它并不是连续不断的。另外，由项目所制造的产品或社会成员之间相互提供方便的一类活动一般是不被项目的一次性使用的，大部分项目的开展旨在实现一个具有延续性的成果。例如，一个建立民族英雄纪念碑的项目需要经过前期策划、计划、设计、施工、收尾等一系列阶段才能完成，无论整个项目需要1年还是更长的时间，其最终的结果是建成民族英雄纪念碑，但是，民族英雄纪念碑对整个社会产生的深远影响可能会延续很长时间。

1-1　项目的特征

（2）唯一性。每个项目皆是唯一的。项目所涉猎的某些方面是从前尚未做过的，换句话说，这些内容是唯一的，或者其供给的产品或社会成员之间相互提供方便的一类活动具有自己的特色，或者其供给的产品或社会成员之间相互提供方便的一类活动与其他项目相似，但它的时间和地点、内部和外部的环境、自然和社会情况与其他项目不同，进而项目的发展一直是无双的，拥有重复的因素并非可以转变其总体的唯一性。例如，一家大型的中成药生产企业为了扩大产能，需要新建两条生产线，虽然这两条新的生产线生产相同的产品、具有相同的产能和相同的技术工艺，但是在建设时间、地点、环境、项目组织、风险等方面却不可能完全相同。所以，项目与项目之间是无法等同和替代的。

（3）多目标性。项目的目标是繁多的，从项目涉猎的要素看，一个项目除了需完成预定的"产品"或"服务"之外，既需吻合时限、本钱和品质的需要，又需充分实现项目利益相关者的期望等，即项目团队将达成的目标是多元的。然而目标彼此之间必须均衡，但在项目的开展中做到多元目标的均衡并非易事。在现代项目管理中把约束性"条件"变为约束性"目标"，不单是文字的变动，针对条件隐藏得更深的概念是："条件"相对是稳定的，"条件"说明了是不受主观能动性的影响而存在的；针对目标的结果会有两种成为事实的属性：一种属性是目标可以达成；另一种属性是目标不可以达成，存在无法达成目标的可能。然而这种针对目标的阐释，并不能说明可以浅化对项目的制约。

项目的目标通常分为两类，即成果性目标和约束性目标。成果性目标是指项目以后完成的"产品"或"服务"，一般用一连串的技术标准来定义。约束性目标通常又称为限制条件，是实现成果性目标的客观条件和人为约束的统称，是项目实施过程中必须遵循的条件，约束性目标从而成为项目管理的主要目标。可见，项目的目标正是二者的统一。

（4）整体性。项目是旨在达成目的而进行任务的集合，它并非一项同其他事物不相联系的活动。在项目这个大集合中，存在着许多单个任务，正是它们构成了项目。项目的整体性要考虑各目标及约束条件之间的协调整合，共同构成有机整体，突出项目的整体性，换句话说，就是突出它的过程性以及系统性。项目完成过程不是简单的，唯有经过对任何单个任务在时间、花费、优先权与执行规划等方面进行足够的调节与掌控才可以实施。同期，项目自身务必跟上级组织的其他项目协商好，项目组织中的每个职能机构或部门和项目组织以及外部机构间亦需维持良好的关系，没有意义的活动不是必需的，但是缺乏一些活动定将对项目目标产生不利影响。

（5）组织的临时性和开放性。项目组织人员的数量、结构、责任在其整个过程中是一直变化的。某些项目完结时遣散团队、变动人员是因为参加项目的团队人员是用人单位因工作需要而临时借调的。参与项目的机构或组织大部分是矩阵组织，通常有好多个，有几十个、上百个、上千个，甚至更多。他们彼此之间或者与其他的社会关系团体经过协商或合约组合到一起，在项目的不同时段、以不同的水准参与项目活动。换言之，项目组织有一点和普通的企事业单位以及政府部门大相径庭，即项目组织集临时性和开放性于一体且无严密的界限。

（6）成果的不可逆转性。与做得不对从头再来，或来回试验做的事情不一样；亦与生产及格率达到 99.99% 即为优秀的批量产品不一样，项目的成功具有一次性性质。在特定要求下开启的项目，如果失败就再也没有从头开展原项目的时机，其是不可逆转的，进而损失大概是巨额的。在一定水准上，项目的不可确定性与风险性较大。

（7）冲突性。项目团体一般在繁复的、横跨多学科的背景中作业。因此，在处置项目问题时，项目成员从头到尾置于物资分配和指挥问题的摩擦中。为抢夺组织有限的物资，项目彼此间亦存在着争夺。如果矛盾时常产生而且得不到及时的处理，一定不会对项目效率的提高有所助益，甚至还将令客户不满，以致影响未来开拓的新机遇。冲突的根源在于不确定性，冲突源于缺乏事先的定义，而项目根本无法事先定义清楚，即使现代项目管理设计了许多复杂的方法工具，也无法有效地将很多不确定因素事先定义清楚。所以，项目组的成员在解决问题时，几乎一直处在资源和领导问题的冲突中。

2. 项目和日常运作的区别

当代项目管理原理将人有组织的活动划分成往复不断、反复性的活动和临时性、一次性的活动两类。第一类，如工厂流水线上生产产品的活动、企业日常财务工作、邮递员每天送报纸、银行的存取款业务、某公司的行政管理工作等，这些活动的内容固定不变，或变化很小，有稳定的模式和规律，周而复始，往复不断。一般情况下，这类活动的结束时间并不明确，或至少短时间内不会结束，这些被称为"日常运作"。第二类，如举办奥运会、建设大型煤矿、某信息系统开发活动、某产品的营销活动、举行婚礼、朋友聚会等，皆有清楚的起止时刻，即所谓的临时性，这些被称为"项目"。

从某个角度来说，项目与日常运作并无严格的界限，两者有许多共同点。打个比方，项目与日常运作皆需由人来进行，皆耗费资源，皆必须有规划、执行与掌控等。两者可以相互转化。日常运作可以用项目的方式管理，以取得更好的结果，项目也可以用日常运作的方式实施，以追求更高的效率。项目的某个阶段或局部可能就具有"日常运作"的特征。如建筑一幢大楼，可以看作是一个"项目"，但是工人们的施工，却是典型的日常运作过程。同样，对于典型的日常运作活动，从方便管理和追求结果的角度，不妨将其作为一个项目来进行。例如，可以给某种日常操作活动确定一个时间段，给出明确的目标，再限定具体的费用和资源投入，此时的日常运作也就变成了一个项目。项目管理辨析项目与日常运作，旨在更好地阐释此类项目活动的特征，更准确地了解项目的含义。项目与日常运作的差别见表1-1。

表 1-1 项目与日常运作的差别

比较内容	项目	日常运作
持续时间	项目具有临时性，有明确的起点和终点	持续不断进行
内容	每一个项目都具有独特性，不同的项目各有差异，不是目标不同，就是内容、条件、环境、其他约束不同	不断重复进行，持续地按照规范的流程作业、检查、纠偏
目标	实现项目目标，实现目标后项目结束	为了维持正常生产经营
过程	项目具有渐进明晰的特点。开始时规划比较宽泛，随着信息的积累、管理的深入，计划和控制等逐渐细化	有固定的操作规划，要求按部就班地进行

3．项目群和子项目

（1）项目群。项目群一般是由不定量个彼此关联的或类似的项目构成，凭借调节的方法及治理来取得单个项目得不到的好处的一组项目。比如黄河小浪底水利枢纽工程便是一个由不定量个项目组成的项目群。项目群的范围十分广泛，持续时间亦特别长。项目群拥有与项目一样的特质，或许囊括平日运行的成分。

（2）子项目。在一个项目中，子项目是具体的某个小项目。其和项目的特点一样，一般是指企业动态地配置自身和其他企业的功能和服务，并利用企业外部的资源或者项目为企业内部的生产和经营服务。以下是一部分子项目的例子：在建设项目中的自来水管固定或电缆的架设；一个软件研发项目中的流程自动检测；一个药物钻研项目中供给临床试验用药的成批生产。站在实施人的视角看，子项目时时被看成一种服务却不是产品，并且这种服务是十分稀有的、没有可比性的。因而，子项目亦被看作项目，并当成项目来开展管理。

（3）项目群、项目和子项目的关系。一个项目群可以包含许多的项目与某些平日运行管理，一个项目可以包含不定量个子项目，子项目是项目实施进程中最微末的一角。比如黄河小浪底水利枢纽首期工程就包括了土建工程、建筑安装工程、大型机电设备工程、大坝安全监测工程等项目，这些项目又包含 374 个子项目，由 12 个主要施工企业中标施工。项目群、项目和子项目的关系如图 1-1 所示。

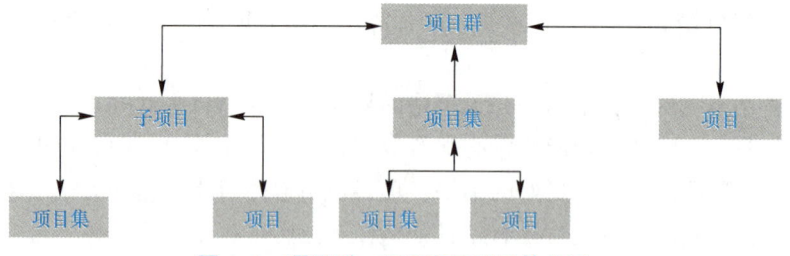

图 1-1　项目群、项目和子项目的关系

4．项目群管理

项目群管理旨在达成其战略目的和收获益处，而趋向相同调节治理项目群。项目群管理并非直接对各个项目进行平日管理，其任务偏重在总体上开展计划、操控和调节、指挥每个项目的详尽管理工作。项目管理是对项目群管理的理解和论述的中枢和根基，由对集成管理、协同管理、各应用领域和通用管理的理解和论述构成，如图 1-2 所示。出于对项目群里的多样性、超高水准的复杂性与不确定性的考虑，集成管理在其中占据重要的地位，是做好项目群管理的关键。

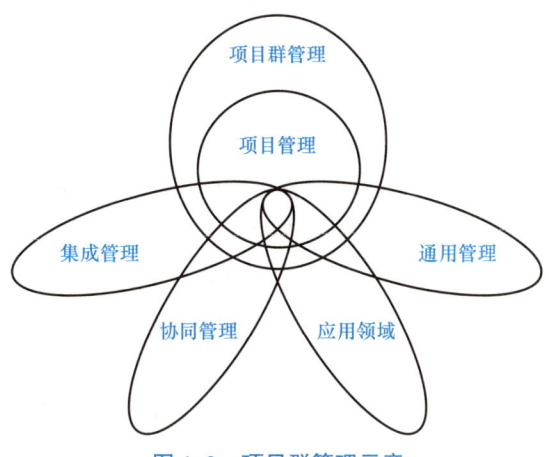

图 1-2　项目群管理示意

第二节　项目生命周期

一、项目生命周期

项目生命周期即项目从起始到完结所经过的各个时期，最基础的分类是把项目分成辨析需要、提出处置方案、开展项目、完结项目四个时期（见图1-3），现实工作中按照不同领域或不同方式再进行详尽的分类。项目生命周期运作的不同时期，不同的组织、自然人和物资扮演着不同的角色。

图 1-3　项目生命周期

项目生命周期明晰了项目的开始和完结。比如，一个组织遇到了一次机会，它一般会进行可行性分析，以便选择是不是应该由此开设一个项目。项目生命周期的设置将明晰此次可行性分析是应该当作项目的首个阶段，抑或是当作一个独立的项目。

项目生命周期的设置，亦决定了在项目结束时应当包含或不包含哪些过渡举措。借助这种方法，不妨借用项目生命周期设置以把项目和执行组织的持续性运作连接起来。项目的全部生命周期由项目的每个时期组成，各个项目时期皆以一个或多个任务成果的实现为标志。

二、项目生命周期的划分

1. 项目生命周期的阶段划分

一般，把项目生命周期划分为四个阶段：策划阶段、设计阶段、执行阶段、完结阶段，如

图 1-4 所示。

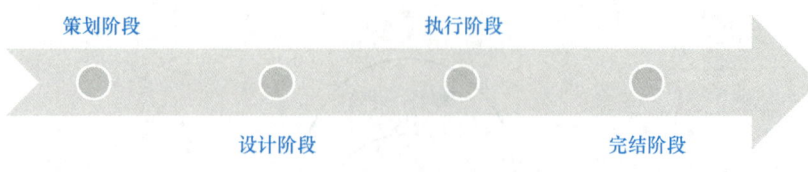

图 1-4 项目生命周期四大阶段

（1）策划阶段。策划阶段涉及需求、目标和范围等，它的关键目的是对机遇的把握、可行性分析、项目评价和业主选择，对项目的必需性、可行性和为何要投资、什么时候投资、怎样开展等重要问题展开科学证明和多方案对比。本阶段的任务量虽不多，但非常重要。项目发起人最看重的环节是策划，因为它对项目的长远经济收益和战略方向发挥着重要作用。

1-2 项目生命周期的四个阶段

（2）设计阶段。设计阶段包含项目的规划设计、项目的初步计划和施工图制定、项目公开竞标和承包商的选择、前期需要准备等。本阶段是战略决定的详细化，在一定水准上确定了项目开展的成败和能不能高效率地达成预期目标。

（3）执行阶段。执行阶段的关键任务是把"蓝图"转为项目实体，达成项目决策目标。在此阶段，经过实施处置方案，在既定的范畴、工期、品质内，根据规定条件高效率地达成项目目的。此阶段于项目生命周期中任务量最多，投入的人力、物力、财力等最多，项目管理的难度亦最大。

（4）完结阶段。完结阶段是项目生命周期的终极阶段，重要的是实现项目的关联性试车、试生产、宣告验收与归纳评估。在项目完结时，一些活动仍要开展。比如，明确产品是否已交付、全部尾款是否已经结清、全部发票是否已经报销。此阶段的重要工作是评价项目绩效，以便明确哪些方面还需进一步改良，为将来开展类似项目提供参考。

各个项目阶段皆用一个或者多个能上交的成果作为标志。例如，可行性调研报告、产品小样等。如此做旨在选择该项目是否进入下一个阶段和尽量用较小的代价查出并改正错误。此时间点叫作阶段放行口、阶段岗哨或者检查站。对于明确项目而言，出于范围、简易程度、风险水准以及现金流限制等方面的考虑，不妨将阶段进一步划分成子阶段，以方便监控。例如可行性研究、建造、试验、试车等。

2．项目生命周期的特点

大部分项目生命周期具有相同的特征：在项目起始阶段，对财力和人力的需求相对较小，向后发展过程中对其需求则愈来愈大，在项目完结时其需求又将急剧减少；在项目起始阶段，成功的可能性最小，风险与不确定性最大，随着项目的推进，成功的概率愈来愈高；在项目起始阶段，项目利益相关者的水平对项目产品的特点和最终成本发挥着最大的作用，随着项目的开展，其发挥的作用逐渐削减，这主要是因为随着项目的开展，投资在不断增长，同时错误也不断得以更正。

3．项目生命周期和产品生命周期

大部分项目皆和执行组织的平日运行相关联，需要清晰识别项目生命周期与产品生命周期的差异。关于产品生命周期的理解与论述是哈佛大学教授雷蒙德·弗农 1966 年在其《产品周期中的国际投资与国际贸易》一文中首次提出的。产品生命周期即产品的市场生命时长，也就是一种新产品自开始进入市场到遭市场抛弃的整个过程，即需经历一个研发、引入、发展、成熟、衰败的阶段，证明产品生命周期始自经营规划，经过构思，到实际产物，再到平日经营和产物推出市场。项目生命周期则经历制造这一产物的一连串阶段。当一个项目开发出两个产品 A 和 B 时，则该项目生命周期既包含在产品 A 的生命周期中，也包含在产品 B 的生命周期中。因而，在一些情境下，项目生命周期其实包括在产品生命周期之中，是产品生命周期的组成部分。

第三节　项目管理的内容

一、项目管理知识领域

当前有两类供给钻研项目管理的系统，一类是国际项目管理协会把欧洲放在首位的系统，另一类是美国项目管理协会把美国放在首位的系统。国际项目管理协会依据自身的学识系统发布了《国际项目管理专业资质标准》，它对项目管理者的能力规定大概有 40 个方面。而美国项目管理协会开发的一套项目管理知识体系更具有普遍性。在此知识系统中，将项目管理划分成 9 个知识领域（整体管理、范围管理、时间管理、成本管理、质量管理、人力资源管理、沟通管理、风险管理和采购管理），如表 1-2 所示。国际标准化组织以该文件为框架，制定了 ISO 10006 对于项目管理的规范。

表 1-2　项目管理内容

知识领域	项目管理过程组				
	启动过程组	规划过程组	执行过程组	监督和控制过程组	收尾过程组
整体管理	制定项目章程 制定项目范围说明书（初步）	制定项目管理计划	指导和管理项目执行	监督和控制项目工作 项目变更控制	项目收尾
范围管理		编制范围管理计划 范围定义 建立 WBS		范围核实 范围控制	
时间管理		活动定义 活动安排 活动资源估算 活动历时估算 制定进度计划		进度控制	
成本管理		成本估算 成本预算		成本控制	
质量管理		制定质量管理计划	质量保证	质量控制	
人力资源管理		制定人力资源计划	人员获取 团队发展	管理项目团队	
沟通管理		沟通规划	信息发布	绩效报告 项目干系人管理	
风险管理		制定风险管理计划 风险识别 定性风险分析 定量风险分析 制定风险应对计划		风险监督与控制	
采购管理		编制采购管理计划 合同计划编制	询价 供方选择	合同管理	合同收尾

1. 项目整体管理

项目整体管理是指为精确地调节项目各构成部分而展开的对每个过程的汇总，是一个全面性过程。它的关键在于在几个彼此矛盾的目的和方案间做出最终抉择，以方便满足项目利益相关者的要求。项目整体管理主要包括以下七个过程：制定项目流程、制定项目初步范畴阐释书、制定项目管理规划、指导与管理项目进行、监管项目任务、整体掌控与项目收尾。这些过程之间及其他知识领域的过程间是相互作用的，根据项目需要，每个过程都包含了一个或者多个个人或团体的共同努力。在每个项目阶段，每一个过程至少涉及一次，虽然这里各个过程是由彼此独立、相互间有明确界限的组成部门分别执行的，但在实践中，它们可能会交叉重叠、相互影响。

2. 项目范围管理

项目范围管理就是确保项目不但完成全部规定工作，而且最终要成功地达到项目的目的。

内容是定义与控制记入或没有记入项目的事务。项目范围管理大概包含以下内容：范围计划、范围定义、制定工作计划、分析结构、范围落实和范围管理。这里的范围有两层含义：第一层含义是产品范围，即产品或者服务所包含的特征或功能；第二层含义是项目范围，即为交付具有规定特征和功能的产品或者服务所必须完成的工作。每个项目一般只产生一个产品，但是这个产品可能包含几个组成部分，每个组成部分都有既相互独立又相互依存的产品。产品范围的管理是对照产品要求进行衡量的，而项目范围的管理是对照项目计划进行衡量的。这两种范围管理应很好地结合起来，以确保项目所做的工作能够取得规定的产品。

3. 项目时间管理

项目时间管理起到了保障在既定时间内达成项目目标的作用。它主要包括以下内容：活动定义、活动排序、活动资源估算、活动持续时间估计、制定进度表和进度控制。

4. 项目成本管理

在接受的估算内，项目成本管理是旨在确保实现项目所必需的各过程。它主要包括费用估算、费用预算和费用控制三个方面内容。在项目成本管理中应该考虑项目决策对使用项目产品成本的影响。

5. 项目质量管理

项目质量管理是为了保证项目能够满足原来设定的各种要求，这些要求涵盖了全面质量管理的所有活动，这些活动决定着质量的政策、目标和责任，并在质量体系中凭借质量规划、实施质量保证和实施质量控制三个过程执行质量政策、完成质量目标以及履行质量责任。

6. 项目人力资源管理

项目人力资源管理是旨在确保最大限度地运用参与项目者的独特能力。主要包括人力资源规划、项目团队组建、项目团队建设和项目团队管理四个过程。

7. 项目沟通管理

项目沟通管理是在人、思路、信息彼此间建立关联，对于获得成功而言，这些关联是一定不能缺少的。参加项目的任何人都必须做好以"项目语言"开展交流的准备，而且需明确，他们个人所加入的交流将会怎样作用到项目的全部。项目沟通管理是旨在保障项目信息准时、正确地提炼、汇总、传播、储存与问题的解决。它包括沟通规划、信息发布、绩效报告和项目干系人管理四个方面内容。

8. 项目风险管理

项目风险管理必要的章程包括辨别、剖析不确定的元素，并对此实施相应的举措。项目风险管理需将好事件的积极成果最大化，而将不好事件的消极影响最小化。包含制定风险管理计划、风险识别、定性风险分析、定量风险分析、制定风险应对计划、风险监督与控制等六个方面。

9. 项目采购管理

项目采购管理是必须开展的过程，旨在自项目组织外界取得产品或服务。它是站在卖方关系中买方的视角开展商讨的。在项目的各阶段都存在买卖关系。卖方有时也被称为转包商或者供应商，卖方通常以项目的方式管理他们的工作，此时，买方成为客户，并且是卖方的一个重要项目干系人。卖方的项目管理团队需要关注项目管理的全过程，而不仅仅是项目采购管理的过程。项目采购管理包含采购计划、发包计划、问价、卖方挑选、合同管理与合同收尾等六个方面。

二、项目的环境

1. 项目环境

各个项目皆是在特定社会、经济与其他环境条件下对其开展计划及付诸实施的。项目团队必须将项目放于它所在的文化、社会、国际、政治与自然的环境中，从它同这些环境彼此间的关系角度进行考虑。

（1）文化与社会环境。项目团队必须了解项目与人们彼此间是怎样相互作用的。比如要求理解项目影响或者项目干系人的经济、人口、教育、道德、种族、宗教状况以及其他特征。项目经理还应该钻研组织文化且明确组织是不是具有管理该项目的正当手续，能够向各方面阐明情况且取得相应管理权力。

（2）国际与政治环境。许多项目是国际性项目，在某些情况下，项目团队人员必须熟知相应的国度、区域的法律条文与习惯，以及或许作用于本项目的政治背景。必须要考虑的因素是开展面对面会议时的时间差异、国度与区域假期、旅游出差条件和线上会议的后勤保障。

（3）自然环境。如果项目影响到自然环境，项目组织成员应当具备有关能够影响本项目或受本项目影响的当地生态系统和地理系统知识。

2. 项目管理环境

项目管理存在于广阔的背景环境之中，包括计划管理、整体管理和项目管理办公室。通常情况下，战略计划、整体行动、计划、项目和子项目组成多层次结构。

（1）计划管理。计划是指以协调的方式管理一组相关联的项目，以获得分别单独管理各个项目得不到的收益和对项目的控制。许多计划还包括可能超出其单个项目范围之外的有关工作因素。例如，一个新型汽车计划项目，可以划分成若干对主要部件进行设计和升级的项目（如传动、引擎、内饰、外形），而不间断配置线上同步开展的创制过程。计划也涉及一些重复的，或周期性的事务。例如，公共事业领域经常有"年度施工计划"的说法，指的是一系列在以前建设基础上继续进行的项目。计划管理更强调通过集中、协调的方式管理一组项目，完成和获得计划的战略目标和利润。

（2）整体管理。整体管理是指为了通过更有效的管理来实现战略目标，把项目、计划或其他工作组合在一起。整体管理中的项目或计划并不是必须相关或有直接关系。可以风险回报的类型、具体的经营品种或者一般的项目类型为基础提供资金和支持。

（3）子项目。项目经常会被分割成若干更好管理的部分或子项目，不妨把单个子项目当成项目并加以管理。子项目经常分包给外部企业或组织内部其他职能单位。

（4）项目管理办公室。项目管理办公室是在其范围内集中和协调项目管理的组织单位。项目管理办公室亦时常被叫作"规划管理办公室"或"规划办公室"。项目管理办公室督促项目或规划，或两者皆有。项目管理办公室所支持的项目除了一起管理的之外，并不一定有相互的联系。然而，一些项目管理办公室确实调节和掌管着某些彼此关联的项目。项目管理办公室的任务范围非常广泛，既可以为项目管理提供如培训、软件、标准化政策与程序方面的支持，也可以直接管理项目并对项目目标的完成负责。

三、项目管理的过程

"过程"即是在一定投入的基础上，应用有关工具和技能，得到一定产出的活动组合。项目管理的过程划分为两种：一种是和项目管理相关的过程，触及项目组织与管理；另一种是与产品相关的过程，触及详尽的项目产品产出。这两种过程组合起来，才可以实现全部的项目活动。在美国项目管理协会的《项目管理知识体系》(PMBOK)中项目管理过程总共有 44 个，按所属知识领域分为九大类，按时间顺序分为五大类（见图 1-5），按重要程度分为两大类。

图 1-5　项目管理的五类过程组

1. 启动

启动过程组由开始一个新项目或者一个项目阶段的过程组成，此过程组的结果明确了项目的用处与目的，且授予项目经理决定开展此项目的权力。开启过程中，应当进一步深化细微环节起初针对项目范畴和组织愿景投资所做的阐释。如果尚未任命项目经理，现在就应该选择一位，最初的假设和制约因素也要形成正式文件。这些信息应该反映在项目章程中，一旦项目章程获得批准，项目即得到正式授权。项目章程虽然可以由项目管理团队起草，但是项目的批准和资金的取得是在项目之外。

准许客户与其他项目利益相关者加入开启过程，有助于改善和提高同意分享项目所有权、认同可交付成果、满足客户和其他项目干系人要求的可能性，这样的认同对于项目的成功是非常重要的。

2. 规划

规划过程组用以定义与评价项目目的，挑选达成项目目的的最优策略，制定项目规划。项目管理队伍经过规划过程组、子过程和它们彼此间的关系来为组织规划与管理告成的项目。规划过程组是经过各规划子过程制订出来的，这些过程还用来识别、明确和完善项目范围和费用，安排项目范围内各活动的时间，分析新发现的依赖关系、要求、风险、机会、假设和制约因素。

3. 执行

执行过程组用来调动资源，执行项目计划。此过程组不仅用于根据项目规划一致开展项目活动，还协调人和资源的关系，且处理项目范围说明书中确定的范围，实施过程改进活动、预防措施和缺陷补救措施。

可能出现偏差的有活动持续时间、资源生产率以及不可预料的风险。这些偏差不一定影响项目计划，但是可能要求进行某种分析，分析的结果可能引发某一变更请求，一旦批准这一变更请求，项目计划就需要进行修改，甚至还可能确定新的基准。项目预算的一大部分皆损耗在隶属执行过程组的每个过程当中。

4. 监控

监控过程组用以监督和评价项目偏差，需要时采用更正措施，确保项目规划的实现，达成项目目的。监控过程组的紧要之处在于监察且按期勘测项目的绩效，以方便辨析项目规划在开展中的偏差。监控过程组包含：对比项目规划和项目开展准则来监视正在运行的项目活动，实施批准的变更请求。这种连续的监控使得项目团队能够观察整个项目的健康状况，并将需要特别注意的地方凸显出来。在多阶段项目中，监控过程组能够为纠正和预防措施的实施提供反馈，以使项目保持项目计划要求的状态。

5. 收尾

收尾过程组包括正式结束项目或项目阶段的所有活动，将完成的成果交与他人或结束已经取消的项目的各个过程。这个过程组一旦完成，就表明所有过程组中为结束某一项目或者项目阶段而确定的各个必要过程均已完成，同时该项目或者项目阶段也已完成。

按照紧要程度，项目管理过程可划分为关键过程与辅佐过程两种。关键过程指大部分项目一定拥有的项目管理过程，这些过程具备突出的依附性，于项目中的展开顺序也大致一样。辅佐过程是指那些依项目实践情形能够弃取的项目管理过程。关键过程共 17 个，辅佐过程共 22 个。表 1-2 显示了 44 个项目管理过程同启动、规划、执行、监控和收尾 5 个管理过程组和 9 个项目管理知识领域之间的关系。

四、项目管理各过程组之间的联系

项目管理过程组彼此间是借助其所产生的结果相互联系的。任一过程的结果通常变成其他过程的根据，抑或变成项目能够上交的成果。计划过程组给执行过程组供给正规的项目管理规划与项目范围说明书，且伴随项目变动实时更新该项目规划。过程组不是独立或者仅实施一次事务，而是全部项目生命周期从头到尾皆用不一样的水准彼此重叠的活动。图 1-6 说明了过程组是如何相互联系和作用的，也表示了在各个不同时期内过程组之间相互重叠的水平。如果把项目划分成不同的时期，则过程组不仅在时期内，还或许跨越不同时期彼此产生影响或发挥作用。

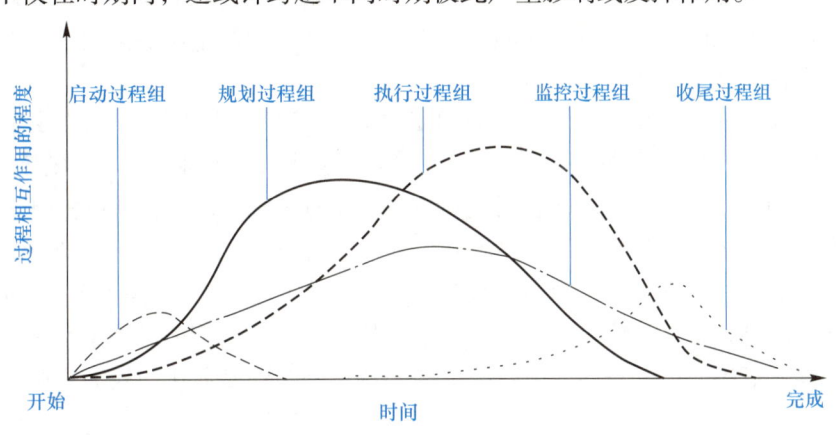

图 1-6 项目各过程的相互作用

过程组及其子过程彼此间的成果相互关联，且作用于其他的过程组。例如，要结束设计阶段，就需要客户验收设计文件。设计文件一旦可用，就将为一个或多个后续阶段的规划和执行过程组提供产品描述。在项目不同时期，相同的过程组通常于项目生命周期的各个时期反复，且有效地促进项目实现。

第四节 项目组织

一、项目组织概述

项目要由人来执行，需要建立项目班子。大型、复杂项目的组织班子往往可组成独立的机构，如我国长江三峡工程总公司、欧洲隧道公司等。不过，多数项目班子存在于一个较大的组织机构中，是其中的一部分。有的机构往往同时执行多个项目，设立多个项目班子。我们把执行项目的组织叫项目组织。

项目管理的根本机能之一就是项目组织。项目组织的关键目标旨在充分利用项目管理功能，提升项目管理的效率，达成项目管理的目的。

与其他组织一样，项目组织需要有优秀的领导、流程、交流、人员配置、激励机制与友善的组织文化等。项目组织有它的生命周期，经过建设、发展与散伙的过程，项目组织在不停地替换和变动。因事置人是组织的一个根本准则。按照项目的工作设立机构，置岗用人，及时调节，乃至撤离。项目需有灵敏的组织方式与用人机制，并且各个项目干系人之间的联系都是有条件的、松散的；他们是经过合约、协议、法律和其他的社会关系组合起来的；项目组织没有明确的边界，项目干系人及其个别成员在某些事务中属于某项目组织，在另外的事务中可能又属于其他组织。此外，项目中各干系人的组织形式也是多种多样的。

二、项目组织的类型

一般来说，项目组织所存在的企业组织结构有三种类型：职能式组织结构、项目式组织结构、矩阵式组织结构。

1. 职能式组织结构

（1）职能式组织结构的定义。职能式组织结构是社会生产力发展、技术进步和专业化分工的结果。随着企业规模的不断扩大，业务量的增加，出于企业目标及管理的需要，企业系统需要并开始设立专业职能人员和相应的部门，将相应的专业管理职责和权力赋予职能部门，各职能部门在专业职能范围内拥有直接指挥下级部门工作的权力。

职能式组织结构是最基础的、当下应用相对宽泛的项目组织方式。职能式组织结构包括两类展现方式：第一类是把一个大的项目根据公司行政、人力资源、财务、各专业技术、营销等职能部门的特征与责任，划分为子项目，由对应的每个职能部门负责各方面的任务；第二类是针对某些中小项目，在财务专业等条件严格的情形下，按照项目专业特色，径直把项目部署在公司某一职能部门内部完成，在此类状况下，项目团队关键人员由该职能部门成员构成，此类形式在国内各咨询单位中时常见到。

通常情形下，职能式组织结构是一个形如金字塔的结构，高层管理者处于金字塔的尖部，中层与底层管理者则顺着塔尖向下分布。此类组织结构的特点是工作专业化与权力集中。职能式组织结构见图1-7。

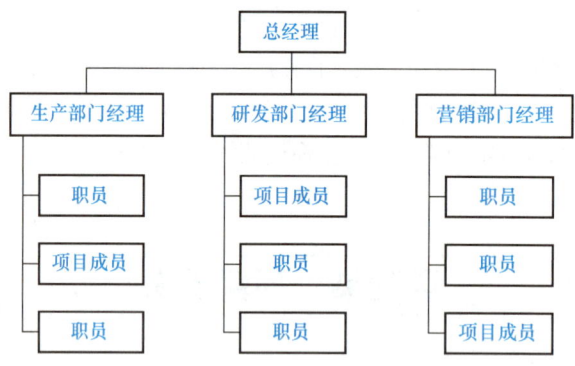

图1-7 职能式组织结构

在职能式组织结构中，职能组或职能人员接受相应职能部门经理的领导，职能组织结构中的职能部门在自身职能范围内独立于别的职能部门开展工作。在此类组织体系中，项目的开展通常由每个职能部门协同完成。在项目的职能式组织结构中，项目管理运行团队的组织并不特别清楚每个职能部门分担的项目任务，职能部门彼此间的项目事项与问题由每个部门负责人处置和解决，在职能部门经理层开展协商工作。

（2）职能式组织结构的优点。职能式组织结构最突出的特点是专业分工强，以及可将注意力集中于本部门。其优点具体体现在以下几个方面：

1）在职员的应用上具备相对大的灵活性。职能部门负责人兼任项目负责人，需要为项目供给其所需的专业技能职员。这些成员被暂时地借调给项目，等任务结束后，他们又从事职能部门的日常工作。因为每个项目职员从每个职能部门中来，于项目工作这段时间内隶属关系尚未发生变化，项目人员不会为未来项目完成后的去处担忧，从而可以不带任何个人成见地为项目工作。当项目被某一职能部门全权负责时，项目的成员管理及应用变得更加容易，具备更大的灵活性。

2）每个职能部门都能够在本部门及项目工作任务中均衡部署力量。在项目队伍中的某一职员由于一定缘由无法参与时，他所处的职能部门能够重新部署成员给予补充。技术专家能够同时为不同的项目所任用。职能部门的技能专家通常拥有相对宽泛的专业基础，能够在不同的项目间穿梭作业。

3）相同部门的专业职员在一起更容易交流学识和经验教训，这能够令项目取得部门内全部的学术和技能支持，对创新性地处置项目的技术问题特别有助益。

4）职员脱离项目组乃至脱离公司时，职能部门是维持项目技术连贯性的基石。同时，把项目当作部门的一部分，对在过程、治理与政策等方面维持连贯性大有益处。

5）职能部门能够给本部门的专业职员供给一条正常的晋职途径。宣告完成的项目虽然能够给参与者带来荣耀，但其在专业上的发展与进步还需有一个相对稳定的职能部门当作基础。

（3）职能式组织结构的缺点。在职能式组织结构中，工作部门的设置是按专业职能和管理业务划分的。它的缺点主要表现在以下几个方面：

1）此类组织结构使得客户并非活动与关心的焦点。职能部门平日有其自身的工作，项目与客户的利益常常得不到优先考虑。

2）职能部门的工作形式经常是针对本部门活动的，而一个项目要获取成功，它采用的工作形式一定要是解决问题的。

3）在此类项目组织结构中，可能会出现没有人担负项目的所有责任的情况。因为职责不清，常常是项目经理仅对项目的一部分负责，其他一些人则对项目的另外部分负责，这会导致调节的困难与局势的混乱。

4）上述混乱局势使得对客户条件的响应变得缓慢与艰难，原因是项目与客户彼此间隔好几个管理层。

5）项目时时不能得到很好的对待。项目中和职能部门受益直接相关的问题或许得到较好的处置，那些越过其利益范畴的问题却有一定的概率受到冷落，项目的发展空间易遭到制约。

6）配置给项目的员工的积极性常常较低。项目队伍中的人员很难形成事业感及成就感，项目被当作非关键任务，某些人甚至把项目工作当作累赘，对项目任务毫无热情，这对项目质量以及进展均会造成影响。

7）有技术难度的项目一般必须要由好几个职能部门进行协作，然而他们常常格外看重自身所在的领域，却忽视了整个项目目的，而且跨越部门彼此间的交流沟通亦是相对不容易的。

8）项目管理并无正规的权威性。因为项目班子人员分散于每个职能部门，班子人员受职能部门及项目经理双方领导，然而相对于职能部门而言，项目经理的制约看起来更加无力。

（4）职能式组织结构的适用范围。职能式组织结构主要适用于生产、销售标准产品的工商企业，这类企业很少有延伸产品，重点是突出产品的技术优势和成本竞争力，以及每个职能部门在专业技能上对产品贡献的重要性。成立项目以来，组织从每个相对的职能部门挑出职员，组建多职能的项目队伍或工作突击队开展项目工作。在这种结构中，因为每个职员在行政上依旧由其各自的职能部门统领，由此项目经理于团队无足够的管理权限。如果团队成员之间发生冲突，通常要通过组织的权力层解决。应用职能型组织结构的公司通常会定期组成项目任务突击队（小组）完成公司内部的项目，很少完成外部客户的项目。职能式组织结构相对适宜中小企业，尤其是制造业以及大部分公共部门。此类结构对重复性任务的管理是十分适用的，我国大多数企业均应用此类组织形式。

2. 项目式组织结构

（1）项目式组织结构概述。在环境快速转变时，由专业分工与集中管理引起的问题就明显了起来。当变化快速产生时，组织中的成员务必立刻做出决策。在基层工作的人对变化最敏感，因而其被置于可以快速做出选择的最好位置。但是，因为集权控制，一般的决议都在远离切实问题的地方做出。

处置此类问题的办法之一是：将决策权下放给现场实际工作的员工。不过，此类方法引起的问题是做实际工作的人常常由于视野狭窄而做出目光短浅的选择。所以，必须拓宽基层员工的视野。因此便形成了项目式组织结构。

在项目式组织结构中，完成每个项目目标所需的资源完全分配给这个项目，专门为这个项目服务。专职的项目经理对项目团队拥有完全的项目权力和行政权力（职能式组织结构中，项目经理虽然具备项目权力，但是职能经理依旧保有对配置到项目中的其下级职员的行政与职能权力）。由于每个项目团队严格致力于一个项目，所以，项目式组织结构的设置完全是为了迅速、有效地对项目目标和客户做出反应。

项目式组织结构无论从单个项目，还是整个公司讲，都是成本低效的。每个项目必须为专门工作的团队成员付薪，即使是在项目某些阶段他们工作很轻松，也得如此。例如，项目在某部分的延迟造成某些资源几个星期的闲置，项目资金必须分摊这项费用。如果闲置时间过长，这一项目就可能无利可图，耗用其他项目的利润。对整个公司来讲，项目式组织由于在多个同时进行的项目上存在资源任务的重复，从而造成成本低效。由于资源不能共享，某个项目专用的资源即使闲置不用，也无法应用于另一同时进行的类似项目。同样，不同项目团队的成员也不可能共享知识或者专业技术技能，因为每个项目团队都是独立的，团队成员完全效力于自己的团队。当然，也可能有一些公司内部的辅助部门为所有的项目服务。项目式组织结构见图1-8。

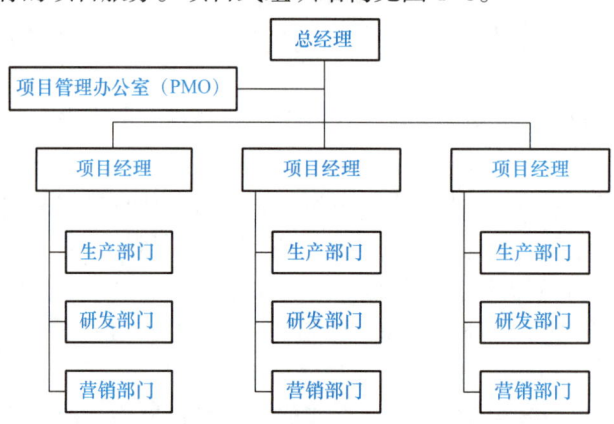

图1-8 项目式组织结构

在项目式组织结构中，为了最大限度地利用项目资源，保证在预算范围内成功地完成项目，需要有详尽而准确的计划和一个有效的控制系统。

（2）项目式组织结构的优点。在项目式组织结构中，所有的人都按项目划分。由项目经理管理一个特定的项目团队，在没有职能部门经理参与的情况下，项目经理可以全面地控制项目，职能部门失去一切影响力。其优点表现在以下几个方面：

1）项目经理对项目全权负责，尽管他必须向公司高层报告。项目经理可以全身心地投入项目，可以像总经理管理公司一样管理整个项目，可以调用整个组织内部或外部的资源。

2）项目组的所有成员直接对项目经理负责，项目经理是项目的真正领导人。

3）项目从职能部门中分离出来，使得沟通途径变得简捷。项目经理可以避开职能部门直接与公司的高层进行沟通，提高了沟通的速度，也避免了沟通中的错误。

4）当存在一系列的类似项目时，项目组织可以保留一部分在某些技术领域具有才能的专家作为固定的成员。事实上，这种技能储备不仅有利于项目的成功，而且能为公司争得荣誉，吸引更多的客户。

5）项目式组织结构中，项目的目标是单一的，项目成员能够明确理解并集中精力于这个单一目标，不受原各自工作的干扰，团队成员可以全身心地投入项目工作，团队精神得以充分发挥。

6）项目管理层次相对简单，权力的集中使决策的速度得以加快，整个项目组织能够对客户的需求和高层管理的意图做出更快的响应。

7）命令的协调一致。在项目式组织结构中，每一成员只有一个上司，命令主要来自项目经理，团队成员避免了多重领导、无所适从的情况。

8）项目式组织从结构上来说简单灵活、易于操作，在进度、成本和质量等方面的控制也较为灵活。当项目需要长期工作时，在项目团队的基础上容易形成一个新的职能部门。

（3）项目式组织结构的缺点。项目式组织结构虽然有较强的优势，但也存在明显的缺点，具体体现在以下方面：

1）当一个公司有多个项目时，每个项目都有自己一套独立的班子，这会造成人员、设施、技术及设备等的重复配置。如果一个公司多个项目都按项目式组织结构进行管理，那么在资源的安排上很可能出现内部利用率不高，而项目之间重复与浪费的现象。例如，在一个项目中不需要专门设置一个人事负责人，但又必须设置一个，因为项目组的成员都是全职的，不能同时兼职几个项目。

2）事实上，为了保证在项目需要时能马上得到所需要的专业技术人员及设备等，项目经理往往会将这些关键资源储备起来，所以，具有关键技术的人员往往在项目还没有需要他们时就被聘来，聘用的时间比项目需要他们的时间更长。

3）将项目从职能部门的控制中分离出来，这种做法具有优越性，但也有一定的不利之处，特别是当项目具有高科技特征时。项目中的人员在某些专业领域有较深的造诣，但在其他一些与项目无关的领域则可能落后。职能部门虽然可被看成各种技能的储备基地，但对不属于本部门的项目成员是不直接开放的。

4）项目式组织结构容易导致公司规章制度执行的不一致。在相对封闭的项目环境中，行政管理上的偷工减料时有发生，并可能被辩解成是为了应付客户或技术上的紧急情况。"他们对我们的问题不理解"已成为项目成员的一句无视公司领导意见的常用借口。

5）在项目式组织结构中，项目只承担自己的工作，成员与项目团队之间及成员相互之间都有着很强的依赖关系，但项目团队成员与公司的其他部门之间却有着较明晰的界限。这种界限不利于项目与外界的沟通，同时也容易引起一些不良的矛盾和竞争。项目式组织成为一个相对封闭的组织，公司的管理与对策在项目管理组织中贯彻可能遇到阻碍。

6）使项目团队成员缺乏事业的连续性和保障。项目团队团队成员在项目后期没有归属感。团队成员不得不为项目团队结束后的工作投入相当的精力进行考虑。项目一旦结束，项目团队成员就会失去他们的"家"，不知道接下来会发生什么。比如：会不会被暂时解雇？会不会被安排去做低层次的工作？会不会被其他项目看中？原来的项目组会不会被解散？等等。这些都会影响项目的后期工作。

（4）项目式组织结构的适用范围。项目式组织结构常见于一些涉及大型项目的公司。这类大型项目价值高（数百万美元）、期限长（几年）。项目式组织结构主要应用于建筑业及航空航天业，其也能应用到非营利机构，比如志愿组织的募捐活动、小镇百年庆祝活动、大型聚会，以及各种演出等。

应用项目式组织结构的公司一般会同时进行多个项目，但不生产标准产品。组织进行具体项目，要招聘员工。每个项目团队专门从事一个项目。项目完成后，团队成员如果有合适的技能，会被分配到另一个项目中。专职的项目经理对团队有完全的项目行政管理权力,由于每个项目团队完全致力于一个项目,所以,项目式组织结构的设置完全有利于项目目标和客户的需要,能迅速、及时地做出反应。涉及一些价值高、期限长的大型项目的公司一般会采取这种结构。

3. 矩阵式组织结构

（1）矩阵式组织结构概述。职能式组织结构和项目式组织结构都有各自的不足,要解决这些问题,就要在职能部门积累专业技术的长期目标和项目的短期目标之间找到适宜的平衡点。矩阵式组织结构正是为了最大限度地发挥项目式和职能式组织的优势,尽量避免其弱点而产生的一种组织方式,其结构如图1-9所示。实际上,职能式组织与项目式组织是两类偏激的情形,矩阵式组织是它们的优化组合,其在职能式组织的垂直层次体系上,叠合了项目式组织的水平结构。

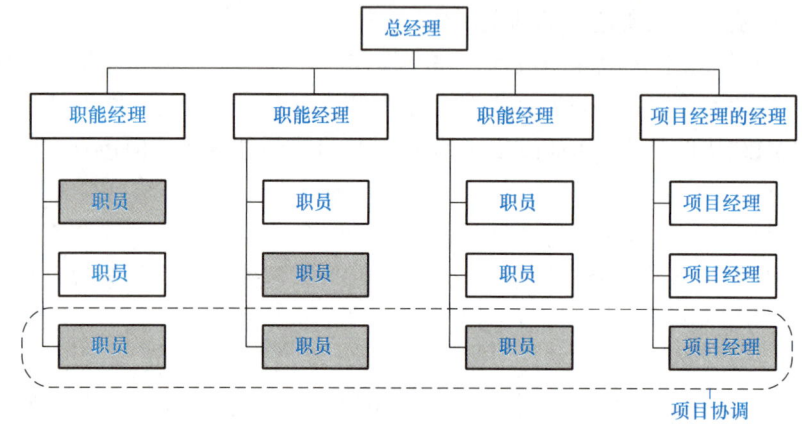

图1-9　矩阵式组织结构

注：灰框表示参与项目活动的员工。

矩阵式组织结构的发展主要来自高科技领域的公司,这些公司中的项目一般需要多个部门专家的合作,各个项目能够共享这些专家。此外,项目的技术要求也需要有一种新的组织方式来克服先前项目管理中的不足。在以前,一个企业要进行一项高科技的项目,往往从研发部门开始,他们将研究出来的方案传递给工程部门,工程部门有时会根据工程要求将整个方案重做一遍,然后再传递给生产部门,生产部门为了保证新产品在现有的设备条件下生产出来,可能又要做一些修改。所有这些工作都需要有大量的时间,而最终的结果可能与最初的要求相去甚远。

为了克服上述管理中的弊端,公司中必须有一个机构或组织来负责整个项目的集成,将研发、工程、生产等过程紧密结合起来,并且与客户保持密切的联系。很多公司存在这样一种情况,把项目当作一个职能部门的局部看起来太勉强,而把项目当作一个独立的单元却过于昂贵,因为项目的资源会重复配置。矩阵式组织正是摆脱这种困境的一种途径,项目经理可以从相应的职能部门临时抽调所需的资源。

在矩阵式组织结构中,项目经理只对一些最终结果有兴趣（如资金、进展、性能、结构、规划等）,职能部门经理则需提出公司的长期发展规划、应用各样设备、起草未来方案等,且在这几个方面维持技术水准。按照项目组织中项目经理与职能经理职责、权限的多少,矩阵式组织又可划分为弱矩阵式、平衡矩阵式与强矩阵式三类组织。

1）弱矩阵式组织。项目经理负责所有项目任务,项目成员在各职能部门为项目服务。但是项目经理没有多大权力来确定资源在各个职能部门分配的优先程度,即项目经理有职无权。

2）强矩阵式组织。项目经理主要负责项目,职能部门经理辅助分配人员。项目经理对项目可以实施更有效的控制,但职能部门对项目的影响却在减小。强矩阵式组织与项目式组织十分相像,项目经理定夺何时干何事,职能部门经理定夺差遣何人,应用何技术。

3）平衡矩阵式组织。项目经理肩负督促项目开展的责任，每个职能部门经理肩负本部门的责任。项目经理对项目的时间和资金负责，职能部门经理对项目的判定和质量负责。通常来讲平衡矩阵非常难保持，其平衡由项目经理、职能经理的相对力度决定。平衡不好，要不转化为弱矩阵，要不转化为强矩阵。在矩阵式组织结构中，很多职工同时归于职能部门与项目部门，需同时肩负起两个部门的责任。

（2）矩阵式组织结构的优点。矩阵式组织力求发扬职能式组织和项目式组织的长处，克服两者的不足。它的优点主要表现在以下方面：

1）项目是工作的焦点。由专门的人即项目经理负责整个项目，负责在规定的时间及经费范围内完成项目的要求。矩阵式组织具有项目式组织的长处。

2）由于项目式组织是覆盖在职能部门上的，它可以临时从职能部门抽调所需的人才，所以项目可以分享各个部门的专业技术人才资源。当有多个项目时，这些人才对所有的项目都是可用的，从而可以大大减少像项目式组织中出现的人员冗余。

3）项目组员工对项目完成后的担忧减少了，虽然其和项目有着非常强的关联，但其对职能部门亦有一种"家"的亲切感觉。

4）对客户要求的响应与项目式组织同样快捷灵活，而且对组织内部的要求也能做出较快的响应。公司内部的项目必须适应公司的要求，否则项目难以取得成功。

5）矩阵式组织的项目中会有来自行政部门的人员，他们会在公司规章制度的执行过程中保持与公司的一致性，这至少可以增加公司领导对项目的信任。

6）多个项目同时进行时，公司可以平衡资源以保证各个项目都能顺利推进。公司可以在人员及进度上统筹安排，优化整个系统的效率，而不会以牺牲其他项目来满足个别项目的要求。

7）项目式组织与职能式组织是两种极端情况，而矩阵式组织与两者相比拥有相对广泛的选择范畴。职能部门能够为项目供给人员，亦能够仅为项目供给服务，进而令项目的组织具备非常大的灵活性。因此，矩阵式组织能够为很多不同类型的项目所应用。

（3）矩阵式组织结构的缺点。矩阵式组织结构的缺点体现在以下方面：

1）在职能式组织结构中，职能部门肩负着项目的决策职责，在项目式组织结构中，项目经理是项目的核心，而在矩阵式组织结构中，权力是平均的。由于缺少具体的负责人，项目的某些工作将受到影响。在项目完成时，团队成员会争夺功劳，而在项目失败时，却又互相推卸责任。

2）多个项目可以获得平衡同时推进，这既是矩阵式组织的好处，又是它的坏处，因为这些项目必须被作为一个整体详细地监控，这是一份不简单的工作任务。同时，资源在项目间流动容易导致项目经理彼此间的斗争，各项目经理更关注自己项目的成果，而非整个公司的目标。

3）在矩阵式组织的项目中，项目经理负责项目的行政事宜，职能部门经理负责项目的技能问题。此做法讲起来容易，然而项目经理在实施过程中把项目部门与职能部门的职责和权力划分明白并非一件简单的事。项目经理务必就各种问题，如资源配置、技术支撑和进展等和部门经理展开谈判。项目经理的这类谈判、协调能力影响项目的成败，假设项目经理在此方面能力不足，那么项目的成功会遭到怀疑。

4）矩阵式组织违背了指令单一性的准则，项目人员至少有两个领导，即项目经理和部门经理。在他们的命令有冲突时，会使项目人员不知所措。项目人员必须要对这种窘境有明确的认知，不然他不能在这种环境中很好地完成任务。

5）信息回路相对复杂。在此类结构下，信息回路相对多，不仅在项目队伍中进行，还要在相应的部门中进行，必要时于部门间也要进行，因此有可能产生交流、沟通不充分的问题。

（4）矩阵式组织结构的适用范围。矩阵式组织结构是一种混合型结构，它是职能式和项目式结

构的混合。它既有项目式组织结构注重项目和客户的特点，又保留了职能式组织结构中的职能专业技能。大型复杂项目与跨国公司，适宜运用此类组织结构。公司和顾客彼此间的桥梁是经理，确定做什么、费用怎样等问题。职能经理肩负着怎样完成分配工作的责任。矩阵式组织结构是各类组织结构中格外灵敏的组织形式，其能够令企业对作用它成败的各类重要问题做出反应，特别适宜工作任务摇动不稳的情形。上级管理部门需清楚职能管理与项目部门管理的任务，且根据事态酌情给予安排。在巨型综合项目中，如花费、进展与性能标准规范都十分严格的航空航天工业，矩阵式组织结构通常是良好的组织结构。这对项目规划管理队伍与职能管理队伍皆有益处。

4．其他组织结构

除了以上介绍的三种组织结构外，还有混合式组织结构，也就是说在一个公司里，可同时存在职能式组织以及项目式组织的项目。另外，很多企业把刚起步还没有成熟的小项目置于一个职能部门之下，然后在它渐渐成熟且拥有一定地位之后，把它当作一个独立的项目，最终也有可能将其发展成一个独立的部门。

选择何种组织结构，往往要视具体情况而定，有时也需依靠一定的经验和直觉。几乎没有可普遍接受的、步骤明确的方法来告诉人们需要什么类型的组织结构以及如何建立这种组织结构。我们可以做的便是充分思考项目的详尽特征、各种组织方法的特色与企业的文化氛围等，进而做出自己觉得最适宜的抉择。

本章小结

本章较为全面地介绍了项目和项目管理的概念、内容和过程等相关知识，明确项目和日常运营的区别。

项目是指在一定的约束条件下（主要是有限时间和资源），为了创造独特的产品、服务或成果而进行的临时性工作。了解项目的特性、项目和日常运作的区别。熟悉项目群和子项目的概念以及相互关系。

项目生命周期分为辨析需要、提出处置方案、开展项目和完结项目四个时期，掌握项目生命周期划分出的四个阶段的内容和特点。

项目管理的内容包括九大领域的知识，以及项目和项目管理所处的环境。项目管理过程分为启动、计划、执行、监控、收尾五个过程。了解各个过程组之间的相互关系和影响。

项目组织介绍了在不同的项目和环境中，适应不同特点项目的组织结构，包括职能式组织结构、项目式组织结构和矩阵式组织结构。了解各种组织结构的优势和适用项目类型。

思政课堂

习近平新时代中国特色社会主义思想指出，必须坚持自信自立。坚持自信自立体现了辩证唯物论关于尊重客观规律、发挥内因决定作用等世界观与方法论的根本要求。在实践中坚持自信自立，要求我们必须把国家和民族发展放在自己力量的基点上，把中国发展进步的命运牢牢掌握在自己手中，始终坚定"四个自信"，做到在重大政治和原则问题上有定力、有主见，坚定不移走中国式现代化这条强国建设、民族复兴的唯一正确道路。项目管理也一样，不但要坚信中华民族在中国共产党的领导下一定能实现民族复兴，也要坚信趋势的惯性力量，相信趋势。

第二章 ICT 信息技术

CHAPTER 2

学习目标

○ 了解 ICT 信息技术的类型
○ 了解大数据技术的定义和发展
○ 掌握云计算的关键技术与应用情况
○ 了解人工智能技术的发展和关键技术的应用
○ 熟悉物联网技术与移动互联网技术的应用

第一节　大数据技术

最早提出"大数据"时代到来的，是全球知名咨询公司麦肯锡，它曾这样描述："数据"已经渗透到当今每一个行业和业务职能领域，成为重要的生产因素。人们对于海量数据的挖掘和运用，预示着新一波生产率增长和消费者盈余浪潮的到来。图 2-1 用简单数字化的形式表述了大数据的某些特征。

2-1　新一代信息技术

图 2-1　大数据技术

一、大数据的概念

1. 大数据

大数据（Big Data），在科技术语中是指，无法在一定时间范围内用常规软件工具进行获取、管理和处理的数据集合，是需要新处理模式才能具有更强的决策力、洞察发现力和流程优化能力的海量、高增长率和多样化的信息资产。

维克托·迈尔-舍恩伯格和肯尼斯·库克耶编写的《大数据时代：生活、工作与思维的大变革》一书中是这样表述的：大数据是指不用随机分析法（抽样调查）的捷径，而是采取所有数据进行分析处理。

麦肯锡全球研究所给出的定义是：一种规模大到在获取、存储、管理、分析方面大大超出了传统数据库软件工具能力范围的数据集合，具有海量的数据规模、快速的数据流转、多样的数据类型和价值密度低四大特征。

大数据技术的战略意义不在于掌握庞大的数据信息，而在于对这些含有意义的数据进行专业化处理。换言之，如果把大数据比作一种产业，那么这种产业实现盈利的关键，在于提高对数据的"加工能力"，通过"加工"实现数据的"增值"。

从技术上看，大数据与云计算的关系就像一枚硬币的正反面一样密不可分。大数据必然无法用单台计算机进行处理，必须采用分布式架构。它的特色在于对海量数据进行分布式数据挖掘。但它必须依托云计算的分布式处理、分布式数据库和云存储、虚拟化技术。

2. 大数据的发展趋势

（1）数据的资源化。所谓资源化，是指大数据成为企业和社会关注的重要战略资源，并已成为竞争对手之间争相抢夺的新焦点。因而，企业必须提前制定大数据发展战略，抢占市场先机。

（2）与云计算的深度结合。大数据离不开云计算，云计算为大数据提供了弹性的、可拓展的基础设备，是大数据的理想处理平台。现在，大数据技术已与云计算深度融合、密不可分。此外，物联网、移动互联网的深入应用，也将助力大数据技术，让大数据发挥出更大的作用。

（3）科学理论的突破。随着大数据的快速发展，就像计算机和互联网一样，大数据将变成一项重要的基础设施，助力产业互联网、机器人和人工智能等相关技术，并产生众多实用算法和基础理论，实现科学技术上的突破。

（4）数据科学和数据联盟的成立。未来，数据科学将成为一门专门的学科，被越来越多的人所认知。各大高校将设立专门的数据科学专业，也会催生一批与之相关的新的就业岗位。与此同时，基于众多垂直类数据平台，将建立起跨领域的数据共享平台，形成数据联盟。这类平台将成为未来产业互联网的核心设施。

（5）数据泄露泛滥。未来几年数据泄露事件的增长率会居高不下，除非数据在其源头就能够得到安全保障。可以说，在未来，重要的行业或领先的企业都可能面临数据攻击，无论它们是否已经做好安全防范。而所有企业，无论规模大小，都需要重新审视当代安全问题的内涵及其重要性。企业需要从确保自身安全、产业安全及客户安全的多个角度出发，保证所有数据的"全周期安全性"。

（6）数据管理成为企业核心竞争力。随着"数据资产是企业核心资产"的概念深入人心，企业对于数据的关注度将会持续提高。

二、大数据的意义

在数字化、智能化的时代，困扰应用开发者的一个重要问题是，如何在开发效率、覆盖范围、主要性能和成本之间找到那个微妙的平衡点。企业可以利用大数据分析对主要性能、降低成本、提高效率、市场范围等诸多因素做出科学、系统的分析，进而进行明智的业务决策等。例如，产生如下期望的效果：

（1）及时解析故障、问题和缺陷的根源，每年可以为企业节省大量资金。

（2）为成千上万的快递车辆合理装载货物，科学规划交通路线，提高物流效率，躲避道路拥堵。

（3）分析所有库存（存量单位，Stock Keeping Unit，SKU），以利润最大化为目标来定价和管理库存。

（4）根据客户的购买习惯，为其推送他可能感兴趣的产品或优惠信息。

（5）从大量客户中快速识别出潜在的或优质的客户。

（6）使用点击流分析和数据挖掘来规避欺诈行为。

三、大数据工作流程、技术与应用

1. 大数据工作流程

图2-2简单演示了大数据的主要处理步骤，包括数据采集、数据存储、数据处理、数据运用等主要环节。

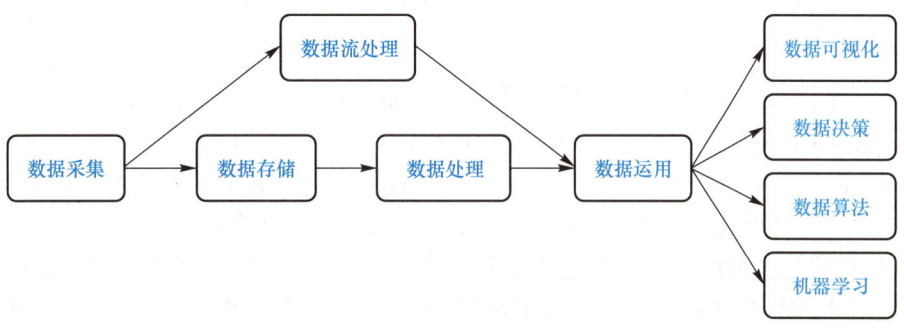

图2-2 大数据工作流程

（1）数据采集。大数据处理的第一步是数据的收集或汇总。现在的中大型项目通常采用微服务架构进行分布式部署，所以数据的采集会在多台服务器上进行，且采集过程不能影响正常业务的开展。

（2）数据存储。收集到数据后，数据需要进行存储。MySQL、Oracle等传统的关系型数据库是大家最为熟知的，它们的优点是能够快速存储结构化的数据，并支持多种访问和处理方式。

（3）数据处理。大数据处理通常分为数据批处理和数据流处理两种。

1）数据批处理：对一段时间内海量的离线数据进行统一处理。

2）数据流处理：对运动中的数据进行处理，即在接收数据的同时就对其进行处理。

数据批处理和数据流处理各有适用的场景，时间不敏感或者硬件资源有限时，可以采用数据批处理；时间敏感和及时性要求高就可以采用数据流处理。随着服务器硬件的价格越来越低和大家对及时性的要求越来越高，数据流处理将越来越普遍，如股票价格的实时预测和电商运营数据分析等。

（4）数据运用。数据运用是数据采集、数据存储、数据处理的目的，是数据的具体应用，也是数据核心价值的体现。它所涉及的领域广、种类多、形式复杂、效果巨大，具体细节将在后续章节中介绍。

在大数据体系中，常见的数据类型包括：

（1）业务数据：消费者数据、客户关系数据、库存数据、账目数据等。

（2）行业数据：交通流量数据、能耗数据、气象数据与水文数据等。

（3）内容数据：应用日志、电子文档、机器数据、语音数据、社交媒体数据等。

（4）线上行为数据：页面数据、交互数据、表单数据、会话数据、反馈数据等。

（5）线下行为数据：车辆位置和轨迹、用户位置和轨迹、动物位置和轨迹等。

数据源与数据类型的关系如图2-3所示。

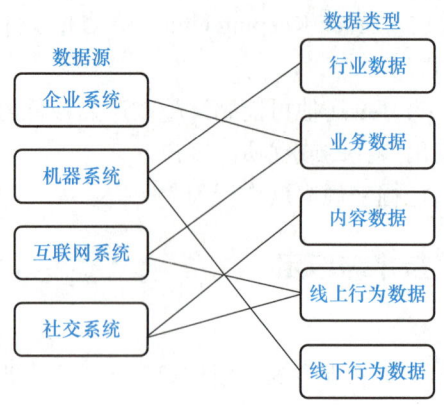

图 2-3　数据源与数据类型的关系

2．大数据技术

（1）数据采集技术。大数据的采集是指利用多个数据库或存储系统来接收来自客户端（Web、App 或者传感器等）的数据。针对 4 种不同的数据源，大数据采集方法有以下 4 大类：

1）数据库采集。传统企业会使用传统的关系型数据库。企业通过在采集端部署大量数据库，并在这些数据库之间进行负载均衡或分片，自动或程序控制完成大数据采集工作。

2）系统日志采集。系统日志采集主要是收集公司业务平台日常产生的大量日志数据，供离线或在线的大数据分析系统使用。它所具有的高可用性、高可靠性、可扩展性是日志收集系统所具有的基本特征。系统日志采集工具多采用分布式架构，能够满足数据量及数据传输率均较大的日志数据采集和传输需求。

3）网络数据采集。网络数据采集是指通过网络爬虫、专用网络数据获取工具或网站公开 API 等方式从网站上获取数据信息的过程。网络爬虫会从一个或若干个初始 URL 开始，获得相关网页或网站的内容，并且在抓取内容的过程中，不断分析、抽取新的 URL 放入队列，直到满足设置的停止条件。这样可将结构化数据、半结构化数据、非结构化数据提取出来，存储在本地或其指定的存储系统中。

4）感知设备数据采集。感知设备数据采集是指，通过传感器、摄像头或其他智能终端自动采集信号、图片或录像来获取数据。大数据智能感知系统需要实现对结构化、半结构化、非结构化的海量数据的智能化识别、定位、跟踪、接入、传输、信号转换、监控、初步处理和管理等。其关键技术包括针对大数据源的智能识别、感知、适配、传输、接入等。

（2）数据处理技术。大数据预处理将数据划分为结构化、半结构化、非结构化数据，分别采用传统 ETL 工具或分布式并行处理框架来实现，总体架构如图 2-4 所示。

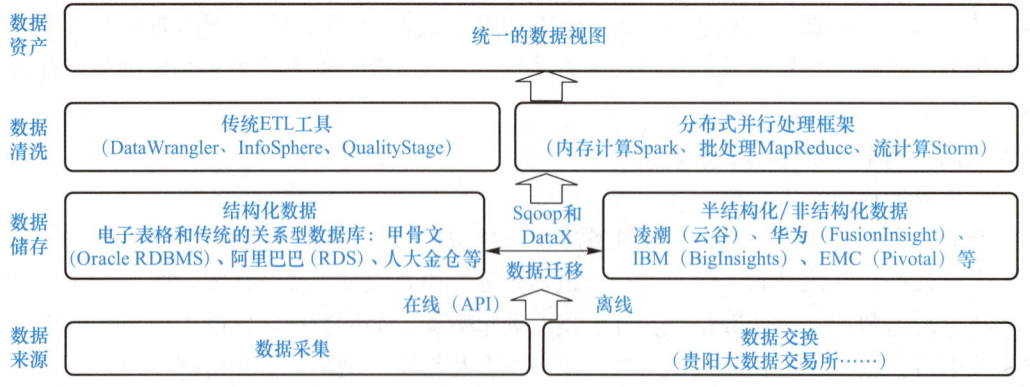

图 2-4　大数据处理的架构

1）数据清洗。现实世界的数据一般是不完整的、有噪声的和不一致的。数据清洗的任务便是，填充缺失的值，识别离群点特性并滤除噪声，纠正数据中的不一致性问题。

数据清洗在汇聚多个维度、多个来源、多种结构的数据之后，对数据进行抽取、转换和集成加载。在以上过程中，除了更正、修复系统中的一些错误数据之外，更多的是对数据进行归并、整理，并存储处理后的数据。其中，数据的质量至关重要。

2）数据集成。数据集成是指，将多个数据源中的数据合并，然后存放到一致的数据存储机制（如数据仓库）中。这些数据源可能包括多个数据库、数据立方体或一般文件。在进行数据集成时，有许多问题需要考虑。

3）数据变换。数据变换是把原始数据转化为适合于数据挖掘的数据形式。数据变换主要包括光滑、聚集、数据泛化、数据规范化和新属性构造。

4）数据归约。数据归约是指在尽可能保持数据原貌的前提下，最大限度地精简数据量以保持数据的原始状态。数据归约的目的就是缩小所挖掘数据的规模，但能够产生同样的（或几乎同样的）分析结果。

（3）数据存储技术。

1）针对同步大数据分析的存储的实时分析应用通常会运行在如 NoSQL 之类的数据库和能支持海量可扩展的商用硬件（如云）上。

2）针对异步大数据分析的存储架构异步处理分析采用了"捕获＋存储＋分析"的流程，过程中数据首先由传感器、服务器、数据终端、移动设备等获取，之后再存储到相应设备上，最后进行处理和分析。

3. 基于大数据的行业应用

经过几年的发展，大数据技术已经慢慢地渗透到各个行业。不同行业的大数据应用普及速度与行业的信息化水平、行业与消费者的距离、行业的数据拥有程度紧密相关。总体看来，大数据技术应用较好的行业可以分为以下 4 大类：

（1）互联网和营销行业。互联网行业是距离消费者最近的行业之一，同时拥有超大量的既有数据和即时数据。业务数据化是其企业运营的基本特征，因此，互联网行业的大数据应用程度是最高的。与互联网行业相伴的营销行业，是围绕着互联网用户行为数据分析，以为消费者提供个性化营销服务为主要目标的行业。

（2）信息化水平比较高的行业。金融服务、电信运营两大行业中的企业大多比较早地完成了信息化建设，企业内部业务系统的信息化相对比较完善，对内部数据有大量的历史积累，并且有一些深层次的分析类应用，目前正处于将内部数据与外部数据融合起来、深入挖掘数据价值，进而为其业务和服务升级、增值的阶段。

（3）政府部门及公共服务行业。不同政府部门的信息化程度和数据化程度差异较大，例如，交通部门目前已经有了不少大数据应用案例，但有些行业还处在数据采集和积累阶段。政府部门将会是未来整个大数据产业快速发展的关键，通过政府及公共数据开放可以使政府数据在线化发展得更快，从而激励大数据应用的大发展。

（4）制造业、物流、医疗、农业等行业。上述行业的大数据应用水平还处在初级阶段，但未来消费者驱动的消费者到企业（Customer to Business，C2B）模式会倒逼这些行业的大数据应用进程逐步加快。

第二节 云计算技术

云计算是继互联网、计算机后在信息时代的又一种革新,云计算是信息时代的一个大飞跃,未来的时代可能是云计算的时代。云计算具有很强的扩展性和需要性,可以为用户提供一种全新的体验;云计算的核心是可以将很多的计算机资源协调在一起,因此,用户通过网络就可以获取到无限的资源,同时获取的资源不受时间和空间的限制。

一、云计算的概念

1. 云计算技术的概念

云计算(cloudcomputing)是分布式计算技术的一种,其最基本的概念,是透过网络将庞大的计算处理程序自动分拆成无数个较小的子程序,再交由多部服务器所组成的庞大系统经搜寻、计算分析之后将处理结果回传给用户。云计算是一种模型,它可以实现随时随地,以方便、快捷、按需方式为用户提供一组抽象的、虚拟化的、可动态扩展的、可管理的计算机计算能力、存储能力、平台和服务的一种大规模分布式计算的聚合体,使管理资源的工作量和与服务提供商的交互减少到最低限度。

2. 云计算服务

云计算服务,即云服务,中国云计算服务网的定义是,可以拿来作为服务提供使用的云计算产品,包括云主机、云空间、云开发、云测试和综合类产品等。

云计算包括以下几个层次的服务:基础设施即服务(IaaS)、平台即服务(PaaS)和软件即服务(SaaS)。所谓的层次,是分层体系架构意义上的"层次"。IaaS、PaaS、SaaS分别在基础设施层、平台软件层、应用软件层实现。

二、云计算的特点

传统的服务器具有独立的CPU、硬盘、内存条,存储的数据安全性不高,资源的利用率时高时低,一旦业务规模扩张,现有服务器资源无法满足要求,需购置新的服务器,而且物理服务器会面临设备老化、损坏、维护等方面的问题,这样有可能造成成本浪费或耽误时间,给企业带来的损失不可预估,而云服务器可以弥补这些不足。

概括起来,云计算具有以下特点:

1. 资源利用率高

云计算模式下,云服务机构以"资源池"的形式对计算、存储及网络资源进行组织,通过虚拟化技术将一组集群服务器人为地划分为多个虚拟的独立主机提供给不同客户;同时结合云平台管理技术,将资源池内的资源按照应用系统的需求状况进行分配,既能有效避免资源的闲置,又能够在面对负载峰值时及时调配所需资源,更加有效地进行资源配置,从而帮助企业更经济地规划和使用自身的IT资源。

2. 计算能力强

云计算由庞大的服务器组成资源池,像华为云、阿里云、腾讯云等的云资源池由10万台(甚至更多)服务器组成,能从资源池中虚拟规划巨量的、计算能力超强的虚拟机(服务器)。

3. 按需部署

一般来说，一套计算机硬件系统包含多个软件应用系统，不同的软件应用系统对应的数据资源不同，所以用户运行不同的应用系统需要不同的计算能力及资源部署，而云计算平台能够根据用户的需求快速配置计算能力及资源。

4. 高可靠性

当单点服务器出现故障时，云服务器可通过虚拟化技术对分布在不同物理服务器上的应用进行恢复或利用"动态扩展"功能部署替代服务器提供服务，保障业务不中断。

5. 自动化

云计算无论是应用、服务、资源的部署，还是软件或硬件的管理，都可通过自动化的方式来执行，从而大大降低了整个云计算中心庞大的人力成本。

6. 灵活性强

云计算可以快速灵活地构建基础信息设施，并可以根据需求弹性扩容IT资源。云计算提供给用户短期使用IT资源的灵活性（如按小时购买处理器或按天购买存储），当不再需要这些资源的时候，用户可以方便地释放这些资源。

三、云计算的关键技术与趋势

1. 虚拟化技术

虚拟化是云计算最重要的核心技术之一，它为云计算服务提供基础架构层面的支撑，是ICT服务快速走向云端的最主要驱动力。虚拟化是一种资源管理技术，它将计算机的各种实体资源，如CPU、内存、外存储器等，予以抽象、转换后呈现出来，旨在合理调配计算机资源，使其更高效地提供服务。

2. 分布式数据存储技术

云计算的另一优势是，能够快速、高效地处理海量数据。在数据爆发式增长的今天，这一点至关重要。为了保证数据的高可靠性，云计算通常会采用分布式存储技术，将数据存储在不同的物理设备中。这种数据存储模式不仅摆脱了硬件设备的限制，可应用于大规模、高并发场景，同时扩展性更好，能够快速响应用户需求的变化。

3. 编程模式

从本质上来说，云计算是一个多用户、多任务、支持并发处理的系统。高效、简捷、安全是其核心理念，它旨在通过网络把强大的服务器计算资源方便地分发到终端用户手中，同时保证低成本和良好的用户体验。在这个过程中，编程模式的选择至关重要，云计算项目中"分布式并行编程模式"被广泛采用。

4. 云计算平台管理

云计算平台资源规模庞大，服务器数量众多，且分布在不同的地点。因为同时运行着数百种应用，所以如何有效地管理这些服务器和资源，保证整个系统提供不间断的服务是巨大的挑战。云计算系统的平台管理技术，需要具有大量高效调配的服务器资源，使其具备更好的协同工作能力。其中，方便地部署和开通新业务、快速发现故障并且恢复系统，通过自动化、智能化手段实现大规模系统可靠的运营是云计算平台管理技术的关键。

5. 实时迁移技术

实时迁移是虚拟机在系统工作状态下从一台物理主机迁移到另一台物理主机。如果正确执行这种操作，从终端用户的角度来看，这个过程没有任何明显的影响就完成了。实时迁移允许管理员关闭虚拟机来进行维护或更新，而不会产生系统用户"因故障而无法使用"的情况，如图2-5所示。

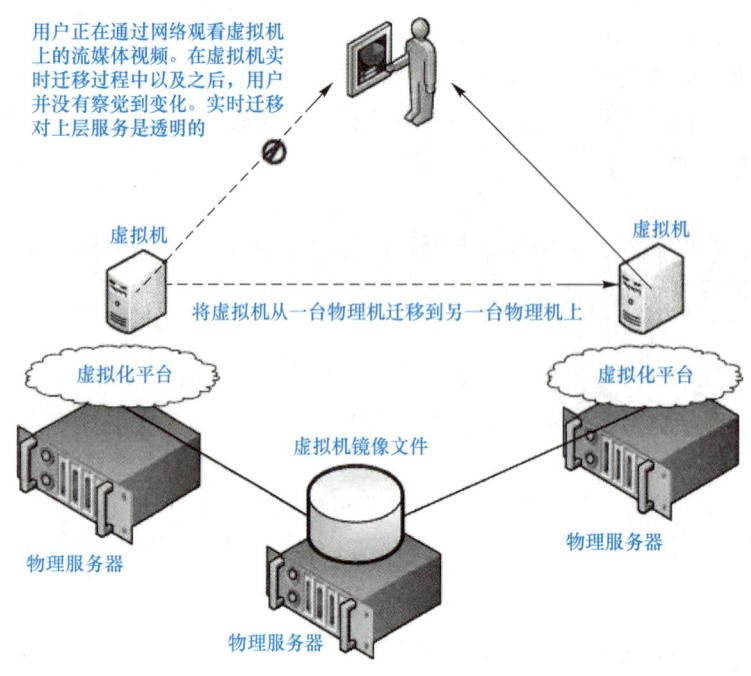

图 2-5 实时迁移技术

四、云计算的发展趋势

云计算作为一种应用模式，它的应用范围日益扩大，必将对产业链的上下游产生重要影响，所以它必须不断地创新、进步以适应企业的需求。

1. 混合云是发展方向

虽然现在很多企业都已经采用了云服务，但是对于大部分的企业来说，基本上采用的都是多个云服务供应商，包括公有云与私有云，以满足不同的需求。公有云与私有云的组合被大家称为混合云，混合云的优势是能够适应不同的平台需求，它既可以提供私有云的安全性，也可以提供公有云的开放性。所以，在未来，混合云的发展是云服务的主流模式。

2. 大数据分析

大数据是高科技的热门话题，大数据分析使云计算和大数据能够很好地结合起来。云计算是可以扩展的，可以覆盖到大数据领域，这些云服务能够为云计算提供平台，开源的云平台为大数据提供更好的开发与分析基础设施。

3. 服务器信息块（Server Message Block，SMB）应用程序保护

目前，大多数企业买不起一个完整的应用测试程序或工具来检查企业内部网络的安全性，期待新的云计算能够帮助企业利用 Web 应用程序来进行源代码的扫描，协助企业及时发现潜在的一些网络攻击，从而按需求提供帮助，降低企业的费用。

4. 强调性能

不管是什么行业，大家更关心的是云的安全、管理和控制权等问题。目前的云计算更强调是否能够可靠地执行用户所需要的业务。因此，云计算的性能强化问题会是未来一个主要的发展趋势。

5. 云游戏

美国 Gartner 咨询公司曾经预测：《财富》评选的 70% 以上的"世界 2000 强"企业将至少有一个基于云计算的应用程序。云游戏是以云平台为基础的游戏方式，在云游戏模式下，所有游戏都是在服务器端运行的，并且将渲染完毕后的游戏画面压缩之后通过网络传送给用户。云游戏模式是

云计算技术在游戏领域的创新性应用。近几年，国内云游戏的开发应用上升势头很猛，例如腾讯公司和北京云联科技在云游戏方面成绩斐然。可以看到，云游戏领域会是云的另一个重要的应用领域。

第三节 人工智能

人工智能是计算机科学的一个分支，它企图了解智能的实质，并生产出一种新的能以与人类智能相似的方式做出反应的智能机器，该领域的研究包括机器人、语言识别、图像识别、自然语言处理和专家系统等。人工智能从诞生以来，理论和技术日益成熟，应用领域也不断扩大，可以设想，未来人工智能带来的科技产品，将会是人类智慧的"容器"。人工智能可以对人的意识、思维的信息过程进行模拟。人工智能不是人的智能，但它能像人那样思考，也可能超过人的能力。

一、人工智能的概念

1. 人工智能的概念

人工智能如何定义呢？历史上有很多人工智能的定义，这些定义对于人们理解人工智能都起到过作用，甚至是很大的作用。比如，达特茅斯会议的发起建议书中对于人工智能预期目标的设想是"制造一台机器，该机器可以模拟学习或者智能的所有方面，只要这些方面可以精确描述"。该预期目标也曾经被当作人工智能的定义使用，对人工智能的发展起到了举足轻重的作用。

本书对人工智能的定义为：人工智能是研究、开发用于模拟、延伸和扩展人的智能的理论、方法、技术及应用系统的一门新的技术科学。

2. 人工智能的分类

人工智能发展至今，有三大流派，即"符号主义""连接主义""行为主义"。

（1）符号主义认为，知识是智能的基础，机器依靠对大量知识的记忆功能来判别真假，但对组合的概念、命题或概念所代表的实体未必能够像人类一样分辨清楚。

（2）连接主义则主张，通过机器学习、深度学习模拟人类大脑来处理问题。但到目前为止，人类尚未完全掌握人类大脑的工作机制，即使是最复杂的人工神经网络与深度学习系统，和人脑的运行机制相比也还有非常大的差距。

（3）行为主义认为，通过机器感知，AI可以实现人类的某些特定功能，但无法完整地模仿人的各项技能。

二、人工智能的认知

对于人工智能来说，知识是最重要的部分。知识由概念组成，概念是构成人类知识世界的基本单元，人们借助概念才能正确、理性地理解世界，与他人交流，传递信息。

1. 知识表示

人类的智能活动主要是获得并运用知识，知识是智能的基础。为了使计算机具有智能并可模拟人的智能行为，就必须使它具有知识。但人类的知识需要用适当的形式表示出来（知识表示），才可以储存到计算机中并被运用。

（1）二进制数字。
（2）信息的数字化。
（3）知识的表示方法。

2．机器感知

机器感知的英文是"Machine Cognition"，是由一连串复杂程序所组成的信息处理系统，信息通常由很多常规传感器采集，经过这些程序的处理后，会得到一些人们需要的结果。智能机器人的感知系统相当于人的五官和神经系统，它是机器人获取外部环境信息及进行内部反馈控制的工具。

（1）机器感知系统包括视觉、嗅觉、味觉、听觉和触觉。

智能机器人有类似人一样的感知系统，如图2-6所示。

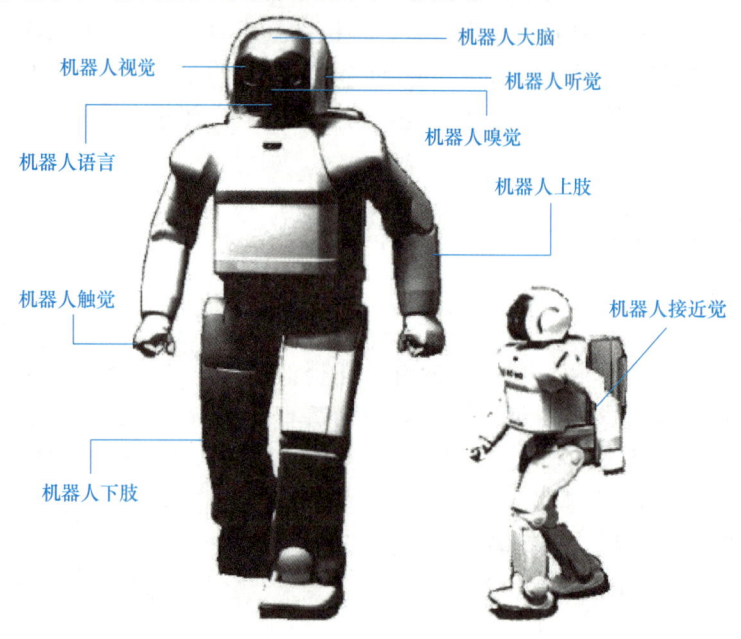

图2-6　机器人感知系统

（2）机器感知器官按照从简单到复杂的顺序可分为：反射式感知、信息融合感知、可学习感知和自主认知。我们将各种感知器官统称为传感器。

3．机器学习

机器学习（Machine Learning）最早于1959年由麻省理工学院教授阿瑟·塞缪尔（Arthur Samuel）定义，他是计算机科学和人工智能领域公认的先行者。塞缪尔教授言道："机器学习是一门研究领域，它可以让计算机在不被明确编程的情况下学习。"机器学习的本质是通过算法编程，从输入数据中学习，然后根据数据做出相应的预测。这意味着学习算法可以完全脱离任何预先编程的或静态的算法，并且可以自由地根据输入数据构建模型，并做出由数据驱动的决策或预测。

简单地按照字面理解，机器学习的目的是让机器能像人类一样具有学习能力。机器学习是计算机科学和统计学的交叉学科，同时也是人工智能和数据科学的核心，如图2-7所示，通俗来说，经验和历史数据是燃料，性能是目标，而机器学习技术则是通往智能的技术途径。

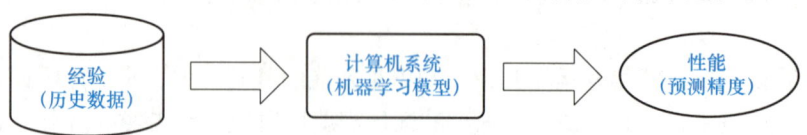

图2-7　机器学习系统

4. 专家系统

一个专家之所以能够很好地解决本领域的问题，就是因为他具有本领域的专业知识与经验。如果能将专家的知识与经验总结出来，以计算机可以使用的形式加以表达，那么计算机系统是否就可以利用这些知识，像专家一样解决特定领域的问题呢？由此提出了专家系统。

（1）专家系统是一个具有大量的专门知识与经验的程序系统，它应用人工智能技术和计算机技术根据某个领域一位或多位专家提供的专业知识与经验，进行分析和判断，模拟人类专家的决策过程，以便解决那些需要人类专家才能处理的复杂问题。

专家系统可以定义为：一种智能的计算机程序，它运用知识和推理来解决只有专家才能解决的复杂问题。

（2）专家系统的基本结构不同于一般的计算机程序系统，专家系统以知识库和推理机为核心，可以处理非确定性的问题，它不追求问题的"最优解"，而是利用知识得到一个经济、实用的"次优解"（或称满意解）便达到了系统的求解目的。一个典型的专家系统的基本结构如图2-8所示。

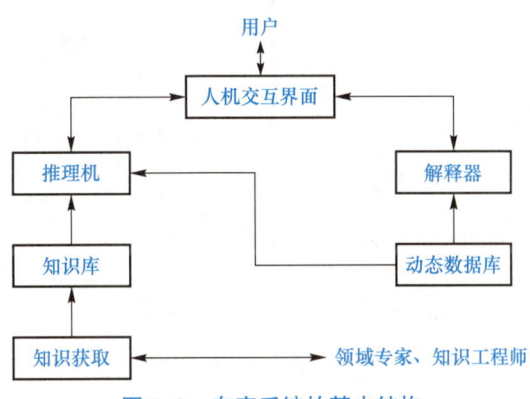

图2-8 专家系统的基本结构

5. 神经网络

（1）神经网络的概念。人工神经网络简称为神经网络或称作连接模型，它是一种模仿动物神经网络行为特征，进行分布式并行信息处理的算法数学模型。这种网络依靠系统的复杂程度，通过调整内部大量节点之间相互连接的关系，从而达到处理信息的目的。

（2）神经网络的特点。

1）并行协同处理数据信息。神经网络具有大规模、并行、协同处理数据的能力，虽然单个神经元的结构很简单，但大量神经元组成的神经网络的大数据处理功能很强。

2）容错性和鲁棒性很强。神经网络处理数据时，用的是分布式数据存储方式。局部网络受损致使少数神经元信息（或数据）丢失、毁坏时，不会影响整个神经网络的正常处理和输出。

3）自主学习能力强。神经网络具有强大的学习适应能力是它显而易见的优势。它能实现关于数据的有导师学习或无导师学习，从而做出相应的变化。

4）自组织、自适应的非线性信息处理系统。神经网络具有一般非线性动力系统的共性，即不可预测性、耗散性、高维性、不可逆性、广泛连接性和自适应性等。

三、人工智能与大数据、云计算及物联网的关系

用四个字来概括它们之间的关系就是"一体四维"。新一代信息技术之间的关系见图2-9。

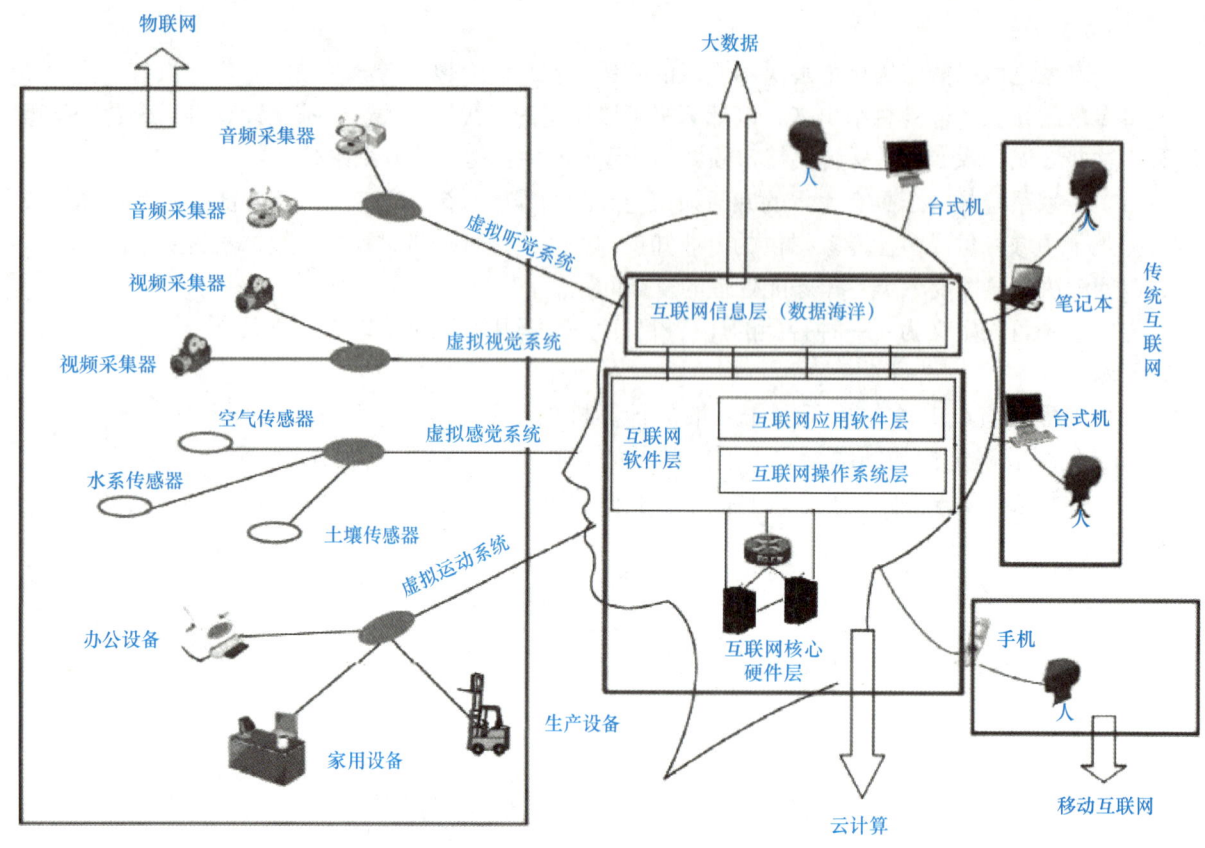

图 2-9 新一代信息技术之间的关系

（1）人工智能与大数据的关系。大数据为人工智能的机器学习与知识挖掘提供了强大的数据支持。新数据的不断产生，又加速和推动了数据计算与数据分析的进步，而人工智能的发展，又可以更高效地对大数据进行获取、传输、分析与处理。人工智能和大数据技术都是新一代信息技术，两者都需处理有用的数据，都涉及编程语言的应用，人工智能离不开大数据，两者是相辅相成、密不可分的。

（2）人工智能与云计算的关系。人工智能就像是人的大脑，通过感知、学习、推理、规划来处理一系列任务。大脑需要不断地学习大量的知识，而云计算技术是收集、存储、处理这些巨量知识的平台，是知识数据的提供者，人工智能通过学习又能提高云计算技术处理能力，两者同样是相辅相成的关系。

（3）人工智能与物联网的关系。物联网属于人工智能的关联性应用，如智能感知和识别技术就在物联网中起到了关键的作用。人工智能的发展促进了物联网的形成和大范围应用普及，并使物联网更智能、更便捷。

四、人工智能关键技术及应用

1. 人工智能关键技术

（1）自然语言处理技术。自然语言处理（Natural Language Processing，NLP）是人工智能的一个分支，用于分析、理解和运用人类语言（如汉语、英语），以方便人和计算机之间、人与智能设备之间、人与人之间的相互交流。

1）机器翻译。随着科技的发展，人们收集一些双语和单语语料的数据，并基于这些数据抽取翻译模板以及翻译词典。在翻译时，计算机对输入句子进行翻译模板的匹配，并基于匹配成功的模板片段和词典里的翻译知识来生成翻译结果，这便是基于实例的机器翻译。

2）聊天机器人。随着人工智能从感知智能向认知智能升级，自然语言处理的重要性日益凸显。作为人类思维的载体，自然语言是人们交流观念、意见、思想、情感的媒介和工具，对话是最常见的语言使用方式。因此，聊天机器人是自然语言处理技术最为典型的应用之一。聊天机器人是一种人工智能交互系统，其工作方式是，通过语音或文字实现人机在任意开放话题上的交流。

3）智能问答。智能问答（Question Answering，QA）旨在为用户提出的自然语言问题自动提供精准的答案。目前，该类系统被广泛应用于包括搜索引擎和智能语音助手等在内的人工智能产品中。

（2）计算机视觉技术。计算机视觉是一门研究数字图像或数字视频智能化处理和理解的交叉型学科。从人工智能的视角来看，计算机视觉要赋予机器"看懂"的智能，与语音识别赋予机器"听懂"的智能类似，都属于感知智能的范畴。从工程视角来看，所谓理解图像或视频，就是用机器自动实现人类视觉系统的功能，包括图像或视频的获取、处理、分析和理解等诸多任务。相比于人的视觉系统，摄像机等成像设备是计算机的"眼睛"，而计算机视觉就是要具备人的大脑（主要是视觉皮层区）的视觉能力。

（3）人工智能平台开发。近年来，许多世界知名ICT公司相继推出了自己的人工智能解决方案，目前国内主流的人工智能开发平台主要有华为云的Model Arts、阿里云的机器学习PAI、百度的飞桨，其他还有腾讯公司的AILab、科大讯飞的AIUI等。

2. 人工智能的应用

（1）信息识别。通过对语言、图像、声音等自然信息的识别，人工智能技术在信息识别领域快速发展，比如面部识别、语音识别、智能翻译等。

（2）智能控制。人工智能技术可以将各种信息汇总之后做出相应的判断与决策，如今在智能控制领域拥有较好的发展空间，其中包括自动驾驶、无人机等驾驶操控环境，以及大型无人工厂等大型智能控制生产环境。

（3）AI机器人。人工智能机器人逐渐成为公共服务场所中重要的问题处理单元，通过智能化信息的处理和专家系统的整合，可以帮助他人解决问题。

第四节　物联网技术

互联网和人工智能等现代信息技术深刻地改变着人们的生活方式，智能家居是物联网典型应用之一。智能家居系统利用先进的计算机技术、网络通信技术、智能云端控制、综合布线技术、医疗电子技术等依照人体工程学原理，融合个性需求，将与家居生活有关的各个子系统如灯光控制、窗帘控制、智能家用电器、场景联动、地板采暖、安防监控等有机地结合在一起，通过网络实施综合智能控制和管理，实现"以人为本"的全新家居生活体验。

一、物联网的概念

1. 物联网的概念

物理世界的联网需求和信息世界的扩展需求催生出了一类新型网络——物联网（Internet of Things，IoT），它最初被描述为：物品通过射频识别等信息传感设备与互联网连接起来，实现智能化识别和管理。物联网是在互联网基础上,让所有能够被独立寻址的普通物理对象实现互联互通的网络。通过物联网,可搭建物与物、人与物直接交流的通道。通过配置在物理对象上的感知设备(如标签、传感器、智能设备等),将"用户端"的概念延伸和扩展到了物品与物品之间,通过智能设备完成对物理对象的识别、反馈及其状态获取等操作,从而完成物与物、人与物之间的信息交换、通信及其智能处理。它具有物理对象设备化、自治终端互联化和普适服务智能化三个重要特征。

2. 物联网体系结构

物联网形式多样、结构复杂、技术深入,牵涉面广。通常,物联网被分为三层:感知层、网络层和应用层,如图 2-10 所示。

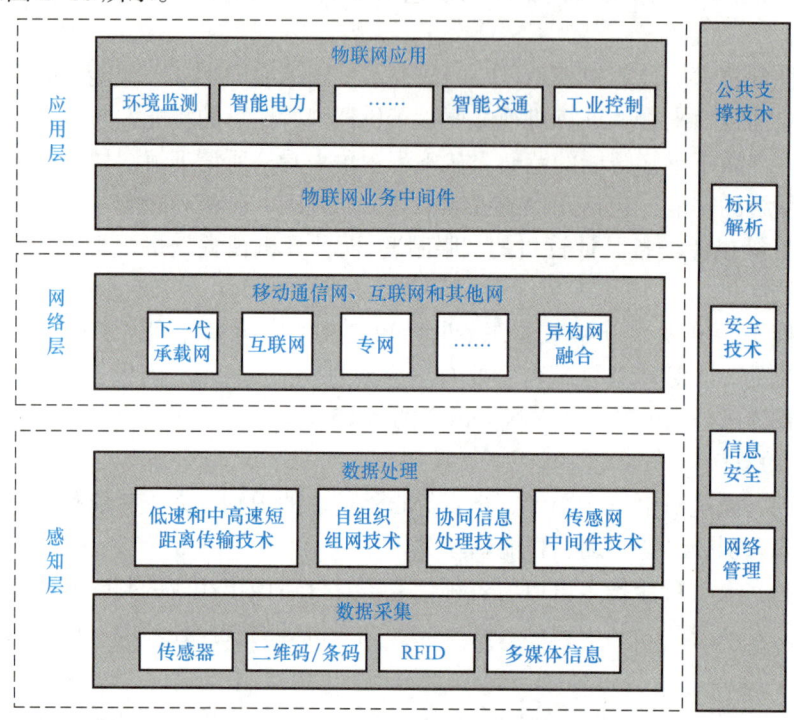

图 2-10　物联网体系结构

(1)感知层。感知识别是物联网的核心技术,是联系物理设备和网络环境的纽带。

(2)网络层。网络层的主要作用是把感知层设备接入互联网,供上层服务使用。互联网是物联网的核心网络,处在边缘的各种无线网络则提供实时的网络接入服务。

(3)应用层。应用层利用经过分析处理的感知数据,采用海量数据处理、云计算等技术,为用户提供各种智能化服务。

二、物联网关键技术与发展

1. 物联网关键技术

(1)RFID 射频识别技术。自动识别技术就是利用机器识别实体对象。即使用识别装置,通过实体对象之间的交互操作,获取被识别实体对象的相关信息。

(2)传感器技术。传感器作为连接物理世界与感知信息的重要媒介,在信息化的过程中发挥了关键作用。广义上讲,传感器是一种能将物理或者化学形式的能量转换为另一种形式能量的转换器。我国国家标准 GB/T 7665—2005《传感器通用术语》对传感器的定义是:能够感受规定的被测量,并按照一定规律转换成可用输出信号的器件和装置。

(3)短距离无线通信技术。传输层是物联网技术中连接感知层和应用层的重要层面,其中包含了多种通信技术，作为物联网提供信息传输和服务支撑的基础通道，无线通信技术可以保障信息的安全、可靠传送。物联网领域的无线通信技术包括 Wi-Fi、蓝牙、ZigBee 等短距离通信技术，以及 3G/4G/5G 通信网络等广域网通信技术，本部分重点介绍部分短距离无线通信技术，短距离无线通信技术中的 Wi-Fi 和广域网通信技术将在移动互联网章节做详细讲解。

2. 物联网技术的发展

物联网的本质是行业信息化（或称为产业数字化），世界主要发达国家大力推动物联网发展的动力在于，寻找新的经济增长点、创造就业机会，提升国家在科技领域的综合竞争能力。从长远来看，物联网可能会成为一种新常态，人工智能、5G、区块链技术，特别是大数据和云计算技术，都将对物联网起到极大的支撑、促进、赋能和协同发展作用。

（1）智能家居设备移至办公室。

（2）IoT 在医疗健康领域的高增长。

（3）人工智能和物联网的结合加强。

（4）语音控制功能的推广。

三、物联网技术的典型应用

物联网可以广泛地应用于社会的各个领域，为生产力、生产方式和生活方式创新、变革和普及应用助力。物联网会成为践行社会创新、协调、绿色、开放、共享发展理念，促进社会可持续发展的重要基础设施和技术支撑。

1. 智能物流

基于物联网的智能供应链技术是对现有信息网和物流体系的有效补充，该技术充分利用互联网和无线射频识别等网络设施，支撑整个物流体系的高速运转，从而使物流行业发生颠覆性的变化，可以使客户以便捷、高效、可靠、低价的方式享受到现代化的智能物流服务。

2. 智能交通

交管部门利用云技术等有效地集成整个地面交通管理系统，建立一种大范围、全方位的高效、便捷、安全、环保、舒适、实时、准确的综合交通运输管理系统。智能交通系统是一种实时、准确、高效的交通运输综合管理和控制系统。

第五节 移动互联网技术

移动互联网是融合了电子信息多个领域丰富成果的一个全新的网络和业务形态，主要有网络、终端和应用三大要素，网络和终端是应用的基础，并为应用提供服务，而应用直接服务于用户，新应用的不断推出也带来了用户对网络和终端不断升级的需要。

一、移动互联网的概念

1. 移动互联网的概念

移动互联网是 PC 互联网发展的必然产物，将移动通信和互联网两者结合起来，成为一体。它是互联网的技术、平台、商业模式和应用与移动通信技术结合并实践的活动的总称。

移动互联网是移动和互联网融合的产物，继承了移动随时、随地、随身和互联网开放、分享、互动的优势，是一个全国性的，以宽带 IP 为技术核心的，可同时提供话音、传真、数据、图像、多媒体等高品质电信服务的新一代开放的电信基础网络，由运营商提供无线接入，互联网企业提供各种成熟的应用。

2. 移动互联网的特性

移动互联网是在传统互联网基础上发展起来的，因此两者具有很多共性，但由于移动通信技术和移动终端的特点不同，因而它又具备许多传统互联网没有的特性。

（1）交互性。用户可以随身携带并随时使用移动终端，在移动状态下接入和使用移动互联网应用服务。

（2）便携性。相对于个人计算机，移动终端小巧轻便、可随身携带，并可以在任意场合接入网络。

（3）隐私性。移动终端设备涉及的个人隐私信息远多于计算机等设备。由于移动性和便携性的特点，移动互联网的信息保护程度较高。

（4）定位性。移动互联网有别于传统互联网的典型应用是位置服务应用，它可以提供以下几种服务：位置签到、位置分享及基于位置的社交应用；基于用户位置的监控信息及消息通知服务；生活导航及优惠券集成服务；基于位置的用户换机上下文感知及信息服务。

（5）娱乐性。移动互联网上的应用非常丰富，如图片分享、视频播放、音乐欣赏、电子邮件、在线游戏或实况转播等，为用户的工作、生活带来更多的便利和乐趣。

（6）局限性。移动互联网应用服务在便捷的同时，也受到了来自网络性能和终端硬件功能方面的限制。移动互联网各个部分相互联系、相互作用并相互制约，任何一部分的滞后都会影响到用户应用的效果，甚至延缓移动互联网发展的步伐。

（7）强关联性。由于移动互联网业务受网络及终端性能的限制，因此，其业务内容和形式也需要匹配特定的网络技术规格和终端类型，具有强关联性。

（8）身份统一性。这里所说的"身份统一性"是指，移动互联用户的自然身份、社会身份、交易身份、支付身份通过移动互联网平台得以统一。

二、移动互联网技术

1. 移动互联网架构

移动互联网是互联网技术、互联网平台、商业模式和应用与移动通信技术结合的总称（见图 2-11），它包括移动互联网终端、移动互联通信网络和移动互联网应用三大部分。

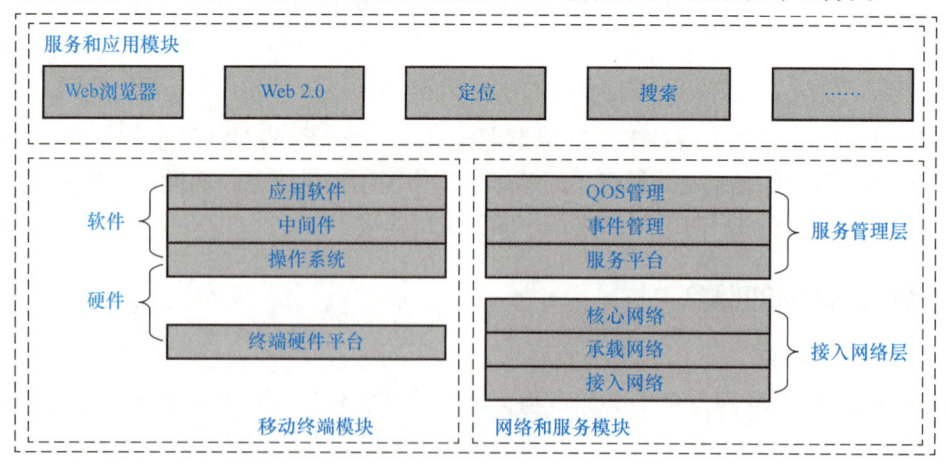

图 2-11　移动互联网框架

2. 移动通信核心技术

从 20 世纪 80 年代初移动通信技术诞生,至今已经走过了 40 多个年头,大约每 10 年就经历标志性的一代技术变革。20 世纪 80 年代初诞生蜂窝移动电话系统,1991 年 GSM 开始商用(第二代数字移动通信技术),2001 年 VCDMA 商用(第三代数字多媒体移动通信技术),2011 年第三代合作伙伴计划(3GPP)发布了 LTE-Advanced 技术标准(第四代宽带数据移动互联网通信技术)。2019 年第五代移动通信技术成为新一代蜂窝移动通信技术,在性能上更做到了高频率、高带宽、低时延、节约能源、高可靠和海量连接。移动通信系统的每一次变革,都以标志性的技术创新作为支撑,如图 2-12 所示。

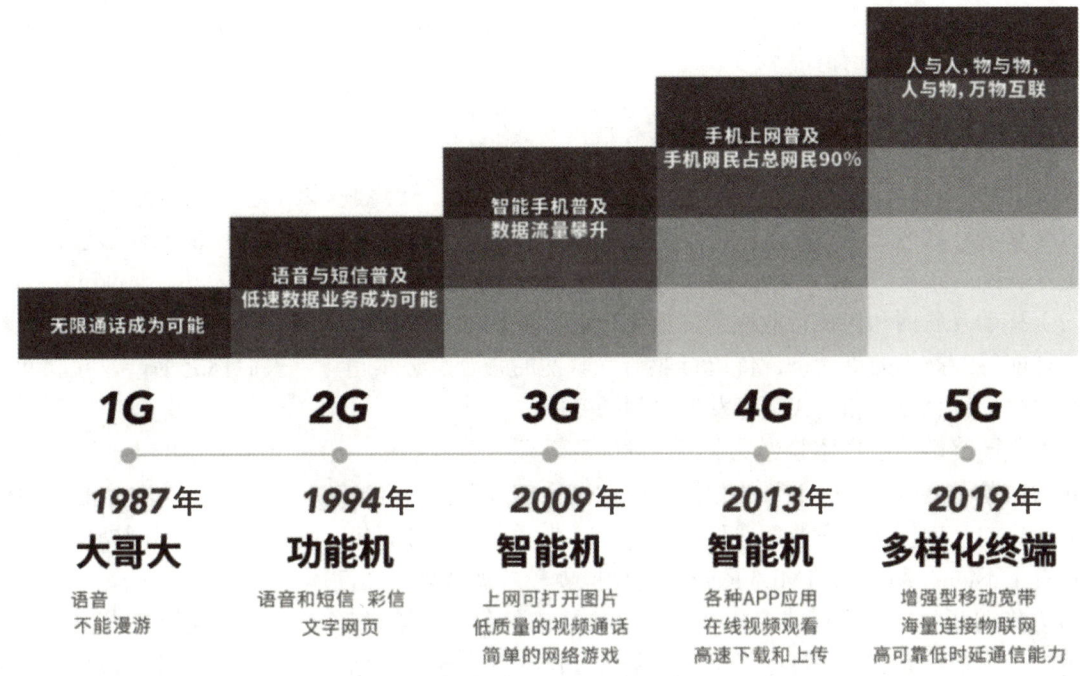

图 2-12 移动通信技术的变革

3. 移动互联网终端技术

移动互联网的终端技术主要包括硬件设备相关技术和移动操作系统的开发技术。无论对于智能手机还是平板计算机来说,都需要移动操作系统的支持。在移动互联时代,用户体验已经逐渐成为移动操作系统发展的主要追求。

4. 移动互联网络技术

互联网是全世界数以亿计的计算机和智能手机相互连接而成的世界上最大的网络。而且,这个网络目前仍在不断扩大之中,不仅新的计算机和智能手机持续加入,而且各种新的终端也踊跃入网。移动互联网正是以这个互联网体系为基础衍生和发展起来的,并且移动互联网的发展和进步也反过来推动互联网系统更紧密地连接到个人、连接到物品、连接到世界万物。

5. 移动互联网应用技术

移动互联网应用技术包括服务器端技术、浏览器技术和移动互联网安全技术。

三、移动互联网技术的应用

1. 电子商务

移动互联网的电子商务是指将互联网、移动通信技术、短距离通信技术及其信息处理技术完美结合，使人们可以在任何时间、任何地点进行各种商贸活动，实现随时随地、线上线下的购物与交易，在线电子支付，以及各种交易活动、商务活动、金融活动和相关的综合服务活动等。

2. 位置服务

随着第四代移动通信网络的普及和智能手机的普及，移动互联网在中国高速发展，位置服务在整个移动互联网产业链中起着基础、核心的作用。位置服务是基于 LBS 的移动通信系统的应用型服务。

通过电信运营商的无线电通信网络或卫星定位系统获取手机用户的位置信息（地理坐标或大地坐标），在地理信息系统（Geographic Information System，GIS）平台或类似系统的支持下，为用户提供位置服务，是一种增值服务。

四、移动互联网的发展趋势

移动互联网目前仍处于发展时期，创新是其主要趋势。未来将有以下六大发展趋势：

（1）移动互联网超越传统互联网，引领发展新潮流。传统互联网是互联网的早期形态，移动互联网是互联网的未来。

（2）移动互联网和传统行业融合，催生产业互联网。在移动互联网、云计算、物联网、大数据和人工智能等新技术的推动下，传统行业与互联网的融合是必然趋势，人们称之为产业互联网，产业互联网的平台、技术和模式都将发生深刻的变革。

（3）不同终端的用户体验更受重视，助力移动业务普及扎根。手机屏幕大小的不同，带给了用户不同的体验。适应"小屏幕"的智能手机的网页应该轻便、轻质化，它承载的广告也必须适应这一要求。目前，大量互联网业务迁移到手机上，为适应平板计算机、智能手机及不同操作系统，开发商开发了不同的 APP，HTML5 的自适应性能就较好地解决了阅读体验问题。

（4）移动互联网商业模式多样化，细分市场继续发力。随着移动互联网发展进入快车道，网络、终端、用户等方面已经打好了坚实的基础，产业盈利模式也已开始改变，移动互联网已融入日常生活与商业社会，移动互联商业成熟期已经到来。移动游戏、移动广告、移动电子商务、移动视频等业务需求量快速提升。

（5）用户期盼跨平台互联互通，HTML5 技术让人充满期待。目前形成的 iOS、Android 两大系统各自独立，相对封闭、难通，许多应用需要进行"双平台"适配开发，这种"隔绝现象"有违"互通、互联、开放、共享"的"互联网精神"。不同品牌的智能手机，甚至不同品牌、类型的移动终端都能互联互通，是用户的期待，也是今后的发展趋势。

（6）大数据挖掘成蓝海，精准营销潜力凸显。随着移动带宽技术水平的迅速提升，更多的传感设备、物化终端、智能终端可随时随地地接入互联网，加之 5G 网络、云计算、物联网、大数据、人工智能等技术的加持，中国移动互联网也将进入现代技术"融合发展"时期。目前的移动互联网领域，仍然是以位置的精准营销为主，但未来随着大数据及相关技术的融合，人们对数据挖掘的不断深入，针对用户个性化定制的应用服务和营销方式将成为发展趋势，它将是移动互联网的另一片"蓝海"。

本章小结

本章全面介绍了新一代 ICT 信息技术，其中包括大数据、云计算、人工智能、物联网和移动互联网技术。

随着信息化技术的发展，数据时代背景下，大数据技术蓬勃发展，其战略意义在于对庞大数据的专业优化处理，赋予数据一定的价值。大数据技术主要包括数据采集技术、数据处理技术和数据存储技术。如今的大数据技术已经延伸到各个行业，与社会各个层面紧密相关。

云计算技术是继互联网、计算机后的又一个信息时代的革新，是分布式计算技术的一种，可以实现随时随地，以方便、快捷、按需方式为用户提供抽象的、虚拟化的、可动态扩展的、具有存储能力等的一种大规模分布式计算的聚合体。

人工智能是智能化和自动化的重要基础，发展至今主要分为三大流派，分别是符号主义、连接主义和行为主义。人工智能的关键技术包括自然语言处理技术、计算机视觉技术、人工智能平台开发等技术，在信息识别、智能控制和 AI 机器人等领域发展迅速。

物联网是从联网需求和信息世界的扩展需求中发展出的新技术，是在互联网的基础上，让所有能够被独立寻址的普通物理对象实现互联互通的网络。物联网关键技术包括 RFID 射频识别技术、传感器技术、短距离无线通信技术等，在产业数字化的背景下，成为重要的技术之一。

移动互联网技术是移动通信和互联网两者结合的产物，具有交互性、便携性、隐私性、定位性、娱乐性、局限性、强关联性和身份统一性等特点。

在不断发展的科学技术推动下，以移动互联网为基础，以大数据为平台，物联网、人工智能、云计算等技术将不断聚合，形成新的 ICT 信息技术及产业，进而成为各行业发展的重要基础。

CHAPTER 3

第三章 项目整体管理

> **学习目标**
> ○ 具备项目整体管理的思维
> ○ 掌握制定项目章程、项目初步范围说明书、项目管理计划的方法
> ○ 熟悉指导与管理项目执行的方法，熟悉监控项目工作的方法
> ○ 掌握整体变更控制的过程和内容
> ○ 了解项目收尾的内容

第一节 项目整体管理概述

项目整体管理（Project Integration Management）是一个崭新的现代项目管理专业领域，是20世纪80年代左右兴起并逐步得到推广和运用的一个专业的项目管理知识领域。项目整体管理是一项综合性、系统性、全局性、整体性的项目管理工作，它是依据项目的各个环节、项目的各个目标（成本、工期、质量、范围等）和各利益相关方的需求，以及项目要素中的配置关系来进行的。在整个项目的施工过程中，各个项目的各个要素和各个项目的利益相关方的需求和期待之间的关系都是"明确"或者"自在"的，也就是要素之间存在关系和关联影响。因此，为了实现项目实施、管理活动和目标的全面协调和控制，需要对项目的各个方面进行充分、积极和正确的管理。

一、项目整体管理的含义

美国项目管理协会的《项目管理知识体系》对项目整体管理的定义是：项目整体管理的知识领域包括识别、确定、整合、协调各个项目管理过程组内不同过程与项目管理活动时所需要进行的各种过程和活动。

项目整体管理具有统一、整合、结合等特点，并包含了项目实施过程中，为满足客户和其他利益相关方的要求、预期而实施的贯穿项目全过程的关键行为。从项目管理的特点来看，"整体管理"在任意特定的日子里，都应该决定把精力放在什么地方，思考如何优化资源配置，预测和解决可能的问题，以避免以后的情况恶化，以及为整个项目的利益而进行协调。从这一点可以看出，项目整体管理是一种以项目顺利进行、充分满足各利益相关者需求为目的的管理活动，也是项目管理各专项管理中统领全局的管理工作。

项目整体管理是根据总体项目管理活动、项目特定（或要素）管理、项目各个专项管理和项目利益相关方的管理要求，全面科学配置资源的全面工作。项目整体管理的实质是对项目的各个专项（或要素）进行有效的管理，使项目的各个专项（或要素）能够满足项目的目标和利益相关方的需要。因此，项目整体管理是一个多维度的管理，它包括整个项目管理、全要素的全面项目管理、整个项目团队（全体利益相关者）的全面管理、项目组织的全面管理和项目资源整体管理等。

项目整体管理对项目的成功与否起着至关重要的作用。项目经理负责整个项目的管理，并负责项目的全面协调。在项目经理的领导下，项目团队成员制订了相应的项目计划。项目经理要在项目目标的基础上，带领团队做出决定，协调所有成员、计划和工作，并处理他们之间的矛盾。图 3-1 为项目整体管理的示意图。

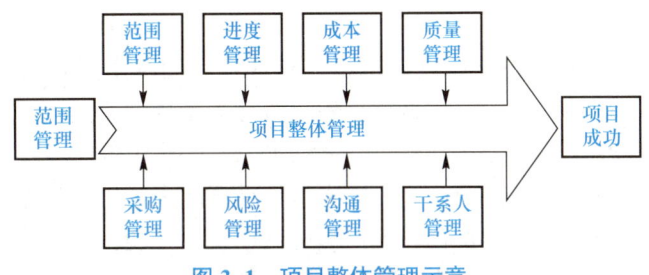

图 3-1　项目整体管理示意

从图 3-1 中可以看出，项目整体管理是项目管理知识体系中的一条主线，它确定了项目的目标，并将项目管理知识体系的其他八个方面的管理结合起来，协调管理部门之间的关系，并最终推动项目取得成功。

二、项目整体管理的重要性

在项目实施的过程中，为了取得项目最终的成功必须进行项目管理。

项目的整体管理是在全组织范围内而不是在具体项目中进行的。项目工作要与项目实施单位的日常工作相结合。项目的整体管理就是通过协调各方面的关系，使项目的成功实施与组织内部各个方面的关系密切相关的一种管理模式。项目整体管理除了协调项目内部各方面外，还整合了项目外部的多个方面。

项目管理的最终目标是使项目完成，满足或超过项目利益相关者的需要和期望，但由于项目利益相关者各自的需要可能不同，不可避免地会发生冲突；项目的不同目标，如质量、进度、成本等，这些要素都是相互制约的，矛盾在所难免。在这里可以充分发挥项目整体管理的作用，通过协调、平衡这些矛盾，使项目团队成员密切配合，对项目的成本、质量和进度进行管理，以实现项目的总体目标，使项目顺利完成。本章主要论述了项目整体管理的特征，并结合工程实例，对项目整体管理的实施进行了探讨。需要注意的是，项目经理在项目的整体管理中发挥着重要的作用，在项目的人员、计划和工作的协调，统领全局，冲突的、上下级之间的沟通等方面发挥着不可或缺的作用。

项目整体管理存在于项目的整个生命周期，即对项目的启动、规划、执行、监控、收尾等各环节的全面管理都将起到重要的作用。此外，项目整体管理是一个全要素管理。项目中其他各方面的管理，例如后续章节将会提到的范围管理、时间管理、成本管理、质量管理、人力资源管理、沟通管理、风险管理、采购管理等，都要通过整体管理来协调关系、解决冲突。

三、项目整体管理的特征

项目整体管理包括各项活动和各个方面的管理，以及各个利益相关方的需求和期望，它的主要特征体现在以下几个方面：

1. 基于配置关系的管理

项目整体管理的第一个特征是基于项目特定配置关系（Configuration Relationship）的系统性和全局性的项目管理工作，这是其最重要的特征。"配置关系"的存在使得项目管理的核心思想得到了充分体现。所谓"配置关系"，是指每个项目的独特的项目目标和要求、项目产出物和工作、项目资源和价值，是一种客观的匹配关系，人们只有依次进行全面的项目管理，才能更好地实现项目的目标，满足项目利益相关者的要求和期望。因此，项目整体管理既不同于项目综合管理（基于平衡），也不同于项目整合管理（基于妥协），这是项目整体管理最基本的特征。

3-1 项目整体管理的特征

2. 全面优化的系统管理

项目整体管理的第二个特征是系统性，即根据具体项目的科学配置关系，结合项目的各项活动、各个方面和要素，实现项目的系统性最优。项目管理的系统性，是指项目管理是以系统观念为基础，以系统方法为手段，以项目为单位进行的管理。每个项目都有很多目标、要求、活动、资源、专项管理，项目整体管理就是要把这些方面有机地结合起来。由于每个项目的活动、目标和要求都是项目的要素，如果没有很好地整合、统一和协调，就不可能构成一个系统，因此项目的整体管理要解决这一关键问题，这也是项目整体管理的最主要特点。

3. 全面协调管理

项目整体管理的第三个特征是全面协调，即从项目全局的角度出发，对项目活动、要求、目标和具体项目进行全面协调与控制的一种项目管理活动。如果项目的所有方面不协调，可能会出现局部最优或有利情况，而对整个项目则是受损或不利的。项目的整体管理要求项目管理者有较高的综合素质和较强的组织管理思想，项目管理模式应该是全面协调和控制的，这样才能使项目的整体效益最佳。项目整体管理的重要特点之一，是从全局角度对项目的各个方面进行安排和协调，从而实现项目全局最优。

4. 统一管理

项目整体管理的第四个特征是统一管理，即项目的所有方面必须按照一定的授权，协调一致地加以组织。包括统一管理项目的内部和外部、统一内部和外部项目资源、统一项目业务和管理规划、统一应对和控制项目本身和因环境变化而产生的影响，以及统一审议项目利益相关者的请求和变更请求。特别是，统一计划安排、统一审批变更。由于任何一个计划的更改都将改变整个项目的既定配置关系，因此需要找到新的配置关系，并需要对项目所有方面的总体控制进行更改。

四、项目整体管理应用的主要方面

项目整体管理可以被广泛地应用到项目经营管理的整个过程、生命周期过程、项目计划实施管理阶段，及项目实施各个步骤的管理阶段。例如，在投资企业制定基本建设项目不可预见费用草案的计划阶段，就需要统筹考虑企业部门各方面经济管理关系的重要因素，采用综合性项目管理及整体工程经营管理技术。在进行工程造价估计时，还应采用全面的方法和手段，将各个指标的影响因素结合起来，甚至在风险评价的过程中，还应运用全局的方法和技术，将不同的风险因素结合起来。一般情况下，项目整体管理方法有如下几种。

3-2 项目整体管理的方法

1. 项目工期与质量的整体管理

项目工期过程控制问题和有效减少项目成本问题都必须统一科学地加以考虑，整体来完成项目成本和进度过程控制。因为项目工期与成本是互相关联的。项目工期节点任意提前和随意拖延，必然会造成整个项目成本突然大幅上升或迅速大幅降低，而对单个项目成本的增减调整，也必然会造成项目工期节点的变化。例如，为缩短建设工期，有时就会组织全体工人加班，加班期间就要另付他们一份工资和各种临时赶工费，项目成本自然而然也就会相应上升。同样，项目成本开支若削减了，项目投入的建设费用和占用的资源就会下降，这两者往往又会反过来直接影响目标工期进度。

2. 项目成本与质量的整体管理

成本管控和工程质量监督同样强调统一考虑并进行整体管理和控制，因为两者之间的联系更加密切。一般来说，工程造价的下降对工程质量有很大的影响，但工程质量的好坏也会对工程造价产生直接的影响。比如，项目的成本削减太多，会导致施工项目被迫偷工减料，使工程质量降低；相反，如果工程出现质量问题，必须重新设计，以保证工程的质量，这必然会增加工程的费用。

3. 项目进度、成本、质量与资源的整体管理

在进行整体管理时，包括项目工期、成本效益和工程质量分析等在内，还必须全面考虑好项目资源计划与整个项目进度、成本效率与工期质量之间的管理和控制。因为这四项基本要素，实际上在将来许多情况下仍然紧密交叉、关联制约。任何一个要素产生变动，都会反过来引起其他几项要素的增减变动。例如，项目工期的延长或缩短都会造成物料采购品种与原料供应时间发生变动；而资源采购与供给的时间、数量上的变动反过来又使工程造价随之变动；如果对资源的采购与供给提出数量和时间的要求，就必须调整工期进度，并且这种调整最终会造成项目成本的变化。

4. 项目产出物和项目工作的整体管理

必须考虑对项目产出的质量、交付时间、数量和任务范围进行全面管理和控制。这是因为项目产出物的质量和数量是由项目工作的质量和数量所产生和保证的。因此，在项目实施的全过程中，对于项目产出物质量的控制，通过项目工作质量的管理实现。项目实施期间，项目产出物管理和项目工作管理分别进行。项目产出物的质量主要通过监测、控制和事后管理来实现，而项目工作的质量主要通过过程控制来实现。如果不能将项目产出物质量和项目工作质量纳入整体管理办法，将不可避免地导致项目工作和项目产出物脱节，最终导致项目无法满足质量要求。

5. 项目工作和项目目标的整体管理

对于任何项目来说，项目目标和项目工作都是两个最为直接相关和相互影响的要素，也因此必须进行项目整体管理。项目目标与工作范围的匹配程度是项目管理中的关键问题之一。围绕项目目标与工作范围这两个环节，项目管理人员需要做好项目目标的变更管理工作。如果项目目标发生变化，项目的工作范围就必然发生变化。例如，判断项目目标是否在项目产出的质量、交付的时间和数量方面发生变化，或者发生其他直接影响项目工作范围、内容和进度的变化。相反，项目工作的变化，无论是项目工作的范围还是内容，都会直接影响项目一个或全部专项目标的实现。

6. 项目各专业或部门的整体管理

项目各项工作由项目团队中不同类型的人员或专业人员承担，他们将按照一定的原则组成不同的部门或团队，执行特定的项目任务。例如，建设项目的设计、土建、安装、改造由不同的项目专业小组或团队进行；企业管理咨询项目将在组织管理、财务管理、营销管理、战略管理等方面设立不同的专业咨询小组。因此，项目管理中的整体观念在所有项目管理工作团队中的主要体现是：工作的整体性、工作的连续性和工作的动态性。必须以整体管理的方式统一协调和管理这些不同的项目团队或团队的工作，否则，项目的最终结果就不能纳入一个连贯的整体，可能会出现项目工作各部分的产出物合格，但整个项目的产出物不合格的情况。这就是项目各部门协调管理、保持工作连贯的意义所在。

7. 项目工作与组织日常运营工作的整体管理

在所有项目开展的过程中，执行该项目的机构都存在经常性工作，而该机构的工作也必须与机构的日常运营相适应。该机构以一种全面的管理方式来管控其日常工作。比如，一个公司在进行技术革新、产品升级或进行多元化经营活动时，必然要同时进行自身的日常运作和生产工作，这就需要对其进行全面管理。否则，要么是因为项目的工作对公司的日常经营产生了影响，要么是因为公司的日常经营工作对项目的工作产生了冲击。这种后果是所有公司都要努力避免的。而唯一的办法就是，在这样的环境下，任何一个公司都必须对自己的工程和日常运作进行整体管理。

五、项目整体管理的实现过程

在项目整体管理这一知识领域，有两个具体进程属于启动过程组，即项目章程的拟订和初步范围说明书的拟订；在规划过程组，制订项目管理计划；在执行过程组，根据先前制订的计划，指导与管理项目实施；在监控过程组，包括监控项目工作和整体变更控制；在项目的收尾过程组，包括项目总结和收尾工作（见图3-2）。与项目收尾过程有关的是行政收尾和合同收尾，下文将对此进行说明。

3-3 项目整体管理的实现过程

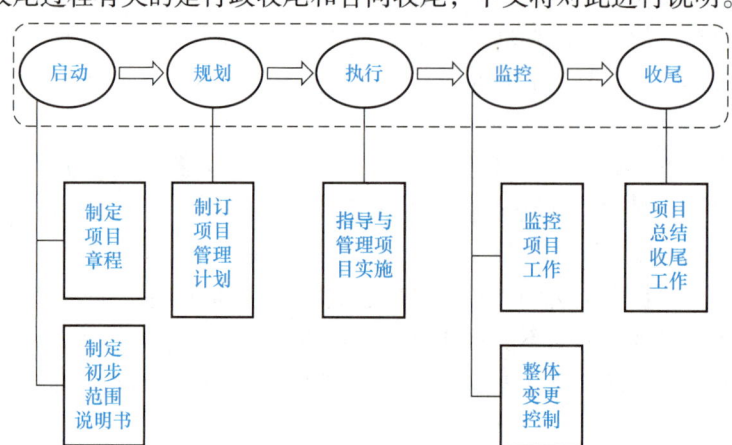

图3-2 项目整体管理的实现过程

项目整体管理有项目章程、项目范围说明书、项目管理计划三个主要文件。项目章程的流程是非常重要的，一个没有项目章程的项目，企业可以拒绝接受，这在理论上是有规定的。项目范围说明书是在规划过程中进行细化的，其内容主要是在启动过程中进行初步的范围说明，在规划过程完成细化后，就成为与需求说明相对应的项目范围说明。项目范围说明书与项目管理计划是一种对应关系，项目管理计划是为了实现规划而制订的。这些计划制订的相应基准反映了项目管理计划的重要作用。

第二节　制定项目章程

项目章程是核准和确定项目或项目阶段的一份正式文件，其中规定了具体的项目目标、要求或方向，以及项目经理的正式权力、项目小组的规定，还有其他项目利益相关方之间的关系。"章程"，顾名思义，就是"宪章"和"宪法"的意思，所以《项目章程》是项目工作的"根本大法"。一个好的项目管理者，必须具备良好的项目章程和制度意识，全面管理项目内部关系。因此项目章程的制定是项目整体管理的首要任务。

一、制定项目章程（项目启动）的原因

项目动因就是项目启动的原因，通常是问题（Problem）、机遇（Opportunities）或商业需求（Business Requirement），管理者必须就项目的启动做出决定。了解项目动因有助于我们更好地理解项目的成功与否和项目管理人员必须具备的素质和能力，它已经成为管理学中的一个重要概念。项目动因包括市场需要、商业需要、客户需要、技术领先需要、法律需要、社会需要等（见表3-1）。

表3-1 几种常见的项目动因

项目动因	举例说明
市场需要（Market Demand）	针对建材市场"实木复合地板"需求的增加，一家建材公司批准了一个项目，建立一个新的"实木复合地板"加工厂
商业需要（Business Need）	一个房地产开发商决定启动一个房地产项目，以增加其收入
客户需要（Customer Request）	为了方便新住宅区居民上网，一家电子公司批准了一个建立宽带网的项目
技术领先需要（Technological Advance Need）	在电子技术和网络技术不断发展的情况下，一家电子公司批准设计了一款新型的网络可视手机
法律需要（Legal Requirement）	按照国家新出台的法律要求，一家建材企业授权一个项目来改善公司产品的环保性能
社会需要（Social Need）	市政府为了改善人们的生活环境和提高生活质量，决定在一些社区建立社区公园，提供健身器材和进行卫生教育

如表3-1所示，项目启动原因也被称为启动项目的激励因素。这些激励因素的核心主题是，管理部门通常必须就如何应对以及批准和发布项目章程的工作做出决定。项目启动是一个决策者与项目管理者的合作过程，这一过程需要一些依据以及工具和方法的应用，如项目选择方法，其中包括衡量项目的收益、对项目所有者或赞助人的价值或吸引力，及其他组织决策准则，这些标准组成了项目章程，即项目章程是上述过程的最终结果。制定项目章程相关事项的依据、工具与技术和成果如图3-3所示。

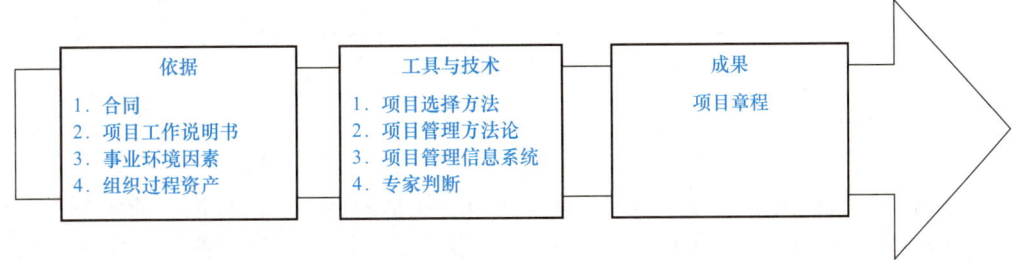

图3-3 制定项目章程相关事项的依据、工具与技术和成果

二、制定项目章程的依据

任何一个项目的章程都不是凭空想象的或随意的，而是基于项目特征、环境和要求综合平衡编制的。因此，制定项目章程需要依据以下信息。

1. 合同

如果项目是针对外部顾客的，则项目章程制定的基础来自客户的合同。如何确定项目章程中的法律文件的主要内容，以及项目章程的制定程序，是非常重要的问题。

2. 项目工作说明书

项目工作说明书是对项目所提供产品或服务的文字说明。就内部项目而言，项目赞助人或主办人根据业务需要、产品或服务需求编制一份工作说明书。就外部项目而言，工作说明书是客户招标文件的一部分，如建议邀请书、信息请求书、招投标文件或合同的部分内容。如果一个公司的产品或服务是通过项目组织的形式提供给其他组织的，则会计期间、工程建设项目的投资规模和资金来源等都需要做具体说明。项目工作说明书具体内容如下：

（1）经营需要——组织的经营需要依据培训需求、市场动态发展情况、技术进步与革新、法律法规要求或行业标准。

（2）产品要求说明书——描述项目产品或服务需求和特点的文件。产品要求说明书在项目启动阶段往往不够详细，但在实施过程中，经过思考和完善，产品的特性逐渐细化。产品要求说明书应包括对产品或服务的功能、性能、质量、价格、使用和维修等方面的要求。这些要求还应该阐明要创建的产品或服务与经营需要或激发这种需求的其他因素的关系。虽然产品规格的形式和内容因行业而不同，但应该足够详细，以服务于未来的项目规划。

（3）战略计划——所有项目都应支持本组织的战略目标。战略计划是组织的重要战略目标之一，但是它并不能完全代替组织的经营目标。组织战略的细微差别，就可能导致项目的结果相去甚远。在做出项目决策时，应考虑到组织战略计划的执行情况。

3. 事业环境因素

任何项目都是在一定的组织环境中存在的，如图 3-4 所示，影响项目成功的组织（企业）环境在项目决策和项目章程中予以考虑。如果一个项目是在特殊情况下进行的，如某个国家政府支持的项目等，那么这些因素也必须纳入考虑范围之内。此外，在项目执行过程中也应考虑到这些因素。

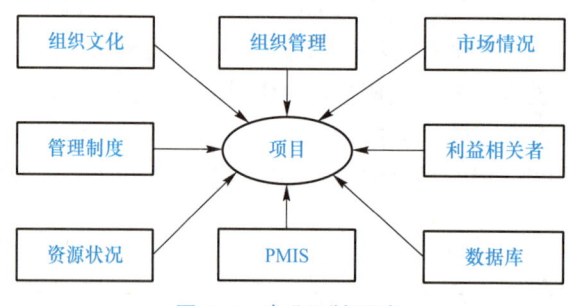

图 3-4 事业环境因素

主要的事业环境因素包括：

（1）组织文化。

（2）管理制度，包括国家或行业标准（如管理部门规章制度、产品标准、质量标准、环保标准、工艺标准等）。

（3）资源状况，包括基础设施（如现有设施和生产设备等基础结构）与人力资源（如技能、专业知识、设计、开发、立法、合同发包和采购）。

（4）组织管理，包括组织人事管理（如雇用与解雇指导方针、员工考评及培训记录）、公司工作核准制度等。

（5）项目管理信息系统（PMIS）（如自动化工具套件、进度管理软件工具、配置管理系统、信息收集与分发系统或与其他在线自动化系统的网络接口）。

（6）市场情况。

（7）利益相关者。

（8）数据库（如标准费用估算数据、行业风险研究信息和风险数据库）。

4. 组织过程资产

影响项目成功的任何资产都可作为项目章程和之后项目文件制定过程中的组织过程资产。对于参与项目的任何组织，都可能有正式或非正式的准则、程序、规划和原则，必须考虑到这些。组织过程资产是组织过去经验的集合体现。组织过程资产还反映本组织从以往项目中获得的经验教训和知识，如已完成的进度表、风险数据和实现价值数据。组织过程资产的组织方式根据行业、组织和应用领域的不同而有所差别。组织过程资产可分为两类：

（1）组织开展工作的过程和程序。如工作任务的确定、工作方法和技术的选择、工作方法和技术的应用等。它主要包括以下几个方面：

1）组织标准流程，如标准、准则、方针（安全健康方针、项目管理方针）、标准产品和项目生命周期以及质量方针和程序（如过程审计、目标改进、核对表和供内部使用的标准过程定义）。

2）标准指导原则、工作指令、建议评价标准、实施效果评价准则。

3）模板（如风险模板、工作分解结构模板、项目进度网络图模板等）。

4）根据项目的具体需要，修订组织标准过程的指导原则和准则。

5）组织沟通要求（例如现有的特定沟通技术、允许的沟通媒介、记录保存和安全要求）。

6）项目结尾指导原则或要求（如最后项目审计、项目评价、产品确认和验收标准）。

7）财务控制程序（如时间报告、必要的开支与支付审查、会计编码和标准合同条文）。

8）变更控制程序，包括修订公司规章制度、标准、计划和程序，或任何项目文件，并按规定的程序进行审批和确认。

9）风险控制方法，包括风险类型、概率的确定和结果、概率的计算和结果矩阵。

10）核准和签发工作许可的程序。

（2）组织整体信息存储检索知识库。其包括以下几个方面：

1）过程测量数据库，用于收集和提供过程和产品实测数据。

2）项目档案（如范围、费用、进度、质量基准、实施效果测量基准、项目日历、项目进度网络图、风险登记册、计划应对行动和确定的风险后果）。

3）历史信息和教训知识库（如项目记录和文件、所有项目结尾资料和文件记录、以往项目选择决策的结果和执行情况以及风险管理信息）。

4）问题与缺陷管理数据库，包括问题和缺陷状态、控制信息、问题和缺陷解决方案以及行动结果。

5）配置管理知识库，包括公司所有正式标准、政策、程序和任何项目文件的版本和基准。

6）财务数据库，包括工时、费用、预算和任何项目费用超支的资料。

三、制定项目章程的工具与技术

1. 项目选择方法

在项目经理领导下的团队，通过决策过程选择合适的方法。决策是从既定的行动目标出发，利用一定的方法在一个或多个方案中选择出最满意方案的过程。决策要对发现问题、提出问题、解决问题的过程进行科学系统的分析，在此过程中，决策者可以使用多种决策方法为管理决策和经营决策提供科学的决策依据，使最终选择的方案符合满意原则。

（1）收益测量法（Benefit Measurement Methods）是基于财务指标的一种计算方法，利用我们在财务管理中所学的财务指标，例如内含报酬率（IRR）、静态投资回收期、动态投资回收期（PBP）、投资收益率（ROE）和净现值（NPV），进行计算、分析、对比。收益测量法包括对比法、评分模型、对效益的贡献和经济模型等。

（2）约束优化法（Constrained Optimization Methods）。对于异常复杂的项目，光靠文字信息的收集与决策是不够的，此时就要采取约束优化法。约束优化法是分析问题，将实际问题转化成数学模型，并利用数学计算选择最佳方案的一种方法。画决策树、假设问题、函数、线性代数、动态分析、控制变量、多目标编程算法等是约束优化法经常运用的数学方法。

2．项目管理方法论

项目管理方法论（Project Management Methodology）的主要用途就是利用已知经验总结现有项目的特点，制定一套包括决策方法、工具、技术、技巧的指南和模板，为以后的项目管理提供经验。一般包括：项目管理制度、项目管理流程、项目管理表格、项目管理技巧、项目管理工具，以及一系列反映项目管理制度、流程和表格的模板。这种管理方法将项目管理方法与业务流程结合起来，并在实践中对其进行优化，是一种项目管理方法论。项目管理方法论是一种结构化的方法，可以应用于大量的项目中。在具体的实践过程中，项目管理方法论需要建立一套适合行业特色的项目管理体系。项目管理方法论是项目管理手册，是组织项目标准管理过程中通过正确的决策、高效的过程、规范的操作、可控的进程，保证项目有效实施的重要手段。项目管理方法论的应用使一个项目的成败不由项目经理个人或项目成员的素质或能力决定。项目管理方法论是项目管理者的工具，它为项目管理者提供了工具使用的依据。项目管理方法论的模板或手册保证项目顺利实施。在项目章程的制定中使用项目管理方法论中已有的模板和手册。

3．项目管理信息系统

项目管理信息系统（PMIS）是一个组织内部使用的标准自动化系统集成工具。项目管理团队还需要对项目管理信息系统提供支持。项目管理团队利用项目管理信息系统来制定项目章程，方便及时接收完善项目章程时的反馈，控制对项目章程的修改，并发布经核准的项目章程。

4．专家判断

专家的判断是评估制定项目章程所需的基础。在这个过程中，这种专家的判断和知识可以应用到任何技术和管理的细微环节。专家知识可能来源于项目的规划者或者项目的组织者、项目的参与者以及其他人员、政府的规章制度和会议的记录等。这类专家知识可由具有专门知识或接受过培训的任何团体或个人提供，例如：

（1）机构中的执行部门。
（2）咨询公司。
（3）利益相关者，包括客户或赞助商。
（4）专业和技术协会。
（5）行业集团。

四、项目章程的内容

项目章程通常由项目执行组织外部的项目发起人或出资人签发。签发人的水平取决于项目的需要，并与项目的投资（贡献）规模相适应。有关项目章程的问题应由签发人澄清。项目经理评价项目实施前项目章程是否还存在问题。项目章程是重要的，对项目章程修改意味着发生了非常重要的变化，包括是否需要终止该项目。

项目章程包括：①项目简介（项目利益相关者的需求/商业需求/产品描述/项目目标与论证/项目投资与收益分析）；②任命项目经理并授予相应的权力；③项目利益相关者的影响；④项目概算；⑤项目工期和工程进度表；⑥约束条件（Constrains）（组织/环境/外部）；⑦假设前提（组织/环境/外部）；⑧由项目发起人或投资方核准。图 3-5 为项目章程的格式示例。

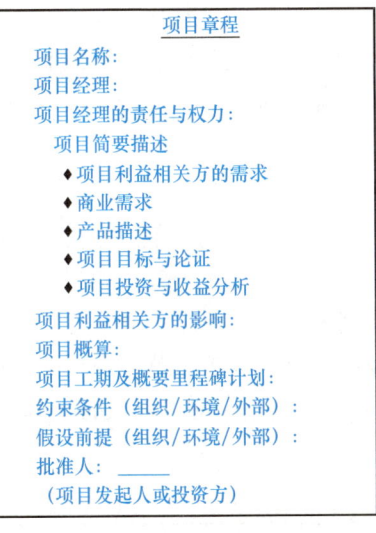

图 3-5　项目章程的格式示例

约束条件和假设前提在项目管理过程中至关重要。约束条件是指影响项目管理团队选择的限制因素，包括规模、时间、费用和质量等。在项目执行过程中，项目管理人员应经常分析和评估所采用计划管理的方法，可以减少项目管理的盲目性。假设前提是指假定为真实、现实或确定的因素。因为这些因素都是假设的，所以它存在一定的不确定性。风险来源于不确定，所以它也存在一定的风险。假设前提分析是风险管理的组成部分之一。在项目规划过程中，项目团队应始终识别、记录和验证所做的假设。

第三节　制定项目初步范围说明书

项目的范围包括项目产出物的范围和项目工作的范围两个方面。项目管理的首要任务就是制定项目初步范围说明书，有了范围才能界定管理项目的边界。项目初步范围说明书是对项目范围进行的概括性描述，还未明确细节。项目初步范围说明书是以项目章程为依据，以项目目标为导向编制的一种项目管理文件，对项目的边界进行了描述，并对项目的范围进行了初步的定义。

一、项目初步范围说明书的概念和内容

项目初步范围说明书是一个初步的项目范围的说明文件，包括项目的特点、边界、验收标准和控制方法。项目初步范围说明书是按照项目的合约与各利益相关方的需求和期望来编写的。在项目的后续工作中，项目管理团队会对其进行进一步的完善和细化，从而形成一个详尽的项目范围说明。根据工程所采用的技术和项目的复杂程度，项目初步范围说明书的内容和简略程度不同，但是在大部分案例中，其主要内容如下：

1. 项目产出物范围的初步规定

它包含项目的目的和成果的需求及特性、项目产出物的验收标准、项目边界的定义和可交付的项目结果等。由于项目中的所有工作都是为了服务项目的成果，因此项目产出物边界的定义是项目初步范围说明书的核心内容。

2. 项目工作范围的初步规定

项目的工作范围是为了完成一个项目的成果而必须完成的所有工作。项目初步范围说明书中应对项目工作范围提出初步的要求，包括项目的进度表、项目的初步工作分解结构、项目成本的估算、项目管理配置需求、项目规模审批等。

3. 项目条件和项目假设条件

项目条件是指既定的项目制约因素。项目假设条件是指项目限制条件和人为的不确定因素。其中包括资源条件、项目实施条件、项目工作等多种条件和假定条件。因为在短时间内不能获得完整的工程资料，所以，必须对资源不完全的项目条件做出假设。

这里应该注意到，在项目假设条件下制定项目范围说明书也可能要求为"未假定"的项目的可能情形制定"应急措施"，从而在假设出现错误时可以及时应对。制定项目初步范围说明书的依据、工具与技术和成果见图3-6。

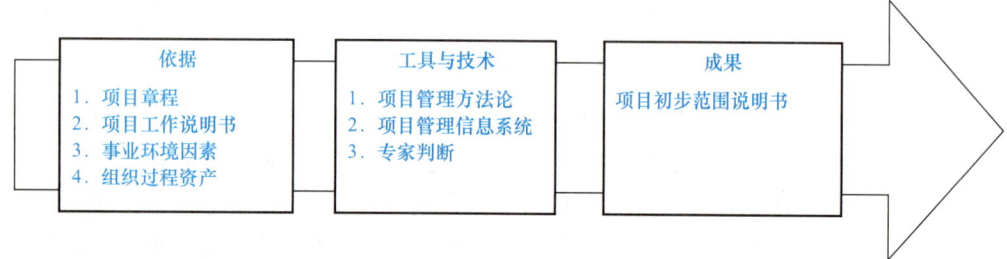

图3-6 制定项目初步范围说明书的依据、工具与技术和成果

二、制定项目初步范围说明书的依据

项目初步范围说明书应赞助人或发起人的请求而编写，制定项目初步范围说明书的主要依据包括项目章程、项目工作说明书、事业环境因素和组织过程资产。事业环境因素与制定项目章程时的项目外部和组织环境因素都会发生巨大的变化，因此，需要进行相应的调整。制定项目章程时，组织过程资产与在制定项目章程时的组织过程资产内容一致。

三、制定项目初步范围说明书的工具与技术

编制项目初步范围说明书的技术和方法有很多，主要介绍以下几种：

1. 项目管理方法论

项目管理方法论在宏观上确定了大致流程，协助项目管理团队编写和控制项目初步范围说明书变更。

2. 项目管理信息系统

项目管理信息系统是自动化系统，项目管理团队可以利用项目管理信息系统制定项目初步范围说明书，细化项目初步范围说明书并及时反馈和实时更新发布项目范围说明书。

3. 专家判断

无法应用信息系统的地方就需要人工判断，在应列入项目初步范围说明书中的任何技术与管理细节方面都会用到专家判断。

第四节 制订项目管理计划

一、项目管理计划的概念

项目管理计划是确定、协调与整合全部分项计划的文件。制订项目管理计划的过程是识别各行动文件，将其串联在一起形成一份完整的书面的项目管理计划。项目管理计划的内容与项目所处领域和复杂程度有关。根据项目整体管理的要求，项目管理计划的更新与修改通过整体变更实现。项目管理计划确定了实施、监督、控制和结束项目的方法。

项目管理计划的详略依据实际情况制订，没有规定限制篇幅。项目管理计划由一个或者多个分项计划和其他注意事项组成。每个部分的计划的详略程度都要满足项目管理的需要，计划应具有可操作性。项目管理计划的内容（但不限于如下内容）见表3-2。

表3-2 项目管理计划的内容

项目管理计划的内容	简要说明
项目范围管理计划	确定如何对项目范围进行定义、管理、控制与核实
进度管理计划	确定制定项目进度表的格式与进度控制准则
成本管理计划	列出成本管理的模板（如表格的格式），并确定项目成本的构成、估计、预算和控制的标准
质量管理计划	说明如何实施执行组织的质量方针
过程改进计划	说明过程分析的步骤，识别出浪费和毫无价值的多余活动，从而提高客户价值
人员配备管理计划	描述在什么时间以何种方式满足项目的人力资源要求
沟通管理计划	确定项目利益相关者的沟通需求，确定谁需要哪些信息，所需信息的类型、格式与详细程度，何时需要这些信息以及如何得到这些信息
风险管理计划	描述如何开展和实施风险管理活动
采购管理计划	说明如何管理项目采购过程，包括从制定采购文件到合同收尾
其他	• 里程碑清单：列出所有的里程碑（项目实施的重要时间节点）和实现日期 • 资源日历 • 进度基准：经过项目管理团队认可和批准的进度表，表明基准开始日期和基准完成日期 • 费用基准 • 质量基准：记录项目质量目标作为项目质量绩效测量和控制的基准 • 风险登记册：记录项目存在的主要风险 注意： • 理解计划和基准的区别。计划是一个动态的概念，它随着项目的进展而不断进行更新和调整；而基准一般只有在项目范围发生变化时才改变 • 范围基准不是项目管理计划的一部分

项目管理计划的作用：①保证项目顺利进行和按期完成；②保证项目的各个方面成为一个整体；③有效地监控项目执行情况；④为项目利益相关者的决策提供信息和依据；⑤可以通过反复规划进行计划调整和工作更新。

二、制订项目管理计划的工具与技术

1. 项目管理方法论

项目管理方法论在宏观上确定了大致流程,协助管理团队制定和控制项目管理计划变更的过程。

2. 项目管理信息系统

项目管理信息系统是项目管理团队用来制订项目管理计划、及时接收在制订项目管理计划过程中的反馈、控制项目管理计划的变更和发布经批准的项目管理计划的自动化系统。

(1)配置管理系统。配置管理系统是整个项目管理信息系统的一个子系统。该系统包括提交变更建议的程序、追踪变更建议的审查与批准制度、确定批准变更的级别和确认核准的变更方法。对大多数应用领域来说,配置管理系统包括变更控制系统。配置管理系统也是正式形成文件的程序的全体,以便就以下事项提供技术和行政指导及监督:

1)识别和记录产品或组件的功能和实体特征,保存文件。
2)控制对上述特性的所有更改。
3)记录并报告所有变更的更新情况及其实施状况。
4)验收辅助产品与项目组成部分,核实其质量状况与是否达到标准。

(2)变更控制系统。变更控制系统可细分为范围、质量、进度、费用和合同变更控制系统。变更控制系统应当同项目管理信息系统相配合,形成一个整体,是用于确定控制、修改和核准项目交付品和文件的方式方法。变更控制系统是配置管理系统的一个子系统。例如,就信息技术系统而言,变更控制系统可包括每个软件组件的技术规定说明书(例如脚本、源码、数据定义语言等)。

3. 专家判断

在制定应列入项目管理计划中的任何技术与管理细节时都会用到专家判断。

第五节　指导与管理项目执行

为了实现项目目标,执行项目范围说明书中规定的各项任务,生产项目产品或交付成果,项目经理和项目团队采取各种措施执行项目管理的指导与管理项目执行计划,这个过程称为指导与管理项目执行(Direct and Manage Project Execution)。项目经理与项目管理团队一起,指导项目活动的实施,并协调项目资源以及项目内各种技术与组织接口的管理。项目任务在这一过程中完成,在这一过程中消耗和利用了大量资源和项目的主要预算,实施了流程改进活动、预防措施和缺陷补救措施,生成了大量的项目绩效信息,并产生了项目产出或交付成果。同时,在这个过程中,项目经理和项目团队花费的时间最多。

一、指导与管理项目执行的内容

指导与管理项目执行是指实施项目管理计划中确定的工作,以实现项目目标的过程。具体活动主要包括:①执行项目要求的活动;②创造项目可交付成果;③项目团队成员的人员配置、培训和管理;④获取、管理和使用各种资源,包括材料、工具、设备和设施;⑤执行已有计划的方法和标准;⑥建立和管理项目团队内部和外部的项目沟通渠道;⑦生成项目数据(如成本、进度、技术和质量进展情况以及状态数据),为预测提供依据;⑧根据项目范围、计划和环境,提出变更请求并实施经批准的变更;⑨管理风险并开展风险控制和应对活动;⑩管理卖方与供应商;⑪收集和记录所吸取的经验教训,并开展改进审批程序的活动。

指导与管理项目执行计划的依据、工具与技术和成果如图 3-7 所示。

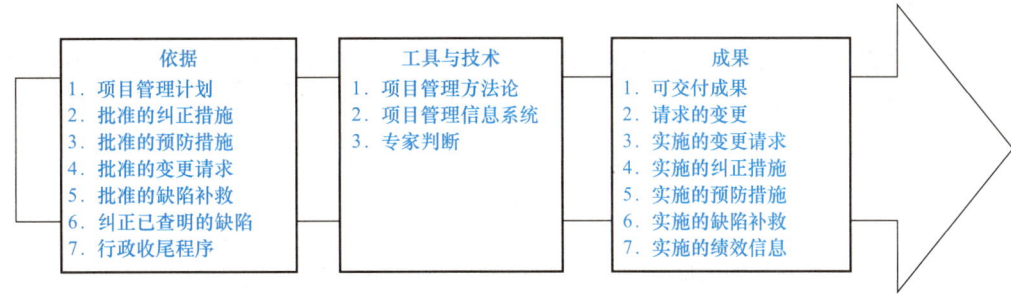

图 3-7　指导与管理项目执行的依据、工具与技术和成果

二、指导与管理项目执行的依据

1. 项目管理计划

项目管理计划整合了其他规划进程产生的所有子管理计划和基准,确定了项目的执行、监测、控制和结束的方式方法。项目管理计划是指导与管理项目实施的重要依据,是项目管理人员与项目经理指导与管理项目执行的重要工具。项目管理计划是指导和管理项目实施的主要依据。

2. 批准的纠正措施

批准的纠正措施是已经批准的指示和文件,目的是确保今后项目执行的结果将始终符合项目管理计划的要求。

3. 批准的预防措施

批准的预防措施是在正式行动前就允许的一系列行动,并有文件说明,以减少项目风险产生消极后果的可能性,避免因纠正错误而产生的成本。

4. 批准的变更请求

批准的变更请求是指为了扩大或缩小该项目的范围而核准和记录的变更请求。批准的变动还可能需要修改方针、项目管理计划、流程、费用、预算或进度表。批准的变更请求可以在项目开始时使用,也可以在项目结束时使用。批准的变更请求的主体可以是项目团队中的任何成员,也可以是其他人。批准的变更请求将由项目团队实施,确定时间进度。

5. 批准的缺陷补救

批准的缺陷补救是为了纠正质量检查或审计过程中发现的产品缺陷而批准并形成文件的请求。

6. 纠正已查明的缺陷

已查明的缺陷补救是对经过修理和重新检查的物品再次验收或拒绝而发出的通知。

7. 行政收尾程序

行政收尾程序记录在项目行政收尾阶段所需要的活动、配合行政收尾的其他部门,以及明确相关责任。

三、指导与管理项目执行的成果

1. 可交付成果

可交付成果,是项目管理中阶段交付物或者最终交付物,是为完成某一过程、阶段或项目而必须生成和提交的独特并可核实的产品、成果或服务。项目管理非常关注交付成果，完成全部交付成果，就意味着覆盖了全部的项目范围。项目经理的工作内容之一是项目的可交付成果。在地铁的项目管理过程中，项目管理的实施可以利用设计文件提高项目的组织管理水平和效率。设计文件是可交付的，建成的地铁运载旅客能力也是可交付的。

2．请求的变更

在项目工作过程中，通常会发现需要扩大或缩小项目范围、修改准则或程序、修改项目费用和预算、修改项目时间表。变更请求的主要目的在于提高项目工作的效率和质量。变更请求可以是直接或间接提出的，也可以是内部或外部提出的，可以是可选择性的，也可以是法律上或合同上强制性的。

3．实施的变更请求

实施的变更请求是项目管理团队在项目执行过程中批准并实施的变更请求。

4．实施的纠正措施

项目管理团队为确保今后的项目执行结果符合项目管理计划的要求而采取的已经实施的纠正措施。

5．实施的预防措施

项目管理团队为减少项目风险产生消极后果的可能性而实施的经批准的预防措施，避免因纠正错误而产生更多成本。

6．实施的缺陷补救

已经由项目管理团队在项目执行过程中实施的批准的产品缺陷补救。

7．实施的绩效信息

例行收集关于为完成项目工作而开展的项目工作活动状况的信息和数据是执行项目管理计划的一部分。工作绩效信息包括但不限于以下内容：

（1）表明进度、进展的状态信息。

（2）已完成和未完成的可交付成果。

（3）已经开展的计划活动和已经完成的计划活动。

（4）满足质量标准的占比。

（5）批准和产生的费用。

（6）估算已经开始的计划活动。

（7）已经开始的计划活动实际完成的百分比。

（8）吸取经验教训，编成文件，并纳入经验教训知识库。

（9）资源利用详情。

第六节　监控项目工作

监督与控制在项目管理中很重要，因为项目的实际进展往往与最初的计划和基准不一致。监控项目工作是指对项目的启动、规划、执行、收尾等各个环节进行监测和控制，并采取纠正或预防措施来控制项目实施效果。项目管理计划是项目监控工作的基准，贯穿于整个项目。监测包括收集、衡量和传播绩效信息，以及评价测量结果和过程改进趋势。持续监测使项目团队能够确定项目的状况，并确定任何需要特别注意的领域。监控项目工作的依据、工具与技术和成果如图3-8所示。

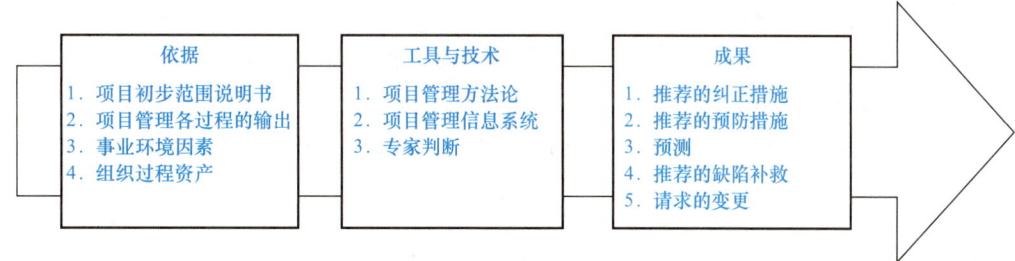

图 3-8　监控项目工作的依据、工具与技术和成果

一、监控项目工作的内容

整个项目管理计划执行过程中的控制工作，不仅涉及项目业务的控制工作，还涉及项目管理工作的控制工作，甚至涉及"起始子过程"和"结束子流程"中的项目管理过程的监控，因此这是一项贯穿于整个项目执行过程的管理工作。

监控项目工作的基本内容：对照项目执行监测信息，对项目执行情况进行价格评估和监测，分析发现项目执行和项目执行改进的发展趋势，分析发现整体计划执行过程中可能出现的问题，并采取必要的纠偏、预防和补救措施，控制项目执行效果。

此外，在项目监测中必须分析、跟踪和监测项目风险概况，以确保项目团队能够查明和衡量潜在的项目风险，从而能够及时采取项目风险应对措施。

二、监控项目工作的工具与技术和成果

监控项目工作是通过使用各种项目管理特有的技术和工具，最终生成监控工作的成果。

1. 监控项目工作的工具与技术

监控项目的方式有很多，包括项目管理的具体方法、项目信息管理系统的建设和使用方法、一般管理方法、专业领域的特殊管理方法、项目挣值管理（Earned Value Management，EVM）的技术方法、项目多要素集成方法、专家判断法和项目授权系统建设、项目进度评审会议（定期或不定期召开，分析项目实施情况，指导项目实施，解决项目问题）。这些方法在具体的实施过程中都可以通过具体的应用程序来实现，但有些方法是可以在一个单位内部实现的，有些则是可以通过其他单位实现的。前面已经讨论了项目整体管理方法，而项目挣值管理方法以及项目工作授权系统将在以后的章节进一步讨论。

2. 监控项目工作的成果

监控项目工作的最终成果包括：

（1）推荐的纠正措施。项目计划的实施情况可能因为各种原因导致项目管理计划中的项目执行不力，这就要求他们采取相应的行动，从而更好地执行项目计划。为确保今后的项目执行符合项目管理计划，采取纠正措施并将其记录在案。

（2）推荐的预防措施。项目风险管理是指为了降低风险、减少不良后果而提出和实施的各种计划和行动方案。提出并记录预防措施，以减少项目风险产生不利后果的可能性。

（3）预测。预测是根据预测时掌握的信息和知识对项目未来状况和活动的估计或预先估计。预测的方法包括对项目的现在及将来进行分析，对项目的实施情况进行评估预测。根据项目执行时提供的业绩信息更新和重新发布预测，这些信息与过去的业绩相关，并可能影响未来的项目业绩，如完成项目时间与估计完成剩余时间之间的时间估算。

（4）推荐的缺陷补救。这里的"推荐"是一种建议性的提醒，它是指对某些在质量检查与审计

过程中发现的缺陷而提出的纠正建议。

（5）请求的变更。请求的变更所要求的改动包括要求扩大或缩小项目的范围，修订准则或程序，修订项目费用或概算，以及修订项目进度表。变更一般会在项目工作期间被决定。变更请求可以是直接或间接提出的，也可以是内部或外部提出的，可以是可选择性的，也可以是法律上或合同上强制性的。

第七节　整体变更控制

整体变更控制流程贯穿整个项目。变更控制是一个项目管理过程中的重要环节，是必不可少的。因为项目很少准确地遵循项目管理计划，必须通过认真和持续的变革管理来维持项目管理计划、项目范围说明书和其他可交付成果。拒绝或批准变更请求应确保批准的变更反映在基准中。整体变更控制的依据、工具与技术和成果如图3-9所示。

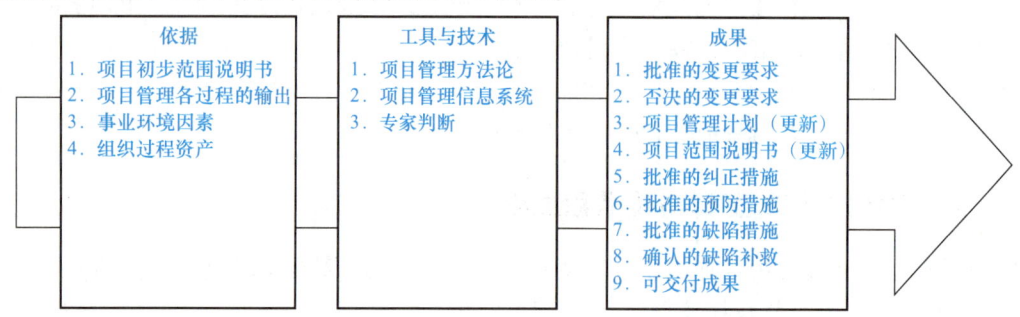

图3-9　整体变更控制的依据、工具与技术和成果

一、整体变更控制的内容

整体变更控制是指在项目的整个生命周期中对变更的识别、管理和综合协调。例如建立变更管理机制、变更的预测与预警机制、变更后的管理与控制机制。其具体内容如下：

（1）控制导致变更的因素，以确保变更有利于项目的完成。项目经理在变更管理中的作用不仅局限于变更发生时的处理，而且作用于变更管理的全过程，确保变更有利于项目。项目经理和项目团队平衡多个关键项目目标，如范围、时间、费用和质量。

（2）为了确定是否发生了变化，必须了解项目每个阶段若干目标的状况。在项目管理的各个阶段，项目经理必须有明确的项目计划、项目组织结果的准确性和完整性。项目经理的职责是项目的实施和管理。此外，项目经理必须就项目的重大变化及时与高级管理层和主要项目利益相关方沟通。

（3）项目实施过程中实际情况不会完全按照计划发展，当变更发生时，需要对变更进行管理。管理变更是项目管理经理和项目管理团队的一项重要任务。防止项目的频繁变动至关重要，项目经理必须采用某些规章制度和条例来管理项目，以减少项目可能出现的变动。

在整体变更控制进程中，需要维持最初确定的项目范围和综合管理绩效度量基准，主要是通过绩效度量基准持续管理变更，拒绝或同意新的变更，并将其纳入订正项目基准。变更控制过程包含变更控制的执行与检查、变更控制的评估与分析等。整体变更控制要求如下：

1）维护绩效度量基准的完整性。应尽快建立和完善项目组织结构。项目的整体变更控制应尽可能保持项目绩效度量基准，以确保原始绩效指标的完整性。

2）确保项目产品范围定义中反映项目产品范围的变化。项目管理人员和项目经理应当把握好变更范围的确定和把这种变更反映到范围定义、范围计划和项目计划中。如果项目范围需要改变（例如与项目可交付成果有关的改变），这种改变必须反映在范围定义、范围计划和项目计划之中。

3）协调各知识领域的变更（见图3-10）。在项目运作期间，一个领域的变化往往影响到其他相关领域（例如，时间表的变化往往影响到项目成本、风险、质量以及人员配置）。项目管理人员需要了解这些相互影响的变更，并对项目管理过程中的每个环节进行有效的控制。因此，有必要对这些相互作用的变化进行整体协调和综合控制。

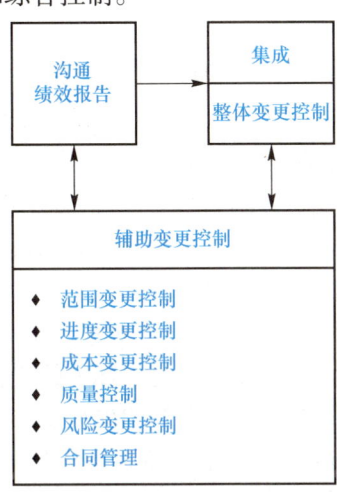

图3-10 协调各知识领域的变更

二、整体变更控制的原则

为了保证变更控制的顺利进行，需要遵循以下原则：

（1）连续性原则。即非必要不改变衡量项目业绩的评价体系。项目业绩衡量的指标体系是一种行业化、标准化的体系，一旦出现了变化，评价的标准化就不连续，便失去了客观性和科学性，变更前后的评价结果没有了可对比性，所以尽量不要改变项目业绩衡量指标体系。

（2）一致性原则。也就是说，确保项目工作结果与项目计划保持一致。工作结果一旦发生变化，必须体现在项目计划中。应更新项目计划，以反映项目成果的变化，并使项目计划与项目工作成果相一致。

（3）整体性原则。项目的变更控制是整个项目管理过程中最重要的内容之一。项目管理者要对项目管理的过程进行全面控制，协调好项目进度、质量、费用之间的关系是非常重要的。也就是说，要注意协调项目各方面的变化。由于项目各方面的变化不可避免地影响到项目其他方面的变化，因此需要对项目中已经变化的部分进行协调，以便成功地实现对项目变更的整体控制。

三、整体变更控制的依据

项目要进行整体的变更控制，需要一些相关信息的支撑，以下进行简单介绍：

（1）项目管理计划。项目计划的实施是项目变更控制的主要内容。通过计划的制订、执行和控制来保证项目目标的顺利实现。项目管理计划包括项目整体计划和单项计划，其中项目整体计划是项目整体变更控制的主线。

（2）请求的变更。项目变更是指项目团队在执行项目过程中，出于各种原因，不得不改变项目的某些部分。项目变更请求可由项目小组、项目业主或其他项目利益相关者提出。形式可为口头或书面，也可以是直接的或间接的。这里需要注意的是，项目变更请求是变更整体控制最重要的依据。

（3）工作绩效信息。工作绩效信息（如项目执行情况报告）显示了项目的最新进展情况，项目管理者可以据此了解情况，判断是否请求变更。项目的进度表、花费与支出、定期检查记录和典型事件记录等都包含在项目执行情况报告中。

四、整体变更控制的工具与技术

以下对整体变更控制的工具与技术的重点内容进行介绍。

1. 项目管理方法论（变更控制系统）

变更控制系统是确定如何监测和评价项目绩效的一系列正式、文档化的程序。变更控制是项目管理人员在变更管理中的核心职责，它对项目管理人员的管理能力和技术水平提出了很高的要求。变更控制包括正式的项目文件更改步骤，以及文档工作、跟踪系统和授权变更的批准层次。

在许多情况下，执行组织都有变更控制系统。项目管理团队的主要任务是确保变更控制系统的有效性和适用性，并且对其进行有效的监控。在没有现成和适当的变更控制系统的情况下，项目管理团队需要建立一个变更控制系统作为项目的一部分。

许多变更控制系统包含一个批准或拒绝项目变更请求的控制小组。变更控制系统的管理者可能会遇到一些问题，但他们的工作内容主要是确定实际上的变更，这些小组也被称为关键项目的代表。这些小组的使用和责任在变更控制系统中得到明确界定，并得到关键项目各方的同意。这一控制小组的定义因组织而异，但通常的名称是变更控制委员会（CCB）、工程审查委员会（ERB）、技术审查委员会（TRB）、技术评估委员会（TAB）等。变更控制系统还包括无须事先审查即可批准的更改程序，如遇某些紧急情况。对于某些类别定义的更改，典型的变更控制系统允许对这些更改进行"自动"验证。这些变更也必须进行文档整理和存档，以便基准计划的发展过程可以被存档。

2. 配置管理系统

配置管理是技术型组织中广泛使用的一种重要的变化管理规范，是防止变更的一种方法。配置管理系统可以提供一个有效的工具来处理各类负面的变更。配置管理也被用来过滤变更，它过滤掉微小或破坏性的变化，允许有益的变化发生。配置管理是对所有方面进行技术和行政指挥和监督的文档化程序。

配置管理是许多应用领域中使用的变更控制系统的一个子集，用于确保项目产品的描述正确和完整。在其他应用领域，变更管理包括所有管理项目变更的系统行为。

配置管理将技术要求按合同一样来对待，通过技术或行政手段对产品及其开发过程和生命周期进行控制、规范。有了拟定的产品设计、配置要素后，在开发、生产过程中，需要跟踪这些配置要素，控制哪些配置要素可变更以及如何变更、哪些不可变更，通过测试、审计检查，确认项目计划中的配置要素均得到满足。同时需要全程记录这些配置要素的变化，便于追溯。客户应该获得不多不少完全满足技术要求的可交付成果。除非技术要求的这一改变通过严格的评审过程并得到适当权威机构的批准，否则任何偏离技术的做法都是不可行的；这种基于合同式方法保护客户免受开发人员和实施人员偏离技术要求的影响，也保护项目人员免受客户频繁变化要求的影响。配置管理的实施者应该在项目实施前期就开始配置管理活动。配置管理的核心是确保技术要求真正反映客户需求。

五、整体变更控制的结果

项目整体变更控制的结果是形成书面文件和具体做法，主要包括：

（1）变更请求的处理结果。在实际执行中，变更请求的处理结果往往不完全相同，可能有经过批准的变更请求或否决的变更请求。

（2）更新后的项目文件。变更整体控制的结果是对项目内容的修改和更新。它主要由项目管理计划（更新）和项目范围说明书（更新）组成。项目管理计划是对项目变更进行整体控制的主要成果，这是整体项目计划、单项计划和其他支持性细节内容的变动和更新结果。项目范围说明书的主要内容可见范围管理。

（3）项目变更的行动方案。项目变更的行动方案是变更已经经过批准后，项目变更整体控制所要具体采取的措施。它包括批准的纠正措施、批准的预防措施、批准的缺陷补救和确认的缺陷补救。

（4）整体变更控制的成果。整体变更控制的成果应该包括变更的内容、变更的程序、变更的原因、变更的影响和变更的后果。整体变更控制的结果可能是确认一些现有的可交付成果，以及及时纳入所吸取的经验教训，以确定项目变更的原因，为下一个项目提供参考。

第八节 项目收尾

一、项目收尾概述

项目或项目阶段在完成目标或由于某种原因终止之后，都要进行项目收尾。项目收尾可以说是项目的一个环节、一个阶段、一个阶段性工作的总称。在项目管理过程中，项目收尾是一个非常重要的任务，但在实践中却常常被忽略，尤其是项目管理不成熟的组织。项目的结束实际上是项目计划实施的结束，而"项目收尾"过程的实施意味着项目的结束或项目阶段的结束。对于多阶段项目，项目收尾主要包括：①项目范围的审核和项目的正式验收；②项目合同清算和所有付款的结算；③项目移交和项目责任移交；④整理项目记录、建立项目档案；⑤进行成果分析以总结经验教训；⑥释放项目资源。

项目收尾的依据、工具与技术和成果如图3-11所示。

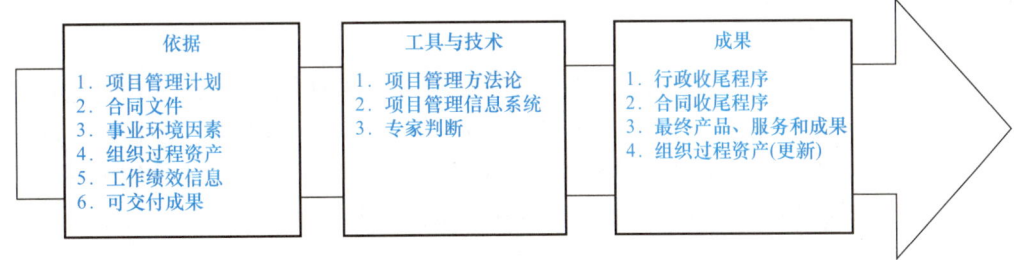

3-11 项目收尾的依据、工具与技术和成果

二、合同收尾

合同收尾就是了结项目合同并结清账目，包括解决一切未决事项。合同收尾分为两种情况：一种是合同全部履行而结束；另一种是合同部分履行而提前终止，提前终止没有充分履行的合同是一种特殊类型的合同收尾。

1. 依据和前提

合同收尾的依据和前提是合同文件，至少包括合同本身及所有有关的表和清单，经过批准的合同变更，承包商提交的技术文件，承包商的进度报告、单据和付款记录等财务文件，以及所有与合同有关的检查结果。

合同收尾包括合同文件的收尾、承包商提交的技术文件的收尾和合同变更的收尾三个阶段。合同收尾应以合同文件为依据，合同文件至少包括合同本身及所有相关表和清单、批准的合同变更、承包商提交的技术文件、进度报告等财务文件、承包商的文件和付款记录以及所有合同相关的检查结果。

2. 可交付成果

可交付成果是指一整套已完成并编码的完整合同记录，应在合同结束时与项目记录一起存档，并应向承包商发出正式书面通知，说明合同已完成。

三、行政收尾

行政收尾是指编造、收集、传播有关信息、材料和文件，以正式宣布项目结束或项目阶段结束。当一个项目交付最终成果或因任何原因终止时，必须进行行政收尾工作。具体包括以下几个方面：整理移交资料；编制归档材料；组织验收；进行总结评估。

1. 依据和前提

《建设工程质量管理条例》规定："建设单位应当按照国家有关标准建立档案并定期向社会公布。"因此，在项目竣工验收前，必须编制项目档案管理方案，以确保项目建设过程中各项工作有条不紊地进行。为记录和分析项目进度而编写的所有文件，包括说明测量项目实施状况的主要步骤的规划文件，以及说明项目产品的文件，如图纸、技术要求说明书、技术文件、计算机文件等，可随时供有关人员查阅。

2. 可交付成果

在项目开发过程中，为了更好地了解和掌握项目进展情况，需要对项目进行全面系统的调查与分析，并将调查结果输入到项目开发管理系统中去，这就是数据更新工作。所有更新的项目相关数据库保留的数据资料仅反映项目的最后真实情况。

项目委托人撰写的验收文件应当向有关方面下发，宣布项目或项目阶段正式结束。

四、项目收尾的成果

1. 行政收尾程序

这一程序包括项目组成员参与执行行政收尾程序的所有工作和责任，例如对项目记录进行编码和要求客户签署验收文件。该程序包含了参与执行行政收尾程序项目团队成员所做的所有工作及其担负的责任，如请委托人对验收文件进行签字。该程序还包括编制一份正式文件用于将已完成项目或阶段的可交付成果转移到其他项目或阶段（例如运营部门或下一阶段）。

2. 合同收尾程序

这一程序的制定为合同收尾的合同条款和条件以及项目完成和阶段结束的必要标准提供了一个循序渐进的办法。这些活动和责任是合同条款的执行和合同条件的执行基础。包括项目团队成员、客户和参与结束合同进程的其他利益相关者的所有活动和相关责任，以及结束已完成项目所有合同的正式行动。

3. 最终产品、服务和成果

正式接受和转让移交授权项目，提交最后产品、服务和结果。验收是一个程序，由项目负责人提出说明，并经过项目负责人的批准才能进行。验收包括收到一份正式的规格说明，说明合同条款的规定已得到满足。

4. 组织过程资产（更新）

收尾包括利用配置管理系统对项目文件进行索引，以指明其位置。在编制过程中，应尽可能地保证索引的结构简单，以便于在索引的存储和传递时，能够方便地对索引的数量和内容进行调整。

（1）正式验收文件。可交付成果是指项目产品和服务正在交付，该可交付成果的可交付性已经得到顾客或赞助人的验收。客户或赞助人已正式确认对项目产品、服务和结果的要求和技术要求得到满足。此确认文件正式表明顾客或赞助人已正式接受该可交付成果。

（2）项目档案。项目活动所产生的文件，例如项目范围、成本、进度、质量基准；项目管理计划；项目日历；风险登记册；规避风险的应对行动和风险后果。

（3）项目收尾文件。项目收尾文件包括一份正式文件，表明项目已经完成，项目的可交付成果已移交给其他方面，如运营单位。当项目完成后，这份正式文件应指明项目完成的时间和后续事项。如果项目在完成之前提前终止，正式文件应说明终止项目的理由，并执行正式程序，移交被取消项目的已完成和未完成的可交付成果。

（4）历史信息。将历史信息和以往的经验教训转入教训知识库，为以后的项目提供帮助。

本章小结

本章全面介绍了项目整体管理的相关内容。讲解了项目整体管理的含义和过程，从项目章程、项目初步范围说明书、项目管理计划、项目执行实施、监控项目工作、整体变更控制和项目收尾等项目过程工作方面介绍了项目管理的所有过程。

项目整体管理是一种系统性、整体性、综合性和全局性的项目管理工作，它是根据项目全过程各项活动、项目各专项工作（成本、工期、质量、范围等）和项目各利益相关者的要求，以及各方面配置关系所开展的一项集成性的管理工作。项目的整体管理具有全过程、全要素、项目全团队（全体利益相关者）的特点。项目整体管理可以适用在项目管理的全过程、项目管理的各个阶段和项目管理的许多方面。项目整体管理中有几个非常重要的文件，其中，项目章程是一份批准和确定一个项目或项目阶段的正式文件，它提供了具体项目的要求、目标、规定或方向，并且给出了对于项目经理的正式授权以及项目团队和其他项目利益相关者相互关系的规定。项目初步范围说明书是初步确定项目范围的说明性文件，它描述了项目及其产出物的特征、边界、验收标准与控制方法等内容。项目管理计划是确定、协调与综合所有部分计划所需要的行动而形成的文件，它确定了执行、监视、控制和结束项目的方式与方法。在项目实施过程中，要对项目进行监控并对整体变更进行控制，以确保项目目标的实现。

思政课堂

习近平总书记指出，全面建设社会主义现代化国家，是一项伟大而艰巨的事业，前途光明，任重道远。同样，项目管理也是一项伟大而艰巨的事业，我们需要以习近平新时代社会主义理论来指导我们的项目管理。

CHAPTER 4 第四章 项目利益相关者管理

学习目标

- 了解项目利益相关者的概念及项目中的利益相关者
- 熟悉项目内外部利益相关者及其责任
- 熟悉不同利益相关者的责任
- 掌握项目利益相关者的管理办法

第一节 项目利益相关者的概念

一、项目利益相关者的概述

随着利益相关者理论的发展，人们对利益相关者关系和项目成败的认识也在不断加深。利益相关者和项目告成两者是相互作用的。利益相关者通过不同途径影响着项目的成功。项目的优良成绩决定了项目的成功施行。一方面，利益相关者作用于项目的决议和举动，进而影响项目的绩效。另外，利益相关者还会通过各种途径影响项目绩效。另一方面，项目绩效也影响到利益相关者的利益。为此，本章定义了项目利益相关者，分析了项目的关键利益相关者以及它们的分类。

任何项目都需要与利益相关者合作。协作对于项目资源的正确配置和有效应用发挥着重要作用。为了成功实现这种协作，项目管理人员必须首先确定项目的关键利益相关者以及他们需要什么，以便在执行项目时更好地考虑到这些利益攸关方，使利益相关者感到满意，并使项目更加成功。因而，本章将重点探讨项目管理中如何识别并协调项目各利益相关者之间关系的问题。综上所述，项目的利益相关者指的是在项目中占据或多或少的收益，被大型项目决议、运营活动影响，并可在不同程度上影响项目既定目的达成的自然人、团体和组织。

相关方满意度应该作为项目目标加以识别和管理。对于相关方的管理，需要进行有效的引导，而关键点就是要加强对与所有相关方保持持续沟通工作的重视程度，并且能够在沟通中了解他们的需求和期望，在项目执行过程中处理出现的问题，合理优化、调和、管理利益冲突，并促进相关方积极参与项目的决策活动。

1. 米切尔三层次模型

米切尔三层次模型见图 4-1。

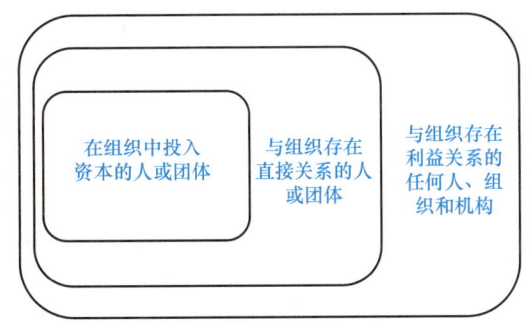

图 4-1 米切尔三层次模型

根据米切尔等的总结,将利益相关者理论梳理为以下三条脉络:

第一条脉络,广泛地指全部受组织经营活动作用或者作用组织经营活动的自然人或社会群体。

第二条脉络,特指与组织有直接联系的自然人或社会群体,这就说明它并不包括政府在内。

第三条脉络,专指那些在企业经营中投入了资本,其收益与企业利益密切关联的自然人或社会群体。

综上所述,利益相关者是指与组织有特定利益关联的个人或团体,他(们)受组织的作用或可以作用于组织,其建议务必要当作组织决议时考量的因素。

2. 组织的利益相关者及其权益要求

(1)股东:参与利润、资产清偿的分配;参与股票表决、核对公司账目和股票转手;参与董事会选举;拥有一些附加权利。

(2)债权人:参与投资应付利息支出和本金回报的分配;在资产清偿时有相对优先权,假定企业内部产生了某种状况,担负起了相应的管理及特权。

(3)员工:积极寻求晋升机会,并努力为自己争取更好的职位或薪酬待遇;共享边际利润,有自由加入工会、参与集体合约等权利;按照劳务合同提供服务,有权要求良好的工作环境。

(4)客户:使用提供的产品;享受相应的服务;在使用产品期间,要求产品改进;要求卖方对产品质量做出保证。

(5)供应商:提供符合合同要求的合格产品及服务,提供了产品相关的参数,加强与下游企业的沟通与联系,要求项目按时结算贷款。

(6)政府:掌握税收,坚持对每个企业公开公正,秉承着"公平与自由"处理竞争问题;要求商业主体(组织)遵守反垄断法的法定义务。

(7)工会:是职工的代表组织,参与治理、维护职工利益、提供经营信息。

(8)一般公众:作为一个整体,参与并推动着社会向前发展;参与政府与商业部门两者间的沟通,相互增进了解程度,承担起政府及社会的一定的职责和责任,促进技术进步。

二、项目利益相关者

1. 项目利益相关者的内涵

项目利益相关者又叫作项目干系人或"利害关系者",是指积极参加项目的计划、开展、管理、督促、掌控的人,或其因项目的开展或实现而受到积极或消极影响的个人和组织,他们也会对项目的目的和成果产生影响。利益相关者不仅可以是踊跃的参与者、踌躇的观望者,也可以是强烈的反对者。他们对项目皆拥有不同程度的感召力和权力，对于项目的成败有巨大的影响。主要的项目利益相关者包括项目经理、客户、项目执行组织、项目团队及相关人、项目赞助者及发起人、项目竞争对手、公众、社团、政府等。

项目管理团队务必明晰利益相关者，明确他们的条件和期望，然后依据他们的条件，对其影响予以管理，保证项目获取成功。项目利益相关者在参加项目时的职责与权力大小迥然有别，而且在项目生命周期的不同阶段也会发生变化。将职责与权力置于脑后的利益相关者甚至会严重地影响项目的既定目标。相同地，漠视利益相关者的项目经理亦能对项目的结局造成不可估量的负面影响。辨析项目利益相关者在某些时候并不容易。例如，某些人有可能会提出"新产品设计项目结果决定了他们未来的就业的装配线工人是不是属于项目利益相关者"的问题。但不能做到辨析紧要的项目利益相关者或许会给项目带来严重的问题。例如，在千年虫软件更新项目中，其管理者过了很久才意识到法律部门是紧要的利益相关者，使其不得不在该项目要求说明书中增添大量的内容，增加了许多文件任务量。

针对项目的影响，项目利益相关者具有积极和消极两种状态。积极的利益相关者一般是从项目的成功中获得巨大收益的人，而消极的利益相关者大概是从项目成功中里窥探到消极的结果的人。图 4-2 所展示的即是一般项目的利益相关者以及其关键关系。

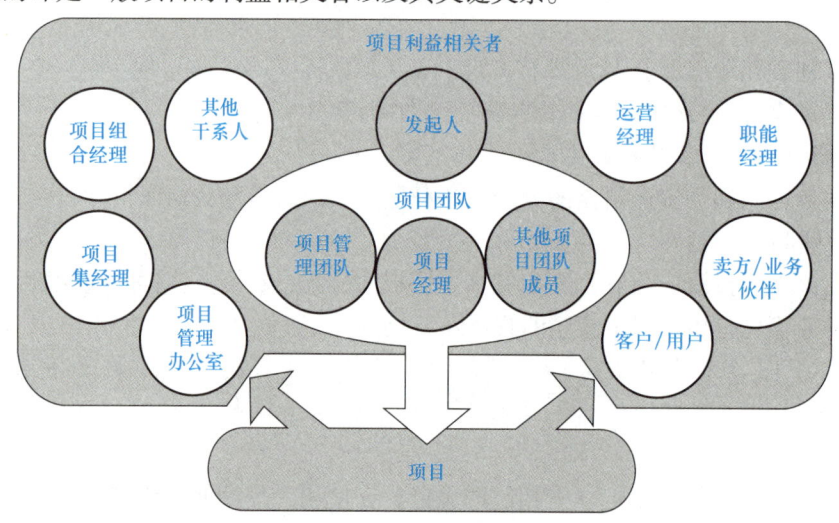

图 4-2　项目利益相关者

一个项目中应当有以下利益相关者：

（1）项目发起人。项目发起人是第一个实际命令执行项目、给项目分拨资金和物资装备的个人和组织，是项目的灵魂，对项目的成败发挥着决定性的作用，它对目标的集中统一大有助益，能够为团队开山筑路、排除千难万险。发起人有时是客户，但在大多数情况下是第三方，就好像是一位命令研发新产品的市场主任。例如从事国家管理和行使国家权力的机关的项目，机关是项目的发起人或者用户，但政府是投资人；集团给旗下的公司发起项目，集团是发起人，子公司是客户，投资人或许是集团，或许是其旗下的公司。项目发起人担负着确保项目获得适当的预算款项、确定项目的整体规划、确保达成项目理想结果所需要的资源的责任。

（2）项目经理。假如说一个项目的灵魂就是项目发起人，那么一个项目的心脏就是项目经理。项目经理是负责管理某一个项目的人，是确保准时、依照预算、依照工作范畴以及依照所要求的性能水准对项目全面负责的人，是项目团队的带头人。一个人只有在学识、实践、指挥、组织、治理、交流、协商、呼吁、应变等方面达到一定的水准，才能成为项目经理。与此同时，组织旨在挖掘项目经理的潜能，赋

4-1　常见的项目利益相关者

予项目经理一定的职权，例如人力资源管理权力、物资分配与调度权力、财务分配权力、赏罚权力等。总而言之，项目经理对于项目能不能成功非常关键，通常要有充分的职权以便管理总体项目，并对用户承担责任，肩负达成项目目的的职责。但在许多情境下，项目经理的权力非常小，不能全部掌控这些结果。另外，需要明晰的是，项目经理与职能经理和运营经理大不相同，职能经理致力于某个职能领域或业务单元的管理和监督，运营经理承担保障业务的正常运转的责任，而项目经理是尽力保障项目准时、保质完成项目目标。

（3）客户（包括内外部客户）。客户是指未来运用项目产品的个人或组织，就是项目最后成效的接收者、应用者或运营者。每个项目皆有一定的客户，又称委托人。它既可能是个人或一个组织，也可能是由两个或更多的人构成的一个团体，抑或是对同一项目结果拥有同样要求的众多组织，在项目合同中，通常以"甲方"的身份出现。客户可能源于企业内部，也可能源于企业外部。例如，要求开发新产品的企业内部的市场部门就是内部客户，要求项目团队开发一套新软件的其他公司就是外部客户。项目开始就是客户对被委托人上交愿望意见书的时候。客户不仅是项目成果的刚需者，还是项目开展的财务资金提供者。项目交付成果的最终应用者是客户，在某些情况下，客户还是预定并付款的人，如建造建筑物、房屋或道路时。在其他情况下，客户是采购由项目研发出来以及之后由公司生产出来的产品的人。

（4）项目团队。项目团队是为了实现项目目标，由来自不同部门、不同专业、不同身份、不同背景、不同技术水平等人组成的临时性团队，有相同的目的、清楚的分工、不一样的责任，经过相互之间的配合一起实现梦想。项目经理是项目团队中的一员。项目团队指的是结束项目工作的团体及参加项目管理活动的团队人员。

（5）被委托人或承包商。承包商就是承揽项目满足客户要求的项目承建方，也就是通常意义上的项目团队。被委托人承揽项目之后，按照客户的想法，着手开展项目。从项目开展、计划到项目进行和结尾的总体管理过程中，被委托人一直居于核心地位。由此，被委托人素养和水平的高低直接关联着项目质量的高低。选取一个优质的项目承包商，是创制高水准项目的核心。当下，客户大都用招标、投标的方法拣选最好的承建商。

（6）分承包商。由于现代项目技术复杂、工程量较大、客户要求较高，一般承包商在承接了项目之后，将总项目的全部或部分子项目内容再转包给第三方（不同的分承包商）。一个项目可以有好几个分承包商。分承包商的加入既能带来成本消费的减少、项目质量的优化和提升及项目风险的减少等，又可以施展自己的专长，高品质地完成项目。但这同时也造成了项目管理的复杂性，令分承包商与承包商之间、各分承包商之间，在某些时候不容易获得高效的交流和协调。

（7）工程监理。在建设单位缺乏能力、人力资源或时间成本时，需要对项目整个过程或特定过程开展督促管理，于是托付其他单位或个人帮忙监督管理，这个帮忙督促管理的单位或个人即是工程监理。工程监理根据项目合约和监理合约，按照国家相关法律、法规，督促项目的甲、乙双方努力工作，达成项目目的。将工程监理的工作通常归纳为"三控、两管、一协调"，既掌控项目投资、掌控项目施工时长、掌控项目品质；开展安全管理、开展合同管理；调节各利益相关者之间的工作关系。

（8）投资人。投资人是指执行组织内部或外部为项目提供现金或实物财力资源的个人或团体，可能是政府部门，也可能是内外部客户，还可能是项目的发起人。

（9）供应商。供应商即为项目的承包商提供原材料、设备、工具等物资设备和服务等人力资源的商人，旨在保障项目开展的进度和品质，每一承包商通常有稳定的供应商。供应商要根据合约规定，保质、保量、准时把对应的产品投递到特定的地方。项目中的供应商大部分是"厂商"或"厂家"。长期的协作关系令承包商和供应商彼此间有极佳的信誉，这使承包商可以灵活地分配资源，供应商也可以取得自身所期望的红利。

（10）施加影响者。施加影响者与项目产品的获得和应用无直接的关联，但却不妨碍由于其在顾客组织或运行组织中的地位而可以于项目的进展中发挥积极或消极作用。比如，制定法律法规的政府部门、房地产建设项目的周边居民或者是环保部门等。

（11）变更控制委员会。变更控制委员会是一个负责审查、评估、核准、延迟或否定项目变动申请的正式组织，它记载和转达变动处理决定。变动控制委员会通常在项目开启前建立，对于项目的变动事宜有严密的、明晰的、仔细的审批过程，任意个人和组织皆不可以逾越变动审批过程。变更控制委员会得到变动申请之后，首先对变更来源、变更理由、变更影响、变更代价、变更方案等进行初步分析，然后针对变更的目标需求和作用开展决策，最终通过会议的形式公布结果。变更控制委员会成员通常由客户或用户、项目管理部门、监督部门、产品管理部门、规划管理部门、研发部门、检测和质量保障部门、市场部、方案提供部门、技术支撑部门、配置管理部门等产生。

（12）项目管理办公室（PMO）。假设项目推进组织设置了项目管理办公室，而且对项目的成果承担直接或间接的职责，它或许就成为一个利益相关者。项目管理办公室通常是项目团队中的一个部门，因其对项目的成功管理非常重要，需要强调一下。随着公司项目市场的扩大，团队的治理、资源的配置等会渐露摩擦和抵触，作为企业设置的职能机构，项目管理办公室旨在迎合企业的战略发展目标，高效正确地配置资源，迅速提高团队的能力等，所以又称它为"项目管理部""项目办公室"或"项目管理中心"等。PMO的作用是制定项目管理过程，组织、建设、治理项目团队，建设科学的治理系统，为各项目组织提供指导和顾问工作，正确配置企业资源，按照企业战略发展计划统筹兼顾项目的优先级等。PMO通常出现在具备一定规模的企业中，肩负起项目组合和项目集的管理责任。

（13）其他受益者。在项目管理方面指与此项目有相同利益的个人或组织，包括业主、金融机构（财团、银行、保险公司）、承包商、分承包商、政府、社会等。各受益者之间的利益或许会产生冲突，在项目管理中应清楚各管理主体彼此间的关联，对正确确认项目管理模式、在项目管理过程中适宜地调节各管理主体彼此间的关系大有助益。

除上述介绍的绝大部分项目中最普遍的利益相关者之外，对于一些具体项目，还有许多不同名称和不同类型的项目利益相关者受项目的影响，包括内部和外部利益相关者、业主和投资者、团队成员及其家庭、政府机构和新闻媒体、竞争对手行业协会、临时的和永久的游说组织以及整个社会等。项目利益相关者较多的例子是融资项目，以下是这类项目的主要利益相关者。

1）项目的直接主办人（一般就是项目公司，即上文提到的执行组织）。
2）项目的实际投资者（即项目出资人）。
3）项目的贷款银行。
4）项目产品的购买者（即项目产品的用户）。
5）项目建造的承包方或者工程公司。
6）项目设备、能源、原材料供应者。
7）项目融资顾问。
8）有关政府机构。
9）法律、税务顾问。

项目成功的首要保障是利益相关者在项目全部生命周期中的有效协调与合作，需要用过程控制工作的结果、用制度保证流程正常开展。

2．项目利益相关者的分类

（1）根据项目利益相关者与项目的不同影响关系。

（2）根据项目利益相关者对项目控制权和掌握权的不同。
（3）根据不同项目利益相关者在项目中收益与损失的状况。
（4）以项目为界限。
（5）以企业为界限。

第二节　项目利益相关者及其职责

一、项目内部利益相关者及其职责

依据项目生命周期把内部项目利益相关者之间的合作关系划分为四个阶段进行研究：合作关系形成阶段、合作关系成长阶段、合作关系成熟阶段、合作关系退化阶段。

以下是对内部项目利益相关者之间关系各阶段特点的分析：

1. 合作关系形成阶段

这是内部项目利益相关者关系的最低层面。利益相关者之间强调交易关系，这种关系需要对基本的实物交易有最低限度的满意，这是每个项目成员生存所必需的。在这一意义上，"内部人控制"并不是指企业中的所有人员都拥有控制权，而是指其拥有的权力和责任与公司所有者不一致或不相容。具体特点如下：

（1）项目各方以合同条款为重点，力求严格遵守合同约定并明确界定各方的责任。
（2）一方当事人经另一方当事人同意变更合同或者价格过高难以变更合同。
（3）合同条款不明确，存在钻空子情况。
（4）很少或根本没有信任。
（5）在处理问题时缺乏灵活性，处理违法行为时依赖诉讼。
（6）所有各方都把自身利益放在第一位，很少顾及共同利益。
（7）各方关系有可能发展成为合作关系或对抗关系。

2. 合作关系成长阶段

此时，合作关系已经发展到对项目合作的好处有了更清楚的认识，不再经常担心现有关系的破裂。他们已经能够开始相互了解，并能够预测短期的未来和共同讨论该项目的未来。这使得双方都有了一定程度上的信心，也就为后期工作提供了保障。具体特点如下：

（1）双方有明确的相互合作意愿，均认识到项目的成功取决于相互合作。
（2）尚未建立共同目标体系的明确制度。
（3）各方尝试通过超越合同边界展开合作，但尚未上升到形成一个共同项目团队的高度。
（4）首先考虑共同利益，其次考虑自身利益。
（5）争议通过互利的方式寻求至少被各方部分满意的解决办法。
（6）具有合作处理问题的观念和行动，但合作处理问题程序尚不正式、不系统。

3. 合作关系成熟阶段

项目内部各利益相关方建立了稳定、积极的合作关系，形成了双赢、多赢的局面。在这种状态下，各参与方都有自己的目标，并为实现各自的目标做出了贡献；同时各个参与方也已经建立起了相互联系、相互依赖、相互影响、相互促进的良好互动关系。各方之间的沟通非常顺畅，利益相关者之间形成了一个无缝的内部统一体，通过密切合作挖掘对方的潜力，促进项目取得成功。这种关系的实质是一种协同关系。具体特点如下：

（1）建立了一个明确的共同的目标体系。

（2）利益相关者将项目组织视为一个共同的团队，他们自己也是项目团队的一部分。

（3）利益相关者视对方为平等伙伴，有一个共同的目标。

（4）当事各方努力以双方满意的方式及时解决争端，避免诉讼。

（5）建立一套相对完整的正式程序，以便合作处理问题。

（6）相互信任，做到沟通完全顺畅，密切联系，不断提高项目绩效。

4. 合作关系退化阶段

合作关系退化类似于企业生命周期的缩短，这就要求恢复对基本实物交易的满意。随着项目规模不断扩大、技术复杂性增加和不确定性增大，企业间的信任逐渐下降。在项目中出现了一种新型的合作伙伴关系——战略联盟伙伴关系。项目利益攸关方不再努力维护合作伙伴关系，而是与其他组织建立新的伙伴关系，该项目面临解体的危险。

总之，针对内部项目利益相关者关系描述如下：

首先，合作关系并不总是沿着生命周期发展，有时甚至没有伙伴关系互动，企业从一开始就进入了高度合作阶段。在这种情况下，如何使项目取得成功？关键要解决好两个问题：一是选择一个合适的合作伙伴；二是对伙伴进行有效的管理和协调。这取决于行业环境、项目特点等因素，如合作者的信誉，关键是要有强大的合作动力。

其次，项目利益相关者之间的关系级别越高，项目的"关系价值"越高，越接近目标市场，企业就能获得越多的收益；反之则会导致亏损甚至破产。所以，一个好的投资项目应该是能够在未来取得良好回报并持续经营下去。但是，项目需要根据项目情况和利益相关者情况来确定在多大程度上发展关系。

5. 项目经理与项目成员的角色划分

（1）项目经理的角色划分。项目经理作为项目管理者也是项目执行的主要负责人，会面对各种不同的项目，所以项目的管理方式和管理内容也有所不同。针对项目经理对项目的管理方式和管理内容，可以将项目经理大致分为项目经理、大项目经理和多项目经理。这些项目经理的职责是基本相同的，只是因其管理的范围以及所管理的项目的大小不同而有所区分。

（2）项目成员的角色划分。项目成员是项目实施过程中的主要执行者，存在于整个项目管理的过程之中，而根据不同的职责划分以及服务的环节，可以将项目成员大致分为项目领导小组、项目执行小组、项目验收小组、项目协调小组。在项目执行过程中，每个小组通力合作，通过沟通和协作，推动项目高效执行。

二、项目外部利益相关者

项目外部利益相关者包括项目发起人、项目总经理、项目职能经理、项目客户、政府组织机构。

（1）项目发起人。项目发起人是项目执行组织内部或外部的个人或团体。项目赞助人不是组织里的一个设定职位，而是项目中的一个角色。举个例子，比如A君想出一个商业计划，但由于资金不够，所以四处寻觅能够给自己投资的人。最后，B君对这个计划感兴趣，愿意投资，从而让A君制订有关的计划，并落实计划。这里谈到的是两个人，A君是项目发起人，而B君是项目赞助人，A君的计划能够成为项目，完全是因为有了B君的投资。

（2）项目总经理。项目总经理的重要责任是挑选项目，按照项目制定规划，调节和总结项目子系统的任务，并按照项目的开展实情、进展和预算来预计研析项目的进行情况。对整个项目而言，项目总经理就如同"神经中枢",计划和控制都由其发出。

第三节　项目利益相关者的责任

一、项目利益相关者的责任

项目管理非常关键的一项工作就是在令项目利益相关者满意的同时,也要令项目利益相关者肩负起对项目应尽的职责。项目的成功不是仅依靠项目组就能完成的,而是其利益相关者共同尽责的成果。项目有五种典型的利益相关者:项目发起人、项目客户、项目经理、项目团队、项目相关职能部门负责人,他们应该对项目承担责任。

(1)项目发起人。项目发起人通常是企业的高层管理人员,是项目是否结束的最后决定人,亦是某项目群的领头人,他们将为项目的生存提供企业商业目标上的支撑,通常来说,总体项目融资皆是由项目发起人来掌控的。

项目发起人的一般责任有:详细叙述企业对项目的期望;保证项目成果满足一定需求;给项目提供一定的资金与资源;通过向企业中的其他人员展览项目来提高他们对项目的支持力度;就项目进展以及其他相关因素与其他利益相关者开展交流。

(2)项目客户。项目客户要对其项目要求的表达是否清楚负责,并证明已上交的项目产品符合其要求。

项目客户的职责有:清楚表达自己的期望;保证项目产品验收后这些要求得到了满足;保证客户方人员的培训;能够随时开展项目产品的验收;支持将项目成果运用于其他商业领域。

(3)项目经理。项目经理对整个项目的顺利结束肩负全面的管理职责。项目经理应当与项目发起人紧密合作,以保证采用的资源充足到位;同时,项目经理应该肩负起项目规划的编写责任,以保障项目在进展、预算以及质量范畴内平稳地完成。在项目开启之前务必任命项目经理,以保障会有具体的人对项目的进行肩负起责任。

项目经理的职责有:贯彻企业项目政策与程序;取得开展工作不可缺少的资源;将项目团队成员的技术熟练度及生产力水平保持在一定的水准,需要时应开展培训;建立并维持项目工作的质量水准;辨析并取得项目需要的工具。

(4)项目团队。项目团队肩负起开展项目的各项活动的责任,在必要时刻项目团队成员要帮助项目经理开展计划编写的工作,与此同时,在项目预算及进度的限制条件下完成项目。项目团队可以邀请相关专家来开展项目计划,同时要与项目客户以及其他项目利益相关者保持互动关系,以保证要求得以正确实行。

项目团队的职责有:辨析处置问题的可选计划;在预算成本以及进展范畴里开展计划;和质量保障人员进行协商;支持项目规划的编写以及对项目实施追踪。

(5)项目相关职能部门负责人。项目是突发的、毫无准备的,达成项目所必需的资源大部分控制在相关职能部门负责人的手里,如果缺少这些人员对项目的鼎力支持,项目圆满完成是万分困难的,乃至没有希望的。

项目相关职能部门负责人的职责有:对企业需求进行排列,同时将其纳入部门规划中;保证开展各项项目活动所需的资源;确保相关人员获得相应的培训;评估并推荐可以使用的项目管理工具。

二、用责任矩阵明晰项目利益相关者的职责

为了保证项目利益相关者肩负起对项目应尽的职责,我们应当完成以下内容:

(1)任务落实,即每一个需要完成的项目务必明确任务责任人。旨在预防彼此推诿扯皮和职责落实不清楚现象出现,每项任务只能有一个人对其担负责任。

(2)人员落实,即项目利益相关者都应肩负一定的项目职责。因为项目的利益相关者将会对项目产生影响,因此,务必尽最大努力保证项目利益相关者具体到个人,避免是一个组织、一个部门、一个小组。不可以令任意一个项目利益相关者对项目仅享有权利而不履行义务。

(3)组织落实,即要给每项任务的成功提供组织上的保证。例如,保证在项目组织和开展方面的人力、流程和管理平台/技术/装备之间的协调统一,实施相对应的鼓励措施等。

为了实现上面的"三落实",在项目利益相关者之间建立责任矩阵对项目是特别有益的,也是至关重要的。

平常的责任矩阵是一个二维表(见表4-1),其间包括利益相关者的花名册、达成项目必要的活动或任务以及各项活动或任务与各利益相关者的对应关系。

某软件项目的追踪与管理流程如图4-3所示。该公司为了保证该流程达到应有的效果,定义了项目利益相关者并建立了责任矩阵(见表4-2)。

项目利益相关者有理由对项目尽职尽责,但其中的许多人并不隶属于项目经理、项目发起人,乃至不隶属于担负该项目企业的职工,项目管理未来面临的严峻挑战就是如何使这些人实实在在地担负起项目的职责。

表 4-1 责任矩阵（一）

主责：★ 辅责：☆ 审核：●

职责计划	公司相关部门	项目班子					工程部							安质部		工经部		物机部			财务部		试验室		办公室
		项目经理	项目书记	项目副经理	项目总工	项目总监	工程部部长	测量主管	调度	技术主管	测量员	技术员	资料员	安质部部长	安全员	工经部部长	预算员	物机部部长	材料员	机管员	财务部部长	会计	试验室主任	试验员	办公室主任
编号																									
1 工作清单																									
1.1 安全管理																									
1.1.1 安全生产保证体系	★																								
1.1.2 部门设置、人员配备	★																								
1.1.3 成立安全生产领导小组	★	☆	☆	☆	☆	☆								☆		☆		☆			☆		☆		☆
层层签订安全质量责任书														★	☆										
......																									
1.2 安全生产策划																									
1.2.1 制定项目安全管理目标				★	☆	☆								☆											
1.2.2 制定安全标准化工地创建目标				★		☆								☆				☆							
1.2.3 安全风险识别评价				★	☆									☆											
1.2.4 形成危险源调查表（及时更新上报）					☆									☆											
1.2.5 形成重大危险源清单（及时更新上报）					☆									☆											
......																									
1.3 安全教育培训																									
1.3.1 作业人员教育培训、考核	●			☆										★	☆										☆
1.3.2 建立三级教育卡														★	☆										
......																									
1.4 安全防护																									
1.4.1 购置、发放个人防护用品	●													☆	☆			★	☆						
1.4.2 建立个人防护用品发放台账	●													★	☆			★	☆						☆
1.4.3 指导、检查、监督防护用品佩戴情况	●					☆								★	☆			☆	☆						☆
1.4.4 做好"四口""五临边"防护	●					☆								★	☆			☆							
1.4.5 做好临时施工用电安全防护	●					☆								★	☆			☆							

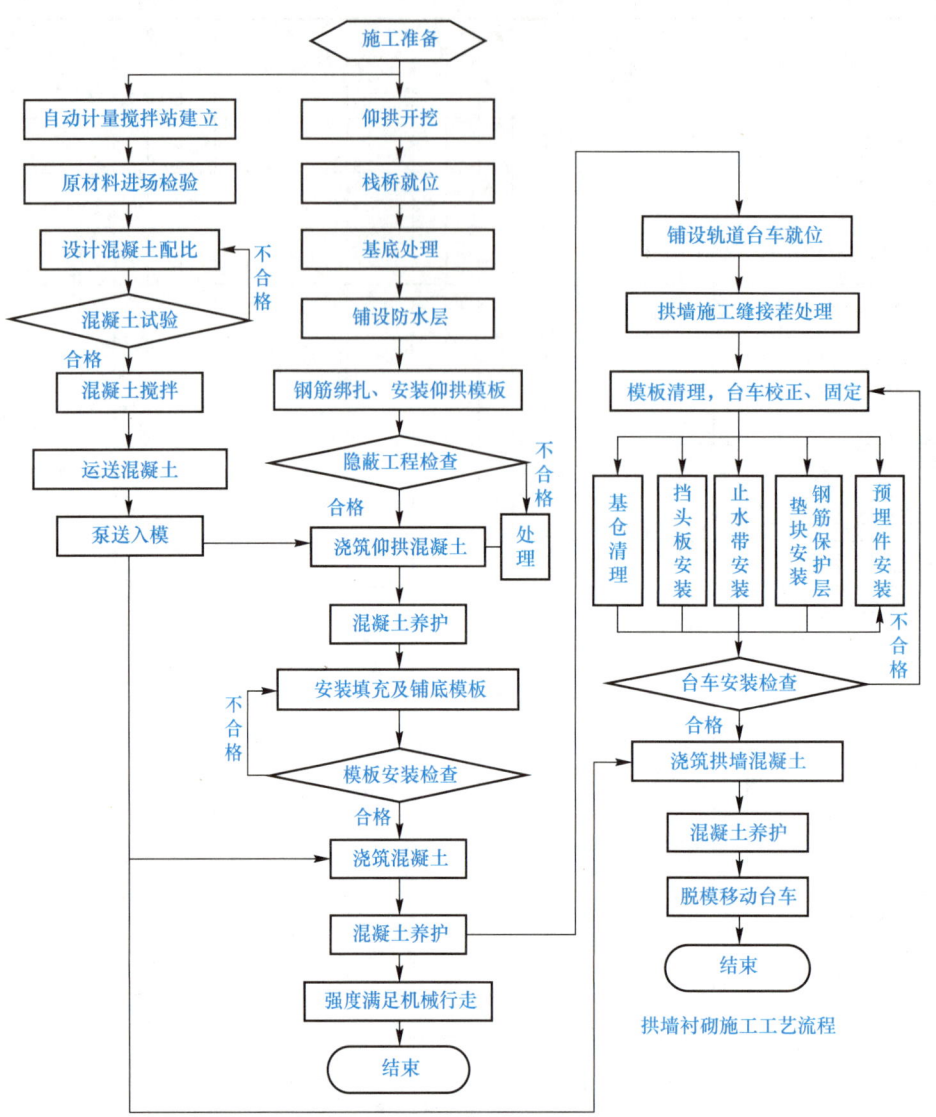

图 4-3 某软件项目的追踪与管理流程

表 4-2 责任矩阵(二)

项目阶段 \ 承担者	工程管理中心	规划设计中心	营销中心	预算部	财务部	物业	集采中心	办公室	监督部	信息部
土地储备	参与	主要责任	参与	参与	参与	—	辅助	—	—	—
前期规划	参与	主要责任	参与	辅助	辅助	参与	—	—	—	—
融资	参与	主要责任	参与	参与	主要责任	辅助	—	—	—	—
施工图设计(包括户型)	参与	主要责任	参与	辅助	辅助	参与	—	—	—	—

续表

项目阶段＼承担者	工程管理中心	规划设计中心	营销中心	预算部	财务部	物业	集采中心	办公室	监督部	信息部
招投标（单体楼、监理公司、景观配套主体工程）	主要责任	参与	—	次要责任	参与	—	—	—	参与	—
招投标（甲供材料和甲分包）	次要责任	参与	—	次要责任	参与	—	主要责任	—	—	—
施工管理	主要责任	参与	辅助	参与	辅助	参与	辅助	辅助	参与	参与
建委规划手续、工程备案、白蚁、土地证、安检站、质检站、销售许可证、墙改基金、招投标管理、人防手续、消防验收、审图、劳保费、验收备案证、室内环境检测	参与	主要责任	辅助	—	辅助	—	辅助	—	—	—
测绘、房地产交易中心合同登记、银行贷款	参与	次要责任	主要责任	—	参与	—	—	—	—	—
自来水、煤气，环保、电、电话、供暖、有线手续	参与	辅助	—	—	辅助	—	主要责任	—	—	—
地名办手续、维修基金、物业用房	辅助	辅助	辅助	—	辅助	主要责任	—	—	—	—
广告推广、形象展示、外联参观和竞争企业的楼盘分析	辅助	辅助	主要责任	参与	辅助	辅助	辅助	—	—	—
销售、测绘	参与	辅助	主要责任	—	辅助	参与	—	—	—	—
物业前期介入	参与	—	参与	—	—	主要责任	—	—	辅助	—

第四节　项目利益相关者的管理

项目经理需要调整利益相关者的目标，这是因为利益相关者的既定目标相互之间常常大相径庭，甚至彼此冲突。例如，要求增添置办新的管理信息系统的部门经理或许期望花销低，系统设计师或许突出该系统技术应当属上品，然而承包编程工作的人员则期望利润愈多愈好；房地产开发项目的业主大概格外注重时间进程，环境组织大概盼望尽最大的可能降低地产项目对环境造成的消极影响,然而居住在附近居民却期望把项目转移到其他的地方;电子产品公司担负研究工作的副总裁或许把"成功"二字理解为技术卓越,担负制造工作的副总裁或许将其理解成世界顶级的工艺水平,然而担负营销工作的副总裁却或许主要关注崭新性能的多或少。唯有对利益相关者的渴求和期望实施管理并加以影响,调动其积极性,转解其消极性,才能保证项目取得成功。

一、项目利益相关者管理的内涵及目标

项目利益相关者管理是指对项目利益相关者需求、问题和期望的识别,并通过沟通来满足其需要、解决其问题的过程;项目管理就是在项目活动中运用专门的知识、技能、工具和方法,使项目能够实现或超越项目利益相关者的需要和期望。

二、利益相关者管理的过程和内容

(1)辨别利益相关者的收益及其优先级别。
(2)分析利益相关者的收益及需要。
(3)与利益相关者进行沟通,分析其需要在项目里是不是能够得到满足。
(4)研发有效对付利益相关者的谋略。
(5)把利益相关者的收益和期望包容于项目管理规划的需要、目的、范畴、交付物、时间进展和花销中。
(6)对利益相关者发现的威胁和机遇进行风险管理。
(7)在项目团队与利益相关者彼此间制定自觉协调的计划章程。
(8)在各个项目阶段保证利益相关者的满意度保持在一定水准。
(9)开展利益相关者的管理规划,如图4-4所示。
(10)实施、交流和管理利益相关者规划的变动更替。
(11)记录获得的经验教训并将其运用到往后的项目中。

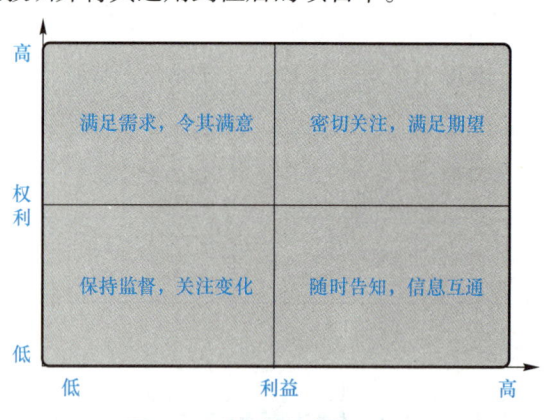

图4-4 利益相关者管理规划

三、项目利益相关者关系管理

项目利益相关者关系的管理是通过各个利益相关者之间的沟通交流,建立较为良性的工作管理氛围,让各方逐步形成新人意识和团队精神,通过各方的相互配合,减少合作中的冲突和摩擦,从而达到共同承担风险、分享利益,更好实现项目管理的目标。

(1)选择与项目相适宜的合作伙伴。

（2）确立共同目标。
（3）明确各伙伴方的责权利。
（4）建立完善的信息沟通网络。
（5）维护和推动良好的合作伙伴关系。
（6）实施相互协调的差异化管理策略。

4-2 项目利益相关者关系管理

> 本章较为全面地讨论了项目利益者相关内容，对项目利益相关者的概念进行了概述，解释了常见的项目利益相关者以及对利益相关者的分类。
>
> 对项目利益相关者的概念通过米切尔三层次模型理论进行了梳理，介绍了组织利益相关者及其权益要求，主要包括十种常见的组织利益相关者。
>
> 项目利益相关者指积极参加项目的计划、开展、管理、督促、掌控等，或从中获得收益的个人和组织。他们因项目的开展或实现而受到积极或消极影响，就会对项目的目的和结局产生影响。本章主要介绍了十三种项目利益相关者。
>
> 项目利益相关者及其职责方面主要介绍了内部利益相关者与外部利益相关者两类群体，并着重介绍了内部利益相关者之间合作的四个阶段及特点。
>
> 项目利益相关者的责任主要是指项目利益相关者在项目过程中需要参与到关键的活动之中，并与项目组共同推动项目成功。在此介绍了五种典型的利益相关者及其职责，了解了责任矩阵的呈现方法。
>
> 项目利益相关者管理是对项目利益相关者的需求、问题和期望的识别，并通过沟通来满足其需求、期望及解决问题的过程，是通过多种管理方法和管理程序，完成对项目利益相关者的有效管理。

CHAPTER 5

第五章 项目范围管理

学习目标

○ 了解项目范围及范围管理的概念
○ 掌握项目范围规划的含义、做法及范围的含义
○ 掌握项目工作分解结构的含义及工作分解结构的做法
○ 掌握范围变更控制的方法

第一节 项目范围管理概述

在项目目标确定后,需要关注项目工作的设定和取舍,即决定做哪些事、不做哪些事。范围管理需要关注满足利益相关者的项目产品要求,达成项目上的一致。

一、项目范围的含义

项目的根本目的是满足客户的需要,向业主、客户交付令其满意的工作成果。项目的根本目的就划定了要开展的工作范围。确定项目范围就是确定项目的边界,确定项目应该做什么,不应该做什么。确定了项目管理的工作边界就确定了项目目标与可交付成果。项目范围管理是指为了实现项目目标,对从项目开始到完成整个生命周期里所有工作的范围进行管理的过程。必须指出,"项目工作范围"仅包括完成项目和实现其项目目标所必需的所有工作,既不能超出完成项目和可交付成果所需的工作,也不能少于满足这些所需要完成的工作。

在项目管理中,所谓的"范围"有两个维度:产品范围(Product Scope)和工作范围(Project Scope),两者既相互联系又相互区别。

产品范围是指提供的产品、服务或者成果的特点和功能。产品范围可分为两类:一类为工业领域内产品,另一类为非工业领域内产品。用于管理产品范围的工艺、工具和技术因应用领域而异。

工作范围是指提供具有规定特征和功能的产品或者服务所必须进行的工作。工作范围(Project Scope)也称为项目范围,通常指一个组织中所有与项目有关的活动、任务和责任边界等方面的总和。为了区分更广泛的项目范围,本书使用了"工作范围"一词。

为了更直观地区别产品范围与工作范围,下面举例说明。例如,粉刷住宅就是一个项目。居住者最初想把室内墙壁刷成白色,但后面改变了主意,想要将其刷成粉色。显然,粉刷住宅项目的产品范围发生了变化。但是这个项目的范围也改变了吗?答案是不确定的。这取决于时间因素,如果颜料已经购买或已经将墙壁粉刷成白色，项目的范围就改变了。如果没有购买颜料，工作范围则保持不变。因此，我们必须根据实际情况来决定工作范围是否变动。在处理范围变更时，重要的是要区别产品范围和工作范围，这涉及索赔问题。

项目范围定义应基于其包含的产品范围定义，并包括必要的管理工作。如果一个产品由若干部分构成，那么，在这些部分中就会出现一些重叠的或相互关联的内容，因此需要对它们进行划分和界定，使工作更加容易完成。同时，由于产品的范围很广，可能只有部分产品适用项目。

产品范围与工作范围不可能相互独立。项目的产出可能是一种简单的产品或服务，但产品或服务可能由许多辅助部分组成，所有这些辅助部分都有相对独立和相互依存的工作范围。例如，新的电话系统通常由四个辅助部分组成——硬件部分、软件部分、人员培训和实施。在这一过程中，每个辅助部分都必须与其他几个部分相配合才能发挥其功能。因此，辅助部分也是项目范围的一部分。工作范围除了管理产品或服务，还对项目产出物和辅助部分进行检查。换言之，产品范围的完成是根据产品要求进行的，工作范围的完成是对照项目计划衡量的，产品范围和工作范围应该很好地结合，以确保项目所做的工作能向业主/客户交付令人满意的工作成果。

二、项目范围管理的含义

项目管理知识体系（PMBOK）对项目范围管理的定义是，确保项目包括并仅包括完成项目所需的所有工作。而这一定义是建立在一个基于团队合作与持续改进的过程基础之上的。这一过程确保了项目组和项目利益相关者对项目产品及其生产过程有相同的理解。显然，这个定义包含了所有相关方在产品和工作范围方面达成一致的内容。

定义项目的范围就是定义项目的边界。在此基础上，项目的范围逐步细化，分解成更小和更易于管理的组成部分（也称为工作包）。这一结果将成为管理的重要基础和依据。由于项目范围在此基础上将项目的工程活动和管理活动联系起来，因此开展的所有管理活动都与这些分解的部分相对应。项目范围的确定可对以下领域的项目管理产生重要影响：

（1）作为后续活动的基础。如果明确界定项目的工作边界，明确项目的具体工作内容，就可以更准确地将项目时间和成本因素分解为相应的项目范围内的每个模块，同时可以为每项产出物制定质量要求，从而大大增加对随后项目执行活动的预测。

（2）可以作为项目控制活动的基础。因为时间和成本都可以分解对应到工作单元，所以这些工作单元的进度和费用都能测量。以测量结果为依据，便于及早发现错误，及时纠正，提高项目控制活动的有效性。

（3）有助于明确责任分工。界定了项目范围的同时也界定了项目的具体任务，并为进一步分配任务提供基础。

综上所述，正确定义项目的范围对于项目的成功非常重要。项目的范围说明了为什么要实施项目，也说明了客户实施项目的主要目的。如果项目的范围没有明确界定，以后的所有管理活动都会混乱。项目范围会不断变化，工作内容跟着不断变化，项目的实施经常中断，导致频繁返工、项目竣工时间延长、劳动生产率下降等。

三、项目范围管理的内容及其实现过程

1. 项目范围管理的内容

项目管理知识体系（PMBOK）中，项目范围管理包括以下五个方面的内容：

（1）范围规划。范围规划是指制定项目范围管理计划，记录项目范围是如何定义、验证和控制

的，以及工作分解结构（WBS）是如何制定和定义的。

（2）范围定义。范围定义是指在项目范围管理计划的指导下制定详细的项目范围说明书，作为今后项目决策的基础。

（3）制作工作分解结构。制作工作分解结构是指将一个项目中工作的可交付成果划分为更小和更易于管理的组成部分。

（4）范围核实。是指对已经完工的项目可交付结果进行检查，确定其是否完成所有的要求并验收。

（5）范围控制。范围控制是指控制项目范围的变更。

这些项目范围管理工作相互作用，也与项目管理的其他方面相互作用。尤其要指出的是，虽然各方面的工作看似界限分明，彼此独立，但是在实际的工程管理中，它们是相互联系、相互影响的。同时，项目范围管理与项目其他特殊管理工作也相互联系、相互影响，比如项目质量、时间和成本管理。

2. 项目范围管理的实现过程

项目范围管理与项目过程中的规划过程和监控过程有关。如图5-1所示，规划过程包含了范围规划、范围定义和制作工作分解结构，而范围核实和范围控制属于监控过程中的内容。

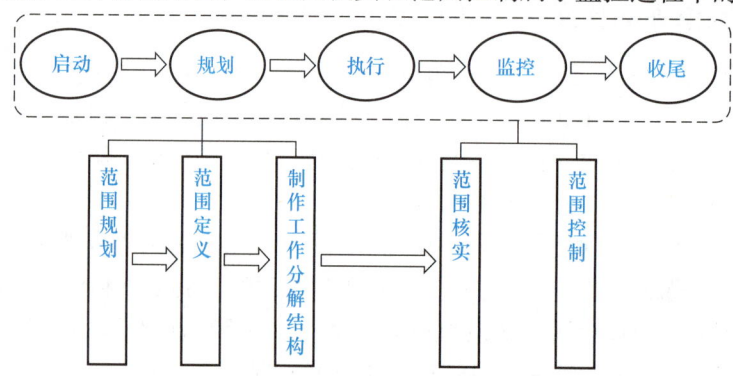

图5-1 项目范围管理的实现过程

四、项目范围管理和需求管理

1. 项目范围管理和需求管理的关系

现在经常提到客户需求管理，特别是新兴产业，如IT和软件行业。需求与范围是相关的。项目范围包括了产品范围与工作范围。产品范围的界定要参照客户的需求，换句话说，需求就是产品范围产生的"来源"。因为行业自身特点，所以项目可以为客户建立清晰的需求分析。最终所交付的产品及其辅助功能就是为了满足"客户需求"。一般需求和范围在不同的行业中的重要性是不同的。例如房地产开发商建造的居民楼，很明确地满足了客户的居住需求。如果不仅要满足居住需求，还要了解建什么样的房子，就涉及范围的概念。

在其他新兴行业，特别是IT或软件行业，项目的需求是解决新问题，甚至创造新需求。这个时候，我们甚至不知道解决方案是什么，那么如何才能确定所交付的产品能够解决问题呢？如何才能找到合适的解决方案呢？答案很简单——首先要搞清楚哪些业务属于"需求"、哪些业务属于"范围"。了解用户的想法，收集用户需求，这是确定"需求"。通过需求分析将用户需求转变为产品规格，产品范围和工作范围依据正确的需求确定。所有这些项目都有一个共同的特点：它们在需求仍然是一个概念、需求不明确和不准确时就开始了。项目的第一项活动是确定用户需求，然后根据正确的要求确定项目的产品范围和工作规模，并作为以后项目活动的基准。

在这个过程中有几点是需要注意的。

主要的问题是，需求收集活动的目的何在。很多人认为需求收集是为了解用户想要的产品。实际上，这是一个误解。我们首先要明确需求的含义和作用，然后才谈得上具体的做法。什么是需求？如果说定义产品就是定义产品的范围，那么其应在确定需求之后进行。需求收集阶段应侧重于确定用户为什么需要产品，用户打算用产品解决什么问题，产品给用户带来什么价值。整个需求活动是以用户为中心的。由此可以看出，"需求"实际上是项目目标的源泉，也就是项目产生的动机。

一旦确定了用户的需求，就要确定创造什么样的产品来满足用户的需要。这是需求分析活动的目的，其结果是定义产品的规格说明书（Specification）。事实上，许多成熟的行业项目都是从比较详细和准确的产品规格开始的。例如：汽车领域里有一项非常重要的工作——建立客户模型，即客户需要什么，都包括哪些内容（如功能、外观等），以及这些要求之间的关系等。产品范围确定产品规格。在IT行业或软件行业，首先是收集需求，然后确定规格，即产品范围。范围是项目其他活动的来源和基础，应当采取措施控制这一来源。

了解项目需求与确定项目范围具有一定的先后关系。然而，许多项目在需求明确之前就已签订了实施合同。这时候需求的不确定性会使项目实施主体承担一定的风险。因为如果确定的需求和估计有很大差异，项目产品和工作范围将超出预期。对一些大型项目来说，一个可行的方法是将需求定义工作和需求实现工作分开。在第一阶段，要求把需求定义工作交由专门的咨询公司去做。然后在招标的第二阶段使用所确定的要求来选择合适的合作伙伴。这种方法可以确保具有不同要求的工作的两个部分都能满足相应的要求。

2. 明确客户需求的方法——品质机能展开

品质机能展开（Quality Function Deployment，QFD）是一个将客户需求转化为产品质量特征的关系网络。通过客户需求与产品质量特征的关系，将产品设计系统地"展开"到产品的每一个功能组合中，进而"展开"到产品的每一个零部件和生产流程中。因此，在企业产品开发过程中，如何有效地开展顾客服务工作就成了一项有挑战性的任务。而要解决这个问题，关键就是对QFD技术进行深入研究和应用。QFD是一种旨在满足客户需求的管理方法，将客户的"软"和"模糊"需求转化为项目设计目标和质量特性，从而根据客户的需求交付项目产品。

3. 质量屋

质量屋（House of Quality，HOQ）是QFD中最常用的转换矩阵之一，是驱动整个QFD的核心过程，包含了所有顾客对产品或服务提出来的需求以及在此条件下企业所能满足程度的信息，为企业设计出高质量、高效率和低成本的产品设计方案奠定基础。一个典型的质量屋是一个大型矩阵，如图5-2所示，它由六个部分组成。

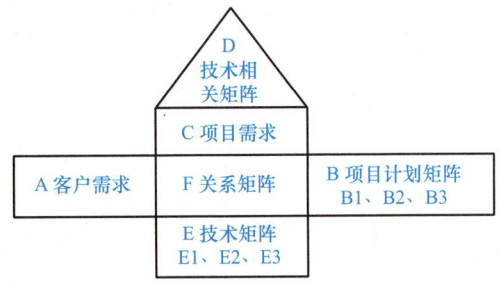

图5-2 质量屋的构成

（1）A客户需求。需要从客户角度出发来考虑如何为其提供合适的项目解决方案。在项目开发前，首先要了解客户对公司产品的要求和期望；其次是确定客户所需满足的目标，用客户的语言来描述客户对项目产品的实际要求。需求重要性可分为1～5级，1级意味着非常重要，5级意味着不重要。

（2）B 项目计划矩阵。它包括对产品的竞争性分析，由三部分组成。其中，B1 表示项目产品的市场竞争能力评价，即客户对项目产品的满意度评价和竞争对手对类似产品的满意度评价。B2 代表项目产品的战略目标设定，项目团队据此设定自己的项目目标，以满足客户的需求，同时考虑到需求的优先权重性。B3 代表了改进率，也是表明客户对项目产品的满意度。

（3）C 项目需求。它以项目团队的语言描述项目产品或服务的技术特征，即确定用于满足客户需求的技术方法和路径。

（4）D 技术相关矩阵。对项目要应用哪些技术做一个全面而深入的研究，才能保证项目的决策正确。技术相关矩阵是指在项目中使用的各种技术方法的自相关矩阵，用于分析相互支持与相互制约的关系。

（5）E 技术矩阵。它由三部分组成。其中，E1 表示技术方法的优先权重，表明该方法与满足客户需求的相关程度；E2 表示技术目标设定，主要是为了确定每种技术的衡量标准和技术指标；E3 表示旨在确定该技术可行性的评估。

（6）F 关系矩阵。它是项目需求与客户需求之间相互关系的判断矩阵，是质量屋的核心部分，表明了项目技术方法在满足客户各种需求方面的贡献和影响。用"++"表示高亲密度、强相关，用"+"表示中等亲密度、中等相关，用"-"表示低亲密度、弱相关。

质量屋是一个系统的方法，将客户的需求转化为经过优先权重排列的项目需求。本章介绍了这种系统方法在一个实际工程中的应用情况，并对该过程进行分析和评价，指出了实施质量屋存在的问题以及改进措施。最后提出了下一步工作方向。

图 5-3 是酒店装修装饰工程中使用质量屋进行品质机能展开的例子。

第一步，确定客户希望从项目中得到什么，并对其进行排名，即确定它是什么。例如，客户要求的顺序是"安全""经济""方便""服务好""可以工作""舒适"等。

第二步，确定客户需要的项目产品的特征，即将"是什么"转化为"怎么样"。例如，"空调""电话""出租车""有线电视""家具""服务员"。

第三步，使用关系矩阵确定"是什么"和"怎么样"之间的关联关系。

第四步，利用相关矩阵确定项目产品特性间的关联关系。

第五步，根据相关矩阵和关系矩阵的结果，与客户协商、确定项目产品特性的参数或衡量标准。

相关性图例：+：正相关 -：负相关		空调	电话	出租车	有线电视	家具	服务员
安全	1		-			+	++
经济	7	++	+		+	++	+
方便	3		++	++	-	+	+
服务好	4		+	+	-		++
可以工作	5			++		-	++
舒适	6	++			++	++	-
关联性图例：++：强相关 +：中度相关；-：弱相关		2匹冷暖	长途电子按钮	桑塔纳2000	54台，可看凤凰台	沙发、座椅、电、热水	五星培训

图 5-3 酒店装修装饰项目的质量屋

4．QFD 的四阶段模式

QFD 的实现过程可分为四个阶段，图 5-4 列示了四阶段模式的矩阵转换过程。横轴表示"是什么"，如客户需求、项目需求，纵轴表示"如何做"，是指用来满足或达到这些需求的方式和方法。每个步骤都有明确目标并遵循相应的流程，各环节相互联系、相互作用构成一个有机整体。这四个阶段按顺序进行，以确保项目产品达到客户的满意度。

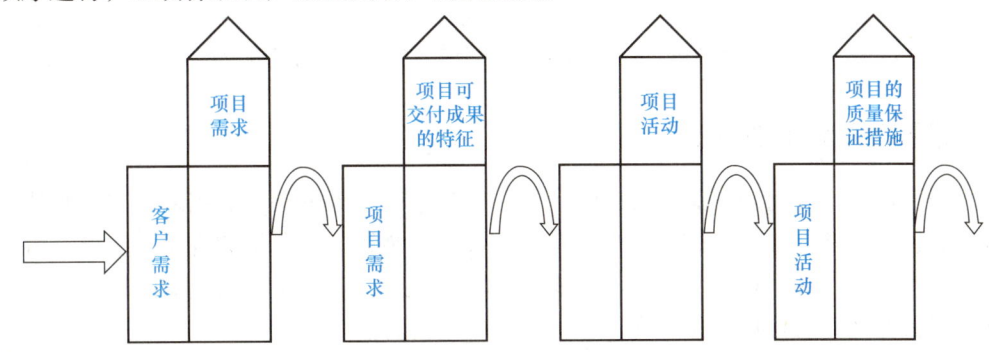

图 5-4　QFD 的四阶段模式

必须指出，即使有了 QFD 工具，项目的需求和目标也必须保持唯一性。因此，QFD 也不能完全替代传统的质量管理方法。目前，由于 QFD 自身固有的局限性以及对其理解上的差异，它还无法满足企业发展的要求。同时，在这种情况下，需要制定项目产品验收标准或验收程序，以弥补这些不足。

第二节　范围规划

一、范围规划的含义

项目范围规划的实质是编制项目范围管理计划，是项目开始时根据项目章程、初步项目范围说明书和项目要求制定的项目范围管理计划和安排。项目范围管理计划与其他项目管理计划一样，都属于管理决策的范畴。项目范围管理计划是一种项目范围管理计划工具和指南，是项目范围管理计划的主要内容、方法和要求。

项目范围的确定和管理将影响项目最后是否成功。每个项目必须认真考虑和权衡工具、数据来源、方法论、流程和程序以及其他因素，以确保活动范围付出的努力与项目的规模、复杂程度和重要性相称。例如，关键项目需要时间进行正式和透彻的分析，以确定活动的范围，而经常性项目可以通过常规操作进行，减少工作量。项目管理团队需将范围管理决策写入项目范围管理计划。

项目范围管理规划的根本任务是生成项目范围管理计划。通过该计划可以使组织中各部门明确责任和确定具体工作。项目范围管理计划是为项目管理者规划、确定、验证、管理和控制工程项目范围而制定的计划文件或指南，它规定了人们应该如何确定项目范围，制定详细项目范围说明书（Project Scope Statement），确定项目工作分解结构（Work Breakdown Structure，WBS），并确定和控制项目范围。

进行范围规划，需要有一定的依据，并使用一定的工具和技术，最后形成的成果是项目范围管理计划，具体内容如图 5-5 所示。

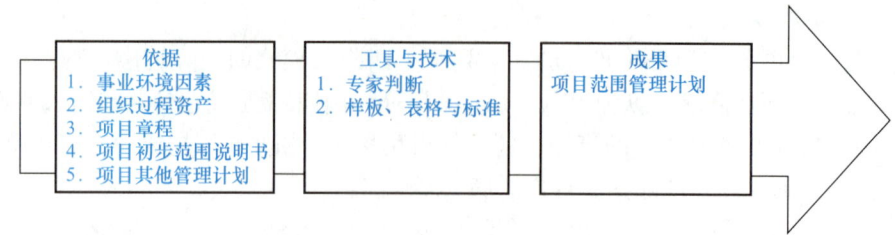

图 5-5　范围规划的依据、工具与技术和成果

二、范围规划编制的依据

项目范围管理规划编制的主要依据有两个：一是初始项目范围决策的结果；二是其他有关项目范围管理的信息。前者主要是项目利益相关者对项目产出物和工作质量的规定与要求，后者主要是项目利益相关者对于项目管理方面的规定和要求。除此之外，项目所在的组织的环境因素和过程资产也对项目范围管理计划的制定有影响。

1. 组织环境

（1）事业环境因素。它主要是外在环境，包括组织文化、基础设施、手段、人力资源、提高认识的方法和市场状况，所有这些都影响到项目范围的管理方式。

（2）组织过程资产。组织过程资产是指能够影响项目范围管理方式的正式和非正式的方针、程序和指导原则，如一些用于吸取教训的历史信息。组织过程资产主要包括组织结构资产、员工关系资产和沟通能力资产。

2. 初始项目范围决策的结果

（1）项目章程。这是项目范围规划的重要依据。由于项目章程规定了项目目标、项目要求、项目约束条件和项目管理要求等方面的信息，因此需要根据项目章程制定项目范围管理计划及项目范围管理程序和方法。

（2）项目初步范围说明书。该说明书中包含一些基本信息，例如项目名称、目的任务及所需资源等，同时也包括对可能遇到问题的分析。这一初步规范提供了项目产出物和项目工作范围的一般内容和要求。在其他信息还不清楚的情况下，前期只能根据利益相关者的要求说明项目产出物的工作范围。

（3）项目其他管理计划。项目的其他管理计划是在整个项目管理过程中对其进行控制、协调及指导的各种方法或手段的总称。它包括项目质量、成本、时间、采购、沟通、风险管理等具体的管理计划，所有这些都与项目范围管理计划相互作用，因此必须作为项目范围管理计划的主要依据。这些专项管理计划在后续章节会有提及。

3. 其他有关项目范围管理的信息

这包括项目团队或执行组织的目标、政策、组织流程、管理机制、组织结构、机构组织文化、资源和历史项目信息的依据，以及项目小组和执行组织所处的市场环境、资源约束、不确定性环境等外部环境问题。管理者在进行项目范围管理时依据了多方信息，所以项目范围管理是以各种相关信息为基础，任何与项目范围管理有关的信息都应该是制定项目范围管理计划的基础。

三、范围规划的工具与技术

1. 专家判断

专家判断是指使用专家以前类似项目的范围管理方法，在项目范围管理方案的制定过程中做出的判断。这是一种利用专家经验制订项目范围管理计划的方法。由于目前在制订项目范围管理计划方面信息不足，需要专家依据经验来做出判断。因此，在缺乏历史项目信息或项目范围管理计划样板的情况下，需要这种项目范围管理计划编制方法。

2．样板、表格与标准

样板包括工作分解结构样板、范围管理计划样板和用于项目范围的更改控制表单。这是一种利用历史项目信息制订项目范围管理计划的方式。历史项目大部分会有经验教训知识库，从历史项目中吸取的经验教训可在很大程度上用作参考信息，在编制项目范围管理计划时，应首先选择这一方法，只有在历史项目没有"样板"的情况下，才使用专家判断方法。

四、范围规划的成果

项目范围管理规划的结果就是项目范围管理计划文件的编写。项目范围管理计划是项目管理团队对项目范围进行定义、记录、验证、管理和控制的指南。项目范围管理计划编制应遵循以下基本原则：全面性、系统性、可操作性、动态性。项目范围管理计划包括：

（1）根据项目初步范围说明书编制详细项目范围说明书。

（2）能够根据详细的项目范围说明书制作工作分解结构，并确定维持与批准工作分解结构的过程。

（3）规定如何正式核实与验收项目已完成可交付成果。

（4）控制详细项目范围说明书变更请求处理方式。这个过程与整体变更控制过程直接相关。项目范围管理工作一般分为三个阶段：项目前期准备、项目实施和项目结束后总结。项目范围管理计划包括在项目管理计划中，也可以作为分计划之一。根据项目的需要，项目范围管理计划可能是正式的，也可能是非正式的，可能是极其详细的，也可能是相当笼统的，视具体情况而定。

第三节　范围定义

定义项目范围的主要任务是编制详细的项目范围说明书，作为今后项目决策的基础。它不仅反映了组织对某一领域所拥有资源的利用状况，还体现出项目开发目标的实现程度。详细的项目范围说明书是项目成功的关键，其依据是项目启动过程中的项目初步范围说明书记录的关键可交付成果、假设和制约因素。在规划过程中，对项目有了更多的了解，因此应在范围定义的背景下更具体地界定和描述项目的范围。分析利益相关者的需求、愿望和期望，并转化为要求说明书。项目团队和深入了解项目初步范围说明书的其他利益相关者还应进一步分析各种假设和制约因素，以确定其完整性，必要时加以补充，并记录结果。范围定义的依据、工具与技术和成果如图5-6所示。

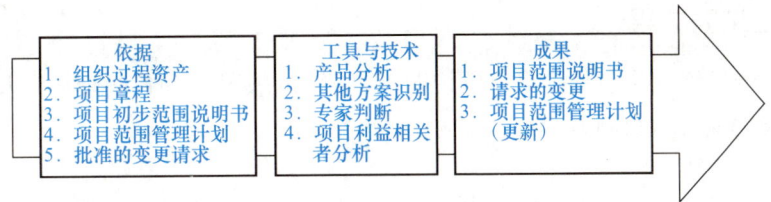

图 5-6　范围定义的依据、工具与技术和成果

一、范围定义的依据

1. 组织过程资产

在进行项目范围定义时，需要吸取组织过去已完成项目中的经验和教训，也需要考虑到组织在进行范围定义时需要经过的程序和遵守的原则，这些都是组织过程资产的内容。

2. 项目章程

项目章程类似根本大纲。范围定义需要依据项目章程制定，若不使用项目章程也应以类似的信息为基础制定详细的项目范围说明书。

3. 项目初步范围说明书

如果实施组织不使用项目初步范围说明书，则应当获取或提供相似的资料，其中包含产品范围的说明，并将其用于编制详细项目范围说明书。

4. 项目范围管理计划

它是范围规划的成果。

5. 批准的变更请求

项目范围、项目质量、费用估算或项目进度可能会发生变化。因此，需要对项目实施情况做出相应调整。如果需要修改，则必须提交有关部门审批。变更通常会随着项目工作的进展而确定和批准。

二、范围定义的工具与技术

1. 产品分析

把项目目标转化为具体的可交付成果和需求说明书，每个应用领域都有一种或多种被普遍接受的方法。产品分析主要包括产品分解技术、系统分析技术、系统工程、价值工程、价值分析技术和功能分析等。

2. 其他方案识别

这是一种用于提出不同的项目实施和执行方法的技术。在项目管理过程中，需要根据实际情况制订各种计划和实施方案。其中包括：如何选择组织结构、确定目标任务；如何进行有效的沟通以及协调；等等。最常用的是各种通用管理技术，如头脑风暴法和横向思维法等。

3. 专家判断

每个领域都有专家，提供详细的项目范围说明书方便专家做出专业的评判。

4. 项目利益相关者分析

进行项目利益相关者分析能够确定各利益相关者的利益和彼此之间的影响，并记录其需求、愿望和期望。在分析之后，选择这些需求、愿望和期望，对重要性进行排序、量化，并编制要求说明书。不能量化的期望，如客户满意程度，是高度主观性的，所以成功实现这些期望的风险很高。在此过程中，利益相关者和项目团队之间会产生各种联系。利益相关者的利益可能因项目的实施或完成而受到积极或消极影响，因此他们可能会对项目及其可交付成果施加影响。

三、范围定义的成果

项目范围定义的最终成果包括项目范围说明书、请求的变更（项目管理计划及其分计划请求的变更）、项目范围管理计划（更新）。

1. 项目范围说明书

项目范围说明书详细说明了项目的可交付成果以及为可交付成果而必须完成的工作。项目范围说明书还明确项目利益相关者之间对项目范围的共同理解，阐明项目的主要目标，并作为今后变更控制和项目决策的参考。项目范围说明书还使项目团队能够实施更详细的规划，在实施期间指导项目团队的工作，并成为评价变更或新增工作请求是否超出项目边界的基准。

在项目范围说明书中，什么该做、什么不该做的明确程度和层次决定了项目管理团队对项目整个范围的控制程度。管理项目范围进一步决定了项目管理团队对项目实施的计划、管理与控制。

项目范围说明书中直接或间接载列的主要要素如下：

（1）项目目标。项目目标是完成项目必须达到的可计量标准和指标。项目目标至少应包括项目成本目标、项目进度和项目质量度量标准。项目目标不仅与企业内部管理有关，而且同项目所处的外部环境相关。项目目标还应该包括成本之类的属性，例如人民币的计量单位和以绝对值或相对值表示指标（如低于 150 万美元）。在项目顺利完成时，不能量化的目标（例如所有者/顾客满意度）往往意味着更高的风险。项目目标应以"SMART"原则为指导。

5-1 项目范围说明书的主要要素

（2）产品范围说明书。产品范围说明书描述项目要创建的产品、服务或结果的特性。这些特性在初期往往是不详尽的，到了后期，随着产品特性的逐步清晰，产品范围说明书也变得更加详细。虽然这些功能的形式和实质内容在各方面有很大差异，但产品范围说明书应提供足够的细节，以配合随后的项目范围规划。

（3）项目要求说明书。项目要求说明书描述了项目可交付成果必须满足的条件或能力，以满足合同、标准、技术规定说明书或其他正式强制性文件的要求。所有利益相关者的需求、愿望和期望都与分析结果相关，这些结果应根据优先顺序和重要性的程度反映在项目要求说明书中。

（4）项目边界。项目边界通常指项目的组成部分。如果利益相关者认为某一特定产品、服务或成果是项目的一个组成部分，项目边界应明确说明哪些因素被排除在项目之外。

（5）项目可交付成果。可交付成果既包括由项目产品、服务或结果构成的成果，也包括项目管理报告文件等附带的成果。可交付成果可以根据项目范围说明书进行总结或阐述。

（6）产品验收标准。产品验收标准规定了产品竣工验收的程序和原则。

（7）项目制约因素。项目制约因素列出并说明与项目范围有关的具体项目制约因素以及对项目团队选择的限制。例如，由客户或实施组织发布的预先确定的预算或任何规定的日期（如进度里程碑）。在按照合同执行的项目中，合同条款通常是约束条件。详细的项目范围说明书中列出的制约因素通常比项目章程中列出的更为广泛和详细。

（8）项目假设。项目假设核对并描述与项目范围有关的具体项目假设及其未确立的潜在后果。作为项目团队规划过程的一部分，项目团队应始终识别、记录和验证假设。详细的范围界定报表通常包含比项目章程中列出的更多和更详细的假设。

（9）项目初步组织。确定了项目团队成员和利益相关者，并记录了项目的组织情况。

（10）初步确定的风险。是指最初识别到的已知风险。

（11）进度里程碑。客户或组织可以确定里程碑，并为其设定强制性日期。这些日期可被视为进度制约因素。

（12）资金限制。它描述了对项目资金的所有限制，包括规定的总额或时限。

（13）项目配置管理要求。它描述了配置管理和项目实施变更控制的级别。

（14）批准要求。识别了适用于如项目目标、可交付成果、文件和工作等事项的批准要求。

根据项目的复杂程度和项目采取的不同方法，项目范围说明书的详细程度也有差异。项目经理应当与项目的主要利益相关者共同编制项目范围说明书，客户如对项目范围同意和认可，应在项目范围说明书上签字，以免后续的责任划分。表 5-1 为某市住房制度改革和住房现状调查的范围说明书。

表 5-1　某市住房制度改革和住房现状调查的范围说明书

项目名称：某市住房制度改革和住房现状调查	
项目委托人	某国际金融组织
顾客	同上
目的、使命和远景说明	根据调查结果决定是否给予贷款
目标	在三个月内，取得委托人要求的各种数据，并写出报告
制约因素	熟悉该领域的人员不足，当地政府和居民不愿意配合
预算	25000 元人民币
要求使用的资源	某高校师生四名，市房改办工作人员一名
应交付成果	调查报告，简要介绍国民经济、社会、人口的概貌；近 10 年的改革过程中遇到的问题以及产生这些问题的原因；列出调查对象的家庭构成、收入、现有住房面积、改善居住条件的愿望和能力、对政府的期望等
项目阶段和里程碑	第一阶段（2009 年 4 月 1—14 日）：准备，包括访问负责机构及其官员，查阅有关资料，设计调查提纲，分配任务。 第二阶段（2009 年 4 月 15 日至 5 月 15 日）：现场调查。 第三阶段（2009 年 5 月 16 日至 6 月 7 日）：整理调查结果，撰写中英文报告初稿。 第四阶段（2009 年 6 月 8—15 日）：由委托人审查，提出修改意见。 第五阶段（2009 年 6 月 16—30 日）：根据审查结果补充调查，撰写中英文最终报告
项目风险	该市资料可能不齐全，可能难以取得当地政府和居民的支持
项目人员配备：角色和责任	某教授任组长，制订项目计划，收集现有资料，审查和修改报告；三名研究生负责登门拜访，整理调查结果，撰写报告；市房改办工作人员负责各方面协调工作，参与报告初稿的讨论

2．请求的变更

可以在范围定义过程中对项目管理计划及其分计划请求变更。请求的变更通过整体变更控制过程提交审查或处理。

3．项目范围管理计划（更新）

项目范围管理计划是项目管理计划的一部分，可能需要更新。

第四节　制作工作分解结构

一、工作分解结构概述

工作分解结构（Work Breakdown Structure，WBS）是项目团队为实现项目目标和创建必要的可交付成果而实施的可交付成果的层次结构。工作分解结构确定了项目的整个范围，并以结构化的方式对其进行组织。工作分解结构项目分为更小、更易于管理的任务，每降低一个级别就意味着对项目工作进行更详细的描述。作为工作分解结构的基础组成部分的规划工作称为"工作包"，可以在进度表中安排，以估算成本并进行监测和控制。部分工作分解结构如图 5-7 所示。

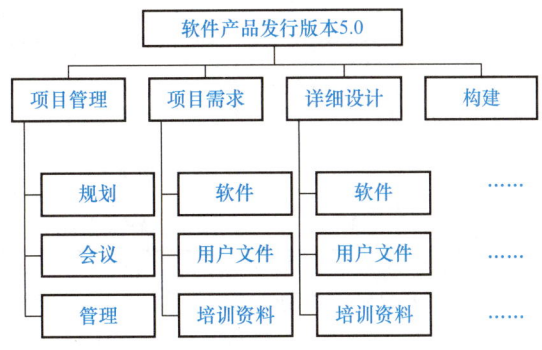

图 5-7　部分工作分解结构示例（以阶段为第一层）

工作包（Work Package）被定义为可以分配给"工作中心"计划和执行的工作分解的组成部分。换句话说，工作包是工作分解结构的底层，包括已经有开始和结束时间、分配成本和消耗资源的短期任务。在物理学中，原子是最小的不可再分的粒子，对于工作分解结构来说，工作包可以被看作最小的不可再分的组成部分。工作包的顶层称为"控制账目"（Control Account），每个控制账目可以包含一个或多个工作包，每个工作包只能链接到同一个控制账目。控制账目主要是为企业的财务管理体系提供接口。由于财务系统在成本计算和成本核算方面也是由项目驱动的，财务也要根据项目来计算成本，在工作包的这一级对接太复杂，因此在财务系统之上设置了一层控制。

工作分解结构的主要作用：

（1）反映项目目标。在给定项目任务之后，工作分解结构可以决定需要完成哪些主要任务来实现项目目标。工作分解结构中的工作是一个项目中需要完成的工作。

（2）项目的组织结构图。通常情况下，企业的组织结构图用于了解企业的结构（如汇报关系、沟通流程、部门负责人等）。工作分解结构项目也是相同的逻辑，它列出了需要注意的关键因素、各种子任务和活动之间的关系。

（3）制定项目各组成部分的成本、进度和绩效标准。工作分解结构中的所有项目活动都可以分配到相应的预算和绩效标准，这也是建立易于理解的项目控制方法的第一步。

（4）可以用来提供项目的状态信息。一旦确定了需要完成的任务和每项任务的责任分配，就可以确定哪些任务正在进行，哪些任务是关键的，但是还没有完成，并且由谁来承担这些任务的责任。

（5）可以用来改善整个项目的信息交流。工作分解结构不仅显示了如何将项目分解为更小的组成部分，而且显示了这些小组成部分如何协同工作以形成一个整体规划方案。因此，团队成员开始更加关注他们的工作如何融入整个项目，谁将负责他们的上游工作，以及他们将如何影响下一步的工作。因此，工作分解结构为团队成员提供了明确而又清晰的方向和目标。此外，工作分解结构还能帮助团队成员了解每个部分所包含的任务，从而提高其对项目进行管理的效率。当团队成员期望活动可以顺利进行时，工作分解结构有助于团队内部的交流。

（6）说明了项目会被如何控制。项目的一般结构说明了项目控制应注意的因素。例如，项目是否旨在生产可交付成果的产品（新产品）或改进组织内的流程或服务（效率）。不管是哪一种，工作分解结构都对项目的控制方法有一定的借鉴作用。

二、工作分解结构的内容

工作分解结构的依据、工具与技术和成果如图 5-8 所示，其中制作工作分解结构的依据已在前文予以说明，这里重点说明制作工作分解结构的工具与技术和其相应的成果。

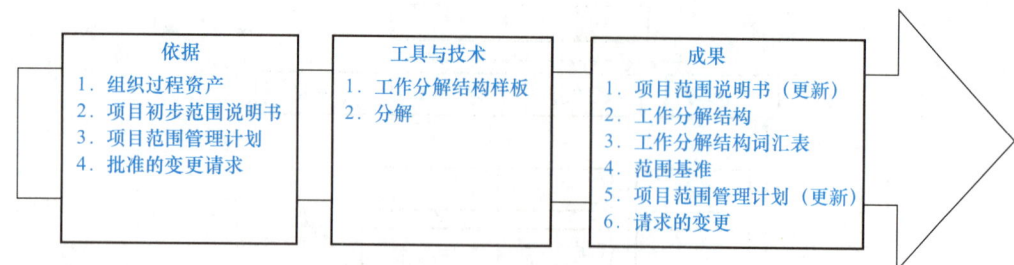

图 5-8　工作分解结构的依据、工具与技术和成果

1. 工具与技术

（1）工作分解结构样板。在一个应用系统开发过程中，为了保证其质量和效率，经常会采用各种不同类型的项目管理方法。然而，这些项目管理方法并没有一种被广泛接受为通用的工作分解结构。尽管每个项目都是唯一的，但是以前项目的工作分解结构通常可以作为新项目的模板，因为有些项目总是与以前的项目有相似之处。例如，给定组织中大多数项目的生命周期通常是相同或相似的，所以在各个阶段的可交付成果通常是一样的或相似的。在很多应用和实施组织中，都有一个标准的工作分解结构样板。

（2）分解。分解是将项目可交付成果分成较小的、可管理的组成部分，直至工作和可交付成果定义为工作包的级别。工作包的详细程度取决于项目的规模和复杂程度。

如果项目可交付成果或子项目需要很长时间才能完成，它们可能无法分解。通常情况下，当项目的交付或者子项目被明确并且能够提供详细的工作分解结构时，项目管理小组才会进行分解。这项技术被称作"滚动式"计划。

不同的可交付成果会有不同的分解水平。为了实现易于管理的工作努力（工作包），创造某些可交付成果的工作只需分解到下一层次，而另外一些则需分解更多层次。当工作分解到下一层次时，计划、管理和控制工作的能力就会提高。然而，过度分解会导致管理效率低下，资源利用效率低下，甚至执行效率低下，从而影响到执行工作的效果。项目管理团队需要权衡工作分解结构的规划细节，既不能过于粗略，也不能过于详细。

2. 成果

（1）项目范围说明书（更新）。如果制作工作分解结构过程中有批准的变更请求，则应将批准的更改纳入项目范围说明书并更新其内容。

（2）工作分解结构。在制作工作分解结构的过程中，产生的关键文件是实际的工作分解结构。通常，工作分解结构的每个组件，包括工作包，都会被分配唯一的账户编码标识符。这些标识符构成了一个层次结构，可以聚合有关费用、进度和资源的信息。

（3）工作分解结构词汇表。由流程生成并与工作分解结构一起使用的文档称为工作分解结构词汇表，也称为工作分解结构词典（WBS 词典）。工作分解结构的组件的详细信息，包括工作包和控制账目，可以在工作分解结构词汇表中说明。对于工作分解结构的每个组成部分，工作分解结构词汇表相应地包括一个账户编码、工作说明书、负责组织和进度里程碑清单列表。必要时，可以将工作分解结构组成部分的每个组件与工作分解结构词汇表中的其他组件进行交叉引用。

（4）范围基准。批准的项目范围说明书和相应的工作分解结构与工作分解结构词汇表是项目范围基准。

（5）项目范围管理计划（更新）。如果在工作分解结构的生产过程中存在已批准的变更请求，则可能需要更新项目范围管理计划，以便纳入已批准的更改。

（6）请求的变更。项目范围说明书及其组成部分的变更请求可在工作分解结构的制作过程中提出,并通过整体变更控制过程进行审查和批准。

三、工作分解结构的表示方法

工作分解结构有不同的表示方法,常用的有树状图、列表图和气泡图。

1. 树状图

图 5-9 显示了用树状图表示的软件产品研发项目的工作分解结构。从图 5-9 中可以看出,树状图中的项目工作分解结构非常直观,层次结构非常清晰。但是,工作分解结构的树状表示形式不容易修改,对于大型项目来说可能很复杂。

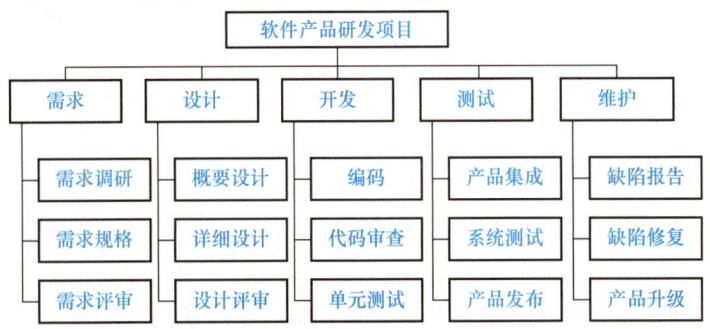

图 5-9　软件产品研发项目工作分解结构树状图

2. 列表图(大纲式)

图 5-10 显示了用列表法表示的软件研发项目的工作分解结构。这个方法表达的工作分解结构很清楚,而且很容易做出来。该方法是目前最常用的表示项目工作分解结构的一种方法,也是一种简单明了的方法,与现有的项目管理软件是一致的。

图 5-10　软件产品研发项目的工作分解结构列表图

3. 气泡图

图 5-11 显示了以气泡图为代表的项目工作的分解结构。它把项目中的各项活动分解成若干个

相互关联和独立的子任务。这种方法比较容易修改，但是不够直观，对于大型项目来说，这种方法代表了一个非常复杂的工作分解结构，所以这种方法的使用具有一定的局限性。

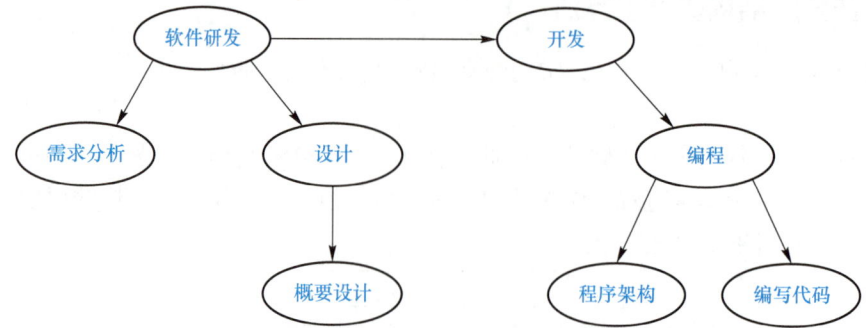

图 5-11　软件产品研发项目的工作分解结构气泡图

四、制作工作分解结构的基本方法

工作分解结构的制作实际上应该基于可交付成果或工作过程的划分，然后选择适当的方法来产生工作分解结构。

首先，基于可交付成果的划分。根据船舶产品特点，将其分为两大类：一是按功能或作用进行分类；二是按照用途和任务类型来划分。上层内容一般以可交付成果为导向，下层内容一般以可交付成果工作内容为主。图 5-12 显示了基于可交付成果的船舶工作分解结构的设计。

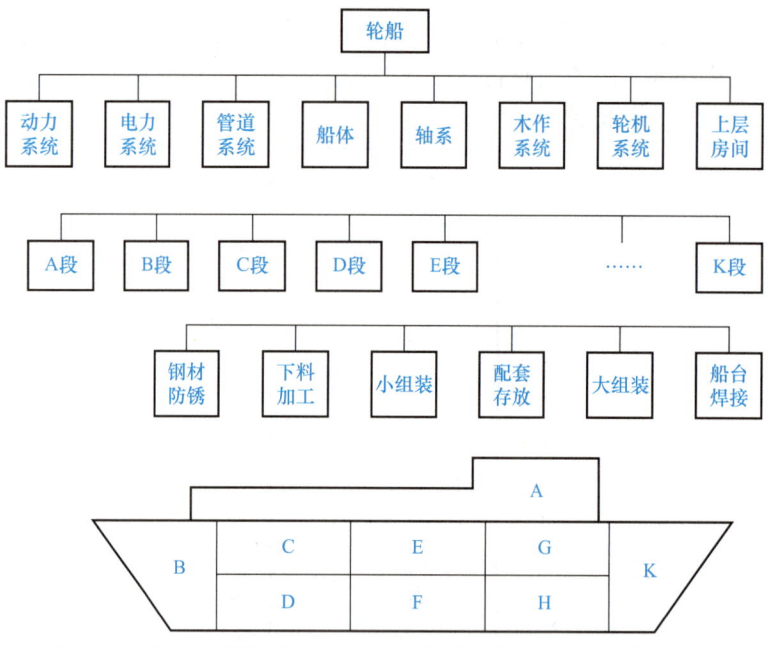

图 5-12　某轮船设计项目的基于可交付成果的工作分解结构示意图

其次，基于工作过程的划分。顶层按工作流程划分，底层按内容划分。图 5-13 为某公寓建设项目基于工作过程划分的工作分解结构。

一般来说，工作分解时，可以使用以前类似项目的分解结构来分解现有的项目。但是由于不同的组织机构、企业文化等因素的影响，项目的性质和任务都有所不同。为了更好地实现项目管理目标，必须根据项目的特点制订相应的计划。对于具体的项目，项目经理在进行工作分解之前，应该对项目的具体方面有一个清晰的认识，这样才能正确、有效地进行工作项目分解。形成工作分解结构的方法有很多，包括类比法、自上而下法、自下而上法等。

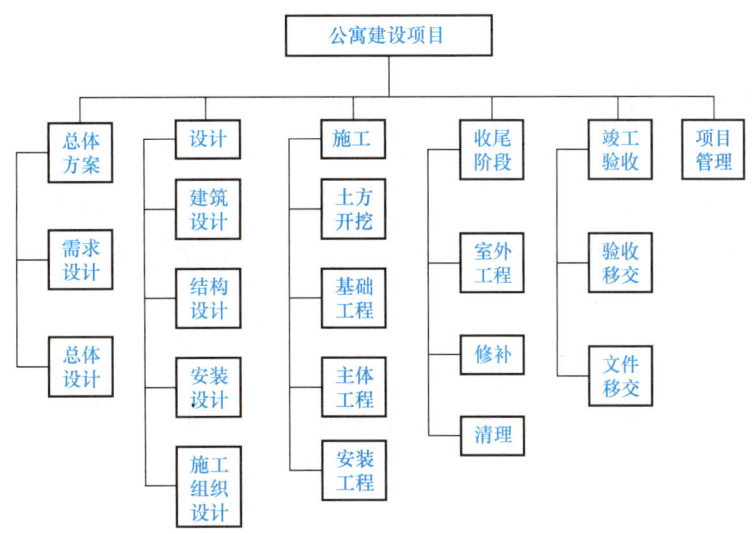

图 5-13　某公寓建设项目基于工作过程划分的工作分解结构示意图

1．类比法

类比法是以一个类似项目的工作分解结构样板为基础，制定项目的工作分解结构。例如，一家飞机制造公司设计并建造了各种大型客机，当他们计划设计并生产一种新型战斗机时，他们可以以过去设计的用于制造大型客机的子系统为基础来开始分解新项目结构的工作。在此过程中，首先要确定每个子项目与以前同类项目之间的相似程度，然后再进行下一步的划分。这样，整个工作分解结构便被分解成一系列不同层次上的子任务。例如，工作分解结构的第一层包含飞机的机身，该项目包括第二层的几个子项目，如飞机的前身、飞机的中心、飞机的后部和机翼。这种面向产品的通用分解结构成为新飞机项目范围定义和新战斗机成本估算的出发点。类比法通常用于重复性高的项目以及拥有较成熟管理经验的项目。

2．自上而下法

自上而下法通常被认为是构建工作分解架构的常规方法。也就是说，从项目的最大单元开始，在下一个级别上逐渐将它们分解成多个子项。这个过程就是不断增加级数、细化工作任务。这种方法可以说是项目经理的最佳选择，因为他们拥有丰富的技术知识和全面的项目观。自上而下的方法通常适用于项目团队拥有项目经验的专家或项目团队熟悉的项目。

3．自下而上法

自下而上的方法使项目团队成员能够从一开始就确定尽可能多的与项目有关的具体任务，然后将其整合为更高层次的整体活动或工作分解结构。对于由一家飞机制造公司设计和制造的新型战斗机，这种办法不是首先审查为拆分工作而制定的指导方针，也不是参照其他类似项目的工作分解结构，而是尽可能详细地列举项目团队成员认为完成该项目需要做的工作。一旦制定了详细的任务清单，就开始对所有的工作进行分类，以便于在更高一级将这些详细的任务归类于上一级的大项中。

例如，项目团队中的商业分析人员知道他们必须确定用户从项目中想要什么和项目需要什么；工程师知道他们必须确定系统需要什么和发动机需要什么。然后，该小组可以将所有四项任务置于战斗机制造概念设计的框架之下，再按照这些任务把它们组合起来，最后形成最终的任务书。这样既能保证每个人都有足够的时间和精力投入其中，又能使整个组织高效运作。自上而下法通常很麻烦，但这种方法对于创建和构建工作分解结构非常有效。项目经理经常将这种方法应用于具有全新系统或方法的项目，或者使用这种方法来促进项目团队的全员参与或协作。自下而上法通常适用于独特性和更具创新性的项目。

五、工作分解结构编码

在工作分解结构中的每个作业都被分配一个编码,用来确定项目中工作分解结构的唯一主体,所有号码的集合体称为编码系统。编制出正确合理的编码系统对于完成项目计划至关重要。编码系统将用于项目规划和随后阶段的所有方面,如项目基本单元的确定、修改、费用计算、时间安排、资源安排和质量要求。

利用编码技术交换工作分解结构的信息,可以简化工作分解结构的信息交流过程。编码设计和结构设计是相对应的。结构的每一层都代表一个编码数字,并为其分配一个特定的代码数字。在最高一层,项目不需要代码;要管理的关键活动用代码的第一位数来编制;再下一层,代表上一层每个关键活动中包含的主要任务,这一层将是典型的两位数编码;以下以此类推。

在一个工作分解结构编码中,任何级别上的一个工作单元是所有次一级工作单元的总和。如第二个数字表示子工作单元(或子项目)——即将原始项目分解成更小的块。每个单位都有其自身特有的编码和顺序。例如,第一、第二、第三级的每一阶段都有自己独特的编码。代码的第一个数字对于所有子项目都是相同的,但是表示子项目的数字是不同的。再下一级的工作单元的编码以此类推。

图5-14为某侦察机系统的工作分解结构图及编码。工作分解结构被编码时,由四位数字组成。第一位数表示处于0级的整个项目;第二位数表示处于第1级的子工作单元(或子项目)的编码;第三位数是处于第2级的具体工作单元的编码;第四位数是处于第3级的更细更具体的工作单元的编码。编码的每一位数字,由左到右表示不同的级别,即第1位代表0级,第2位代表1级,以此类推。

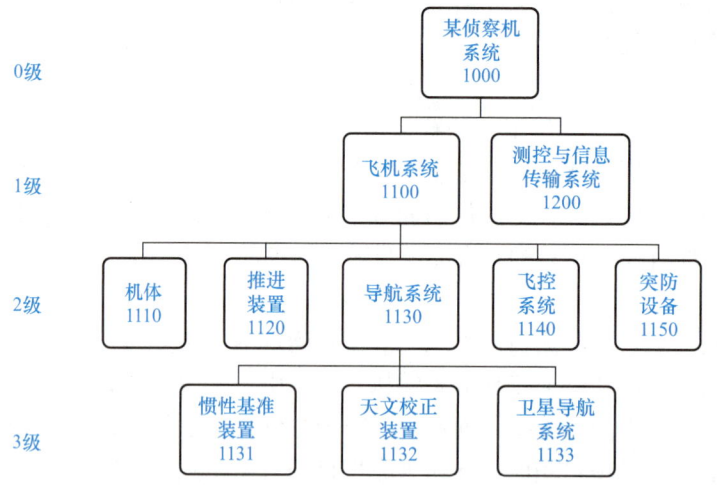

图 5-14 某侦察机系统的工作分解结构图及编码

六、运用工作分解结构的基本步骤

在进行项目工作分解的时候,一般经过以下主要步骤:

(1)确定项目的主要内容,即项目的主要可交付成果。一般来说,项目的主要内容包括项目的可交付成果以及项目管理本身。在此步骤中,需要回答的关键问题是,为实现项目目标需要做些什么。

(2)确定每项可交付成果所需的详细程度是否足以编制适当的成本估算和历时估算。如果不是，则需要进行第三步。如果是，则进入第四步。

（3）确定可交付成果的组成元素。应以具体、可核查的结果来描述这些组成部分，以便利绩效测量。在这一步骤中需要解决的问题是，为完成上述组成部分，需要开展哪些更具体工作。

（4）核实分解的正确性。在实际生产过程中，出于各种原因往往会出现一些错误的操作，要想取得理想的分解效果就必须进行必要的检查和调整。验证分解是否正确需要回答以下问题：

项目分解有必要充分地定义最底层项，如果没有，是否必须修改组成元素（增加、删除或重新定义）？每个定义是否明确和完整，如果没有，是否需要修改或扩大？每个项目是否可以适当编制进度和编制预算，并分配给负责成功完成工作的具体组织单元（如部门、项目队伍或个人）？如果没有，则需要修改，以提供适当管理控制。

（5）制定工作分解结构词典，进行工作单元编码。

（6）要求项目的利益相关者审阅和评估工作分解结构。

（7）根据工作分解结构开始项目的各项计划工作。

七、工作分解结构词典

工作分解结构词典全面列出了有待开发、正在开发或生产的项目/产品的所有工作，将这些分为若干工作分解结构单元，每个工作分解结构单元都是根据产品结构层次或工作关系构建的，并根据项目工作分解结构层次逐层编写，逐项落实到具体项目上。每个单元将列出以下内容：

（1）单元名称、项目号、工作分解结构级别。

（2）单元说明——描述工作内容和交付状态。

（3）单元要求——对工作内容提出技术、质保等要求和某些特别注意的事项。

（4）相关单元——与本单元相关的其他单元。

表 5-2 为工作分解结构词典示例。

表 5-2　工作分解结构词典示例

项目名称	MD-90					工作分解结构词典	日期		
合同号							共　页		第　页
工作分解结构层次						单元名称			
1	2	3	4	5	6				
0001						MD-90			
	1000					飞机			

单元说明：
本单元涉及整个飞机的终端项目，包括机体、发动机及所有安装的活机翼的未紧固设备，它包括所有与设计、研制、生产及鉴定整个飞机有关的工作要求
单元提要：工作要求在下层单元中提出

工作分解结构层次						有关较低层次单元
1	2	3	4	5	6	
		1100				系统、设备及结构设计
		1200				机体
		1300				动力装置
		1400				现场处理
		1500				技术管理及支援

续表

项目名称	MD-90		工作分解结构词典	日期	
合同号				共 页	第 页
	1600		改型及老化更新		
	1700		采购供应等支持		
	1800		用户构型		

工作分解结构的重要性反映在它确定了项目的所有工作，为随后的变更控制提供了基准，并为所有利益相关者之间的沟通提供了基础，因此工作分解结构应由所有成员制定以供核准。

第五节 范围核实

范围核实是项目范围管理与控制的重要组成部分和过程之一。项目范围核实控制流程是对项目和每项活动的范围进行监测和控制，将项目的实际执行范围与项目基线的预期范围进行比较，如果发现偏差，则采取纠正行动，以保持项目范围计划的正常进程。

一、范围核实概述

1. 范围核实的含义

范围核实（Scope Verification）是指项目利益相关者（业主/客户、项目主办人、项目负责人、项目组织等）正式批准和接受项目范围的过程。项目范围核实的主要任务是充分验证项目范围定义中给出的项目范围界定结果，确保所有项目范围定义中提出的项目产出范围和项目工作范围是完全必要的。项目范围核实的另一项任务是验证和确认已最后确定实施完成的项目产出物范围和项目工作范围，以确保所有项目执行结果符合目标，进而保证项目实施的成果与项目范围管理的要求和目标相一致。

2. 范围核实与质量控制的区别

虽然范围核实和质量控制过程都是以检验为主要手段和方法，但也要注意范围核实和质量控制之间的区别。范围核实主要涉及"工作结果的接受"，并通过检查确定"项目可交付成果和工作结果是否为客户或项目发起人所接受"，而质量控制主要涉及"工作结果的正确性"，并通过检查确定"项目可交付成果和工作结果是否符合规范/标准"，并涉及项目遵循的质量标准。通常在范围核实之前或同时进行质量控制，以确保可接受性和正确性。

二、范围核实的内容

范围核实的依据、工具与技术和成果如图 5-15 所示。

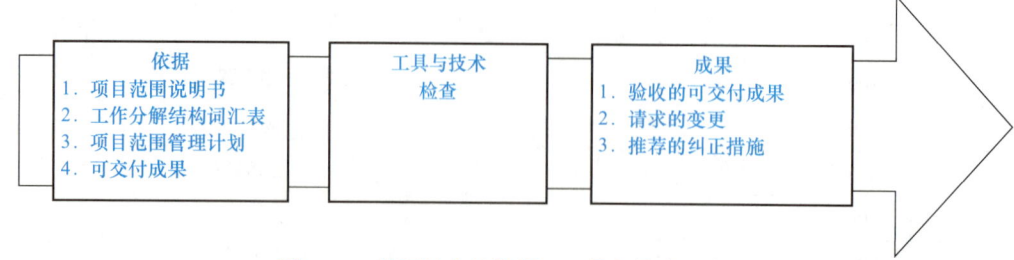

图 5-15 范围核实的依据、工具与技术和成果

项目范围核实工作是对项目范围进行审查，做出验收确认的项目范围决策的工作，需要对项目范围的界定和实施结果进行审查，对项目范围做出最终核查。

1. 依据

项目范围核实的依据包括项目范围说明书、工作分解结构词汇表、项目范围管理计划和可交付成果。

项目范围说明书包括待审项目产品的范围说明书和产品验收原则。

工作分解结构词汇表是详细的项目范围定义的组成部分，用于验证已提交和接受的可交付成果是否包含在已批准的项目范围中。可交付成果是已全部或部分完成的项目，因此是指导和管理项目执行过程结果的事项和对象。

2. 工具与技术

检查（Inspection）是范围核实的重要手段之一，包括测量和测试，以确定工作结果是否符合项目要求。在项目管理中，项目利益相关者对项目的实施和实施的成果（包括工作成果和可交付成果）进行审查。检查通常是在各个项目的最后一步完成，如果项目是以合同方式进行的，那么通常会在合同中注明检查的时间和地点。应及时就检查结果编写检查报告。检查结果可能是接受，也可能是拒绝。如果审查结果符合项目范围或在客户/项目发起人的接受范围内，则审查结果为"接受"；反之，为"拒绝"。如果"拒绝"，客户/项目发起人应说明拒绝的理由，执行组织应根据检查结果采取纠偏措施，然后客户/项目发起人应重新审查项目的执行情况和结果。

如果执行组织和客户/项目发起人无法就检查结果达成一致，可委托商定的第三方进行"独立检查"。

在某些领域，检查也被称为审查、产品审查、审计（Audits）和巡回检查（Walk-through）。这些名词在专业上可能大不相同，但 PMI 认为它们是同义词。

3. 成果

范围核实的成果应该包括：

（1）验收的可交付成果。范围核查流程记录已完成和接受的可交付成果。已完成的可交付成果和未完成的交付成果都有记录，并说明未完成的原因。这些记录是在验收前提交给客户和赞助人的，但不限于客户或赞助人。验证范围包括客户或赞助人收到的文件和利益相关者接受可交付成果的文件。

（2）请求的变更。在范围核实过程中，如有变更请求，可提出变更申请，并通过整体变更控制过程审核。

（3）推荐的纠正措施。如果在范围核实中发现问题，将建议采取纠正措施，以确保项目绩效与项目管理计划相符。

第六节　范围变更控制

一、范围变更控制概述

1. 范围变更

实施过程中项目会随着外部环境的变化而发生变化，具体表现在外部环境条件变化，项目的范围、进度、质量、费用、风险、人力资源、沟通及合同等方面的变化。改变项目的范围，也必定是在已列入核定的项目结构计划中进行变更，否则会引起不必要的后果。在同意进行项目的范围变更后，应明确其结果可能会是费用、时间、质量和其他项目目标的调整。此外，在管理工程的范围内，要求注意范围的扩散，并认识到从总体上说，只有范围变更才会影响该项目的业绩衡量标准。同时，应注意将这些改变加以记录，并及时总结提炼其中的教训。

总体而言，范围发生变更的主要原因如下：
（1）整个项目的外部商业环境发生了变化。
（2）项目规模的初始工作中有错误或遗漏。
（3）将有更精细的技术手段可供执行项目。
（4）项目或项目产品不符合客户的要求，进而需要发生变更。

项目的范围发生变更，会对项目产生一定的影响，例如，将项目已经完成的工作成果抛弃，导致资源和工作量的浪费；可能需要对所有的管理计划根据变动的情况进行修订；还要将变动的结果通知有关的工作小组，并确保他们真正理解了变更内容，这些都表明了范围变更必须进行控制。

2. 范围变更控制

项目变更控制是指建立一套正式的程序，以有效控制项目实施过程中的变更。范围变更控制要与项目整体控制、项目进度控制、项目费用控制、项目质量控制、项目风险控制、合同变更管理等其他控制流程紧密结合。

项目范围变更控制是项目变更控制的主要工作，包括基本的管理流程、控制方法和控制责任。其中最重要的内容之一就是如何确认和检查范围变更是否存在。范围变更控制包括三个方面：①对引起范围变更的因素进行处理，以确保这些变更得到一致认可；②确定发生了范围变更；③在范围变更变化时管理实际的变更。如果采取了纠正措施，则纠正措施和原因也将记录在案，并成为范围管理文档的一部分。

二、范围变更控制的内容

项目范围变更控制是指影响导致项目范围变更的因素并控制这些变更的后果。范围变更控制保证了所有的更改和建议的改正都可以被整个项目变更控制流程所处理。不受控制的更改通常被称为项目范围潜变。变更是不可避免的，因此必须执行某种形式的变更控制过程。

范围变更控制的依据、工具与技术和成果如图 5-16 所示。

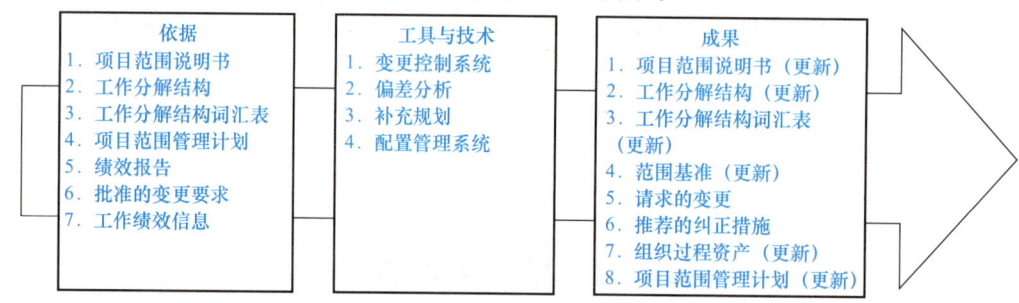

图 5-16 范围变更控制的依据、工具与技术和成果

1. 依据

项目范围说明书与相应的工作分解结构和工作分解结构词汇表一起，建立项目范围基准和产品范围，这些都是范围控制的基础。绩效报告提供关于项目工作绩效的信息，这是范围变更控制的先决条件。批准影响项目范围的变更请求是通过项目范围说明书、工作分解结构和工作分解结构词汇表所决定的项目范围基准的修改措施，以满足项目范围的要求，也是范围控制的基础。

2. 工具与技术

（1）变更控制系统。项目范围变更控制系统控制制度记载于项目范围管理计划中，规定了项目范围和产品范围变更应遵循的程序。该系统包括文字工作、追踪制度和批准更改所需的审批级别。范围变更控制应与任何集成的综合项目管理信息系统结合起来，对项目范围进行统一的控制。变更控制系统在按照合同条款实施项目时，还必须符合合同的所有相关规定。

（2）偏差分析。项目实施结果的测量数据用来评估偏差的程度。判断偏离范围基准的原因并决定是否应采取纠正措施，这些是范围控制的重要组成部分。

（3）补充规划。影响项目范围的变更经批准后，可能需要对工作分解结构和工作分解结构词汇表、项目范围说明书和项目范围管理计划进行更改。经核准的变更请求可能作为更新项目管理计划的原因。

（4）配置管理系统。可交付成果的状况由一个正式的配置管理系统管理，该系统确保对项目范围和产品范围的变更请求进行彻底审议和记录，然后由整体变更控制过程进行处理。

3. 成果

（1）项目范围说明书（更新）。如果批准的变更请求对项目范围产生影响，则重新印发项目范围说明书，并做出修改，以反映批准的变更。审批文件的内容是由审批人填写的关于变更的理由和建议。更新后的项目范围说明书将作为今后新项目范围基准。

（2）工作分解结构（更新）。如果批准的更改请求对项目范围产生影响，则重新印发附有修改内容的工作分解结构，以反映批准的变更。

（3）工作分解结构词汇表（更新）。如果已批准的更改请求对项目范围有影响，则重新发布工作分解结构词汇表，并对其进行修改，以反映已批准的变更。

（4）范围基准（更新）。经批准的详细范围说明书，连同相应的工作分解结构及其词汇表都是项目范围基准，并且随着上述更改，范围基准也跟着更改。

（5）请求的变更。项目范围控制的结果可能导致变更请求的提出，这些请求将根据整个项目变更控制流程进行审查和处理。

（6）推荐的纠正措施。在项目执行过程中，如果发现问题并及时采取纠正措施就会达到很好的效果，反之则可能导致更大损失。推荐的纠正措施是为使项目今后的预期实施结果与项目管理计划和项目范围说明书保持一致而建议采取的步骤。

（7）组织过程资产（更新）。产生偏差的原因、选择纠正措施的原因以及从项目范围控制中吸取的其他类型的经验教训都记录在组织过程资产历史数据库中并加以更新。

（8）项目范围管理计划（更新）。如果批准的变更请求对项目范围产生影响，则重新修订相应部分文件和项目管理计划的费用基准和进度基准，以反映批准的变更。

本章小结

本章较为全面地讨论了有关项目范围管理的内容、方法和理论。首先对项目范围管理进行概述，应明确"范围"有两个方面的含义：产品范围（Product Scope）和工作范围（Project Scope），并理解这两个概念既相互联系又相互区别。

项目范围管理主要包括五大方面，即范围规划、范围定义、制作工作分解结构、范围核实和范围控制。

项目范围规划的实质就是一种编制项目范围管理的计划工作，这是在项目开始时人们根据项目章程、项目的初步范围说明书和项目要求等所做的项目范围管理的计划和安排。项目范围管理计划制定的根本任务是生成一份项目范围管理规划，它是项目管理者规划、定义、确认、管理和控制项目范围的一种计划文件或规划与指南，其内容包括如何制定和细化项目范围说明书、如何定义和制定 WBS、如何完成项目可交付成果的确认以及范围变更需求。

项目范围定义是指把主要的项目可交付的成果进一步分解为更小的、更便于管理的单元。这里要注意的是，其最终目的是制定出一份详细的项目范围说明书，作为将来项目决策的依据，它定义了项目中应该包括什么，不应该包括什么，包括项目利益相关者对项目的统一理解；主要商业目标；成本、进度、技术、质量；项目需求；产品验收标准等。

将应由项目团队为实现项目目标并创造必要的可交付成果而执行的工作分解之后得到的一种层次结构称为工作分解结构。通过制作工作分解结构把项目分成较小的更便于管理的多项工作。工作分解结构可以用树状图、列表图和气泡图表示。基于可交付成果或基于工作过程对项目进行划分，可以采用类比法、自上而下法、自下而上法等。在制作工作分解结构时要注意编码的设计，并同时生成 WBS 词典，以便需要时查阅。

范围核实全面验证和确认项目范围定义所给出的项目范围界定结果，以确保所有项目范围定义给出的项目产出物范围和项目工作范围的充分必要性。同时对最终实施完成的项目产出物范围和项目工作范围进行验证和认可，以确保所有项目实施工作的结果都符合项目范围管理的要求和目标。此处需要关注范围核实与质量控制的区别。

项目变更控制是要建立一套正规程序对项目实施中的变更进行有效的控制。项目的范围变更控制是项目变更控制的主要工作，这一系统包含了基本管理程序、控制方法和控制责任。

思政课堂

习近平新时代中国特色社会主义思想，植根于坚持和发展中国特色社会主义的伟大实践，聚焦"实现第一个百年奋斗目标，开启实现第二个百年奋斗目标新征程，朝着实现中华民族伟大复兴的宏伟目标继续前进"的主要历史任务，着眼于回答"新时代坚持和发展什么样的中国特色社会主义、怎样坚持和发展中国特色社会主义，建设什么样的社会主义现代化强国、怎样建设社会主义现代化强国，建设什么样的长期执政的马克思主义政党、怎样建设长期执政的马克思主义政党等"重大时代课题，推动党和国家事业取得历史性成就、发生历史性变革。党的十八大以来，这一全方位、开创性的实践过程，赋予习近平新时代中国特色社会主义思想全方位、开创性的历史意义。项目管理也需要根植于中国特色社会主义实践，深悟习近平新时代中国特色社会主义思想。

第六章 项目时间管理

CHAPTER 6

学习目标

○ 了解项目时间管理及其概念
○ 掌握项目规划进度管理、活动定义的含义、做法
○ 掌握项目活动资源需求估算、活动时间估算的方法与流程
○ 掌握项目进度计划制定的依据和方法
○ 学会项目进度计划控制的方法

第一节 项目时间管理概述

项目时间管理是合理地安排项目时间过程,是项目管理中的一项关键内容,目的是能够保证按时完成项目并且合理分配资源,发挥最佳工作效率。

一、项目时间管理的概念

项目时间管理即项目进度管理或项目周期管理,是为了实现项目总体目标所进行的一系列管理活动。这些活动具体包括对项目实施的各个过程和最终的完成期限进行管理。

项目时间管理与项目管理的各个环节相互关联,不可分割。其与项目成本管理、项目质量管理、项目范围管理共同称作项目管理的"四大约束管理"。严格控制项目各个环节的时间,有利于项目活动按期完成,但可能导致项目资源耗费增加,项目质量降低,出现返工现象;严格控制项目成本,有利于项目在整个范围内展开,节约时间,但可能导致项目质量欠缺;严格控制项目质量,有利于项目的交付、避免返工,但可能导致项目时间过长,项目成本超出预算;严格控制项目范围,有利于保证项目各个环节的展开和项目的按期完成,但可能导致项目成本增加和项目质量下降。因此,在项目管理的过程中应该注重各个环节的和谐统一,而不是关注项目管理的某个方面而忽略其他方面,从而保证项目活动能够在低成本、高质量、短时间的条件下完成。

二、项目时间管理的内容

项目时间管理按照项目活动进行的过程可以分为规划进度管理、项目活动定义、项目活动排序、活动资源需求估算、活动工期估算、项目进度计划编制、项目进度计划控制(见图6-1)。

(1)规划进度管理。规划进度管理是指项目管理过程中的行动指南。具体指将项目的计划、编制、实施、控制整个进度程序化为文档的过程。

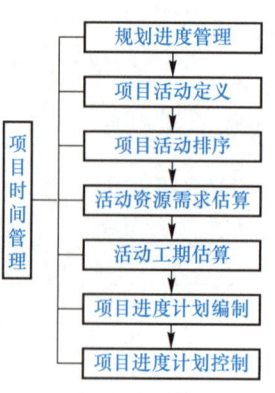

6-1 项目时间管理的过程

图 6-1 项目时间管理过程

（2）项目活动定义。项目活动定义是相关人员分析和记录为完成项目可交付成果而采取必要行动的过程。"活动"指为完成项目所必需的工作投入。

（3）项目活动排序。项目活动排序是指识别并记录项目活动进行中每个环节的关联和相互依赖关系，同时依据时间顺序对项目活动进行排序。

（4）活动资源需求估算。项目启动之前，对活动中所必需的人、财、物进行估计，从而保证以有限的资源获取更大的收益。

（5）活动工期估算。活动工期估算是对项目活动的各个过程所耗费的时间进行详细估计。

（6）项目进度计划编制。项目进度计划编制是指在工作分解的前提下使用项目进度模型制订可行性项目计划。包括项目的开始和结束时间、项目各个活动阶段的顺序、每个环节资源的利用情况。项目进度计划属于滚动计划，是反复进行的过程。

（7）项目进度计划控制。项目进度计划控制是对项目的进展和更新状态进行监督的过程。观察项目状态即进度是否发生变更，分析变更的原因，并对变更因素施加影响，从而保证项目整个实施过程的顺利进行。

项目时间管理的各个组成部分虽然有明确的界限，但相互关联，不可分割。项目时间管理是指在规划的时间内，对项目工作进行拆分，安排完成各个子任务所需要的时间和提供耗用的资源，并对实施进度进行监督，及时发现变更状态，采取相应措施进行管理，最终保证项目总目标的完成。

第二节　规划进度管理

规划进度管理是项目时间管理中的宏观规划和首要步骤，需要根据项目实际进度和遇到的紧急情况进行动态调整。规划进度管理的依据、工具与技术和成果如图 6-2 所示。

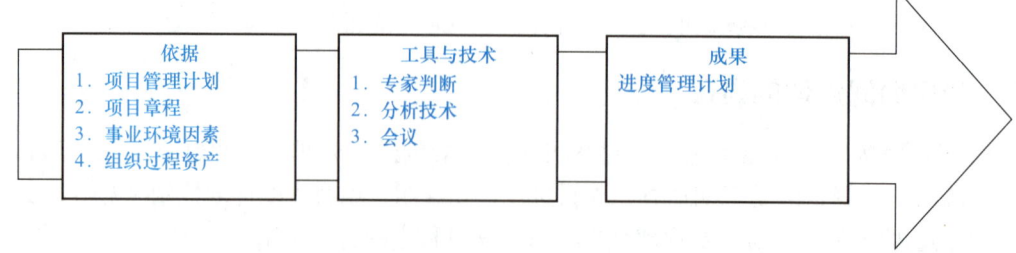

图 6-2　规划进度管理的依据、工具与技术和成果

一、规划进度管理的依据

1. 项目管理计划

根据项目进度制订管理计划。具体包括（但不限于）范围基准、其他信息。

（1）范围基准。范围基准在定义活动、持续时间估算和进度管理的情况下使用。主要包含项目范围说明书和 WBS 细节。

（2）其他信息。利用与规划进度相关的沟通、成本、组织等制订项目管理计划。

2. 项目章程

项目章程是证明项目存在的正式书面说明和证明文件，是由项目发起人正式批准，授权项目经理开展项目活动的文件。

3. 事业环境因素

影响项目规划进度的外部环境。如与项目活动相关的组织文化、承接项目活动的硬件设备或技术、项目管理人员进行项目活动的标准化程序和效率。

4. 组织过程资产

对规划进度管理的过程产生影响的组织过程资产包括：项目活动中的进度控制程序指南、规章制度、项目收尾指南、变更控制程序和工具方法等。

二、规划进度管理的工具与技术

1. 专家判断

专家判断是专家根据以往经验数据和专业知识对现在进行的项目环境及以往类似项目的信息提出发展性的建议。

2. 分析技术

分析技术是指在规划项目进度过程中选择的战略方针和技术。例如：规划进度管理的工具和技术、应对突发事件的方法、详细制定面对进度跟进或赶工的方法、滚动计划法、进度绩效审查方法。

3. 会议

项目团队会通过举办会议来规划项目进度。一般而言，参会人员包括：项目发起人、项目经理、项目执行负责人以及与本项目相关的其他人员。

三、规划进度管理的成果

规划进度管理对于项目管理计划的贡献是编制、监督和控制项目进度制定准则和界定活动。进度管理计划会规定：

1. 项目进度模型制定

确定项目进度模型的方法论和相应的工具。

2. 准确度

规定项目活动持续时间估算中可接受的范围和能够承担的应急储备数量。

3. 计量单位

对项目活动中的不同类型资源的计量单位进行明确规定。

4. 组织程序连接

进度管理规划的框架是由项目工作分解结构确定的，它能够将估算和项目计划进行统一和协调。

5．项目进度模型维护

规定在进度模型中更新和记录项目状态和进展。

6．控制临界值

即采取控制措施前能接受的最大偏差。

7．绩效测量规则

如挣值管理（EVM）规则或其他测量规则。

第三节 项目活动定义

一、项目活动定义概述

项目活动定义，是指为了识别和确认完成项目目标所需要开展的活动，以及必须进行的任务。而项目活动定义法主要考察的因素，是指项目的目标、项目区域的划分以及项目的分解结构。除此以外，假设前提条件、项目的历史信息和数据，以及各种约束条件，也是项目活动定义的主要考虑内容。项目活动清单的具体细节和工作分解结构也是项目活动定义的主要输出结果。

定义活动是制作项目工作分解结构（WBS）的一个过程。具体指界定和描述活动，即将一项大且抽象的工作细分为可执行、可控制的小的具体活动，从而有利于项目管理工作。

项目活动定义的依据、工具与技术和成果如图6-3所示。

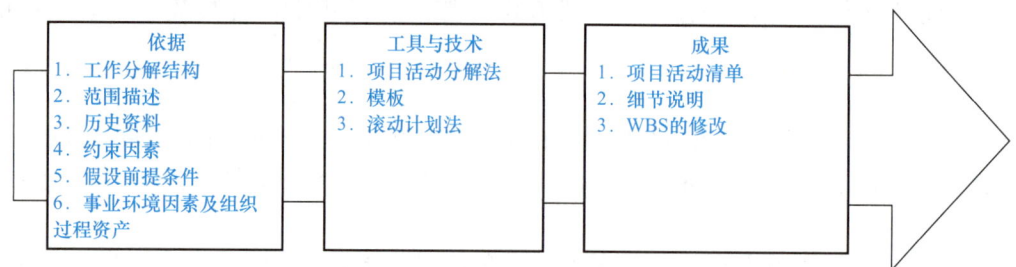

图6-3 项目活动定义的依据、工具与技术和成果

二、项目活动定义的依据

由项目活动定义的依据来界定项目的整个活动。

1．工作分解结构

项目工作分解是定义活动基本的依据之一。项目工作分解结构描述了整个项目需要完成的工作。通过将项目的各个组成部分分解为若干子任务，从而保证项目的顺利进行。

制作项目工作分解结构时，需要注意最低层次的工作任务，也就是项目执行过程中的最小工作任务。工作任务的层次划分不是越详细越好，不同分解方式和详细程度对项目活动定义的要求和影响不同。因此在项目工作分解的过程中要考虑以下因素：

（1）项目团队成员中的职责分配和个人能力，以及项目管理水平和预算控制。一般而言，若项目团队成员工作责任划分明确，个人工作能力较强，项目管理水平和预算控制较强，那么项目工作结构分解层次就越多越详细；相反，项目工作分解层次就越少越粗略。因此，在实际项目工作分解结构中，应根据具体情况，做出合适的详略程度和层次划分。

（2）项目承担者的角色。在项目中承担不同角色的人对项目结构的分解要求有所不同。如利益相关者常常以整个项目为分解对象，根据项目任务说明书对项目进行整体分解，分解层次较为粗略；而承包商作为实际执行者，会根据合同约定的工作进行详细分解。

2. 范围描述

根据项目目标和项目范围相关的信息和资料，对项目工作和项目活动进行界定。若项目范围不明确，可能增加与项目工作无关的活动，增加工作负担；也可能在分解和界定项目工作的过程中遗漏一些必要活动，对项目目标的完成造成影响。

3. 历史资料

需要根据各种项目的相关历史信息界定项目活动的范围。具体包括项目立项前期分析和整理的相关数据资料，以前相似项目的执行经验（工作程序、必要的项目活动等）和文件描述。

4. 约束因素

项目进行的整个过程中所面对的限制性条件和因素。这些条件和因素制约项目的正常进行，是项目活动定义中不可忽视的重要信息。如项目合同中规定的合同条款便是约束条件。

5. 假设前提条件

项目工作分解和界定的过程中需要对一些前提条件做出假设，这些假设与上述约束条件的区别是存在不确定性和风险性，给项目带来一定的挑战。

6. 事业环境因素及组织过程资产

影响项目活动定义的事业环境因素有商业数据库的完善程度、项目信息管理系统的先进程度、组织文化建设等。影响项目活动定义的组织过程资产包括过去项目的经验和教训、项目管理工作的标准化流程或程序、以往项目活动清单或模板等。

三、项目活动定义的工具与技术

项目活动定义的核心内容是列出完成一个项目所要进行的工作任务，以及这些工作任务包含的具体子任务或子活动。项目活动定义的成果是输出一份包含全部项目活动的清单。对于小项目，采取"头脑风暴法"进行集思广益，从而输出项目活动清单；对于大项目，根据项目的工作分解结构，对项目的全部活动进行标准化、规范化的定义。

1. 项目活动分解法

为了完成项目目标，对项目活动进行详细分解和界定，从而保证项目活动易于控制和执行。

2. 模板

模板法是指利用以往已经顺利完成的相似项目的活动清单，将其视为新项目的活动清单模板，然后在该模板上增减与新项目相关的项目活动，进而定义出新项目各个活动的方法。模板法在实际活动中是一种简洁、高效的进行项目活动定义的工具与方法。

3. 滚动计划法

根据外部环境的变化和项目的具体执行情况，对项目活动进行及时调整，制订近细远粗的计划。

四、项目活动定义的成果

1. 项目活动清单

对项目活动进一步拆分，生成项目活动清单，即项目进行过程中各大具体活动的解释文件。它是项目活动定义展现出的最主要的输出信息和文件。项目活动清单必须涵盖整个项目中的全部执行活动。活动清单属于工作分解结构的补充，包含活动的具体描述，有利于保证活动的完整，并且不包含任何项目范围之外的活动。项目清单中呈现出的活动比项目工作分解结构展现出的项目工作更加详细、具体且具有可操作性。活动清单常选择规范化的文档形式，有利于项目其他过程的使用和管理。

2．细节说明

支撑和阐明项目活动清单的各种具体文件与信息具体包括项目假设前提条件、项目的限制因素、项目活动清单的阐述文件、紧前活动、滞后活动等。清单的细节说明是项目活动清单的附件，与项目活动清单同时生成、保管和使用，因此需要表达清晰明了，结构层次分明，从而有利于今后反复使用。不同的应用领域以及项目活动定义状态发生变化时，细节的内容也要做出相应改变。

3．WBS 的修改

项目成员在项目活动实际执行的过程中，会发现工作分解之后漏掉的或需要澄清或更正的项目细目。因此必须在工作分解结构和项目范围管理的有关文档中进行修改，否则会导致相关管理文件脱节或相矛盾的问题，甚至引起整个项目管理的混乱。项目中包含新兴技术或者采纳新的组织结构和管理方法时，最有可能出现上述更新的现象。项目时间管理作为项目管理中不可分割的一部分，轻微的矛盾都有可能引发项目实施的障碍。以项目活动的定义为依据制作工作分解结构的过程，相当于项目时间管理与范围管理相互整合的过程，理当反映在整个项目计划的编制中。

第四节　项目活动排序

一、项目活动排序的概念

项目活动排序是以项目清单的各项活动为依据，确定各活动之间的关联性以及依赖关系，进而科学得出项目活动的先后顺序，最终生成相应文档的过程。项目活动排序是编制项目进度计划的前提。在实际操作中，对项目活动排序时，将手工和计算机软件相互配合，可以提升项目活动排序的效率。项目活动排序是整个项目活动中不可或缺的一个环节。因此，项目活动排序需要参考下面几个方面的信息：

1．项目活动清单

项目活动清单属于项目活动定义过程中的工作成果，详细列出了项目开展阶段的全部活动和内容。

2．项目产出物描述

项目产出物即项目产品，是项目活动的结果。项目产出物的特征一般会影响项目活动的排序。探究项目产出物的特征有利于人们确定项目活动的顺序，比对项目产出物描述有利于判断项目活动排序的正确性。

3．项目活动依赖关系

鉴别并阐述各个活动之间的相关关系属于活动排序的一部分。除此之外，项目活动排序也要清晰说明各活动之间的逻辑关系。而依赖关系可以指出前导活动和后续活动之间的逻辑关系。

4．项目约束与假设条件

项目资源的有限性和假设条件的不确定性能够直接影响项目活动排序。

二、确定项目活动之间的关系

项目活动排序需要依次分析并明确各个活动之间的强制性依赖关系和选择性依赖关系。接下来详细介绍怎样理解和确定项目活动之间的相互关系。

1. 活动依赖关系

（1）强制性依赖关系。由物质条件或客观规律的限制引起，在项目活动之间客观的且不可或缺的关联关系叫作强制性关系，也叫作内在联系或逻辑关系，或项目活动的"硬逻辑关系"。如图6-4所示，两个活动——架桥与渡河，它们之间的依赖关系就是强制性依赖关系。强制性依赖关系是确定活动排序首要考虑的因素，是不同活动之间的内在关系，一般不可调整，所以包含强制性关系的活动比较容易确定顺序。

（2）选择性依赖关系。项目活动间的选择性依赖关系是由项目团队成员人为确定的依赖关系，也称作"优先选用逻辑关系"或者"软逻辑关系"。如图6-5所示，A渡河与B渡河的依赖关系也就是选择性依赖关系。由于选择性依赖关系由项目团队成员根据具体情况对活动进行排序，通常代表了项目团队成员的一定倾向性，具有主观性，因此使用此关系时要仔细斟酌。

（3）外部依赖关系。项目活动的外部依赖关系是项目活动与非项目活动的依赖关系。这种依赖关系通常不在项目团队成员的控制范围内，往往具有一定的风险性。

（4）内部依赖关系。项目活动的内部依赖关系是项目活动之间的紧前关系。这种依赖关系在项目团队成员的控制范围内。

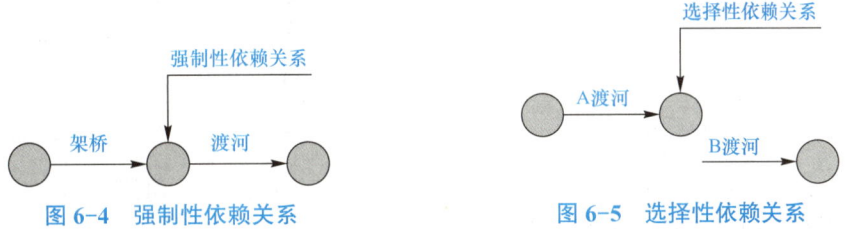

图6-4 强制性依赖关系　　图6-5 选择性依赖关系

2. 活动时间相关关系

项目活动排序的基础是两个相互联系的活动A和活动B在时间上存在着相关性。活动之间的时间相关关系具体分为以下四种：

（1）完成—开始（Finish-to-Start，FS）。前面的活动完成之后后面的活动才能开始。如图6-6（a）所示，活动A完成之后活动B才可以开始。完成—开始（FS）是使用频率最高且承担风险最小的依赖关系。

（2）完成—完成（Finish-to-Finish，FF）。前一活动完成之后后一活动才能完成，后一活动的完成要等到前一活动的完成。如图6-6（b）所示，活动A完成之后活动B才能完成。

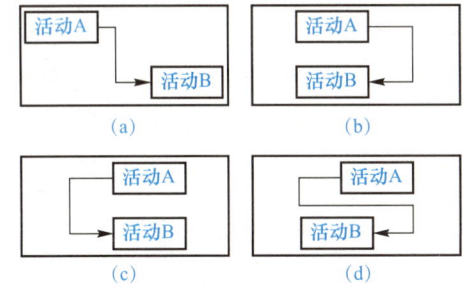

图6-6 活动时间相关关系

（3）开始—开始（Start-Start，SS）。后一活动的开始要等到前一活动的开始。如图6-6(c)所示，活动A开始之后活动B才能开始。

（4）开始—完成（Start-Finish，SF）。后一活动的完成要等到前一活动的开始。如图6-6（d）所示，活动B完成的时候，活动A一定要开始。此类关系使用频率很少。

三、项目活动排序的方法

项目活动排序一般以项目活动间的相互关系、项目活动清单、项目产出物描述以及项目的约束因素和假设条件为依据，由此排列出项目活动顺序。一般使用网络图或文字描述来展示项目活动的先后顺序关系。

活动指从一个时间点到另一个时间点必须要做的工作，通常用网络图表示。网络图通常有两种形式：用节点表示活动和用箭头表示活动。

1. 前导图法

前导图法（Precedence Diagramming Method，PDM）也称作节点图法（AON）、单代号网络图法或顺序图法，它是一种运用项目节点网络图安排项目活动顺序的方法。前导图的具体画法：节点代表活动，节点之间的箭线表明项目活动之间的相互作用关系，箭头指向代表活动的流程方向，如图 6-7 所示。可以利用手工和计算机来绘制前导图中的项目网络图。前导图法能够鲜明地展示出 FS、SS、FF、SF 四种类型的时间关系。

使用前导图对项目活动进行排序时，为了让图形简单易懂，若出现多个活动不存在前导活动（或后续活动）时，一般在图上增加一个"开始"（或"终止"）节点，将活动表现为从虚构的"开始"（或"终止"）节点引导出来（或汇聚起来）。如图 6-8 所示，在预估这些虚构活动的时间时，取值都为"0"。

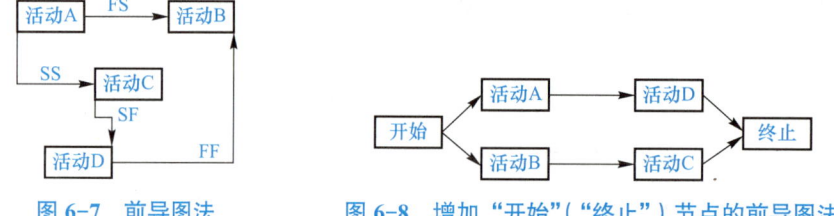

图 6-7　前导图法　　　图 6-8　增加"开始"（"终止"）节点的前导图法

前导图中包括的几项活动相互衔接时，会建立三种基本活动关系：前置活动、后续活动及平行活动。图 6-9 所示为前导图法的基本原理。

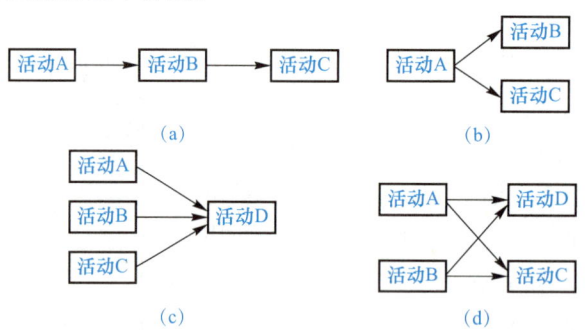

图 6-9　活动关系图示例

（1）前置活动，也叫作紧前活动。具体指进行本活动之前必须刚好完成的一些活动。在前导图中，本活动逆箭头方向与本活动直接相连的活动就称为前置活动，表明本活动只有在与其紧密连接的活动完成之后才能开始，如图 6-9（a）所示，活动 A 是活动 B 的前置活动，活动 B 是活动 C 的前置活动。

（2）后续活动，也叫作紧后活动。具体指紧随本活动之后的一些活动。在前导图中，本活动顺箭头方向与其直接相连的活动就称为本活动的后续活动，表明与其紧密连接的活动完成之后本活动才能进行，如图 6-9（a）所示，活动 B 是活动 A 的后续活动，活动 C 是活动 B 的后续活动。

（3）平行活动，也叫作同时活动，具体指可以与本活动同时进行的活动，如图 6-9（b）、图 6-9（c）、图 6-9（d）所示。

在图 6-9（b）中，活动 B 和活动 C 的紧前活动都是活动 A，因此活动 B 和活动 C 可以选择同时开始，也可以选择不同时开始。活动 B 和活动 C 同时活动，但并不是一个必要条件。类似于活动 B 和活动 C 的平行路径，如果同时进行，可能会减少完成整个活动的时间。活动 A 也称作分支活动。

在图 6-9（c）中，活动 A、活动 B 和活动 C 可选择同时开始，也可以选择不同时开始，但是，活动 A、活动 B 和活动 C 全部结束之后活动 D 才可以开始。换句话说，活动 A、活动 B 和活动 C 如果条件允许可以同时发生，但活动 A、活动 B 和活动 C 都完成后活动 D 才可以开始。活动 A、活动 B 和活动 C 是平行活动。活动 D 也称为汇合活动，因为活动 D 开始之前必须有多个活动全部完成。所以活动 D 通常也称为里程碑。

在图 6-9（d）中，活动 C 的紧前活动是活动 A 和活动 B，活动 D 的紧前活动也是活动 A 和活动 B，因此活动 A 和活动 B 是平行活动，同理，活动 C 与活动 D 也为平行活动。但活动 A 和活动 B 全部完成之后活动 C 和活动 D 才可以开始。

上述前导图的基本关系表明了项目活动之间通常存在几种逻辑关系。项目团队成员可以根据这些逻辑关系对项目活动进行简单排序。

使用前导图法绘制网络图应遵循的规则如下：

（1）网络图是有向图，因此图中只能用单头箭线表示连接，而不能用无头箭头或者双向箭头表示。

（2）网络图中的项目活动与图示方框一一对应，两个相邻方框间仅需要一条箭线相连。

（3）箭线只能从一个方框开始，到另一个方框结束。

（4）网络图中拒绝出现循环回路。

（5）网络图中拒绝出现没有节点的箭线。

（6）网络图中的起始节点和终止节点只能各有一个。

（7）网络图中的箭线尽可能避免交叉。

2．箭线图法

箭线图法（Arrow Diagramming Method，ADM）又称作双代号网络图（AOA），是对项目活动进行排序和描述的网络图方法。项目活动用箭线表示，项目活动之间的相互关系用节点表示。事件（event）是达到一定条件的时间点，主要特征是瞬时发生，并且不需要耗费任何时间和资源。如一个或多个活动的开始或结束可以称为事件。在箭线图中，箭尾所指的事件叫作本项活动的紧前事件（precede event），箭头所指的事件叫作本项活动的紧随事件（successor event）。如图 6-10 所示，活动 A 是活动 B 的紧前事件，活动 B 是活动 A 的紧随事件。

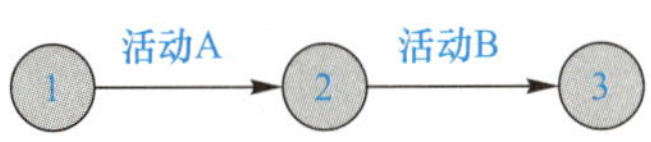

图 6-10 箭线图法

该方法的使用频率比前导图法低。同样可以采用手工和计算机两种方法来绘制。

（1）箭线图的基本原则：

1）箭线网络图中事件号不能重复。

2）任意两项活动的前置事件和后续事件不可以完全相同。箭线图通常只使用完成—开始（FS）逻辑关系，必要时结合使用虚活动（dummy activities）以表明活动间的逻辑关系。虚活动指的是活动间的依赖关系，并不是项目的实际活动，不会消耗时间和资源。箭线长度、倾斜程度与活动的时间长短无关。

（2）绘制网络图的规则。在复杂的网络图中，可以使用虚活动来避免多个起点或终点引起的混淆，即将虚活动与所有能马上开始（或结束）的节点进行连接，以此确保每个活动识别号码的唯一性。使用箭线法绘制网络图应遵循的规则如下：

1）箭线网络图是有向图，因此不能出现回路。
2）活动与箭线一一对应，网络图中的每个活动只能用连接两个节点的一条有向箭线表示。
3）两个相邻节点间只能使用一条箭线直接连接，以此清晰地标识各项活动。
4）每个网络图分别只能有一个开始事件节点和对应的一个结束事件节点。

3. 网络图模板法

网络图模板法（network templates）是指项目团队人员以标准的网络图或者过去类似项目网络图作为新项目网络图的模板，根据新项目的具体执行情况来修正这些模板，即可以快速、精确地绘制出新项目的网络图。

四、项目活动排序的成果

进行项目活动排序时首先明确项目活动之间的逻辑关系，然后根据它们的关系绘制项目网络图，最后提交更新后的详细活动关系清单。

1. 项目网络图

项目网络图（network diagramming）是依据项目活动之间的逻辑关系和依赖关系绘制而成的示意图。该图可以是一个项目的所有活动，也可以是一个项目的核心活动。项目网络图的附件需要对活动排序的基本方法以及任何特别的排序做出详细的说明。

2. 活动清单更新

在活动定义的过程中，项目团队成员在实际操作中会发现先前的工作分解结构存在不合理之处，从而对工作分解结构进一步更新。同理，在编制项目网络图的过程中，也需要分解或重新定义一些特定活动，从而编制出正确妥当的逻辑关系图，因此需要对项目活动清单进行更新。需要注意的是，如果在这一阶段对工作分解结构重新修订，一定要对原有的工作分解结构及项目活动清单进行相应的更新。

3. 活动属性更新

项目活动之间的逻辑关系确定之后，需要在活动属性添加全部有关时间提前量和滞后量。

第五节　项目活动资源需求估算

一、项目活动资源概述

在项目活动执行过程中，不可避免地需要耗费一定资源，所以先对项目活动资源进行估算，然后再估计项目活动时间和安排项目进度计划。

1. 项目活动资源的概念

项目活动资源是指执行项目活动必需的人力、财力、物力和时间资源。

2. 项目活动资源的分类

项目活动资源按照不同的标准可以有多种分类。

（1）以会计学原理为标准进行划分。一般将开展项目活动的资源列为"生产成本"，如人力资源、原材料、分包、借款等。此分类方法的好处是简单易懂，便于操作，在公司的项目支出预算和会计工作中普遍使用。该方法的不足之处体现在以下方面：

1）无形资源（知识产权、数据库）的成本缺乏直接明晰的体现。

2）项目资源管理的重要部分没有表现出来。

（2）以项目活动资源的可获得性为标准进行划分。

1）能够反复利用的资源。能够反复利用的资源指某项资源在现阶段暂时运用于一个项目活动，但在这一项活动完成之后该资源仍然能被其他项目所使用。能够反复利用的资源在长期内并不会因为某项活动而发生本质改变。比如项目团队中的人力资源，一般掌握常见项目的基础知识和技能，具备开展活动的能力；还有生产设备的厂房，一个项目结束后，该厂房仍然可以用于其他项目产品的生产。

2）不可再生资源。不可再生资源作用于其中一项活动之后，便不可能作用于其他活动，并且长时间内不可进行补充。如时间是各个活动中的不可再生资源，时间一旦开始消耗，不会暂停、储存和升级。因此，需要对项目活动的各个阶段进行估算，以保证最大程度地节约时间资源。

3）可补充的资源。可补充的资源在项目活动的推进中消耗之后，能够通过购买、升级和租赁等方式进行补充。比如生产设备随着时间的推移不断老化，但是可以采用设备维护、替换零件的方式进行补充；再如资金，项目进入关键时刻，资金出现短缺时，项目投资者为了最终的目标会投入一定资金。

（3）以项目活动资源的特点为标准进行划分。

1）无限制性的资源。使用该资源不会在时间和成本这两个方面对项目活动进行严格限制。例如，没有培训成本的劳动力或者通用的机器设备。

2）有限制性的资源。该类资源在使用的过程中会受到价格、技术、时间或数量上的限制，即不能在项目实施过程中随用随取。

3. 项目活动资源的特点

（1）稀缺性。大部分资源的获取以及替代者的品种和数量都是有限的，因此稀缺性是项目活动资源的普遍特点。在一个项目的相关文件（如项目建议书、可行性研究报告）中会明确指出项目各个环节中可以明确调用的资源和项目的预算。由于资源的稀缺性，在项目实施之后，项目团队的各种资源追加都会受到一定的限制。因此，要对资源的稀缺性予以一定的重视。

（2）即时消耗性。一个项目属于一次性工作，因此与该项目相关的项目组织以及其他资源都是临时性的。不需要永久保存项目过程中利用的资源，也没有必要建立庞大的库存系统。项目中使用的各种资源按照特定的时间和数量满足项目的正常实施即可，也就是说，在正确的时间、地点，有正确的人使用正确数量的资源。规划项目进度时可以做出资源不到位的防范措施，但不会对昂贵、储存费用高的资源进行大量储备。

（3）专有性。在项目的日常实施过程中，会根据时间进度以及项目的推进成果进行适当的调整。项目除了拥有反复利用的资源外，还应该包含本项目独有、比较固定、能够随时支配的资源，从而避免项目进度的调整引起的资源交叉使用中产生的矛盾，保证项目资源使用过程中不受过多外界因素的影响。

（4）多用性。资源的多用性与专有性是相辅相成的。一个项目包含的多种资源中，有的资源具有多用性，有的资源具有专有性，而不是仅包含只具备一种性质的资源。同一种资源可以作用于不同的项目活动，而不同的项目活动也会对同一种资源有需求。因此，对项目活动资源进行估算时，应该充分考虑到资源的有限性和合理利用性，尽可能让同一种资源在不同项目活动中都得以使用。如果频繁调配资源会耗费人力、时间成本，而采用多用性资源可以节约成本，提升资源利用的灵活性。

二、项目活动资源需求估算

项目活动资源需求估算就是开展项目活动过程中，对必须使用的资源的类型、每种资源的需要数量和该资源在项目活动中的持续时间进行明确指定。项目活动资源需求估算与项目成本估算不可分割。

1. 项目活动资源在项目时间管理中的作用

（1）项目活动资源数量影响项目时间的管理。项目资源的数量和项目活动的工期长短主要有以下三种关系：①资源投入增加，工期缩短。一般情况下不会呈现同比例变化。②资源投入增加，工期不变。当项目的活动资源达到某一数量之后，增加资源投入并不会造成工期提前或延后（无影响）。③资源投入增加，工期延长。项目的活动资源达到某一数量之后，增加资源投入会对工期起反作用，即造成工期延长。

（2）项目活动资源的质量在项目时间管理中的作用。通常来讲，项目资源的质量与活动所需要的时间成反比，即高质量的资源对应短时间的项目活动。但当项目资源的质量达到某一极限后，提升资源的质量并不会让项目的活动时间减少。此外，投入高质量的资源会提升成本，造成不必要的浪费。因此，资源质量以合适为准。

（3）项目活动资源的需求节奏在项目时间管理中的作用。项目活动资源的投入时机和数量由活动资源的需求节奏决定，它将各个时间点中活动所需资源情况表现出来。假如存在多种类型的资源需求节奏，当资源过剩时，工期不会被压缩，但是当资源短缺时，则会造成项目活动进度的延迟。因此活动开始阶段资源投入过少，就会造成后期资源过剩；若活动开始阶段资源投入过多，就会造成活动后期资源不足。这两种情况都会引起项目进度延迟，只有达到资源的供需平衡，实际工期才可以与预期工期达到统一。

（4）项目活动资源的类型在项目时间管理中的作用。为了完成一个项目的活动，需要各种资源，所以资源的组合是多种多样的。虽然项目的各种形式都能保证项目活动的完成，但在项目的进度、成本、质量和风险方面却有很大的差别。在估算项目活动的时间时，资源的种类是一个需要考虑的因素。改变资源的种类比例和改变资源的数量，都会使项目的时间发生变化。所以，资源类型对项目的时间管理非常重要。

增加资源的数量，提高资源的质量，或改变资源的种类，都可以缩短项目活动的时间，但是这些时间的缩减并不是没有限制的，也并非对所有的资源都有效。一方面，它与资源利用的特点相关，对项目活动时间造成影响的因素比较多；另一方面，缩短项目的活动时间往往会导致成本上升。

2. 项目活动资源需求估算考虑因素

（1）资源的适用性。资源的选取要能够尽量发挥其作用。因此，既要考虑资源的品质与供应情况，又要考虑活动的需求、所要付出的代价、所要达到的目标等因素，并进行综合权衡。

（2）资源的可获得性。在决定一个项目的资源需求时，一定要综合考虑资源类型、获取时间、获取资源的方式。否则，资源需求规划再好也没有任何意义。在确定活动的资源需求时，要尽可能地选取一般的资源，同时保证项目活动的顺利进行，以便在必要的情况下获得所需的资源。

6-2 项目活动资源需求估算考虑的因素

（3）项目日程表及资源日程表。项目日程表和资源日程表决定工作所需的资源。资源可提供的时间和项目的运行时间并不一定是完全相同的。

（4）资源的品质。不同的活动对资源的要求也不尽相同，因此，在确定资源需求时，要确保资源的质量能够达到项目的执行要求。

（5）资源的规模经济和规模不经济。一种情况是，投入的资源越多，单位工时的费用就会越低，从而加速项目的进程。这主要是由于资源具有一定的规模经济性，可以减少一定的费用，加速学习曲线的效果。但若持续地增加指定的活动资源，在此资源数目达到一定水平后，再添加此类资源，并不会减少活动的持续时间。

（6）关键活动的资源需求。在确定资源需求时，应当分析活动在整个项目中的重要性。如果是关键环节上的活动，那么对该活动的资源需求应当仔细规划，适当提高该活动的资源储备和质量水平，保证活动资源在需要的时候可以及时获取，同时还应当为该项活动准备资源需求替代方案、赶工资源需求方案等应急方案，减少资源不足带来的风险，确保该活动按计划顺利完成。

（7）重要资源需求。在资源需求的确定中，应重点关注重要资源的需求，采取各种措施，如增加资源储备、延长采购时间、准备多个供应商，以保证活动的持续时间不会被主要资源的问题所影响。

（8）项目活动的时间限制和资源费用限制。在决定项目活动的资源要求时，不仅要考虑到资源的利用属性，还要考虑到资源的综合管理。在不同的活动形式下，不同的活动资源组合方式会对项目的费用和进度产生一定的影响。在进行决策时，要比较分析不同类型的资源组合，权衡利弊，最后确定合适的资源配置。

（9）资金的风险。在资源需求的确定中，也应该对资源的风险进行分析。由于项目的一次性和独特性，伴随着很多的危险。项目活动的资源需求会受到资源的质量风险、资源的可利用性风险等风险因素的影响。

（10）资源储备。在估算各项活动的资源需要时，需要适当进行储备，尤其是主要的活动和活动的主要资源。加强项目的资源储备，可以提高项目的风险承受力和应变能力。

3. 项目活动资源需求估算的步骤

首先依据项目活动资源的输入条件，确定活动资源的需求评估方案，并对项目活动的特征进行分析，以分析结果为依据选择合适的估计项目活动资源的方法，从而得出项目资源需求的类型、质量和数量的估算结果。

项目活动资源需求确定的输入条件包括：

（1）企业环境因素。在进行项目活动的资源评估时，必须利用有关基本资源详细信息的企业环境要素。

（2）组织的过程资产。组织过程资产是由正式和非正式的政策、程序计划、指南、整个的进度计划和风险数据等因素组成的。组织过程资产的组织方式包括行业类型、组织和应用领域的不同组合。

（3）历史资料。历史资料是指项目所需资源、项目资源计划、项目资源使用情况等相关资料。一般而言，在项目完成后，要对项目相关的文档进行备份，并将其存档，供以后参考。

（4）各种资源的定额、标准及计算方法。在制订项目资源计划时，需要参照国家、地方、民间组织和企业的各类资源消耗定额、标准和计算规则，而很多资源的数量和质量指标必须按照国家、行业、地区、民间组织或企业的标准或统一的计量计算规则来决定。

（5）项目活动一览表。项目活动一览表是对项目活动的工作分解结构进行再分解而得出的。如同工作分解结构，项目活动一览表应该包含项目活动的说明，并且要比项目工作分解中所提供的项目工作更为详尽、更具操作性。

（6）活动特性。活动特性是一个可交付的活动定义流程，并在项目规划进程中不断地更新和改进。完整的活动功能，除上述之外，还包含活动检查员，活动代号，活动描述，紧前活动、紧后活动，逻辑关系，提前和滞后，资源需求，强制数据，约束和假设等相关信息。

（7）资源可获得性。资源可获得性具体指获取资源的位置、获取时间等相关信息，并根据资源的可用程度来估算所需的资源。

（8）项目工期和工期管理计划。项目进度管理是工程项目的一个重要组成部分，项目进度要求的资料可以用工程的资源需求估算。

（9）评估项目活动所需资源的假定先决条件。项目活动的资源需求估算的前提是，在进行需求估算的过程中，需要对某些不确定的情况进行假设。项目活动的假定先决条件将直接影响到对项目活动的资源需求的估算，而不同的假定前提会导致对项目活动的需求估算存在差异。

三、项目活动资源需求估算的工具与技术和成果

1. 项目活动资源需求估算的工具与技术

（1）专家调查法。"专家调查"是将专家的个人经验与知识综合起来，通过某种方式，对某一领域的发展做出主观的预测。专家调查的主要方法有专家意见、专家会议、德尔菲法等。

（2）数据统计。数据统计法是利用历史项目的统计数据，对项目活动进行资源需求的测算与确定。

（3）统一定额法。"统一定额"是指权威部门（国家或民间）规定的资源的质量和数量限制，以满足一定的项目活动任务需要。

（4）三点估算法。不同的因素会对不同的资源需求产生不同的影响，即使开展相同的活动，它们的实际消耗也不一定都是相同的。所以，可以利用三点技术来估算活动资源的需求。它可以为确定活动的资源需求提供一个框架，需要三种评估：乐观的、悲观的和最有可能的。乐观的估算假定，活动中包含的所有活动都有利于完成活动，在此期间，需要估算的资源是完成活动所需要的最低资源要求；悲观的估算假定，所有活动与完成活动有关的事件都不利于完成活动；而最有可能的估算是活动所需要的资源。综合三个类别的估算，并根据图6-11中所示公式决定项目的活动资源需求。

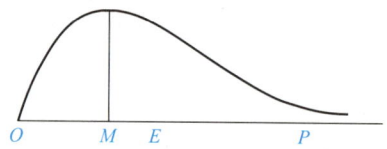

图 6-11　三点估算法

注：O代表乐观的，P代表悲观的，M代表最可能的，$E=(O+4M+P)/6$。

（5）项目管理软件法。软件的功能是规划、组织和管理后备资源，并提供资源评估。软件具有复杂性，不同软件间存在着巨大的差异。该方法不仅能确定资源的时间，还能决定资源的分解结构、资源是否存在、资源数量以及资源单价。

（6）自上而下估算法。自上而下估算法是在对评估活动掌握不足的情况下，对其所涉及的工作进行进一步的细分，并对其下级各具体工作资源的需求进行估计，然后根据不同的资源类型进行汇总。如果各活动之间有相互依存的关系，那么这种资源使用模式应该被纳入项目资源的评估工作中，并形成文件。

2. 项目活动资源需求估算的成果

（1）活动资源需求。活动资源评估程序的结果是由项目活动清单、每项活动所需的资源种类和数量的描述与解释组成的。当这些要求被汇总后，就可以决定每个工作的资源需求。具体的资源需求描述的详细程度和具体程度取决于不同的应用。

（2）更新的活动属性。与所输入的活动属性相比，所产生的活动属性包含了所要求的各种资源的种类和数目，同时也反映了在评估过程中所发生的变化。如果在一个活动的资源评估期间，更改

要求得到认可，就应该把已核准的更改添加到活动列表和活动属性中，并对活动列表和活动属性进行更新。

（3）对资源进行层次划分。对资源进行层次划分也就是分解资源结构，具体指以资源的类型为依据，对资源进行分解和层级划分，属于项目分解结构中的一部分，利用该结构对资源的具体需求进行规划，并将其汇总到更高层。

（4）资源日历。项目资源日程表中列出了决定使用（或不使用）一种资源的具体时间，即资源的工作日。资源日历通常会按照资源的类型来确定其对应的假期、可用资源的时间、可用资源的数目。

（5）必要的变更。活动资源评估流程会造成某些更改，在活动列表中增加或缩减预定的活动内容。可以使用评审和修改集成变更控制过程的方式对活动资源估计过程进行必要的变更。

第六节　项目工期估算

一、活动时间估计

1. 活动时间估计的概念

活动时间的估计是指在确定了各种活动的顺序之后，预期的活动所需的时间长短，这与评估各个活动的时间以及完成全部工作所需的时间有关。如果工作时间过短，会给工作带来紧迫消极的压力，反之，如果工作时间过长，就会延长整个项目的完成周期。为了客观、准确地估算项目活动作业时间，在评估工作时间时，不能以工作的重要性和工期为限，而要综合各种资源，包括人力、物力、财力，使评估工作处于正常的独立状态，以确保估算的正确性。

2. 活动时间估计的依据

（1）活动清单及其细节说明。活动清单属于 WBS 的进一步解释说明。此项活动必须完整，不包括不属于该计划的任何活动。活动清单应该包含特定的活动说明，以保证项目组的人员了解工作应该怎样进行，从而保证评估的精确度。

（2）项目资源需求。由于大部分活动的时长受到分配的资源和可用性的影响，所以估计的活动资源需求将会影响到活动的时长。

（3）资源日程表。资源日程表包含了各种类型的资源、可用资源和能力。在评估活动资源的过程中，还应当考虑到设备和物料资源，这些资源会对项目的工期产生重要的影响。

（4）项目范围说明书。在对活动周期进行估计时，必须将项目范围说明书中列出的限制条件和假定条件考虑在内。假定条件包括：现有情况、提供资料、报告期限等。限制条件包括：现有技术资源、合约条款及需求等。

（5）事业环境因素。对评估活动周期进程有影响的事业环境因素有：项目工期估计数据库及其他参考资料、生产率测量指标、公布的业务资料等。

（6）组织过程资产。对评估活动周期进程产生影响的组织过程资产包括：历史数据、工程日程表、进度安排方式、经验教训等。

3. 活动时间估计的工具与技术

（1）专家判断。在参考历史资料的基础上，专家判断可以为评估工作的持续时间提供必要的资料，或依据过去同类工程的经验，确定其最大时间限度。

（2）类比估计。类比估计是基于以往相似项目的参数值（如工期、预算、规模、重量、复杂性等），对未来相似的项目进行预测。在估计项目时间的时候，类比估计法是根据以往相似项目的实际工期来估计目前项目的工期。这是一个粗略的估计，有时候会因为项目复杂程度的不同而有所调整。通常情况下，当没有足够的项目细节时，该技术被用于评估项目的工期。类比估计法是综合运用历史资料与专家判别的方法。与其他估计方法相比，类比估计法成本低、耗时少、精度低。可以用类似的方法来估计整个项目或项目的一部分。

（3）参数估计。就是利用历史资料和其他因素的统计关系，估计出各种活动的参数，如成本、预算、工期等。将所需执行的工作与完成所需的工时相乘，可以得出活动作业期。

（4）三点估算。将项目估算中的不确定性和风险性纳入考虑范畴，能够提升活动持续时间估算的精准性。这一概念起源于计划评审技术（PERT）。PERT 使用 3 种估算值来界定活动持续时间的近似区间：

·最可能时间（m）。根据最有可能获得的资源、最有可能获得的资源生产率、对资源的可用时间的实际预测、资源可能对其他参与者的依赖性、可能出现的各种干扰等，估算出的活动持续时间。

·最乐观时间（a）。以活动执行中最好状况为依据，估算出的活动持续时间。

·最悲观时间（b）。以活动执行中最坏状况为依据，估算出的活动持续时间。

PERT 分析方法对以上 3 种估算进行加权平均，从而计算预期活动持续时间：

$$Z=(a+4m+b)/6$$

用以上公式（3 种估算的简单平均公式）计算出来的持续时间相对而言会更加准确。这 3 种估算能清晰表明持续时间估算的变化范围。

（5）储备分析。在进行工期估计时，需要将应急储备时间纳入项目日程安排中，从而应对进度上的不确定性。应急储备时间是指某一特定百分比、特定时期的活动周期估计，或由定量分析决定。

（6）群体决策技术。以团队为基础的方式（如头脑风暴、德尔菲法，或者名义小组法）能够激发团队成员的参与性，从而增加估计的精确性和增强对评估结果的责任心。在评估过程中，选取与技术工作关系密切的人员，能够获得更多的资料，从而获得更精确的估计。此外，让项目成员自己参与评估，可以增强他们对评估的责任心。

4. 活动时间估计的成果

（1）活动时长估计。工作时长的估测是用定量的工作周期来计算完成一件事情所需要的工作时间。任何延迟的时间都不包含在活动周期的估计中。在活动时长的估计中，可以指明特定的变化范围，如 2 周 ±2 天，表示活动至少要 8 天，最多 12 天（假设一周工作 5 天），3 周以上的可能性为 15%，表明该活动需要 3 周或更短时间的概率为 85%。

（2）(增订) 项目文档。可能需要更新的专案档案包括但不局限于：活动属性、评估活动期所设定的假定条件，例如资源的技术等级和可用程度。

二、项目工期估算

1. 项目工期的估算依据

项目所处的环境总是不断变化的，包括外部环境、地理环境、经济环境、政治环境、技术环境、员工和部门之间的关系等因素，都会对项目活动的持续时间造成一定的影响。即使采用不同的方法预测项目工期，在项目实际执行的过程中也会发生一些偏差。项目的总工期与项目各个活动的工期有很大的关系。因此，项目的总工期也会受到很大的影响且具有不确定性。

（1）项目规划。项目进度直接关系到项目的工期。不管最初的方案有多完美，在实施的时候，都会根据项目的情况，做出一些必要的、局部的调整。调整计划需要耗费一定的时间，而完成调整后的计划所需时间和原先的估算结果是不同的。

（2）意外情况。在项目实施过程中，总会发生意外事件，随着项目生命周期的延长，事故发生的概率和频率也会增加。在计划的过程中，要把所有的突发情况都考虑在内。事故的发生是无法避免的。所以，项目经理要做好应对突发情况的准备，并具备一定的控制性和随机性，使项目受到的影响最小化。

（3）资金。资金是项目顺利完成的重要保障。许多项目因缺乏足够的资金而导致资源短缺，项目开发人员士气低落，供应商停止供货，最终导致项目的工期延误，从而影响项目的顺利进行。比如，在项目的开始和正式开始的时候，规划的投入并没有按照合同或者内部协议的要求来完成。一些工程的建设周期比较长，各类未预料的成本增加，使工程的实际成本超过了预算，并且缺口很大，无法得到及时的补偿。

（4）物资供应。资源短缺将会对项目的进度造成直接的影响，如果某个项目活动被打断，必然会对后续的工作造成一定的影响。物料供给不足，主要是因为项目的采购管理出现了问题，或是因为项目组没有与采购部门进行及时沟通，导致物料和设备的短缺。项目经理要与公司的财务、采购等部门保持密切的联系，这样才能及时地获得他们的全面支持。

（5）员工的工作能力及工作效率。通常，评估项目工期是以每个项目小组成员的平均工作能力为基础的，但事实却并非如此。并且，在估计项目工期时，均假定项目小组成员的工作能力和工作效率是稳定且保持不变的。如果对这些改变进行全面的分析，就会给评估带来更大的困难。但是，在实践中，由于主观和客观因素，团队成员的工作能力和工作效率难以维持。

2. 项目工期估算的工具与技术

（1）关键路径法。关键路径法的假设前提条件是：活动持续时间是确定不变的。

1）正推法决定了最早的起始时刻和最早的截止时间。最早的开始时间是指一种活动可以进行的最早的时间。在项目的整个活动中，最早的开始时间取决于其全部紧前活动的截止时间（除非其没有紧前活动），而这取决于项目活动的顺序。一个项目的起始时间是由其前一个项目最早的结束时间决定的，它必须比前一项活动的截止时间迟或者和前一个活动的最早截止时间相同。任何活动节点的最早开始时间（ES）等于其紧前活动节点的最早结束时间（EF）的最大值，则：

$$ES(j) = \max\{EF(i)\}$$

最早结束时间（Earliest Finish time，EF）是指一个项目可以完成的最早时间。最早的终止时间等于最早的起始时间和所估计的活动时间之和，也就是 $EF=ES+$ 这个项目的时间估计。该项目的最早完成时间与项目网络中的最后一个节点（假定该节点为 n）的最早终止时间相等。

$$EF(项目) = EF(n)$$

正推法是从项目的起始时刻起，根据网络的逻辑关系，对所有的网络活动中的未完成部分的最早起始时刻和最早的终止时刻进行计算。若一项活动仅有一项紧前活动，则该项目的最早开始时间为其紧前活动的最早终止时间。如果一个项目有多个紧前活动，那么这个项目的最早开始时间是这个项目的所有紧前活动的最早结束时间的最大值。

2）逆推法决定了项目活动的最晚起始时间和最晚结束时间。为了确保项目按时完工，通常需要了解每个活动的最后期限，即最迟的一系列时间。

最迟开始时间（Lateast Start time，LS）是一个项目最晚开始的时间，它可以用项目的最晚结束时间减去项目的估计时间，也就是 $LS=LF-$ 活动的时间估计。

最迟结束时间（LF）是为了保证项目活动顺利进行，规定项目的最晚结束时间。如果一个项目有多个紧后活动，那么这个项目的最迟结束时间是这些紧后活动的最迟开始时间的最小值，则：

$$LF(i) = \min\{LS(j)\}$$

其中，$LS(j) = \{活动 i 的紧后活动\}$。

逆推算法是根据网络的逻辑关系，从项目结束之时反向（通常由右到左）计算出所有尚未完成的活动的最晚起始时间和最晚结束时间。若一个项目仅有一项紧后活动，则该项目的最迟终止时间为其紧后活动的最迟起始时间。如果一个项目有多个紧后活动，那么这个项目的最晚终止时间是这个项目的所有紧后活动的最迟起始时间的最小值，或者是客户、代理人所规定的终止时间。

通过正推法计算和逆推法计算，可以获得四种不同的数据：ES、EF、LS、LF，这是一种特殊的项目管理方法，它可以为项目的整体进度和获取全部项目的进展情况提供很好的参考。

3）确定关键活动。假设活动 j 有一个紧前活动，并且活动 j 确定为关键活动，此时比较 EF_i 和 ES_i。如果 $ES_j = EF_i$，那么，就将活动 j 标为关键活动。项目网络图中只包含唯一的起点或者唯一的终点，则该节点一定在关键路线上，即该节点属于关键活动。

4）确定关键路径。将关键活动串联在一起就可以组成关键路径。它能够在网络图中确定项目最早终止时间的路线。当特定的活动提前或落后于计划的完成情况时，关键路线往往会随着时间的推移而改变。尽管它常常是对整个项目进行评估的一个关键路径，但是它也能为实现一个重要的里程碑或者子计划提供关键路径。它一般以总时间差小于或等于某一特定数值（典型的为0）的活动为依据进行确定，也就是说，所有 $LS-ES$ 或 $LF-EF$ 为0的活动，若能将其从头至尾串联起来，则为关键路径。因此，一个项目可能有多条主要的路线。在整个路径中，关键路径是最耗时的，但它决定了一个项目工期的最短时间。

前面章节提到，可以用圆圈和方框来表示节点图中的节点，如图6-12所示。使用方框表示节点的优点是能够体现出节点代表的项目活动名称、最早开始时间、最早结束时间、最迟开始时间、最迟结束时间以及活动持续时间。页面简洁，信息全面。

最早开始时间	活动持续时间	最早结束时间
	项目活动名称	
最迟开始时间		最迟结束时间

图6-12 以方框表示节点示例

（2）计划评审技术（PERT）。PERT 是关键路径法的进一步延伸，活动持续时间为 PERT 中的随机变量，同时将其纳入项目的网络分析中。

1）计算每个活动持续时间的均值和方差。对每个活动持续时间的均值和方差依次进行计算。活动期间的不确定性 PERT 对各个活动采用3种不同的时间估算方法，处理了不同的活动周期中可能出现的不确定因素。这3种时间估算方法代表了活动持续时间估计的范围。一种活动的不确定性愈大，其估算的范围也愈广。

基于3个时间估算，PERT 采用简易公式，对每个项目的期望持续时间和方差进行了估算。该方程是基于 P 分布的均值和方差。均值的近似公式是3个时间估计的简单加权平均值。同时，PERT 的近似公式基于这样一种认识，即一个分布的大多数观察值落在正负3个标准差之内，或者说其变化幅度只限于6个标准差。于是得出简便方法，即将 PERT 公式的标准差设定为等于持续范围估计值的1/6，从而得出：

$$t = (a+4m+b)/6$$
$$\sigma^2 = (b-a)^2/36$$

其中，a 为乐观的时间估计值，σ^2 为活动持续时间的方差，m 为最可能的时间估计值，b 为悲观的时间估计值，t 为活动持续时间的期望值。

利用关键路径法和表6-1中的数据，能够求出该项目的关键路径，用图6-13表示该项目的 PERT 网络。

表 6-1 所有活动持续时间期望值和方差的 PERT 项目数据

活动	紧前活动	a	m	b	t	σ^2
A		1	3	5	3.00	0.4444
B		2	4	5	3.83	0.2500
C	A	2	5	6	4.67	0.4444
D	B	5	6	8	6.17	0.2500
E	C	2	3	6	3.33	0.4444
F	C、D	1	2	3	2.00	0.1111
G	E、F	1	1	1	1.00	0.0625

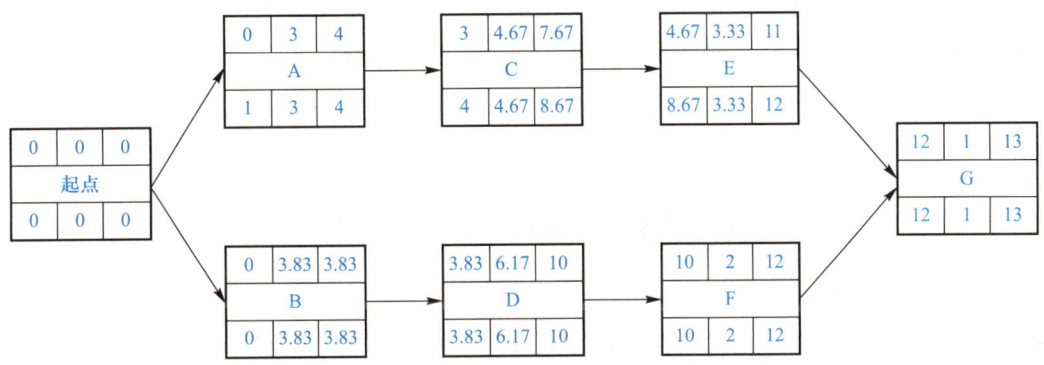

图 6-13 基于期望工期的网络示例

由图 6-13 可知，该项目的期望总工期 T_E=13，关键路径上各关键工作的标准差：

$$\sigma = \sqrt{\sigma_1^2 + \sigma_2^2 + \cdots + \sigma_n^2} = 0.8207$$

2）计算不同最后期限完工的概率。假设该项目在 T_D 内完工，根据中心极限定理和正态分布：

$$P(X \leq x) = P(Z \leq x-\sigma) = P(Z \leq z)$$

可以得出：

$$\begin{aligned}
P(T \leq T_D) &= P(T \leq 11) = P[(z \leq 11-T_E)/\sigma] \\
&= P[z \leq (11-13)]/0.8207 \\
&= P(z \leq -2.4369) \\
&= -1 - P(z \leq 2.4369) \\
&= -1 - 0.9927 \\
&= 0.0073
\end{aligned}$$

根据同样的方法，可以计算出不同最后期限下的完工概率，如表 6-2 所示。

表 6-2 不同最后期限下的完工概率计算

序号	规定的最后期限 T_D	PERT 关键路径的期望工期	$T_D - T_E/\sigma$	完工概率
1	11	13	−2.4369	0.0073
2	12	13	−1.2185	0.1112
3	13	13	0	0.5000
4	14	13	1.21.5	0.8888

3. 项目工期估算的成果

项目工期估算的成果如下：

（1）项目活动时间估计结果。项目活动持续期的评估结果，主要是评估特定项目活动所需要的时间和可能性，因此，项目工期估算的结果不仅包含项目活动的持续时间，还应包括项目活动持续时间的可能变动。比如，一个项目的活动周期是 3 周 ±3 天（由于一周仅 5 个工作日），因此整个工程的周期是 12～18 日。

（2）项目工期估算的支持细节。这是关于项目工期估计的基础和支撑的详细资料。其中，项目工期估计的基础是各种约束条件、各种假设条件和参考的各种历史数据，以及项目活动表和项目资源要求的数量和质量。

（3）最新的工程活动列表和详细资料。在评估项目活动时，若发现现有项目活动表中有一些问题和疏漏，则需要对项目工期估计工作成果的项目活动表和详细描述进行必要的修改和更新。

（4）其他项目文档的更新。在项目评估工作中，我们还会发现项目集成计划、项目范围管理计划、项目分解结构等方面存在一些问题和疏漏，而这个时候，就必须对项目文件、项目流程资产等进行必要的修改和更新。

第七节　项目进度计划编制

项目进度计划编制是根据项目活动定义、项目活动排序、项目活动工期和所需要资源估计，对项目进行分析并编制项目时间计划的工作。其目的是控制项目活动时间，保证项目能够在满足其时间约束条件的前提下实现总体目标，它在项目管理中具有重要的作用。

一、项目进度计划编制概述

1. 项目进度计划编制的概念

项目进度计划是指对项目的开始和收尾进行规划，这是一个持续的、明确的项目工期规划工作。项目计划的制订，是指按照项目活动的定义、项目活动的排序、项目所需资源的估计、项目活动的时间估计等进行的分析、编制和安排。

制订一份切实可行的项目进度计划，常常是一次又一次的工作。这个程序的目的是决定一个项目的计划的起始日期和结束时间，以及一个对应的里程碑。为了制订一个高效的进度计划，有必要对项目估计和资源估计进行审查和修改。它的主要内容包括：对项目所需要的资金估计、项目工期进行进一步的评价和修改，给出了项目的开始和结束日期，并制定了一个具体的实施方案和措施，最后形成了一个通过审批的项目进度表，以此作为对项目进行时间管理的基准，用于对项目的业绩进行追踪。由于项目的进展、项目管理计划的变化和风险的变化，进度计划应当在项目的全过程中不断地修改，以保证计划总是切实可行的。

2. 项目进度计划编制的依据

（1）项目活动及其估算的文件。其基础有四个：一是在项目活动定义工作中所提供的项目活动清单和详细的描述；二是项目网络图，即在活动分类期间获得的项目活动和它们的相互关系的图表；三是项目资源需求和供应状况，这是在项目活动资源估计工作中所提供的成果，其中包括项目活动所需要的资源种类、质量、数量、日历时间和这些资源的供应，日历时间包含项目日历和资源日历，表明了可能的工作时间段；四是项目活动工期估算文件，这是在项目活动工期估算工作中得到的结果。

（2）其他相关领域的资料。其他有关资料中，最重要的是有关项目的风险和项目范围规划的资料，前者是指项目确定的危险清单和详细的描述，后者是关于项目范围和项目范围管理计划的资料，以及项目的各种限制和假定情况，这是制订项目进度计划的基本依据和先决条件。

在制订项目进度计划时，必须考虑到两个方面的约束：强制性的日期、重要的活动或者重要的里程碑。比如，项目的发起人、客户，或者其他的外在情况，都会要求一个交付项目在一个具体的日子里完成。一旦将这些日期纳入日程安排，就会变成一个被高度期望和固定的日子，只有当发生重大的变化时，才会发生改变。

假定是在制定时间表时，被视为应该事先做出决定的要素。通常情况下，都会有一些预测和相应的风险，这些都是由风险的辨识得出的。

其他的资料包括项目作业制度的安排，项目活动的早、迟的要求等。

二、项目进度计划编制方法

由于项目进度计划牵涉许多影响因素，所以在制定过程中常常要反复进行，并进行全面的权衡。同时，在项目规划中，项目进度计划非常重要，对整个项目的整体规划和其他特殊规划都有很大的影响。在编制项目进度计划时，采用了下列几种方法。

1. 数学分析法

数学分析方法包括计算所有项目活动理论上的最早和最迟的开始和结束时间，而不考虑任何资源约束。这个程序输出的时间结果并不是一个项目的时间表，而是一个项目活动的时间范围，它取决于一种特定的资源和其他的限制。

2. 关键链法

关键链法是利用有限的资源，对项目进度进行优化的一种方法。首先，通过对时间的估计，依据给定的依赖和约束条件，绘制出一个项目的进度网络图，并对其进行求解。在确定了关键路线后，根据资源的可用情况，建立一个与原来有区别的、具有资源限制的进度计划。

关键链是资源限制的关键路径。关键链法是在网络图表中添加一个"非工作进程"的缓冲区，以处理不确定因素。位于关键链条末端的缓冲区叫作"项目缓冲区"，以确保项目不会因为重要环节的延迟而延迟。其他缓冲区，也就是接驳缓冲，位于非关键链路和关键链路连接处，以防止关键链路被延迟。每个缓冲区的时长应基于各个路径上的不确定度来确定。一旦"缓冲进度活动"被识别出来，就可以按可能的最晚开始与最晚完成日期来安排计划活动。因此，关键链法不再对整个网络路径的浮动时间进行管理，而将精力集中在剩下的缓冲期和其余任务链的长度上。

3. 时间压缩法

时间压缩法是指在不更改项目范围的前提下，尽量减少项目的工期，以达到规定的时限或其他时间规划的目标。时间压缩法是一种特殊的数学分析方法，它包含了下列两种技术：

（1）赶工。权衡费用和进度，决定怎样在最少的费用上最大限度地缩短工期。进度与成本之间通常有某种转化关系，其实质是以成本为代价，以适当的时间缩短进度。匆忙的工作方式并非总能创造出一种高效的可选择的替代时间计划，并且经常会造成总费用的增长。

（2）快速跟进。快速跟进法是指在一般情况下，如何同时进行一些活动。比如，在一个软件项目中，程序代码是在设计工作结束前就开始的。快速跟进法在先导工作完成前就启动一些工作，往往会加大项目的风险，从而造成返工。

4. 资源等级法

利用关键链法制订项目进度计划必须具备充足的执行条件和足够的资源，但事实上，大部分的项目都受到了资源的制约，这就要求采用资源等级法来制定项目的工期。该方法的主要原则是，在关键路线上对有限的资源进行优先配置，因此，所制订的项目进度计划通常要比采用关键链法所制订的项目计划的时间更长，但其规划的效果更符合实际。该方法也被称为"以资源为基础的项目进度规划"，在很多情况下，它可以与关键链法相结合。此外，加班制、多班次、提高劳动生产率等都是以资源为基础的项目缩短关键途径。

5. 项目管理软件

目前，在辅助项目中，项目管理软件已经得到了广泛的运用。该软件能自动生成数据分析、资源水平测量的结果，并能迅速为多个时间规划提供备选方案，便于打印、展示。这个办法可以很好地优化项目进度，但最后的决定还得靠人。在此基础上，人们可以根据关键链法、资源等级法等不同的方法，迅速地制定出多种备选方案，最后由决策者选出一套让所有人都满意的方案。

甘特图法。甘特图又叫横道图或条形图，它是20世纪早期由亨利·L.甘特发明的。由于简明、直观、易于编写，甘特图已成为小规模工程项目管理中的重要手段。甚至在大型的工程项目中，这也是一个非常有用的工具，可以让高层管理者了解全局，安排时间，然而，由于传统的甘特图并不能反映各种活动的关联，也没有指明影响项目持续时间的关键点，所以，甘特图看起来并不适合于复杂的工程。

甘特图用一条横线来代表一种活动，用横向线条在带有时间坐标的表格中来指示各种活动的开始、结束和次序，这样就可以把一个项目的时间安排成一条横线。甘特图是一种简洁、易于绘制、易于理解的图形，从中可以清楚地看到各种活动的开始、结束和持续时间，从而使得时间规划更加直观。但是，大部分的甘特图并不能准确地反映各个活动的主要时间，而且很难进行调节。

三、项目进度计划编制的结果

1. 项目进度计划书

由项目计划编制而得的工程进度表，应当包含每个项目的开工日期和预计完工时间。此外，在确定项目的资源配置前，项目进度表仅仅是一个初步的计划，而正式的项目计划必须在确定了项目的资源配置之后，方可获得。

这种文档是相对正规的项目计划，如果项目资源需求相对比较确定的话，这种文件就是相对正式的项目进度计划。项目进度计划可以是文字说明，也可以是图，但是通常采用一个或多个图表来表达，例如里程碑图、甘特图、网络图、时间信息和电子表格。

（1）里程碑图。它是一种更简洁的表达项目时间规划的方式，可分为两种：一种重要的里程碑图表只显示计划的开始、结束时间和主要的外部界面。另一种里程碑图，是指一个时间周期为0的里程碑事件（重大事件），通常用黑色三角形或黑色钻石图形来代表。里程碑图可以让项目组与客户或上级进行交流，及时报告，使项目管理者能够更好地了解重点工作的进展情况和结果，并将紧迫感传达给员工。另外，在里程碑图中，也有很多其他与项目进度规划有关的信息，如图6-14所示。

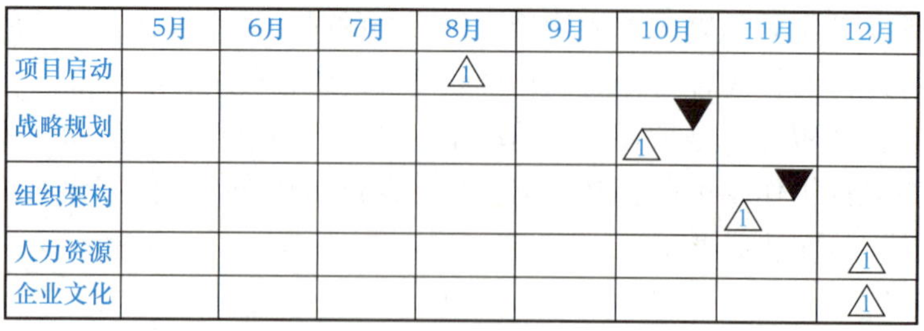

	5月	6月	7月	8月	9月	10月	11月	12月
项目启动				⚠				
战略规划						▼⚠		
组织架构							▼⚠	
人力资源								⚠
企业文化								⚠

图6-14 里程碑图示例

（2）甘特图。正如前文所提，使用甘特图可以展示项目的起始时间、结束时间、活动时间、相互关系等各种简短的信息。

（3）在网络中添加时间信息。如图 6-15 所示，这些图例通常展示了项目活动之间的逻辑联系和在项目的关键路线上的活动。如果用圆圈代替方块来表示活动，那么有关项目进度安排的信息也会出现在网络图中的每个圆圈中。

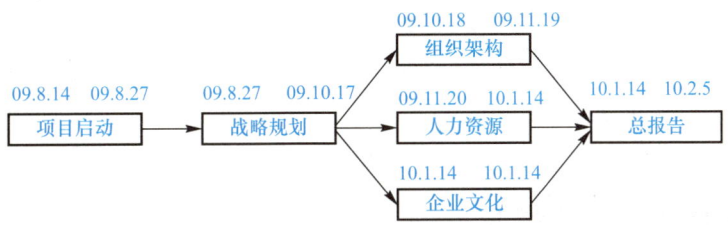

图 6-15　加入时间信息的网络图示例

（4）电子表格。电子表格是用 Excel 提供的一份或所有的工作任务分配表。这样的项目进度计划可以提供一份全面的列表，但是还不够直观，如表 6-3 所示。

表 6-3　电子表格示例

活动名称	历时（天）	最早开始（天）	最早结束（天）	时差（天）
项目启动	14	0	14	0
战略规划	49	5	54	0
组织架构	35	10	45	0
人力资源	34	10	44	0
企业文化	35	5	40	10

2．支持细节

"项目计划"的具体支撑是关于项目计划的详细说明，具体的细节要看项目的特性和需求，其中包含了所有的假定条件和限制条件，以及具体的计划实施的步骤。一般还应包含以下内容：项目资源需求、项目进度计划的选择。

3．进度管理方案

进度管理方案的主要内容是要解决哪一种进度变更。其中包含了项目进度计划的实施与控制、进度计划变更时的管理。根据项目的需求，进度管理方案可以是正式的，也可以是非正式的，可以是详细的，也可以是结构化的。

4．对项目资源的最新要求

在进度规划期间，资源均衡和活动清单的更新会显著地影响到最初的估计资源需求，从而导致项目活动的资源需求发生变化、调整和重新安排，以满足当前的工作进度需求，所以，在项目的进度规划期间，应当同步变更和整理项目活动的资源需求，从而为项目的时间管理、采购管理、成本管理等专项管理提供参考。

第八节　项目进度计划控制

项目进度计划控制，是项目综合规划控制中的一环，是项目变更总体控制的组成部分。项目一经启动，就需要对整个项目的发展和变更进行严密的监控，其中包括对项目进度的管理和控制，以保证项目按项目进度计划进行和完成。

一、项目进度计划控制的概述

1．项目进度计划控制的概念

项目进度计划控制是对项目进度计划的执行和变更进行的一种管理控制。

（1）前期管理：分析和识别影响项目进度计划的因素，并对影响项目进度计划执行的各种因素进行控制。

（2）事中控制：测量项目进度计划的完成情况，并针对项目施工期间出现的偏差采取纠正措施，并对项目进度计划的变化进行控制管理。

在项目进度控制中，要经常对比项目计划进度和项目执行情况之间的差异，一旦超出项目进度控制的范围，就要及时纠正，确保项目进度计划的顺利完成。项目经理应定期对项目工作进行改善或更新，使其与项目的实际进展相适应，以达到对项目工期的全面、高效的管理。

2．项目进度计划控制的依据

项目进度计划控制主要由以下四部分组成：

（1）项目进度计划及其支持细节。经核准的项目进度计划，即进度基准计划，是整个项目计划的一部分。该系统为制定项目进度测量标准、评估项目执行业绩、汇报项目进度计划的执行提供了基础。

（2）执行情况报告。执行情况报告提供了进展的资料，其中包括按时和不按时完成的项目活动，以及整个项目的完成情况。通过比较项目进度计划和项目进度计划实施情况报告，可以发现项目进度计划执行中存在的问题与不足。

（3）变更请求。变更请求是指对任何与该项目有关的利益方都可以提出的项目时间表的更改。更改要求的方式有很多种：口头的、书面的、直接的、间接的、外部的、内部的、法律上的，或者可以选择的。变更请求可以是请求延迟或者加速，或者是请求添加或者缩减一个项目的行为，这些都是项目计划控制的重要基础。

（4）进度管理计划书。在项目进度计划中，提出了相应的对策和管理方法，甚至在资源分配上，在不同的项目进度中，都有相应的应对措施。

3．项目进度计划控制的方法和工具

（1）业绩审核。业绩审核是指测量、比较和分析进展表现，例如，实际开工和完工日期、完成百分比、目前工作的剩余期限。在采用挣值管理（EVM）的情况下，可以利用进度偏差（SV）和进度绩效指数（SPI）对进展的影响进行评价。在进度管理中，一个很重要的工作就是确定是否有必要对其进行修正。

（2）偏差分析。偏差分析主要有项目进度绝对偏差分析、项目进度相对偏差分析、项目进度偏差原因分析。这些方法是项目进度监测的关键，其重点是将项

6-3　项目进度计划控制的方法和工具

目的实际和预期活动的开始、将实际和预计的项目活动起始、将结束时间与项目进度目标日期进行比较，从而给出项目的进度偏差和修正的方法，进而保证项目的进度计划能够顺利实施。

（3）项目管理软件。项目管理软件的应用也是一种非常有效的技术手段，它能够跟踪和比较工程进度计划执行的状况，对项目进度计划的变化进行预测分析，并自动地进行分析、调整、更新或修订。

（4）追加计划法。项目的执行往往不能完全按照项目的计划进行，项目的工作可能会被提前或推迟。在项目进度计划控制中，追加计划法可以根据项目进度计划的变化，对原来的计划进行修改。追加计划法主要分为四个方面：第一，分析项目的实施进度，发现问题；第二，决定采取哪些具体的纠正措施；第三，制订补充方案；第四，执行新方案。

二、项目进度计划控制的实施

1. 进度控制过程

项目进度计划仅仅是基于对未来的预期，在实施过程中经常会出现偏差，需要由项目经理和其他管理者进行修正，以避免与计划不一致，从而达到预期的目的。所以，在项目实施期间，要对项目的进展情况进行持续的监测，以保证项目按基准进度计划进行。同时，要持续地了解项目的执行状况，比较和分析项目的实际状况，采取相应的措施，以保证项目按照预定目标完成，从而减少工期的延误。这个程序叫作进度控制。项目进度计划控制过程见图6-16。

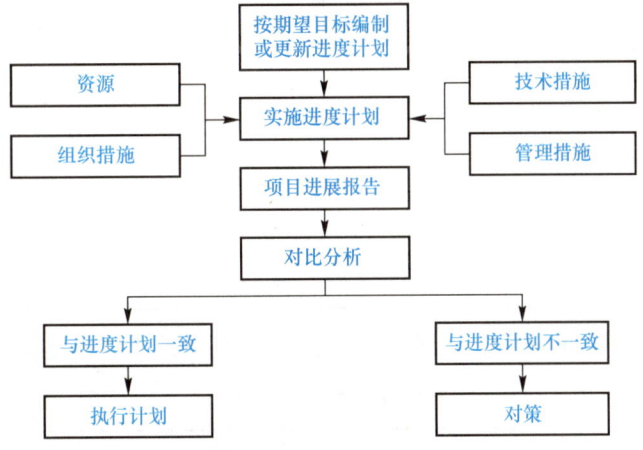

图6-16 项目进度计划控制过程

2. 项目进展报告

项目进展报告是一份最简洁的书面报告，它记录了观察检查的结果、项目的进展情况和发展趋势。一些常用的项目进度报告包括：

（1）项目关键点检查报告。项目关键节点是指在项目实施过程中，对项目进度有很大影响的节点，例如，里程碑事件点就是关键节点。对项目的关键环节进行监测和检查，是项目进度监测的重要内容。对关键点检查结果进行分析、归纳，形成项目关键点检查报告，如表6-4所示。

表6-4 项目关键点检查报告

关键点名称：	检查组名称：
检查组负责人：	报告人：
报告日期：	报告份数：

续表

对关键点的目标描述：	报告份数：
关键点结束时间与计划时间相比	
提交物是否能满足性能要求	
估计项目以后发展态势	
检查组负责人的审核意见：	签名：　　　　日期：

（2）项目执行状态报告。项目执行状态报告反映了一个项目或一项工作的实际执行状态，如表 6-5 所示。

表 6-5　项目执行状态报告

任务名称：	任务编码：
报告日期：	状态报告份数：
实际进度与计划进度相比	
投入工作时间加未完成工作的计划时间与计划总时间相比	
提交物是否能满足性能要求	
任务能否按时完成	
现在人员配备状况	
现有技术状况	
任务完成估测	
潜在的风险分析及建议	
任务负责人审核意见：	签名：　　　　日期：

（3）工作完成报告。工作完成报告反映了一项已完成任务或工作的基本情况，如表 6-6 所示。

表 6-6　工作完成报告

工作名称及编码：	结束日期：
交付物的性能特点	
实际工作时间和计划时间相比	
实际成本和估计费用相比	
实施过程中遇到的重大技术问题及解决办法	
评审意见	
紧后工作名称及编码	
紧后工作计划及措施	
项目负责人审核意见：	签名：　　　　日期：

（4）重大突发性事件报告。对重大突发事件的基本状况和对项目的影响等相关问题进行分析，称为重大突发事件报告，其形式如表 6-7 所示。

表 6-7 重大突发事件报告

事件发生的时间	
事件发生的部位	
突发性事件的描述	
对项目正常实施影响的程度	
事件发生的初步原因分析	
建议采取的补救措施	
项目负责人审核意见：	签名：　　　　日期：

（5）项目变更申请报告。该报告反映了某一项目变更的状况及其对项目产生的影响，其形式如表 6-8 所示。

表 6-8 项目变更申请报告

项目名称：	项目负责人：
项目变更的原因	
项目变更替代方案描述	
估计项目变更后对总项目进度的影响	
变更时所涉及的相关单位	
项目负责人的审查意见	
上级项目主管部门的审查意见：	签名：　　　　日期：

（6）项目进度报告。项目进度报告反映了报告期项目进度的总体概况，如表 6-9 所示。

表 6-9 项目进度报告

项目名称：		报告日期：	
关键问题	工作范围变化情况		
	进度状况		
	费用状况		
	质量状况		
	技术状况		
对跟踪项目的解释：			
未来设想	工作计划		
	问题和办法		
完成人：　　　日期：		评审人：　　　日期：	

（7）项目管理报告。该报告反映了报告期项目管理的总体状况，如表 6-10 所示。

表 6-10 项目管理报告

项目名称：		项目号：
报告日期：		报告份数：
已完工作时间占总工期的比例		
已完工作量占总工作量的比例		
已完工作实际时间、费用及质量状况		
已完工作计划时间、费用及质量要求情况		
提交物状况		
目前状态对项目工期的影响程度预测		
目前状态对项目费用的影响程度预测		
目前状态对项目质量的影响程度预测		
人员配备情况：		
技术状况：		
项目完成情况评估：		
其他需说明的事项：		
审核意见：	审核人：	审核时间：
项目经理意见：	项目经理：	日期：

3. 偏差分析

偏差是指实际成本、进度或质量指标与对应的计划发生偏离。由于控制的反馈性，组织中各管理层都经常利用偏差来分析验证计划和进行进度控制。

偏差的计算公式为：

$$CV = BCWP - ACWP$$
$$SV = BCWP - BCWS$$

其中，CV 为成本偏差（负数 CV 表明出现超支，正数则表明节支）；SV 为进度偏差（负数 SV 表明落后计划，正数则表明超计划完成）；$BCWS$ 为计划工作预算；$BCWP$ 为已经完成的工作预算；$ACWP$ 为完成工作实际成本。

在进行成本和进度偏离计划程度分析时，为了更好地说明问题，常常用计划偏差率反映实际与计划的偏离程度：

$$CVP = CV/BCWP$$
$$SVP = SV/BCWS$$

其中，CVP 为成本偏差率；SVP 为进度偏差率。

在控制分析中，偏差是一个重要的参数，必须上报到各个组织层面。不同的项目、同一项目的不同阶段、不同的管理水平，对偏差的控制程度不同，可以确定不同的偏差容许值。它们很大程度上依赖于：

- 所处的生命周期阶段。
- 所处的生命周期阶段的时间长短。

- 项目总生命周期的长短。
- 估算方式。
- 估算精确度。

4. 输出结果

比较项目进展情况与基准项目进度计划，根据上述偏差分析，会得出两种结果：

（1）与进度计划一致。根据上述计算，如果 CVP 和 SVP 较小或者可以忽略不计，就说明项目的进展与进度计划是一致的，在这种情况下就不需要做较大的变动，继续按照原计划执行，严格控制进度的实施。

（2）与进度计划不一致。如果计算出来的 CVP 和 SVP 较大，就说明项目的进展和进度计划有所偏离，因此需要对项目进度的实施做出调整，以使其按照既定的基准进度计划进行。

基于以上两个结论，我们应当：

（1）吸取经验教训。首先，分析产生偏差的原因；其次，对其对以后的工作和整个项目进度产生的影响进行分析，从时间控制的角度对原因进行归纳整理，并将其存档，以便为以后的实施提供借鉴。如果是重点工作，不管偏差有多大，都会对项目的后续工作和整个项目的工期造成一定的影响。

（2）纠正措施。任何能够在项目规划中控制项目未来的预期业绩的行为，都被称作"纠正措施"。在时间管理中，改正的方法一般是加快进度，以保证一项特定的工作能够准时完成或者尽量减少延迟。

（3）进度计划的变更。项目进度安排的调整，通常有下列几种方式：

1）调整主要工作。在关键工作中，任何一个工作周期的缩短或延长，都会影响到整个项目的工期。所以，在项目进度更新中，关键工作的调整是重中之重，可以缩短或延长随后的重要工作周期。

2）对特定的工作进行逻辑上的调整。如果项目进度出现偏差，影响项目工期，那么，在项目与项目之间的逻辑关系允许变化时，可以通过变更重要线路与对超出计划工期的非重要线路上的相关工作进行合理的调整，缩短工期。比如，为了缩短项目的工期，可以把顺序完成的工作变成并行的或者相互重叠的。但是，是在不改变原计划工期与其他工作的先后次序的情况下，即按照原来的计划进行。

3）重新制订方案。如果采用其他方式无效，则按工期需要修改进度表，并将其余工作重新组织，以达到项目工期要求。修正是一种特别的进度安排的更新。修正是对已核准的项目计划的起始和结束时间的变更。通常，只有当项目范围发生了改变时，才会对其进行相应的调整。在一些案例中，进度延迟会很长，因此，新的"基准规划"将会为测量进程的实施提供真正的数据。

4）对非重点工作进行调整。如果在非重要线路上，部分工作的时长没有超出其时差范围，那么该项目的工期就不会受到影响。在必要时，可以根据需要，对非重要工作时间进行适当的调整，以最大限度地使用资源和减少费用。

5）增加或减少工作。如果在制订计划时没有充分考虑，或者因为一些特殊的原因，必须对网络规划进行重新规划，对网络的参数进行计算，就会增加或减少工作。这仅能使局部逻辑关系发生变化。增加工作，仅仅是弥补了原来的缺失或者不明确的逻辑关系；精简工作，仅仅是取消了预先做好的工作或者本来不应该做的工作。增减工作是在不影响原计划工期的前提下进行的。

6）调整资源。如果资源供给出现了不正常的情况，就需要进行资源的调整。资源供给出现异常，是指供给不能满足需求而导致的资源强度下降或中断，从而影响到计划工期的完成。资源的调节也是以不改变时间或使时间更为合理为前提的。

本章小结

项目时间管理是项目管理的重要环节，项目时间管理包括使项目按时完成所必需的管理过程。项目时间管理的过程包括：活动定义、活动排序、活动的资源估算、活动历时估算、制订进度计划以及进度控制。

项目时间管理有着重大的理论及实践价值，其重要性首先体现在能够提高资源的利用率，资源的有限性要求必须合理地安排项目进度，而合理的时间安排能够使各项目活动在总的工期之内稳定有序地进行。其次是能够提高团队效率，在对项目进行时间管理及规划后，每项活动都会有期限，可以调动团队人员的工作动力，提升创造能力以及工作效率，在常规时间内完成任务。最后则是能够降低项目风险，项目时间管理的关键是进度控制，进度控制有利于在项目进行过程中发现问题及隐患，及时采取措施。

合理地安排项目时间是项目管理中一项关键内容，它的目的是保证按时完成项目、合理分配资源、达到最佳工作效率。

第七章 项目成本管理

CHAPTER 7

学习目标

○ 了解项目成本管理的基本概念和管理过程
○ 熟悉资源计划的编制依据与编制方法
○ 掌握项目成本估算与成本预算的依据、方法和过程
○ 掌握项目成本控制的方法
○ 学会使用挣值分析法

第一节 项目成本管理概述

项目成本管理是项目管理中对成本模块进行管理的过程,以确保在合理的预算范围内完成项目,这个过程要通过制订资源管理计划、成本估算、成本预算、成本控制四个环节来完成。在项目成本管理的实施过程中,为确保项目成本控制在合理范围之内,需要对项目的各个过程进行管理。

一、项目成本管理的理论发展

项目成本管理最早由美国政府、军队所倡导,主要涉及国防工程,所以传统的项目成本管理理论具有政治性。对于政府拨款的项目,其收益与项目干系人没有直接的关系,因此主要对其投入进行控制。彼时,项目成本管理仅作为一个辅助计划来处理,仅限于控制执行阶段不要超支。

早期的项目成本管理是一个阶段性的消极控制计划,其特征是节俭轻利、重视投入与控制。但是,随着企业对项目管理的逐渐应用,项目成本管理逐渐融入"市场"和"利益"观念。由于企业自负盈亏,因此成本管理在项目管理中的作用越来越重要。与传统的项目成本管理相比,现代成本管理主要有以下两个方向:

在空间层面上,横向延伸,发展成为全面的继承性成本管理学说。在此基础上,将企业的成本管理从资源配置、投入产出价值分析、风险评估等方面进行了拓展,并以收益为中心,从系统化的角度看待问题,关注各个方面的动态价值关系。

在实践层面上,纵向延伸,发展成为贯穿项目整个过程的成本管理学说。在此基础上,将成本管理的设计阶段扩展到决策的立项阶段,再扩展到后期的项目成果维护,使资源实现合理分配,控制项目成本。

二、项目成本管理的概念

项目成本管理是项目成本估算、项目成本预算、项目成本控制等管理活动，以保证项目的实际成本不高于项目预算。项目成本管理可以保证项目在预算内准时、保质、高效地完成项目目标。项目成本管理要遵循成本最低原则、全面成本管理原则、成本责任制原则、成本管理科学化原则、成本管理有效化原则。

三、项目成本管理遵循的理念

为符合项目成本管理的客观规律，项目成本管理必须坚持以下两点：

（1）全过程，即项目全生命周期成本管理的理念。项目全生命周期成本管理是项目设计的一种方法。项目全生命周期成本管理包括直接、间接、社会、环境等所有项目成本。项目全生命周期成本管理就是对项目执行的全过程进行成本控制，以达到成本最低效果。

（2）全方位，即项目全面成本管理的理念。国际全面成本管理促进会前主席惠特尼（R.E.Westney）给其下的定义是："全面成本管理就是通过有效地使用专业知识和专门技术去计划和控制项目资源、成本、盈利和风险。"

四、项目成本管理的重要性

（1）项目成本管理是贯穿于项目执行的各个阶段，为取得良好经济效益而进行的重要管理活动。项目从开始到结束的各个阶段都有其各自的经济效益。

（2）成本具有不确定性且难以预测，需要对其进行全面的管控。导致项目成本不确定的三个主要因素如下：

1）预测导致的不确定性。人们希望能够反映市场的正常情况而进行的预测往往准确性较低，预测是基于人的行为进行的，而人的行为又会根据预测而改变，因此成本较难进行准确预测。信息的限度也增加了预测的不确定性。除了信息难以充分及时获得外，人们也难以全面把握正确且重要的信息。即使信息已经充分及时地获得，预测的方法也会导致结果的不确定性。

2）决策导致的不确定性。现代管理决策理论要求依据充分的信息，提出足够多的备选方案，在这些方案中选取最优方案。决策者由于受到信息和时间的限制，无法提供足够的备选方案，并且没有充足的时间去研究选择最优方案。

3）项目管理体制导致的不确定性。在项目执行的全过程中，项目一直由多个组织管理，受国家政策及合同条约的制约，同时受市场机制的制约，而市场的不稳定性、各组织管理责任的交叉，也导致项目成本的不确定性。

成本主要有三种类型：确定性成本，它的数额大小以及是否发生都是确定的；风险性成本，仅知道发生概率；完全不确定性成本，发生概率不确定。

项目成本的不确定性是绝对的，确定性是相对的。

（3）进行项目成本管理可以合理配置资源，增加经济效益。成本降低可以节约资源，提高项目的盈利空间。

五、项目成本管理的过程

对项目进行成本管理就是结合项目成本计划与项目资源计划，来估算项目成本，以保证项目实际成本少于预算成本。在项目执行的过程中，需要将项目实际成本与项目预算成本进行对比，来检查实际成本是否在预算内，如果实际成本发生偏差，需要及时找出发生偏差的原因，并提出解决措施。如果有需要，应当按照实际情况调整预算。

项目成本管理主要解决预测的资源对象、需要花费的项目资金、需要项目资金的时间以及项目资金如何使用的问题。

7-1 项目成本管理的过程

这四个问题对应着项目成本管理中项目资源计划、项目成本估算、项目成本预算和项目成本控制四个过程。项目成本管理过程如图7-1所示。

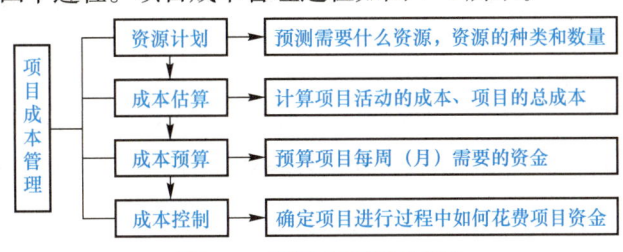

图 7-1 项目成本管理过程

在项目实际执行过程中，这四个过程相互交叉、共同作用。

六、我国企业现行项目成本管理存在的问题

企业的项目成本管理在传统计划经济管理体制下无法适应复杂的外部环境，经常出现项目成本失控而超支的现象。具体问题有：

1. 成本管理意识薄弱

由于传统指令性计划的惯性影响，企业面对市场竞争并没有做出充分的调查研究，而是盲目增加成本，使得企业经济效益受到影响。

2. 成本管理制度执行力不强

项目成本管理制度不完善、责任不明确、奖罚办法效率低下，难以提高项目团队对于项目成本管理的主动性。

3. 成本动因分析不合理

企业进行成本管理时，往往只对直接成本进行控制和分析，而忽略了其他成本，使得隐性成本上升，无法使总成本降低。

4. 缺乏科学有效的成本管理方法

目前，企业成本管理只有简单的事后成本分析与核算，缺乏严格科学的事前预测与事中控制。

5. 项目经理的激励约束机制不完善

目前，企业成本管理普遍实行项目经理负责制，项目经理一个人的权力过大，缺少约束制度。

第二节　项目资源计划

一、项目资源与项目资源计划

1. 项目资源计划概述

资源是一切具有现实和潜在价值的东西，完成项目目标必须消耗有形资源及其他无形资源。项目使用资源的质量、数量以及均衡状况对于项目的工期、成本有巨大影响。如果项目资源充足，可

以高效完成项目任务；如果项目资源不充足或者分配不合理，将造成项目工期拖延、实际成本过高。

项目资源计划是在分析、识别项目的资源需求，确定项目所需投入的资源种类、数量和时间的基础上，制定科学、合理、可行的项目资源供应计划的项目成本管理活动。

项目所消耗的资源主要包括人力资源、材料、设备、无形资源（专利、技术、信息）等。

2．项目资源需求的特点

项目执行的不同阶段所需的资源种类和数量不同。大多数项目的人力和成本投入模式是开始时投入较少，后来逐渐加大投入，项目快结束时，又迅速减少。在项目的初始阶段，主要的资源是专业市场调研人员及技术经济人员等；在项目执行阶段，需要投入大量材料及设备等；在项目结束阶段，对各类资源数量需求迅速减少。不同项目及项目不同阶段需要的资源往往不同，项目资源大多是临时的。因此，项目资源计划的编制需要保证资源的合理配置，使项目各阶段按照计划顺利进行。

3．项目资源计划编制的过程

项目资源计划的编制需要分析项目组织的性质和项目的特征。

项目组织的性质。项目组织的性质包括是否执行过相似项目、是否需要将项目进行外包、是否是项目可使用的资源。这些构成了资源计划依据中的历史资料、资源库描述和组织策略。

项目的特征。项目的特征包括项目的难度、项目是否有影响资源的特殊性。这些主要通过项目工作分解结构、项目范围说明书和项目进度计划等来判别。

项目资源计划的依据、工具与技术和成果如图 7-2 所示。

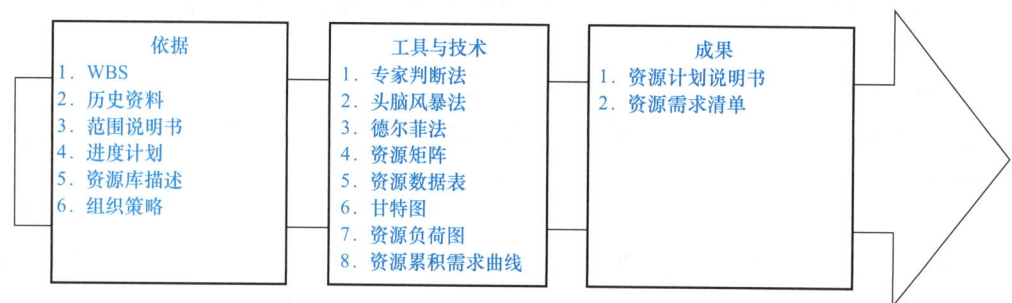

图 7-2　项目资源计划的依据、工具与技术和成果

二、项目资源计划的依据

项目资源计划的依据如下：

（1）WBS。WBS 是估算完成项目各阶段工作所需要资源种类与数量的依据。各种资源需求的数量随着工作自上而下地分解逐级累加，以得到整个项目的资源需求。

（2）历史资料。历史资料记录了组织之前的项目是否有相似的资源需求。

（3）范围说明书。范围说明书说明了项目的目标及范围，可以进一步明确资源的需求种类和数量。

（4）进度计划。项目进度计划控制项目进程，依据进度计划，将资源合理分配到项目各阶段，以保证项目的顺利进行。

（5）资源库描述。资源库就是项目团队拥有的可供使用的资源的信息资料集合。资源库用来分析确定资源的供给方式及其获得的可能性。

（6）组织策略。依据项目高层在资源使用方面的策略，决定如何使用资源。

三、项目资源计划的工具与技术

1. 编制项目资源计划的方法

以下是编制项目资源计划的常用方法:

(1)专家判断法。专家判断法是最常用的方法。专家是具有专业知识或经过特殊培训的主体。专家判断法通常包括:专家的选择、问题的阐述、产生备选方案、方案的评价与选择、选定方案的实施与管理。

(2)头脑风暴法。该方法是通过组织小型会议让所有参与人员根据需要解决的问题发表自己的观点,以此来激发参与者的创意和灵感。会后,将会议中产生的新思路进行整理并形成多个方案后筛选出 1~3 个最佳方案。优点是简单、实用、利于团队合作、利于开拓思维、利于发现人才、提高工作效率、克服群体思维。

(3)德尔菲法。专家之间匿名发表意见,不得互相沟通,通过多轮调查专家对问卷所提问题的看法,并经过反复询问、整理,最后形成基本一致的看法。一般专家小组成员的人数在 40~50 人为宜,这样有利于每位专家独立判断。该方法充分利用了专家的学识,较为可靠。

2. 项目资源计划的工具

常用的项目资源计划的工具包括:资源矩阵、资源数据表、甘特图、资源负荷图、资源累积需求曲线等。

资源矩阵表和资源数据表列出了项目的任务、进度及其需要的资源的品种、数量以及各项资源的重要程度,其格式如表 7-1 和表 7-2 所示。

表 7-1 项目资源矩阵表

工作	资源需要					相关说明
工作 1 工作 2 ⋮ 工作 $m-1$ 工作 m	资源 1	资源 2	……	资源 $n-1$	资源 n	

表 7-2 项目资源数据表

资源需求种类	资源需求总量	时间安排(不同时间资源需求量)						相关说明
		1	2	3	…	$T-1$	T	
资源 1								
资源 2								
⋮								
资源 $n-1$								
资源 n								

四、项目资源计划的成果

资源计划的成果为编制资源需求计划，对各种需求及其计划加以描述并将资源合理分配到具体的工作中；资源计划编制的成果为资源计划说明书和资源需求清单，通常用表格形式来反映。

综上所述，项目资源计划的步骤如下。

（1）确定资源种类和数量。根据项目的总体设计和实施设计及工作单元与单位工作量资源消耗标准得到资源种类和数量，并汇总形成项目资源总量。

（2）确定各种资源的使用限制。包括资源总量限制、各阶段用量限制、资源供应条件及存储条件限制等。

（3）确定各种资源的单价。通过资源单价预算项目总成本，以此编制项目资源计划。

（4）依据项目进度计划，确定资源使用计划，即资源投入量与时间的关系图。

（5）确定项目的后勤保障体系。

（6）确定资源供应方案、供应过程和相应的计划。

第三节　项目成本估算

一、项目成本估算的概述

1. 项目成本估算的定义

项目成本估算是指根据项目资源需求计划以及资源的价格，对项目成本进行估计的一项活动。项目成本估算是项目成本管理的核心工作。

2. 项目成本估算的类型

项目成本估算可以根据其估算精度的不同分为多种类型，一般情况下包括量级估算、预算估算和最终估算。量级估算是粗略地估计项目的成本，用来帮助项目选择决策。技术设计完成之后，就可以进行比量级估算更精确的预算估算了。详细设计之后，可以根据项目的各种细节进行更精确的最终估算。项目成本估算的类型如表 7-3 所示。

表 7-3　成本估算类型

估算类型	发生的时间	用途	精确度	其他表示方法
量级估算	通常发生在概念形成与启动阶段	用于可行性研究	−25% ~ +75%	可行性估算、棒球场估算
预算估算	通常发生在计划编制阶段	用于项目获得批准	−10% ~ +25%	类比估算、自上而下估算
最终估算	在计划编制阶段进行，是最准确的估算	用于投标、评估和合同变更	−5% ~ +10%	WBS 估算、控制估算、详细估算、确定性估算

3. 项目成本估算的过程

项目成本估算的依据、工具与技术和成果如图 7-3 所示。

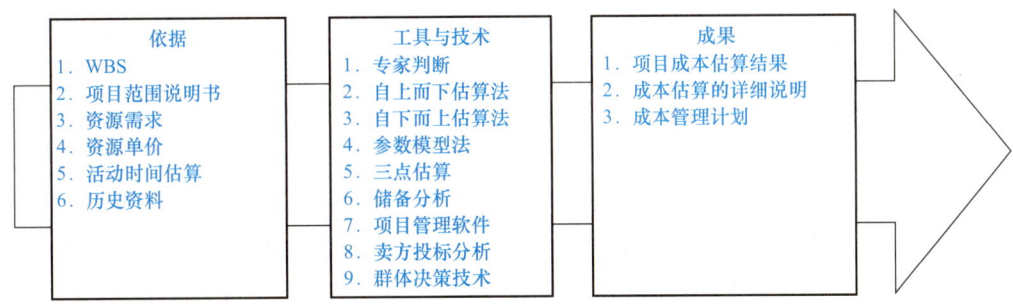

图 7-3 项目成本估算的依据、工具与技术和成果

二、项目成本估算的依据

1. WBS

WBS 反映了项目的性质和难度，确保了每种资源都在估算范围内，是成本估算的主要依据。

2. 项目范围说明书

范围说明书对项目将要进行的工作和不同阶段的任务进行了明确，是项目管理的指导性文件。项目范围说明书一般包括项目目标、项目可交付成果、技术规范。

3. 资源需求

资源需求确定了项目活动所需要的资源种类和数量。进行项目估算时，根据工作分解的各项任务确定项目所需资源种类、数量以及投入时间。项目资源需求种类确定后，根据项目定额消耗以及历史经验对项目资源数量进行确定。

4. 资源单价

估算项目成本时，项目团队必须依据资源单价进行估算，如果资源单价未知，则必须先对资源单价进行估算。资源单价估算的步骤主要包括确定资源单价的构成、询价、预测资源单价。

5. 活动时间估算

项目活动时间估算是对项目各个有机部分和总体实施时间的估算。对于某些资源而言，项目成本与资源在项目执行过程中使用的时间长短具有直接关系，时间越长，成本越高。

6. 历史资料

成本估算所需要的资源成本信息可以从项目文档、商业数据库、项目团队知识中获得。此外，也可以参考项目有关部门、行业或国家颁布的一些定额和收费标准。

三、项目成本估算的工具与技术

1. 专家判断

专家判断能对影响成本估算的变量进行有效分析，并提供相关信息。

2. 自上而下估算法

自上而下估算法通常在项目初期或信息不足时使用，它只初步确定了工作分解结构，无法将项目的基本单元详细列出来，是最简单的成本估算方法。

自上而下估算法是基于历史数据，对成本进行估算的方法。该方法由项目的中上层管理人员收集历史数据后，参考专家建议进行成本估算。中上层管理人员将总成本估算结果传递给下一层次，由下一层次管理人员对子项目成本进行估算，直到传递给工作分解结构的最底层为止。自上而下估算法的优点：操作简单、成本低、较为准确、能清楚认识各项目阶段的准确程度。自上而下估算法的缺点：当项目总成本向下级传递时，可能会出现下级管理人员对项目理解不够而产生成本估算错误的情况，错误出现后只能被动等待上级管理人员发现，这样可能会对项目的进度产生消极影响。

3. 自下而上估算法

自下而上估算法是从工作分解结构的底层开始进行的自下而上的成本估算，由底层人员向上级逐级汇报项目成本，最后进行成本汇总，得出项目成本总和。自下而上估算法的优点：其是一种参与式管理的估算方法，底层项目人员通常对项目资源了解更加充分，成本估算也比较细致、准确和快捷。自下而上估算法的缺点：下层人员可能会因为担心估算成本被削减以及以后实际成本超过预算而夸大自己的项目预算。此外，需要统一度量单位，从而导致估算的时间和成本增加。自下而上估算法在实际中很少采用。因为，首先，高层管理者并不信任下层的预算结果，认为他们会过量估算成本。其次，资金分配是一个公司最为重要的权力，高层管理人员很少会将权力转移给下层管理人员。

4. 参数模型法

参数模型法是以项目的一些对成本影响较大的因素作为参数，通过建立一个数学模型预测项目成本。它是一种比较科学的、传统的估算方法，但由于不考虑对成本影响较小的因素，因此准确度较低。该模型既可简单，也可复杂；既适用于大项目，也适用于小项目。建立合适的模型依据的因素包括准确的历史数据、容易量化的参数。

5. 三点估算

三点估算是通过考虑估算中的不确定性与风险，使用三种估算值来确定项目成本的近似区间，以提高准确性。三点估算包括最可能成本估算、最乐观成本估算、最悲观成本估算。

根据三种估算值确定的项目成本近似区间，通常使用三角分布公式和贝塔分布公式来计算预期成本。

$$三角分布：CE=(CO+CM+CP)/3$$
$$贝塔分布：CE=(CO+4CM+CP)/6$$

6. 储备分析

应急储备通常包含在成本预算中，是成本基准的一部分，是用来应对已经接受或已经制定应急措施的已识别风险的预算。管理者不仅可以为项目某阶段工作建立应急储备，还可以为整个项目建立应急储备。应急储备可取成本估算值的某一百分比、某个固定值，或者通过定量分析来确定。随着项目信息越来越明确，可以动用、减少或取消应急储备。

应急储备也包括管理储备，管理储备是为了应对项目范围中不可预见的工作，而为管理控制特别留出的项目预算。管理储备不包括在成本基准中，但属于项目总预算和资金需求的一部分。当管理控制过程中需要动用管理储备时，需要把动用的管理储备增加到成本基准中。

7. 项目管理软件

项目管理软件能简化某些成本估算技术，辅助人们快速对比多种成本估算方案。项目管理软件包括项目管理应用软件、电子表单、模拟和统计工具等。

8. 卖方投标分析

在成本估算过程中，可能需要根据合格卖方的投标情况，分析项目成本，在用招标选择卖方的项目中，项目团队需要开展额外的成本估算工作，以便审查各项可交付成果的价格，并计算出组成项目最终总成本的各分项成本。

9. 群体决策技术

基于团队工作的方法可以增强团队成员的积极性与责任感，并且可以提高估算的准确度。选择相关技术工作人员运用群体决策技术，容易获得额外的信息，以提高估算的准确度。

四、项目成本的调整

项目成本计划经常在执行前受各种因素的影响，从而发生改动。本部分重点介绍由于学习和项目资源分配所做的调整。

1. 学习曲线

在重复工作中，由于不断练习，产品的生产会逐渐向更高质量的方向快速发展，并且在后续工作中，产品生产的水平和技术会逐步提高，时间也会逐渐缩短。学习曲线尤其适用于劳动密集型项目。如果项目的业务经验充足，成本估算会较为容易；反之，则更加困难，尤其是直接劳动力成本。当经验不足时，需要较长时间来熟悉业务，使得项目成本增加。此外，由于业务的不熟练，很可能会出现废品，导致资源的浪费。

2. 项目资源计划的优化

资源是项目执行的物质基础，项目资源计划的优化就是对资源进行合理配置，在保证项目进度的基础上，实现成本最低。进行项目资源计划优化的原因有两方面：一是原来的网络计划安排不合理，造成资源在时间上的分配不均衡。在保证项目进度的基础上，必须调整网络计划，实现资源的合理配置。二是资源供不应求。项目在一定时期所能投入的资源数量是有限的，某一时期资源投入的最大数量被称为资源限量。当单位时间内需用的某一种资源量大于资源限量时，就产生供不应求的矛盾，必须调整计划予以解决。

（1）工期固定、资源均衡的优化方法。这种方法主要应对网络计划安排不合理的问题，但该方法不改变总工期，只对资源分配进行调整。

只考虑项目进度的网络计划，会造成资源分布不均衡的问题。例如，当将使用某种资源的项目活动安排在同一阶段时，这种资源的使用量将会达到最高值，而其他阶段，这种资源的使用量又将处于低值，大量资源闲置导致资源的浪费。但不是所有活动都必须在同一时间进行，因此，网络计划就会利用非关键活动的时差，推迟资源使用量高峰的非关键活动的进行，进行资源优化。

（2）资源有限、工期延长最短的优化方法。这种方法主要应对资源供不应求的问题。在资源供不应求的阶段推迟部分活动，有可能造成工期的延长，因此，可以使 EF 最小活动排在前面而使 LS 最大的活动接在后面，从而使工期延长时间最短。

这种优化方法可按以下步骤进行：

1）绘制网络图和资源需求量的动态曲线，找出资源供不应求的时段。

2）在供不应求的时段，从左到右，将网格图上 LS 最大的活动移到 EF 最小的活动后面，直到资源需求小于供应为止。

3）之后，需要重新绘制网络图和资源需求量的动态曲线。

4）重复以上步骤，直到所有的冲突都解决为止。

3. 影响成本估算的其他因素

在影响项目成本估算结果的众多因素中，要着重把握重要因素，如资源价格的变化。针对这一问题最常用的处理办法是以某种比例增加所有成本估算，更为合理的一个办法是判断哪些投入在项目成本中占有重要比例，进而对这种投入及其价格变化的方向和速度做出预测。在影响成本估算的其他因素中，还存在人为的因素。

五、项目成本估算的成果

项目成本估算的成果主要包括项目成本估算结果、成本估算的详细说明、项目成本管理计划。决策者主要根据成本估算的结果进行项目决策。

1. 项目成本估算结果

项目成本估算结果包括所有项目资源成本。成本估算结果通常采用货币单位表示，度量单位的统一便于项目内部与项目之间进行对比。在特殊情况下，估算人员可采用计量单位估算成本。

成本估算需要根据项目信息的收集以及进展，进行不断改善。在有些应用领域，已经提出了何时修正成本估算以及使用何种精确度的指导准则。

2. 成本估算的详细说明

详细说明应该包括：估算工作的范围描述、估算所依据的文档、所做假设的文字记录、对估算区间的说明、对最终估算的置信水平的说明。

成本估算的详细说明提供了不同应用领域细节资源的总量和种类，是合理预测项目成本的依据。

3. 成本管理计划

成本管理计划是管理和控制项目成本以及项目成本变更的说明文件，是项目成本管理的一项重要内容。它主要是计划和安排项目成本的控制和变更的工作，以及管理计划、安排和规定有关项目不可预见费用。

第四节　项目成本预算

一、项目成本预算的概述

项目成本预算是指将项目成本合理安排到项目实施的各个阶段并建立一个衡量绩效的基准的项目成本管理活动。

成本估算和成本预算既有区别又有联系。

成本估算的目的是预测项目的总成本和误差，而成本预算是将项目的总成本合理安排到项目执行的各个阶段。成本估算的输出结果是成本预算的基础与依据，成本预算则是将已批准的估算进行分配。两者运用的方法相同，并都以工作分解结构为基础。

在制定项目成本预算时，有两种情况：一是由业主组织自行执行时，基于项目成本估算确定项目各个阶段的预算和项目总预算；二是由承包商组织执行时，项目承包商和项目业主各自确定项目的预算和总体预算。

项目成本预算工作的具体内容包括：根据项目成本估算信息以及项目承发包过程等为项目各项具体工作或活动确定预算，然后汇总确定出项目的总预算，同时制定项目成本控制标准（或基线），并确定项目不可预见费用等。项目成本预算是一种项目成本的计划安排，所以它必须留有一定的余地，要有相应比例的项目成本管理储备以备继续使用。项目成本预算的依据、工具与技术和成果如图 7-4 所示。

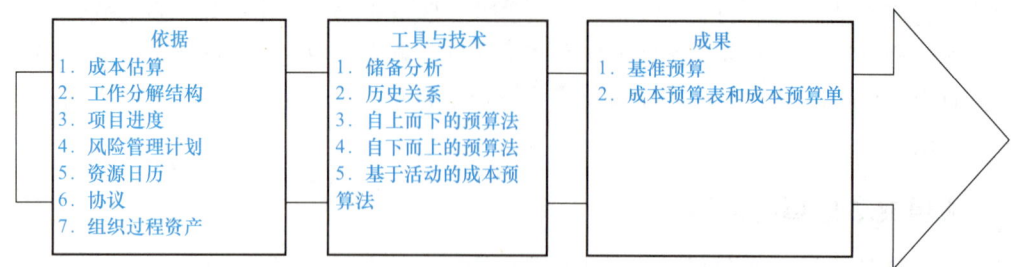

图 7-4　项目成本预算的依据、工具与技术和成果

二、项目成本预算的特征与原则

项目成本预算具有计划性、约束性、控制性三大特征。

7-2 项目成本预算的特征与原则

1. 计划性

在项目计划中，根据工作分解结构，项目被分解为多个工作包，形成一种系统结构，项目成本预算就是将成本估算总费用尽量精确地分配到 WBS 的每一个组成部分，从而形成与 WBS 相同的系统结构。因此，预算是另一种形式的项目计划。

2. 约束性

因为项目高层管理人员在制定预算的时候均希望能够尽可能"正确"地为相关活动确定预算，既不过分慷慨，也不过于吝啬，所以预算分配的结果可能并不能满足所涉及人员的利益要求，而表现为一种约束，所涉及的人员只能在这种约束的范围内行动。

3. 控制性

项目预算的实质就是一种控制机制。管理者不仅要完成预定的目标，而且必须使得目标的完成具有效率，即尽可能地在完成目标的前提下节约资源，这样才能获得最大的经济利益。所以，管理者必须小心谨慎地控制资源的使用，而预算可以作为管理者度量资源实际使用量和计划量之间差异的基线标准。

准确的成本预算是每个项目成功的关键因素。为了使项目成本预算能够发挥它的积极作用，在编制预算时应遵循以下原则：

（1）项目成本预算必须和项目目标相联系。项目目标包括项目质量目标、项目进度目标。这三者密不可分，既对立又统一。所以涉及其中一项控制目标时，也要考虑其他两者，不能顾此失彼，必须使得这三者紧密结合。

（2）项目成本预算必须将项目需求作为基础。项目需求直接影响到项目成本预算，需求是制定预算的基础，范围的设定又为控制预算提供了边界。若预算的基础不够清晰，则成本预算容易超出目标。

（3）项目成本预算要具有可实施性。若此预算过低，那么目标难以实现；若预算过高，就失去了其控制的作用。由此看来，制定成本预算必须以现行的政策、法律法规为依据，从项目本身情况出发，使得项目预算具有可实施性。

（4）项目成本预算要具有灵活性。制定项目成本预算，要有充分的空间，这样可以让预算适应更加复杂多变的情况。一般情况项目预算要预留 10%～15% 的弹性空间，以应对项目预期可能出现的任何情况。

三、项目成本预算的依据

1. 成本估算

项目成本预算的各种工作都与工程的预算编制和确定有关，其主要依据是成本的估计。

2. 工作分解结构

工作分解结构确定了项目的细目，并将费用分配给它们。

3. 项目进度

项目进度包含项目的计划起始日和预计完工时间。在不同的时间段内，需要有计划的信息。

4. 风险管理计划

风险管理计划经常包含费用紧急准备金，这取决于估计的预期准确率。

5. 资源日历

资源日程表会记录每个专案小组成员在专案中所花的时间。要想制定一个合理的时间表，必须明确每个人的可用性和时间限制（包括时区、工作时间、休假时间、当地节假日和其他）。在资源日历中记载签约资源的数量和可用性，以及每个特定资源或资源群的工作日或休息日。通过资源日程表来学习项目的类型和所需的时间。在此基础上，可以确定各个阶段的资源费用。

6. 协议

采购合约不仅包含采购条款，还可能包含买方对卖方应该完成的工作或产品的条款。在遵循公司采购方针的前提下，项目经理必须保证所有的合同与特定的项目需求相一致。根据适用范围的不同，合同还可以称为谅解、协议、分包合同或采购单。无论文件的内容多么繁杂，合同都是一份对当事人有约束力的法律协定。它迫使卖主提供指定的产品、服务或结果，迫使买主支付适当的报酬。协议文件的主要要素可能会有差异，但是可以包含：工作说明书或可交付成果描述；进度基准；绩效报告；履约期限；角色和责任；卖方履约地点；价格；支付条款；交付地点；检查和验收标准；担保；产品支持；责任限制；费用和保留金；罚款；奖励；保险和履约担保；对分包商的批准；变更请求处理；合同终止条款和替代争议解决（ADR）方法。ADR方法可事先确定，作为合同的一部分；在制定预算时，需要考虑将要或已经采购的产品、服务或成果的成本，以及适用的协议信息。

7. 组织过程资产

它指的是一个组织独有和使用的计划、程序、政策和知识库，其中包含任何（或全部）参与组织的产品、实践或知识，他们可以用于实施或管理。企业的组织过程资源可以分为两大类：①流程和程序；②知识共享。流程资源包含诸如经验教训和历史资料之类的组织知识，也包含完整的进度计划、风险数据和价值数据。大多数计划流程都需要组织流程资源。在项目的整个流程中，项目组成员都可以对其进行必要的更新和补充。

影响制定预算过程的组织过程资产包括（但不限于）：现有的、正式和非正式的、与成本预算有关的政策、程序和指南；成本预算工具；报告方法。

四、项目成本预算的工具与技术

项目成本估算的方法均可以用于项目成本预算。但由于项目成本预算的目的不同于项目成本估算的目的，所以在具体运用时存在差异。以下介绍几种比较典型的方法，在实际中采用何种方法，和项目组织的决策系统有很大的关系。

1. 储备分析

通过预算储备分析，可以计算出项目的应急储备与管理储备。管理储备和应急储备详见本章第三节中项目成本估算的工具与技术第6点。

2. 历史关系

相关的变量之间可能有某种历史上的联系，可以作参数估计或类似估计。在此基础上，可以采用工程特性（参数）的数学模型，对工程的总体造价进行预测。数学模型可能很简单，也可能很复杂。

模拟方式的费用和精确度会有很大的差异。在下列情况下，它们是最可靠的：

用来建立模型的历史信息准确；模型中的参数易于量化；模型可以调整，以便对大项目、小项目和各项目阶段都适用。

3. 自上而下的预算法

自上而下的预算法主要是基于高层项目管理人员的管理经验和决策。这些经验和判断可以从过去相似或有关的工程中得到实际的资料。首先，高层和中层经理对整个工程的总费用进行估算，并将估算的结果反馈到底层经理。在此基础上，这个层级的经理会估算出构成专案和副专案的费用，接着再将其费用估算传给下一层级，直到传递到最底层。

4. 自下而上的预算法

自下而上的预算法就是基层人员认真检查所有工作的时间和要求，以便最准确地作决定。有差异的观点可以通过上层和中层管理人员之间的协商来解决。如有必要，项目经理可以参与到沟通中，以确保预算的准确性。此方法可形成项目整体成本的直接估计。

5. 基于活动的成本预算法

大多数项目的预算都是以活动为基础的费用预算。首先对项目中的各种活动进行分配，再根据各自的资源将费用进行分配。要知道，专案小组参与的专案活动是一组不连续的工作。因此，以活动为基础的预算方式，其核心思想就是以项目和活动为单位。

基于活动的成本预算法包括以下四个步骤：①识别消耗资源的活动，将成本分配给这些活动，这一步骤同自下而上的预算法类似；②识别与各个活动相关的成本驱动因素，项目人员和材料这些形式的资源就是关键的成本驱动因素；③计算每单位成本驱动因素的成本率，例如，人工成本率就是每小时的人工成本；④将成本率与成本驱动因素的单位数量相乘，把成本分配给各个项目。

五、应急费用的预算

1. 应急费用预算的概述

应急支出是为了应对意外情况或无法预见的变动而发生的，主要是防止由于疏忽大意而导致的成本上升。应急支出预算是指为降低因不确定性而增加的风险而增加在原计划时间内完成的工作的可能性。在确定了全部的项目成本后，应急费用通常会被加入项目预算中，即在项目预算中没有将紧急开支列入以活动为基础的预算。而应急支出，则是在项目的全部成本中，作为缓冲。

紧急情况下的预算金额取决于项目的工作范围、风险分析、类似项目的经验和项目小组的估计。紧急开支应当在所有的预算中单独列出。紧急情况下，应急成本在工程成本中的比重通常为10%，而在不同的工程项目中，其提取率的大小与项目的不确定性相关。在项目经验不足、不确定因素多、风险大的情况下，应急成本可以按照20%的比例来计算，如果有足够的项目经验，可以降低到5%。紧急成本的准确比率取决于实际情况。

2. 制订应急费用的原因

紧急开支主要用于支付在项目管理中未预见到的实际支出，但在实际中发生的支出，如果是由于计划和设计的重大变化，或者由于时间的巨大变化而造成的超支，那么就必须对其进行调整，在这种情况下，仅仅依靠紧急开支的预算是不够的。一个项目的潜在不确定因素有许多，下面列举了一些可能会引起不确定行为的原因：

（1）工程范围趋向于改变。很多项目的目标是不断变化的，而实际上，当一个项目在整个生命周期中进行时，外界的变化和环境的变化往往会迫使项目组修改或者更新该项目的目标。这样的调整将带来可能的费用调整。

（2）墨菲定律。一件事有问题，就必然有问题。紧急成本预算是预测潜在问题的一种重要手段，它涵盖了整个工程过程中的所有方面。

（3）预测费用时要考虑到相关费用。总体预算是一种费用规划，它把工程活动看作许多相互独立的工作。但该方法并未将这些行为的内在联系考虑在内。因此，在事故发生时，应将相关费用纳入计划中。

（4）一般情况下实际情况与预期不符。工程造价估计一般都预期"正常情况"，但很多工程都会出现异常状况。在这种情形下，资源的有效性、自然环境的作用等都是不符合常理的。费用估计者通常认为，工程所需要的资源是有效的，但却缺少项目人员，或者原料的质量不高，或者预期的资金不能到位。在资源短缺或者数量有限的情况下，依靠这些资源的项目往往会被推迟，从而造成更多的费用。类似地，在一些工程中，地域和环境因素也显示了要创建"正常的"工程环境是非常困难的。

3．应急费用预算的作用

（1）认识到将来存在的不确定因素，并认识到可能会对项目预算产生直接影响的问题。在紧急情况下，项目可以减少因时间和经费变动而产生的负面影响。

（2）公司制定了一个供应计划，以应付项目的费用增长。突发事件的成本有时被称作"工程一级火灾警报"。在需要时，为了得到更多的预算，首先要为计划提供紧急储备。

（3）为该项目提供紧急储备，实际上是一种预警，表明有可能出现预算超支。一旦发生这样的情况，公司的高级经理就必须密切注意项目和预算变化的缘由，并着手制定一个撤离方案，以防紧急储备资金无法满足项目的过度支出。

4．应急费用的计算

应急成本主要计算的是基础应急成本，也就是平均应急成本，它是根据项目执行过程中各种成本可能出现的不利因素和有利因素的平均值，最终确定应急成本的金额。本章将引入蒙特卡罗法来计算基础应急成本。这种方法是通过对危险因素的仿真，来决定紧急情况下的成本。模拟风险分析流程如图7-5所示。

7-3 风险分析流程

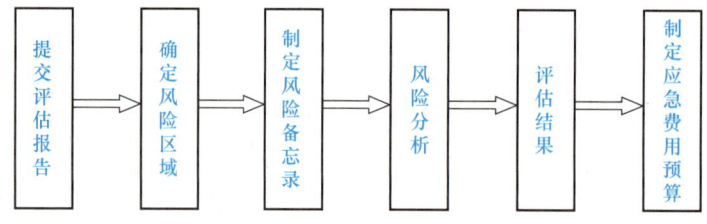

图 7-5　模拟风险分析流程

第一步，提交评估报告。根据得到的图纸、文件、数据等信息，按工作分解结构对工作包进行归类。这一预算没有包含紧急情况的开支。

第二步，识别风险的范围。风险划分为量化风险和额外风险两大类。量化风险是指与报告估计偏差程度相关的风险，一般将其分为技术信息风险、材料统计风险、价格风险三大风险。设计部门对技术资料的风险、物料的统计风险进行了评估，而采购部门则对产品的定价风险进行了评估。额外风险是为求最大风险应急成本而需要评估的风险。

第三步，准备一份风险备忘录。风险备忘录应该重点突出那些可能会影响到成本和时间安排的风险因素。虽然以成本的方式来量化风险是一件非常困难的事情，但是由于不确定性太多，而且风险的出现也是随机的，所以，如果评估人员能够通过经验进行仔细分析，就可得出一个相对合理的风险评估值。风险备忘录的编写应当简洁而不是模棱两可。

第四步，对风险进行分析。风险分析采用蒙特卡罗仿真技术，以风险备忘录中所提供的风险评价资料为基础（第十章中蒙特卡罗仿真方法）。

第五步，对成果进行评价。在风险评估的基础上，以50%的点数扣除提交的评估值作为基础的应急成本，然后根据项目的特点，确定最大的应急成本，由项目经理与项目小组相关人员共同审查，并将其上报公司的领导。

第六步，制定紧急情况下的预算。公司负责人对项目经理所提出的应急成本进行审核，并最终确定事故发生后所需的具体数额。

六、项目成本预算的成果

1. 基准预算

工程基准预算，也叫成本基准，是由周期估计成本进一步精确和细化而形成的，一般用S形曲线表达，是项目成本的一个重要组成部分。很多工程，尤其是大型工程，会有多种成本标准、资源标准或消耗品生产标准，用以衡量项目绩效的各个方面。

费用标准是指经过核准的各种计划项目的预算之和。图7-6中列出了工程概算和费用基础的不同部分。首先，对各个项目的成本估计和应急储备进行汇总，得出相应的工作包费用。其次，将工作包的成本估算和紧急储备进行汇总，得出控制账户的费用。最后，对各个控制账户的费用进行汇总，得出了成本基准。因为在成本基础上的成本估计是和计划活动有直接联系的，所以可以根据时间周期来确定一个S形曲线。

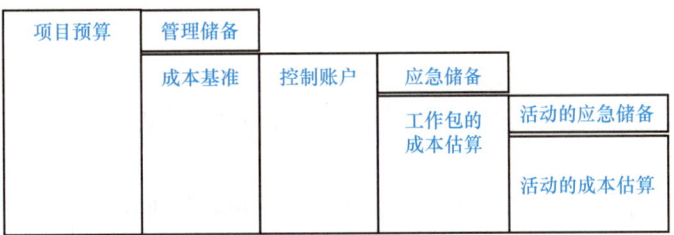

图7-6 项目预算的组成

成本基准计划将项目成本按照时间进行分解，并据此制定出一个基本的费用计划。它的表达形式有两种：一种是采用整体控制时标网络图；另一种是采用时间—费用累积曲线（S形曲线）。

2. 成本预算表和成本预算单

在做工程造价的时候，要填好预算表，并做好费用的预算。预算应包含以下内容：劳务费用、施工图纸、工程量清单、分包商和顾问、专用设备和工具、原材料价格等。

上述只是预算表中的一小部分。在现实中，还有很多其他的因素要考虑。为避免疏忽，可以在表7-4中列出项目概算。

表7-4 项目成本预算表

项目名称：	日期：自	至	制表人：	
项目	时间		数量（单位）	预算成本
	开始	结束		
1. 人员 （1）项目团队成员 （2）承包商 （3）咨询商或顾问 ……				
2. 原材料 （1）…… （2）…… （3）…… ……				
3. 租用器具 （1）…… （2）…… （3）…… ……				

第五节　项目成本控制

一、项目成本控制概述

1. 项目成本控制的概念及内容

项目成本控制是根据项目成本预算程序确定的一种成本预算基准，在工程实施中，利用某种管理手段，对工程的支出进行合理、有效的控制，从而保证工程的实际成本不超过项目成本预算。

项目成本控制的目标是对造成实际成本偏离基准预算计划的因素施加影响，确保工程朝有利的方向发展，并对已偏离基准预算和已出现偏差的各种费用进行管理，确保工程的顺利进行。项目成本控制的要点如下：

（1）监督成本预算的实施，及时发现实际费用和计划费用之间的差异，并对产生这些差异的因素进行分析。

（2）保证所有正确和有效的变化都已列入成本预算，并且将批准的变化及时告知项目的利益相关方。

（3）避免不正确或不适当的更改在预算中引起不必要的麻烦，甚至造成费用的损失。

（4）与其他控制程序（例如项目范围控制、进度控制、质量控制等）协调一致，避免因不适当的成本变更而导致质量、进度和项目风险。

2. 项目成本控制的两大类型

根据项目成本控制的方式和方法，项目成本控制可以划分为不同种类。根据事件的发展历程，成本控制可以分为事前控制、事中控制和事后控制。根据纠错手段或控制信息的源头，可以分为前向控制和反馈控制。概括地说，工程造价控制可划分为主动控制和被动控制两大类。

（1）主动控制。"主动"是指事先对目标的偏差进行预测，制定并实施相应的防范措施，从而达到预定的目的。主动控制是一种面向未来的控制方法，能够有效地克服传统控制方法所带来的滞后效应，最大限度地改变由于偏离而导致的被动情况，从而提高了控制的效率。

主动控制是一种前向反馈的方法。在对已有的可靠信息进行分析和预测后，系统会偏离预定的目的，并对其进行修正，以保证该系统不会出现偏差。

所以，如何对目标偏差进行分析和预测？为了避免目标偏差，我们应该做什么？主要的措施是：

1）对外部环境状况进行细致的审查和分析，找出影响项目实现和项目实施的各种有利因素和不利因素，并将这些因素纳入计划及其他管理范畴。

2）识别风险，努力发现影响项目实现和项目实施的各种可能因素，为项目的风险分析和管理提供基础，并做好项目实施的风险管理。

3）制定科学的规划。进行规划可行性分析，消除资源、技术、经济上的种种不可行的问题，以确保工程的顺利进行。

4）以高质量的方式管理公司的工作，以达到公司的目标和规划的高度。

5）制订应对可能会对目标或计划达成产生影响的后备方案。

6）要有足够的松弛时间。

7）加强信息的收集、整理和研究，及时、全面、可靠地提供信息。

（2）被动控制。所谓被动控制，就是在项目进行过程中，由管理者跟踪执行，将信息加工、整理、反馈给控制部门，以便监控人员能够发现问题，找到问题所在，寻找并确定相应的解决办法，并将其反馈给计划执行部门，以便在发生偏差时及时修正。

3．主动控制与被动控制的关系

这两个控制对于工程造价来说是必不可少的，都是为了达到工程目标而必须采取的成本管理方法。有效的控制是把积极和被动相结合，努力提高主动控制在控制中的比重，同时实现被动和周期性的连续控制。这样才能实现项目成本控制的根本目标。

4．项目成本超支的原因

项目成本控制并不是独立的，而是与工程质量、进度、工作范围等相关的。因此，项目费用超支常常不是因为成本控制，而是因为：

（1）改善工程质量。

（2）调整工程进度。

（3）与原计划相比，项目的实际工作量有所增长。

（4）因工程管理不当而引起的所有者的索赔。

（5）市场价格变动、汇率变动、通货膨胀因素。

（6）由于某些自然灾害造成的工程延误等不可抗力因素的影响。

因此，在工程造价管理中，必须全面分析造成这些费用超支的原因，并采取相应的对策。

5．项目成本控制的过程

项目成本控制过程同项目资源计划、项目成本估算、项目成本预算相似。项目成本控制的依据、工具与技术和成果如图 7-7 所示。

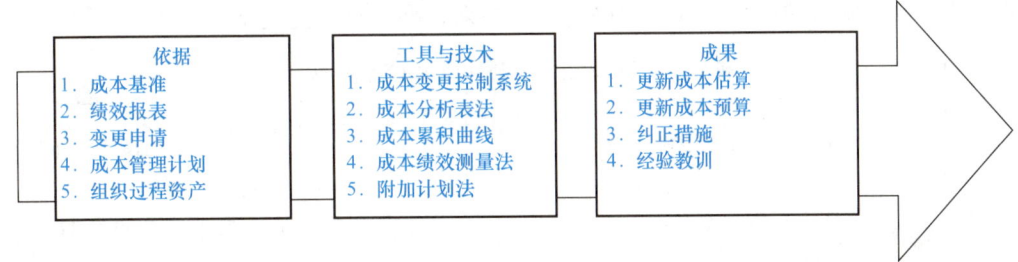

图 7-7 项目成本控制的依据、工具与技术和成果

二、项目成本控制的依据

1．成本基准

项目成本基准，是衡量和监督工程项目在工程实施期间的成本、费用和支出的最根本的基础。根据各阶段的成本估计，综合成本后确定，通常采用 S 形曲线。

2．绩效报表

绩效报表为成本的实施提供了资料，重点放在了项目的各个阶段。一般情况下，业绩报表必须包含项目范围、计划、成本和质量等方面的进度资料。

3．变更申请

只有少数项目才能完全按预算计划进行，而出于种种无法预料的情形，需要对工程的成本进行新的评估和修正，从而形成工程变更的请求。

4．成本管理计划

工程造价管理计划能够明确工程造价之间的差别，是工程造价控制的一个重要环节。

5．组织过程资产

会对成本控制进程产生影响的组织过程资产包括但不限于：
- 现行的、正式的和非正式的成本控制政策、程序和指导方针。
- 成本管理的手段。
- 监督和汇报的可行方式。

三、项目成本控制的工具与技术

项目成本的控制主要有两个方面：一是对项目成本的各个因素进行分析和预测；二是通过对各个因素的变化进行控制，以达到成本控制的目的。

1．成本变更控制系统

项目成本控制的原始指标是成本控制的基础，但是在项目实施过程中，由于原有的计划和设计会发生一些变动，从而形成一个新的状况，因此，工程造价的状况总是在不断地更新，因此必须持续地进行跟踪。项目成本变更控制系统是一种以工程造价为基础的项目成本控制系统，它包含了一个从变更请求到批准变更请求，再到最后变更费用预算的变更控制流程。

2．成本分析表法

项目成本分析表法是一种运用工程造价分析、控制项目成本的有效手段。运用成本分析表可以清楚地对企业的成本进行对比。通常有每月成本分析、成本日报或周报表、月成本计算和最后的预测报告。

月度费用核算和最后预算报表是项目成本管理中的一个重要环节。报告的主要内容包括项目名称、支出金额、预计完工所需要的资金、预计盈亏等。每月的费用和最后的费用预算报告必须在月底的时候完成，而且随着时间的推移，准确性也会越来越高，具体的表格见表 7-5。

表 7-5　月成本计算及最终成本预测报告表

序号	科目编号	名称	支出金额	调整		备注	现在的成本			序号	到竣工尚需资金			最终预算工程成本			合同预算金额			预算比较	
				金额			金额	单价	数量		金额	单价	数量	金额	单价	数量	金额	单价	数量	亏	盈
				增	减																

3. 成本累积曲线

成本累积曲线也称为工期—费用累积曲线，它是将工程成本指标按时间分解，并以此为依据，形成工程造价基准。这是一条曲线，反映了一个整体工程或工程的一个相对独立部门的成本情况。该曲线可以直接从成本预算中得到，也可以通过网络图、条形图等图解来实现。常见的费用参考方案采用时间—成本累积曲线（S形曲线）。

绘制时间—成本累积曲线的步骤如下：

（1）建立工作分解结构，计算每一个工作包的实际成本，并将其分配到各个工作包的整个工期中去。

（2）根据项目实际情况，计算每单位时间内完成工作所花费的成本。

（3）计算规定时间（t）内完成工作量的累积成本，计算方法为：

$$Qt = \sum Q''$$

其中，Qt 为某时刻 t 之前完成工作量的累积成本；Q'' 为单位时间的成本；t 为某规定计划时刻。

（4）在每段指定时间内，画出 Q 值的 S 形曲线。按此方法绘制的时间—成本累积曲线就是在规划情形下的费用曲线。在现实的环境下，实际的成本和支出可以比计划中的更少。如果比计划中的情况更多，那就是因为没有计划好的一部分，或者是没有计划好的管理，导致了费用的上升。

在成本累积图表中，如果与计划有一点儿差异，就是一个警示，但这并不意味着工作中有什么问题。在此基础上，对实际和规划中的差异进行分析，分析产生差异的原因，确定是正常的还是不正常的，并在此基础上对其进行相应的处理。

在时间—成本累积曲线中，可以根据实际开支的变化趋势，对未来的费用进行预测，并将其与理想曲线进行对比，从而得到有意义的成本控制。

虽然时间—成本累积曲线能够为工程控制提供必要的资料，但是它是建立在假设各工艺时间都是固定的情况下。从网络技术可以看出，许多非关键工艺的起始和终止时刻都要进行调节。

4. 成本绩效测量法

对项目成本进行及时的分析，及早发现项目成本的差异，并在形势恶化前采取相应的对策。通常使用挣值方法来衡量项目的实际费用。该方法的基本思路是，在工程实际完成工作量的基础上，引入"挣值"作为一个中介变量，用来分析项目的完成情况，度量项目的成本效益，选择成本控制措施，并对未来的发展趋势做出科学的预测和判断，进而给出相应的解决方案。

5. 附加计划法

事实上，很少有项目能按原计划进行，而且由于某些情况的突然变化，很多项目都会发生相应的或者重大的变化。因此，在制定规划的时候，可以根据项目经理对项目的了解，提前做出相应的调整。附加计划是指通过增加或修改原来的计划，有效地控制工程的费用。

四、项目成本控制的成果

开展项目成本控制的直接结果是项目成本的节约和项目经济效益的提高。开展项目成本控制的间接结果是生成了一系列的项目成本控制文件和经验教训。

1. 更新成本估算

更新成本估算是指对成本信息进行修改，以便对项目进行管理，而无须对整个工程计划进行其他方面的调整。更新的项目规划活动成本估计是对工程管理中所使用的费用数据的变更。如有必要，将成本估计的更新通知项目的有关人员。

2. 更新成本预算

在一些案例中，费用偏离会很大，以至于必须修订成本基准，以便为业绩提供实际的测量依据。预算更新是对已核准的费用标准做出的更改，是一项特别的费用估算工作，通常只有在项目范围发生变化时才会做出修正。

3. 纠正措施

改正是指为使工程未来的期望表现符合工程管理计划而采取的一切行动，即为使工程达到最初的规划目标而做出的一切努力。在进行工程造价控制的过程中，工程造价的变化、设备和原材料价格的变化、政策的变化、资金来源和渠道的变化、管理上的问题，都会对工程造价的执行产生一定的影响。我们必须做很多事情来修正这些问题，并且在必要时重新制定费用计划。

4. 经验教训

偏差的原因、所选择的纠正行动的原因和从成本控制的观点中汲取的其他种类的经验应该被编入文件中，以便在本项目中和在本组织的其他项目中使用。

第六节 挣值分析法

一、挣值分析法概述

1. 挣值分析法的定义

挣值分析是工程造价管理中常用的一种技术分析方法。该方法主要是对目标执行和目标规划进行比较，也称为费用偏差分析。该方法通过对已完成工作的预算、已完成工作的成本、已完成工作的预算成本进行测算，得出有关计划的执行过程与成本的偏离，以实现对工程预算与进度的评价。它的特点如下：第一，挣值法是以货币数量取代工程量；第二，不以投资的数量来反映工程进度，而以资金转换为工程成果的数量来衡量；第三，用三个基础数值代替一个数值来描述项目的进度、费用状况，以此来估计项目的完成时间和可能的完成费用。

运用挣值分析方法监测工程项目，能让项目经理更清晰地了解项目成本、进度的变化，并能精确地测量项目的进度。

2. 挣值分析的起源与发展

挣值这一概念最早出现在 19 世纪末 20 世纪初的工业时代。20 世纪 60 年代，美国国防部的相关人员就开始搜集有关挣值分析法的经验和知识，将其用于"北极星"计划，并由空军进行了进一步的研究。美国国防部于 1967 年根据 DODI7000.2 指示，对成本/进度控制系统的准则（C/SCSC）进行了研究，这是"挣值"管理的一个初步构想。

20 世纪 80 年代中期，通过调查和研究，人们对这种基于 C/SCSC 标准的管理方式进行了重新认可，并指出了管理者在规范方面存在的误区。20 世纪 90 年代初，政府与产业界共同开展了一项关于 TQM 的研究，使得 C/SCSC 在剔除了烦琐和效率低下的环节后，得以充分地改进。

美国工程管理界以 C/SCSC 为核心，发展了一种名为"价值管理"的综合管理技术。美国的民用部门于 1996 年就已经开始试验了。随着网络技术的飞速发展，"挣值分析"方法也得到了越来越多的国际工程管理人员的认可。目前，很多学者和实务界的专家都认为，"挣值管理"是 21 世纪工程管理中的一种重要手段。

二、挣值分析法的原理

运用挣值分析方法对项目进行成本管理与控制的基本原则是：在项目完成后，按事先制定的成本计划与控制标准，定期进行对比分析，然后调整相应的工作计划并反馈到实施计划中。对项目的成本和进度进行有效的管理，关键在于对项目的成本和进度进行实时的监测，定期对比，同时考虑到其他可能发生变化的因素，及时调整和更新项目的进度，从而预测项目的成本在项目结束时会不会超出预算，项目的进度会不会提前或者滞后。在项目执行的全过程中，都要进行这样的监督。在工程执行期间，如果只监测计划费用和实际费用消耗，是不能判定项目费用超支还是有结余的。所以，挣值法主要是利用三类基础价值的对比，对项目成本、进度状况进行有效的监测。

三个基本参数为计划值、挣值和实际成本，其含义如表 7-6 所示。

表 7-6 计划值、挣值和实际成本的含义

基本参数	英文及缩写	术语含义	其他名称
计划值	Planned Value（PV）	到目前为止，计划完成工作（量）的预算值是多少	96 版的 PMBOK 名称为 BCWS
挣值	Earned Value（EV）	EV= 预算成本 × 实际完成工作量的百分比。到目前为止，以货币值来衡量的实际完成的工作（量）是多少	96 版的 PMBOK 名称为 BCWP
实际成本	Actual Cost（AC）	到目前为止，完成工作（量）的实际支出是多少	96 版的 PMBOK 名称为 ACWP

（1）PV。PV 也被称作计划工作的预算费用（BCWS），它是指在一个特定的时间里，对一个特定的任务所需的费用估计。

（2）EV。EV 也叫已完成工作的预算费用（BCWP）。这等于在一定的时间里，完成比率 ×× 的预算费用。

（3）AC。AC 也叫完成工作的实际费用（ACWP），它是指在某一特定时期内，实际发生的直接费用与间接费用的总和。

通过比较三个基本数值，可以清晰地测量工程进度，同时也能清晰地体现工程管理和工程技术水平。

利用这三个基本数值，挣值分析还可以推导出两个不同的绩效指标，以此来衡量项目成本、进度的绩效与状态。

挣值分析法中差异指标和绩效指标用表 7-7 中的变量来衡量。

（1）差异指标。

①项目成本偏差（CV）等于获得价值减去实际费用，如果 CV 值为负，则说明工程的实际费用超出了计划费用，也就是工程超支，如果 CV 值为正，则说明工程的实际费用比计划费用要低，工程进度也很顺利。比如，工程 P 产生的费用偏差为正，也就是说，P 项目的当前成本比计划的费用要低，工程进度很顺利。

表 7-7 偏差和绩效的度量指标及其计算

度量指标	计算公式	指标含义	结果说明
项目成本偏差（CV）	CV=EV−AC	已完成工作预算成本与实际成本的绝对差异	结果为"+"是有利的 结果为"−"是不利的
项目进度偏差（SV）	SV=EV−PV	以货币来衡量的已完成工作量与计划工作量的绝对差异	结果为"+"是有利的 结果为"−"是不利的
成本绩效指数（CPI）	CPI=EV/AC	正在进行的项目的成本效率	结果为">1"是有利的 结果为"<1"是不利的
进度绩效指数（SPI）	SPI=EV/PV	正在进行的项目的进度情况	结果为">1"是有利的 结果为"<1"是不利的

②项目进度偏差（Schedule Variance，SV）等于挣值减去计划值，如果 SV 值为负，则说明实际的进度比原计划的进度慢，工程将延迟；如果 SV 值为正，则说明工程的实际进度比原计划的要早，工程的进展很顺利。

（2）绩效指标。

①成本绩效指标（Cost Performance Index，CPI），是挣值与实际成本的比值，即 $CPI=EV/AC$，用以估计出工作所需的费用。CPI=1 代表预算费用等于实际费用，CPI<1 代表项目实际费用超过了预算费用，项目超支；CPI>1 代表项目的实际费用小于预算费用，项目的实际费用在预算之内。

②进度绩效指标（Schedule Performance Index，SPI），是挣值与计划成本的比值，即 $SPI=EV/PV$，用以估计完成项目的预期工期。SPI=1，说明项目进度与计划进度相符；SPI<1，说明项目进度滞后，项目超时；SPI>1，说明项目进度比原计划进度早，可以在原计划之前完成。

通过对工程整体的成本表现和工期进度的分析，利用挣值分析方法对工程的各项性能和各方面的影响进行了估计，从而得出该工程所需要的时间和所需要的费用。

表 7-8 列出了挣值分析方法中的预测指标。

表 7-8 挣值分析法中的预测指标

预测指标	计算公式	指标含义
完工估算（EAC）	$EAC = BAC + AC - EV = BAC - CV$ （当出现的偏差被视为非典型特例，而且项目团队预计将来不至于出现类似偏差时） $EAC = BAC/CPI$ （当项目未完成部分将按照目前的效率进行下去） $EAC = ETC + AC$ （当以往绩效表明原有估算假设有重大缺陷，或者由于情况改变，原有假设不再适用时）	在当前执行情况的基础上，估计整个项目完工所需的总成本
完工尚需估算（ETC）	$ETC = EAC - AC$（剩余工作在当前的估算）	在当前执行情况的基础上，估计剩余活动成本
完工时间估算（ETTC）	ETTC= 计划工期 /SPI	在当前执行情况的基础上，估计整个项目完工所需的总时间

（1）完工估算，它是根据项目的绩效和风险量化对项目最可能的总成本所做的一种预测。其中又分三种情况。

①如果所发生的偏离被认为是一种特殊情况，并且在未来不会再发生类似的偏差，那么，BAC 是项目的总体预算费用。

②当项目未完成的部分按当前的工作效率进行时，CPI 是比较稳定的，因此可以采用的计算方法是计划费用与成本绩效指数之比。

③如果以前的业绩证明了原先的估算假设存在严重错误，或因环境变化，原先的假设已不能应用时，可以采用 $EAC=ETC+AC$ 的办法来进行估计。在这种情形下，需要对剩余的工作费用进行重新估算，然后根据这些费用和时间的预测，再加上已经完成工作的实际成本可以得到预测结果。

根据这些公式，可以决定预计费用超支或节省的具体金额，如果在预计项目的未来完成费用时，在报告期内的微小差别会导致更多的费用超支，说明必须立即对项目成本进行纠正。所以，这是一种警告。

（2）完工尚需估算是根据目前的实施状况对余下的活动的估计费用。$ETC=EAC-AC$，即完工成本估算减去已经发生的项目实际成本。

（3）完工时间估算为基于目前的实施状况，估算出全部工程完成所需要的全部时间，是指项目工期和项目绩效指数的比率。

在挣值管理中，通过对挣值计算结果的分析来了解项目的相关指标情况，各阶段公式以及相关指标的定义与表达如表 7-9 所示。

表 7-9 挣值计算汇总表

缩写	名称	术语词典定义	如何使用	公式	对结果的解释
PV	计划价值	为计划工作分配的经批准的预算	在某一时点上，通常为数据日期或项目完工日期，计划完成工作的价值		
EV	挣值	对已完成工作的测量，用该工作的批准预算来表示	在某一时点上，通常为数据日期，全部完成工作的计划价值，与实际成本无关	挣值=完成工作的计划价值之和	
AC	实际成本	在给定时间段内，因执行项目活动而实际发生的成本	在某一时点上，通常为数据日期，全部完成工作的实际成本		
BAC	完工预算	为将要执行的工作所建立的全部预算的总和	全部计划工作的价值，项目的成本基准		
CV	成本偏差	在某个给定时间点，预算亏空或盈余量，表示为挣值与实际成本之差	在某一时点上，通常为数据日期，完成工作的价值与同一时点上实际成本之间的差异	$CV=EV-AC$	正数＝在计划成本之内 零＝与计划成本持平 负数＝超过计划成本
SV	进度偏差	在给定的时间点上，项目进度提前或落后的情况，表示为挣值与计划价值之差	在某一时间点上，通常为数据日期，完成工作的价值与同一时点上计划完成的工作之间的差异	$SV=EV-PV$	正数＝提前于进度计划 零＝在进度计划上 负数＝超过进度计划

缩写	名称	术语词典定义	如何使用	公式	对结果的解释
VAC	完工偏差	对预算亏空量或盈余量的一种预测，是完工预算与完工估算之差	项目完工成本的估算差异	$VAC=BAC-EAC$	正数=在计划成本之内 零=与计划成本持平 负数=超过计划成本
CPI	成本绩效指数	度量预算资源的成本效率的一种指标，表示为挣值与实际成本之比	CPI 等于 1，说明项目完全按预算进行，到目前为止完成的工作的成本与预计使用的成本一样。其他数值则表示已完工作的成本高于或低于预算的百分比	$CPI=EV/AC$	>1 在计划成本之内 =1 与计划成本持平 <1 超过计划成本
SPI	进度绩效指数	测量进度效率的一种指标，表示为挣值与计划价值之比	SPI 等于 1，说明项目完全按照进度计划执行，到目前为止，已完成工作与计划完成的工作完全一致。其他数值则表示已完工作落后或提前于计划工作的百分比	$SPI=EV/PV$	>1 提前于进度计划 =1 在计划进度上 <1 落后于进度计划

根据评估指标和预测指标，可得出挣值分析法对项目当前状态和未来状态的一个评估结论。反映当前成本状态的指标为 CV 和 CPI，反映当前进度状态的指标为 SV 和 SPI，反映项目未来状态的指标为 EAC 和 ETC。

项目当前状况可能为下列四种情况之一：

成本未超支，进度未超时：$CV \geq 0$，$CPI \geq 1$；$SV \geq 0$，$SPI \geq 1$。

成本超支，进度未超时：$CV < 0$，$CPI < 1$；$SV \geq 0$，$SPI \geq 1$。

成本未超支，进度超时：$CV \geq 0$，$CPI \geq 1$；$SV < 0$，$SPI < 1$。

成本超支，进度超时：$CV < 0$，$CPI < 1$；$SV < 0$，$SPI < 1$。

就项目 P 而言，$CV=4 > 0$，$CPI=1.25 > 1$；$SV=-5 < 0$，$SPI=0.8 < 1$，所以，项目 P 当前状态为成本未超支，进度超时。

三、挣值分析法的应用

项目经理要对项目进行监督，定期对其成本表现进行分析，尽早发现其成本差异，并明确在哪个项目中应采取何种措施加以改正。挣值分析法是一种很好的项目监督手段，它能直观地反映工程的成本和进度，对整个项目的监测是有益的。所以，在工程项目管理中，必须运用挣值分析方法，对工程造价与进度进行分析与管理。

在实际应用中，通常采用下列方法：

（1）在合同、计划数据的基础上，制定费用限制，以确定各检查站的 PV。

（2）记录到检查点之前工程费用的实际使用状况，并在检查站确定 AC。

（3）进一步测量到检查站之前的工程任务，并在检查站处测定 EV。

（4）通过计算 CV 和 SV（或 CPI 和 SPI）来判定项目的实施。

（5）如偏离值超出容许值，应查明其原因，并建议纠正。

通过对挣值分析方法中三个基本参数之间的关系进行研究，得到了 6 个可能的条件，具体见表 7-10。

表 7-10 挣值分析法的可能情况及措施

情况	参数关系	分析	措施
1	$AC > EV > PV$ $CV < 0, SV > 0$	进度较快，有所超前，但成本效率偏低导致成本花费高于预计水平	适当通过减缓项目进展强度，降低成本，提高成本效率
2	$EV > AC > PV$ $CV < 0, SV > 0$	成本效率较高，由于项目超前高速进展，实际成本花费显示偏高	在保持目前状况前提下，可以按情况适当抽调出一部分人员加速其他进度较低的项目进展
3	$AC > PV > EV$ $CV < 0, SV < 0$	成本效率很低，项目进度也落后于计划，实际成本花费显示较高	撤换低效的人员，全面强化成本绩效管理，调整项目进程计划
4	$EV > PV > AC$ $CV > 0, SV > 0$	成本效率很高，同时项目进展速度也有所超前，实际成本花费显示偏低	在保持目前状态下，可以根据需要加大成本投入，加速项目进展
5	$PV > EV > AC$ $CV > 0, SV < 0$	成本效率较高，但项目进度较慢，低于计划水平，实际成本花费显示较低	增加人员，加大投入力度，采取激励措施，全面加快项目进展速度
6	$PV > AC > EV$ $CV < 0, SV < 0$	成本效率较低，项目进度远落后于项目计划，实际成本花费显示较高	增加高效人员，强化工作标准，加速项目进展，同时注意监控成本

本章小结

　　成本管理是企业管理的一个重要组成部分，要求系统、全面、科学和合理，它对于促进增产节支、加强经济核算、改进企业管理、提高企业整体管理水平具有重大意义，也对企业解决财税难点有重大帮助。项目的成本管理，一直是项目管理者着重考虑的一项工作，可以说历史悠久，以前人们对拟建项目进行成本估算，以此作为项目效益分析、安排资金的依据。

　　项目全过程成本管理，即项目管理者要在项目可行性分析和立项及设计阶段考察项目成本估算的合理性；而且要将估算按项目的过程、职能及项目对象系统进行分配，构成项目预算基准；按照此预算基准，在项目实施中进行控制和调整，保证项目以尽可能小的成本获得最大经济效益。此称为动态成本控制管理思想，也是 PMBOK 项目管理知识体系中所倡导的成本管理的核心内容。

思政课堂

　　深刻领会习近平新时代中国特色社会主义思想的历史地位。

　　思想就是力量。一个民族要走在时代前列，就一刻不能没有理论思维，一刻不能没有思想指引。马克思主义是我们立党立国、兴党强国的根本指导思想。马克思主义理论不是教条而是行动指南，必须随着实践发展而发展，只有中国化才能落地生根、本土化才能深入人心。《决议》在历史演进与理论创新的脉络中，强调习近平新时代中国特色社会主义思想实现了马克思主义中国化新的飞跃，科学阐明了习近平新时代中国特色社会主义思想在马克思主义发展史、中华文化发展史上的重要历史地位，具有重要意义。

　　习近平新时代中国特色社会主义思想是当代中国马克思主义、21 世纪马克思主义。

第八章 项目质量管理

CHAPTER 8

学习目标

○ 了解项目质量管理的概念和内容
○ 掌握项目质量规划的依据和编制方法
○ 熟悉项目质量保证的内容和方法
○ 掌握项目质量控制的内容和方法

第一节 项目质量管理概述

一、质量管理概述

1. 质量的定义

不同的实体,其质量的意义也是不同的。质量体系认证机构ISO9000:2000版本定义了质量:质量是一系列固有的特性满足需求的程度,包括物理、感官、行为、时间和功能性。ISO9402:1994版本的定义是:一个具有显著或隐性需求的特征的综合。朱兰在20世纪60年代提出了一个关于"质量是适用的"概念,它着重于客户的利益。

要真正理解质量的含义,就必须区分质量与等级。等级是指拥有同样的用途,但质量要求不同的类别。质量差代表产品或服务有问题,但等级差不代表产品或服务有问题。这句话的意思是,质量高并不代表等级高,而是指满足客户需要、满足一定的可靠性以及适合的产品和服务。所以,质量的含义有三个基本要素:优质但不一定是高等级;达到目标;满足客户需要。

如今企业的质量越来越多地依赖于员工的思维,而不是科学的、严格的管理。在今天的知识经济时代,仅仅依赖于管理的功能保障,质量提升是无法实现的。只有从思想上重视质量问题,注重质量改进,才能在市场竞争中立于不败之地。

所谓质量意识,就是要确保产品的质量和技术指标达到规格要求。同时,公司的整个生产过程都严格按照公司的生产工艺规范进行。质量意识是指企业从领导到全体员工对质量与质量工作的认识和理解,这是影响和限制质量行为的关键因素。质量意识不仅要反映在每个人的工作中,而且要反映在公司高层领导的工作中。它是一种有意识的产品,能够满足客户的需求,包括硬件、软件、流程、工作和服务。有质量意识的员工和领导阶层,并不局限于被动地接受质量要求,他们会持续地注意质量,并提供改进建议,以提升质量。

2. 质量管理概念及其发展史

（1）质量管理。质量管理是对组织中与质量相关相互协调的活动进行指导和控制。它还可以被解释为：确立质量方针、目标和责任，以及质量系统内的一切管理活动，如质量计划、质量控制、质量保证和质量改善。

（2）质量管理发展阶段。近 100 年来，我国的质量管理理念已有了很大的改变，主要表现为由"结果裁定"转向"以过程控制和保证为导向"。质量管理的发展历程如表 8-1 所示。

表 8-1　质量管理的发展历程

阶段	内容
第一次世界大战之前	劣中择优，重点在于找出问题和缺陷
第一次世界大战到 20 世纪 50 年代初	重点仍然是结果裁定，不过出现了质量控制的思想，具体表现为应用质量控制方法，如统计和数学方法、抽样表和控制图等
20 世纪 50 年代初到 60 年代末	质量控制演变为质量保证，质量管理逐步前端化
60 年代末至今	质量管理的重点放在战略质量管理上，包括质量由用户定义、质量管理已成为一种竞争手段、质量管理规划是战略规划的一部分等

（3）质量管理大师的观点。质量管理方面最具影响力的有爱德华兹·戴明与约瑟夫·朱兰、菲利普·克劳斯比三人。

1）戴明。戴明认为，管理人员应该强化自己的工作意识。在戴明看来，企业生产的产品质量很差，主要是因为管理者目光短浅，缺乏远见。他认为，在项目开始时，管理人员就应该处理 85% 的质量问题，而仅有 15% 的问题是底层人员可以控制的。戴明认为，要想不断地改善产品的工艺，就必须采用统计分析与控制的方法，以提高产品的品质。通常采用控制图对生产过程中的不正常现象进行识别，反映生产的全过程。有些是可以由基层员工控制的，如员工知识的缺乏、工人作业失误或工作时走神儿等。有一些是由管理部门来控制的，如低劣的原材料质量、产品设计的问题、对工作环境的不满意等。

戴明认为，不能简单地命令员工做好工作，而是要明确告诉他们，什么因素会影响他们要达到的质量要求，并告诉他们需要不断提高产品质量。

2）朱兰。朱兰的质量管理观点包括制造商和用户两个不同的角度。朱兰曾提出朱兰三部曲——质量提高、质量规划和质量控制。朱兰认为，制造商的质量观念是一套标准与规范，用户将质量视为一种适用性。这些质量的特点包括：结构（长度、频率）、感官（口味、美感、吸引力）、时间（可靠、可维护）、商业（受担保）、道德（礼貌、诚实）等。而适应性包含 5 个层面：能够将质量划分为许多等级、可靠性、可维护性、产品使用的潜在风险，以及用户使用产品的方法等。

3）克劳斯比。克劳斯比提出了质量的四个原则：质量就是要符合要求；真正意义上的质量问题不存在；对于工作表现唯一的衡量指标就是质量成本；对于工作表现的唯一标准是零缺陷。

克劳斯比的最大贡献在于，他提出了一种目前已经得到广泛运用的零缺陷管理原则。零缺陷管理的原理：零缺陷管理的质量定理、零缺陷管理完整性定理、克劳斯比"开车理论"、克劳斯比质量成本曲线、克劳斯比质量免费原理、零缺陷管理质量战略图、零缺陷管理的杠杆原理、零缺陷管理的精灵原理等。

零缺陷管理的核心思想为：一个核心、两个基本点和三个需求。

（1）一个核心。一个核心指的是零缺陷管理。零缺陷管理需要在一开始就将工作做好。每个人都在一开始做到正确，避免出现问题或流至下道工序或其他岗位，那么工作中就可以降低很多处理缺陷和失误造成的成本，工作质量和工作效率就可以大幅度提高，经济效益也会显著增长。

（2）两个基本点。两个基本点指的是有用和可信赖。"有用"是一种以结果为导向的思考方式，无论你做什么，你都要从顾客的角度来考虑最后的效果。但即使所有的事都有效，也不一定可信赖。零缺陷管理是一种有效而可靠的管理方法。

（3）三个需求。每一个组织的目标都是需求的解决方案，而三个需求则是：客户需求、员工需求、供应商需求。对于任何机构来说，第一件事就是满足顾客的需求。一个企业如果没有顾客，就不会有任何的价值。这三种需求构成了一条价值链条。所以，客户、员工和供应商的需求必须统一对待。

3．全面质量管理

全面质量管理（Total Quality Management，TQM）是一种全员、全过程、全企业的质量管理，它是指组织以质量为中心，全体员工共同努力，使客户满意，使组织全体成员和整个社会都能从中获益，从而实现可持续发展。

TQM 的核心思想是顾客满意、附加价值、不断改进。

TQM 采用了一套科学的、认识论的方法，即 PDCA 循环，也即"戴明环"，PDCA 是英语中的 Plan（计划）、Do（执行）、Check（检查）和 Act（处理）的缩写，PDCA 周期是一种以这种排序进行质量控制的科学过程。PDCA 的各个阶段和它们的内容总结在表 8-2 中。

表 8-2 PDCA 各阶段及其内容

阶段	内容
计划阶段（P 阶段）	适应顾客的要求，并以取得经济效益为目标，通过调查、设计、试制，制定技术经济指标、质量目标，以及达到这些目标的具体措施和方法
实施阶段（D 阶段）	按照所制订的计划和措施去实施
检查阶段（C 阶段）	对照计划，检查执行的情况和效果，及时发展和总结计划实施过程中的经验和问题
处理阶段（A 阶段）	根据检查结果采取措施，巩固成绩，吸取教训，以利再干

PDCA 循环的特点：

大环套小环，小环保大环，推动大循环 [见图 8-1（1）]；不断前进、不断提高 [见图 8-1（2）]。推动 PDCA 循环关键在于 A 阶段。

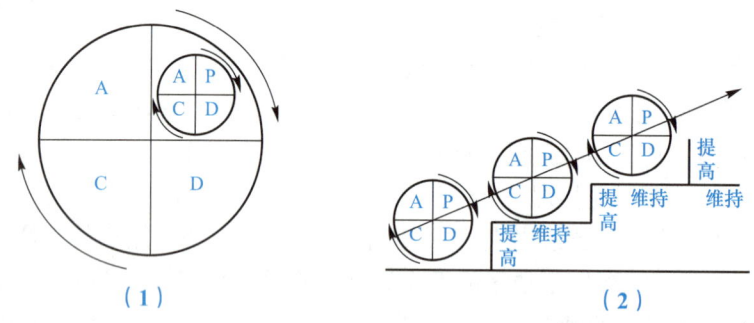

图 8-1 PDCA 循环特点

4．六西格玛管理法

六西格玛管理也常写成 6Sigma 管理或 6σ 管理。"σ"是希腊字母，其含义为"标准差"。标准差是用来表示任意一组数据或流程中波动或离散程度的指标，六西格玛即"六倍标准差"，在质量上含义为每百万产品中不合格产品少于 3.4 个。

关于六西格玛管理，至今没有统一的定义。以下为一些管理专家对六西格玛的界定：

（1）管理专家罗纳德·斯尼对六西格玛管理的定义为：探索能够同时让顾客满意度提升和企业经济上升的一种经营战略方法。

（2）六西格玛管理专家汤姆·菲兹德克对其的定义为：六西格玛是一种全新的经营模式。六西格玛的重点不在于技术，而在于管理。

（3）本书对六西格玛管理的定义为：为了让企业实现长远发展并将其利润最大化的综合管理办法和发展战略。六西格玛管理是一种企业的经营管理方式。

简单来讲，六西格玛管理的特点有：以数据为基础，注重量化管理；以顾客为中心，充分关注顾客；以流程为核心，注重持续改进；以 DMAIC 为方法，运用统计工具；以效益为目标，注重改进效益；以专家为龙头，发挥团队作用；把波动视为质量的"敌人"。

二、项目质量管理的概念

1. 项目质量

项目质量指的是项目管理、项目成果、项目产品和服务的质量。项目的产品和服务质量，要达到客户的技术需求，使客户满意。在项目中，保证质量是一项非常严谨的工作，必须了解客户的需求，并为最后的成果而努力。

2. 项目质量管理

项目质量管理是指对项目质量的指挥、协调、控制等方面的工作。项目质量管理的对象是项目，项目的主体是项目的利益相关者，项目的目的是达到项目的质量指标，满足项目的利益相关者。由于项目质量管理的重要性和功能的广泛性，通常把项目质量管理作为各级项目经理的工作重点。项目质量管理在项目管理中占有重要地位。

3. 项目质量管理的特点

项目质量管理与普通产品质量管理相比共同之处在于，其管理原则和方法基本一致，而差异是由于项目的特殊性而产生的，具体表现为：

（1）复杂性。项目质量管理是一个复杂的系统工程，其影响因素多、环节多、涉及的主体多、质量风险高。

8-1 项目质量管理的特点

（2）动态性。整个项目从开始到结束都要经过一个完整的生命周期。由于各个阶段对项目质量的影响因素不尽相同，其内容与目标也不尽相同，因此，项目质量管理的重点与方法应根据不同的阶段进行相应的调整。

（3）不可逆性。由于项目具有一次性性质，因此必须对项目中的每个环节、每个要素予以充分的关注，否则将会产生不可弥补的后果。

（4）系统性。项目质量并非孤立存在，而是由其他因素和目标约束，其他因素和目标也会对其产生影响。因此，项目质量管理就是一个系统化的过程。

4. 项目质量管理的原则

质量体系认证机构 ISO9000：2000 版是质量管理的重要组成部分，它是质量管理的基本和通用的准则。以下八个原则也是项目质量管理中的重要准则，必须渗透到项目理念中去。

（1）客户是重点。在项目质量管理中，各有关主体必须清楚地认识到客户的身份，并对客户的需求与期望进行调查，将其转化为质量要求，并通过实施相应的措施来达到。在项目的质量管理中，外部客户是指项目的一个相关主体，例如，项目的客户可能是用户、供应商、项目的其他受益人。内部客户也是项目的相关人员，例如，在项目执行期间，部门、岗位或个人，都是由之前的流程输出的。因此，在一个相关的项目中，有两种客户类型，一种是外部客户；另一种是内部客户。

（2）领导作用。在项目质量管理中，任何一方的领导都必须根据项目的特性和需求制定一个统一的质量方针，并且要创造并维持一个内部的环境，让项目的所有成员都能够全面地参与到项目的质量目标中去。因此，领导者必须明确方向，规划未来，激励员工，协调活动，创造一个良好的内部环境。

（3）全员参与。项目质量管理不仅涉及特定的人员和机构，还涉及整个项目的全体人员。员工的素质和对项目质量的关注将直接关系到项目的质量。因此，无论是直接还是间接参与项目的人员，都必须对项目质量给予足够的关注，并在一定程度上做好分内工作，从而保证项目质量。

（4）过程方法。把工作和相关的资源当作流程来管理，能够更有效地获得预期的成果，这就是过程方法。过程方法旨在不断改进动态循环，从而显著改善项目质量。过程方法就是通过识别确定组织中的重要流程，然后执行和管理，并持续地进行改进，从而满足客户的要求。

（5）一种系统化的管理方式。在项目质量管理过程中，运用系统化的方法，使项目成为一个整体，识别、理解和管理构成项目体系的各个过程，达到保证项目质量的目的。

系统的一个特征就是各个子系统之间存在协同作用，相互促进，使得整体的作用大于各子系统的作用。系统的方法是对相关数据和客观事实进行系统的分析，确定要实现的最优目标，并利用系统工程的方式，确定实现项目的质量目标需采取的各种措施、步骤和所分配的资源，以构成一套完整的方案，并在实施过程中，通过系统的管理来提高工作的效率。

（6）持续改进。影响项目质量的因素在不断发生变化，因此，项目相关各方必须持续改善自己的工作质量，提升质量管理系统与流程的效果和效率，以达到客户及其他利益相关者的需求和期望。

（7）以事实为决策基础。决策伴随着项目质量管理的过程，而决策的效果直接影响着质量管理的效果。决策要基于对数据和信息的逻辑分析。决策者必须用科学的方法，用严谨和以事实为依据的态度来做出决策。

（8）供应商保持互利的关系。供应商所提供的资源会极大地影响到项目的质量。项目承包商和供货商之间的利益关系能够提高双方的创造价值。因此，对供货商既要有控制，又要有互惠的合作，才能达到"双赢"的目的。

三、项目质量管理的主要内容

项目质量管理是指实施组织确定质量方针、实现目标和履行责任的各个程序和活动，以确保项目达到其预先确定的要求。它采取了持续的流程改善活动，并制定了相应的政策和流程，以执行质量管理系统。

项目质量管理包括：项目质量规划，指的是确定项目和产品的质量要求和标准，并以书面形式说明项目将如何实现；项目质量保证，即对质量要求和测量结果进行审核，以确保使用符合质量标准和具备可操作性的程序；项目质量控制，是指对实施质量活动的成果进行监督和记录，以评价工作表现和提出必要的改进内容。图 8-2 显示了项目质量管理的内容。

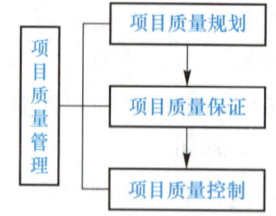

图 8-2　项目质量管理的内容

第二节　项目质量规划

时间最短、质量最优、成本最低是项目经理始终追求的三个目标。在项目质量管理中，项目质量目标的实现是项目进度、项目造价目标实现的基本保障和立足点，而项目质量规划是项目质量目标得以实现的先决条件。要做好项目质量管理，全面达到既定的项目目标，就必须加强项目质量计划，不断提升项目质量管理水平，以达到项目质量目标。

一、项目质量规划概述

1. 项目质量规划的概念

项目质量规划是指确定项目和产品的质量要求和标准，并以文字说明项目将怎样实现。项目团队应该意识到一个基本的现代质量管理原则：计划是制定出来的，而不是检验监督出来的。

在ISO9000：2000的国际标准中，质量规划被界定为：质量管理的一部分，为了制定质量目标，指定必需的运作流程及相关的资源，从而达到质量目标。不同的项目在进行质量计划时，都以达到某一具体项目的质量指标为目标。项目质量规划具体而言，是指依据项目内外环境，制订工程质量目标与计划，并确定相应的资源分配，以确保其达到目标。项目的目标主要有：项目的性能、可靠性、安全性、经济性、时效性、环境适应性等。可以从以下几个角度来认识和把握项目质量规划的定义：

（1）项目质量规划是项目质量管理的重要内容，它包含了对项目质量的认识和确定。项目质量管理小组在实施过程中，能够根据客户和利益相关者的要求，做出正确的决策。

（2）为达到项目质量目标，项目质量管理小组必须在各个层面、各个部门设立相应的质量指标。因此，在项目建设中，项目质量管理的关键在于如何准确地确定和计划项目的过程、资源的需求以及不断进行改善。

（3）项目质量规划不能只是一种一次性的方法，它应当根据客户和利益相关者的需要和预期而改变，对质量管理流程或产品实施流程进行改善，每一步的改善都应当进行质量规划，以保证在控制条件下进行。

（4）项目质量规划结果应当形成书面文件，通常为项目质量计划，并包含其他的管理文件，以满足项目实际的要求。

另外，在进行项目质量规划时，必须对下列两个方面有充分的了解：

（1）项目质量规划应当以质量目标为中心。为了让客户和利益相关者满意，我们需要了解并满足客户的需求，制定出与工程实际相适应的质量指标，以达到利益相关者和客户的预期。

（2）项目质量规划应该清楚地确定构成项目质量的程序和资源的分配。要达到项目质量管理的目的，就需要制定出构成项目质量过程的工作程序，包括各种不同的人在项目的质量形成中所承担的责任，以确保每个环节都能按照计划、执行、检查和处理的周期来进行，从而保证各个质量程序的正常运行。

2. 项目质量规划的内容

项目质量规划是项目管理的一个重要环节，它具有与之相适应的基础和结果，并具有使其顺利实施的手段和技术。从系统的角度来分析项目质量规划，可以得到项目质量规划的具体内容。项目质量规划的依据、工具与技术和成果见图 8-3。

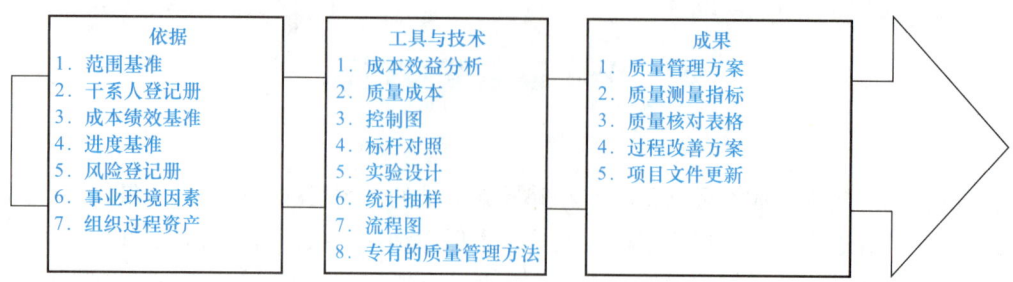

图 8-3 项目质量规划的依据、工具与技术和成果

3．项目质量规划的步骤

美国知名的质量管理专家朱兰认为，质量规划就是建立品质目标并发展出必要的产品与流程。他提出了一系列的质量规划活动，包括：制定质量目标、识别顾客、确定顾客需求、发现反映客户需要的产品或服务的特性、开发能提供这些特性的产品和服务的工艺；制定控制流程，并将这些流程转换成行动计划。质量规划的各个阶段都可以通过路径图来实现，如图 8-4 所示。

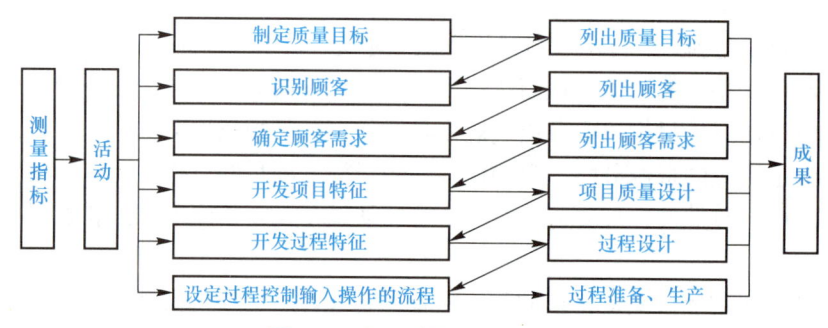

图 8-4 项目质量规划路线图

二、项目质量规划的依据

1．范围基准

一是范围说明书。范围说明书包含产品描述、主要项目可交付成果及验收标准。产品范围描述中通常包含技术细节以及会影响质量规划的其他事项。验收标准的界定可导致项目成本与质量成本的明显增加或降低。达到所有验收标准，就意味着满足了客户需求。二是 WBS。WBS 识别可交付成果、工作包以及用来考核项目绩效的控制账户。

2．干系人登记册

干系人登记册识别对质量有特别兴趣或影响力的干系人。

3．成本绩效基准

成本绩效基准记录用来考核成本绩效的经过认可的时间阶段。成本绩效基准是经过批准且按时间段分配资金的完工预算，用于测量、监督和控制项目的总体成本绩效。它是每个时间段的预算之和，通常用 S 形曲线表示。在挣值管理技术中，成本绩效基准又称为绩效测量基准。

4．进度基准

进度基准记录经认可的进度绩效指标，包括开始和完成日期。

5．风险登记册

风险登记册包含可能影响质量要求的各种威胁和机会的信息。

6. 事业环境因素

影响质量规划过程的事业环境因素包括：①政府法规；②特定应用领域的相关规则、标准和指南；③可能影响项目质量的项目工作条件或/和产品运行条件。

7. 组织过程资产

影响规划质量过程的组织过程资产包括：①组织的质量政策、程序及指南；②历史数据库；③以往项目的经验教训；④由高级管理层颁布的、确定组织质量工作方向的质量政策。

三、项目质量规划的工具与技术

为了确保项目质量的准确性和合理性，必须运用科学的方法和手段。其他的质量规划技术也可以用于具体的应用。

1. 成本效益分析

在实施项目质量规划时，应兼顾利益与费用之间的关系。满足项目需求的最大好处是减少返工，提高生产率，降低成本，提高利益相关者的满意程度。基本成本是指项目质量控制中满足质量要求的辅助质量管理活动的成本，也就是所谓的项目质量成本。商业论证各个质量活动，也就是将其潜在的成本与期望的利益进行对比。

2. 质量成本

质量成本是指在整个产品生命周期内，防止不合格、评估产品或服务的一致性不满足要求所引起的一切费用。失败成本通常被划分为两种类型：内部（在项目内部）失败成本和外部（顾客发现）失败成本。图8-5给出了各个类别的质量成本的实例。

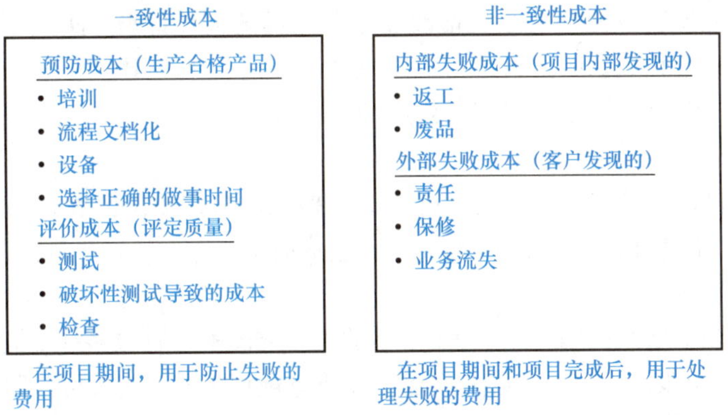

图 8-5　项目质量成本

3. 控制图

控制图用于判断工艺的稳定性和是否有可估计的绩效。合同约定，要规定最高和最低的标准，以反映最高和最低的许可。超过规定的范围会受到惩罚。控制的上下限是由项目管理人员和相关干系人确定的。它表明，为了避免超过规定范围，必须确定对应纠偏措施作用的位置。对于重复的处理，一般设定为 ±3σ。如果数据超过了控制极限，或者7个数据低于（或高于）平均水平，那么这个过程就会失去控制。

可以使用控制图来监控不同的输出变量。尽管控制图最常见的用途是跟踪大量生产中重复的活动，但是也可以监控费用与进度偏差及产量、范围变化的频率，或者其他管理努力的效果，从而有助于项目管理程序的可控性。图8-6是一个通用的控制图。

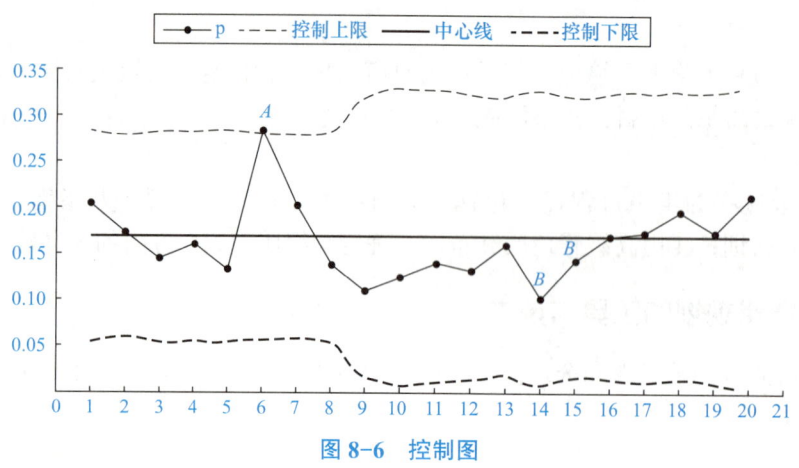

图 8-6 控制图

4．标杆对照

标杆对照是通过比较实际或计划中的项目实践与对照项目的实践，来发现最好的做法，提出改善建议，并为业绩评估奠定基础。这些具有可比性的项目可能来自执行机构的内部和外部，或者来自相同的或者不同的应用。

5．实验设计

实验设计是一种统计的方法，用以确定什么因素会对生产过程或正在生产产品的某个变量产生影响。在计划质量的程序中应该采用实验设计，以决定测试的种类、数量以及测试对质量费用的影响。

实验设计对优化产品和工艺也有一定的帮助。它能够减少对不同的环境和生产工艺改变的敏感性。这项技术的一个主要特点是它为系统地改变全部关键要素（而非一次只更改一个要素）提供了一个统计框架。通过对实验数据的分析，可以发现产品或过程中的最佳状态，找到显著影响产品和流程状态的各种因素，以及它们之间的交互作用和协同效应。

6．统计抽样

统计抽样就是从目标群体中抽取一定的样本进行检验。取样的次数和大小应该在质量过程中进行，这样就可以把实验次数和预计的废料等纳入质量费用中。

7．流程图

流程图是一种用图解表示工艺过程中各个环节的关系的图解。有很多种不同的流程图，但是每个流程图都会显示活动、决策点，以及过程的次序。在质量规划阶段，流程可以帮助项目组对出现的质量问题进行预测。识别出潜在的问题，可以制定试验方案或解决方案。项目审批流程如图 8-7 所示。

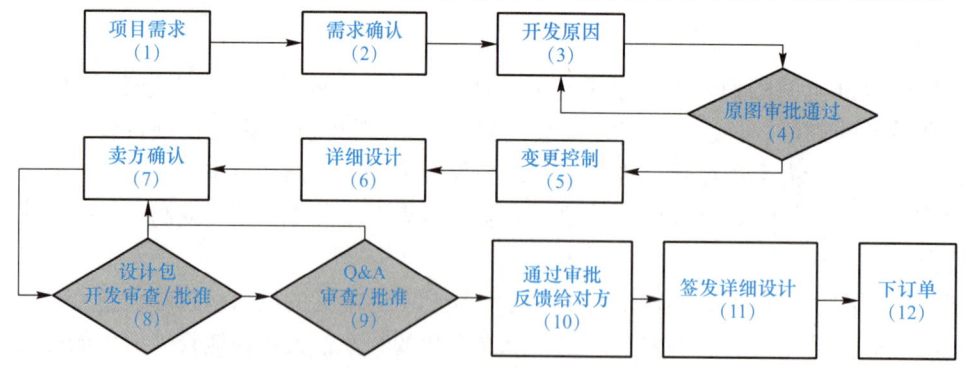

图 8-7 项目审批流程

8．专有的质量管理方法

如六西格玛、质量函数展开、CMMI 等。

9. 其他质量规划工具

为了更好地界定质量需求和计划有效的质量管理，还常常采用其他的质量规划工具，如头脑风暴法、名义小组技术、亲和图、力场分析、矩阵图和优先矩阵。

四、项目质量规划的成果

1. 质量管理方案

质量管理方案描述了项目经理将怎样贯彻执行本组织的品质方针。是项目管理方案的一部分，也是一个子方案。

质量管理规划是整个项目质量控制、质量保证和持续工艺改善的基础。质量管理方案可以是正式的，也可以是非正式的，可以很详尽，也可以很笼统。它的形式和细节是由项目的特定需求决定的。

8-2　项目质量规划的成果

2. 质量测量指标

质量测量指标是一种可操作性的定义，是指用详细具体的语言来描述项目或者产品的特性，以及质量管理流程是怎样衡量这些特性的。比如，把费用控制在预算的 ±15% 以内，就可以计算出每一项交付的费用，并决定其与预算的偏差。质量检测的主要内容有：正确性、预算控制、缺陷频率、可用性、测试覆盖面等。

3. 质量核对表格

核对表格是一个结构化的工具，它经常会详细地列出每一项，以验证所需的一系列步骤是否被实施。根据项目实际情况和不同的需求，可以简化检查表。很多企业都有一张标准化的核对表格，用于定期完成工作。

4. 过程改善方案

过程改善方案是项目管理方案中的一个子方案。过程改善方案具体阐述了流程分析的每一步，从而确定价值。过程改善方案应考虑以下几个方面：

（1）过程界限。说明过程的目的、过程的开始和结束、过程的输入和输出、需要的数据、负责的人和利益相关者。

（2）过程配置。一种用来帮助分析过程的图表。

（3）过程度量指标。连同控制边界，对过程的有效性进行分析。

（4）业绩改善的目标。用于指导过程改善工作。

5. 项目文件更新

项目文件需要进行更新，其中包括干系人登记册和职责分配矩阵。

第三节　项目质量保证

项目质量保证是对项目进行全面的评估，并为其提供符合质量要求的证据，从而使其符合有关的质量标准。质量保证是质量体系中的一种系统性活动，是质量管理的一种更高水平的质量控制。

一、项目质量保证概述

1. 项目质量保证发展历程

质量保证的理念是随时代而改变的，这些改变与质量管理自身的内容发展是一致的。这样的想法和实践对于生产商而言是一种质量管理，同时也是为看重自己的产品而实施购买的消费者提供信誉的一种方式。

自从工业革命之后，出现大规模的生产。生产者们集中精力于批量生产，防止质量低劣的商品进入市场，所以他们会对质量进行严格的检查，在这个消费时代，如果出现质量问题，通常情况下，顾客可以免费更换质量好的商品，并且在一段时间内，商家会免费提供维修服务。

当时，质量管理和质量保障明显地建立在检验这个环节上，这就是质量保证。质量保证是由检验部门负责的。事后发现，单凭检查并不能完全保证产品的质量，同时也造成了成本和维修费用的浪费。《质量保证指南》指出，在这期间，"虽然进行了全面的检验，但仍有一些不合格的产品被送到了工厂，这些产品不能被完全检验，或者不值得进行全面的检验。比如破坏性的检验，如果用全数法，虽然可以防止不合格的产品，但却不能保证产品的性能"。

所以，在生产过程中要体现出质量，并通过过程管理来确保产品的质量。在大规模生产消费品的时代，要树立起"消费者需要的质量保障"的观念。《质量保证指南》对此进行了解释："新产品的研制方法和生产工艺不合理，再怎么努力，也很难消除生产过程中出现的问题，也很难通过工艺管理来改进产品的可靠性和耐用性。所以，在新产品研发阶段，没有一个可靠的试验，是很难获得可靠性的，更不用说是质量上的保障。"

2. 项目质量保证的定义

质量保证是质量管理的一部分，按照 ISO9000：2000 的标准，是为产品提供满意的质量需求。质量保证一般由质量保证部门或其他类似单位来提供，但也有例外。质量保证一般是提供给项目管理小组和执行机构（内部质量保证）或提供给客户或项目工作涉及的其他活动（外部质量保证）。

（1）外部质量保证。"保证质量"和"质量保证"的差别很大。确保产品达到质量标准是项目质量管理的重要内容，在项目方面，客户不提出质量保证，但实施方必须严格执行质量管理，确保项目质量达到客户的要求。对于使用者是否提出项目保障的需求，项目实施者有不同的反应。使用者没有提出质量保证的要求，项目实施方在实施过程中的质量管理并不需要告知使用者，使用者和项目实施者的关系是提出质量要求和对应的验收。如果项目比较简单，它的性能可以通过最后的检查来体现，那么，只要把好"检验"关，就可以获得一个满意的项目结果。然而，由于技术的进步，项目的复杂性和对项目质量的要求也日益提高，一些项目的某些性能已经不能用检测方法进行验证。在这些项目中，项目实施者必须证明项目设计、实施等各个阶段的主要质量活动都表现良好，并能证明项目符合标准，这就是使用者的"质量保证需求"。在使用者提出质量保证要求时，项目实施者必须要进行外在的质量保证活动，以确保使用者在项目策划、规划设计、实施等各阶段所需的资料。

质量保证的内涵已经超出了单纯的质量保障。"质量保证"是以保证质量为前提，进而延伸到"信任"这个根本目标。为了让使用者"信任"，项目人员必须强化质量管理，健全质量体系，制定一套完整的项目质量控制方案和方法，并严格执行，逐步检验实施过程和结果，以保证其效果。在项目实施过程中，项目实施人员要有计划、有步骤地开展各项活动，采取多种措施，让使用者了解项目的实力、业绩、管理水平、技术水平，以及在设计、实施各阶段的主要质量管理活动和内部质量保障工作是否有效，项目完成程度与标准是否一致，从而让使用者产生信心。因此，质量保证的首要任务就是要推动质量管理的改进，以便准备好客观证据，有计划、有步骤地按照另一方的要求进行。

我们可以看到，质量保证可以从外部给质量管理制度施压，让它更高效地运作，同时也能为其他方面提供资讯，让他们能在最短的时间内及早地处理问题，从而避免造成更大的经济损失。

（2）内部质量保证。内部质量保证是一种以信任为目标的管理方法。内部质量保证是一系列的活动，目的是让公司的领导者"确信"他们的项目能够达到质量的要求。公司的领导对项目的质量负有全部责任，如果出现了质量问题，公司将对其进行法律、经济上的赔偿。一系列的项目质量工作是由项目经理或项目小组成员来完成，如果严格按照流程来做，公司的领导者就必须专门安排一批人来监督、验证和审计，这样才能在质量管理中找到不足之处，提出相应的改进措施，才能更好地执行质量管理工作。

3. 项目质量保证的内容

质量保证是对质量要求进行审核，并对测量结果进行质量控制，以确保使用合理的质量标准和可操作性的定义。质量保证的实施是一个执行过程，它使用实施质量控制过程所产生的数据。

项目质量保障程序是项目管理的一个重要环节，它具有相应的基础和结果，也有可以顺利实施的手段和技术。从系统化的角度来分析项目质量计划，可以得到项目质量保障的内容。

质量保证部或其他相关部门通常需要对质量保证工作进行监控。无论其名称是什么，该部门都可能要向项目团队执行组织管理层、客户或发起人，以及其他未主动参与项目工作的干系人提供质量保证支持。

执行质量保证程序还为不断改善工艺提供了条件。连续工艺改善就是对各工序的质量进行持续改善。通过不断的流程改善，可以减少废品，排除无价值的活动，从而提高生产效率和效益。

二、项目质量保证的依据

（1）项目管理计划。项目管理计划包括以下有关资料：
1）质量管理计划。说明在项目中如何执行质量保证。
2）过程改进计划。详细描述流程分析的每一步，从而确定价值活动。

（2）质量测量指标。质量测量指标是一种可操作性的定义，是指用很特别的语言来描述项目或者产品的特性，以及质量管理流程是怎样衡量这些特性的。比如，把费用控制在预算的 ±12% 以内，就可以计算出每一项交付的费用，并决定其与预算的偏差。质量测量指标包括：准时性、预算控制、缺陷频率、故障率、可用性、可靠性、测试覆盖面等。

（3）工作绩效信息。定期收集有关项目的业绩资料，以确保项目的进度。能够支撑审核进程的业绩指标有：①技术业绩的衡量；②项目可交付的成果状况；③进度；④已经发生的费用。

（4）质量控制测量结果。质量控制的测量结果是对组织实施质量标准和程序进行分析和评价的质量控制行为的成果。

三、项目质量保证的工具与技术

1. 质量规划管理和质量控制过程的工具与技术

（1）亲和图。亲和图类似于智力图。在一个特定的问题上，可以形成有组织的思维方式。在项目管理中，采用亲和图来决定区域分解结构，对WBS的编制具有一定的指导意义。

（2）过程决策程序图（PDPC）。目的是了解目标和实现这个目标所需的每一步。PDPC可以帮助团队做出紧急的规划，因为他们可以预测到可能会影响目标达成的中间环节。

（3）关联图。这是一个变种的关系图，它可以在一个中等复杂的情况下，解决一个交叉的逻辑关系（最多50个项目）。关联图可以利用其他的工具，例如亲和图、树形图或鱼骨图等进行绘制。

（4）树形图。也被称作系统图表，可以被用来显示诸如WBS、RBS（风险分解结构）以及OBS（组织分解结构）的分层结构。在项目管理中，基于一组定义嵌套关系的系统规则，可以层级分解的形式将父子关系直观地呈现出来。该树形图可以是水平方向的（例如风险分解结构），也可以是垂直方向的（例如团队层次关系图或者 OBS）。由于树形图中的每一个嵌套分支都在一个决定点上结束，因此可以建立一个期望的值，就像决策树那样，对有限数量的依赖关系进行系统图解。

（5）优先矩阵图。用来确定重要的事情和适当的选择，并根据一系列的决定，将这些选择的优先次序排列出来。首先对标准排序和加权，然后将其应用到所有选项中，计算出数学分数，并对选项进行排序。

（6）活动网络图。以前我们称之为"箭头图"，它由两种不同的形式组成：活动箭线图（AOA）和最普遍的活动节点图（AON）。活动网络图可以与项目进度计划编制方法相互结合，例如：计划评审技术（PERT）、关键路径法（CPM）和紧前关系绘图法（PDM）。

（7）矩阵图。一种利用矩阵结构进行数据分析的质量管理与控制工具。在行列交叉中，显示了因素、原因和目标的强弱。

七种质量规划管理和质量控制过程示意如图 8-8 所示。

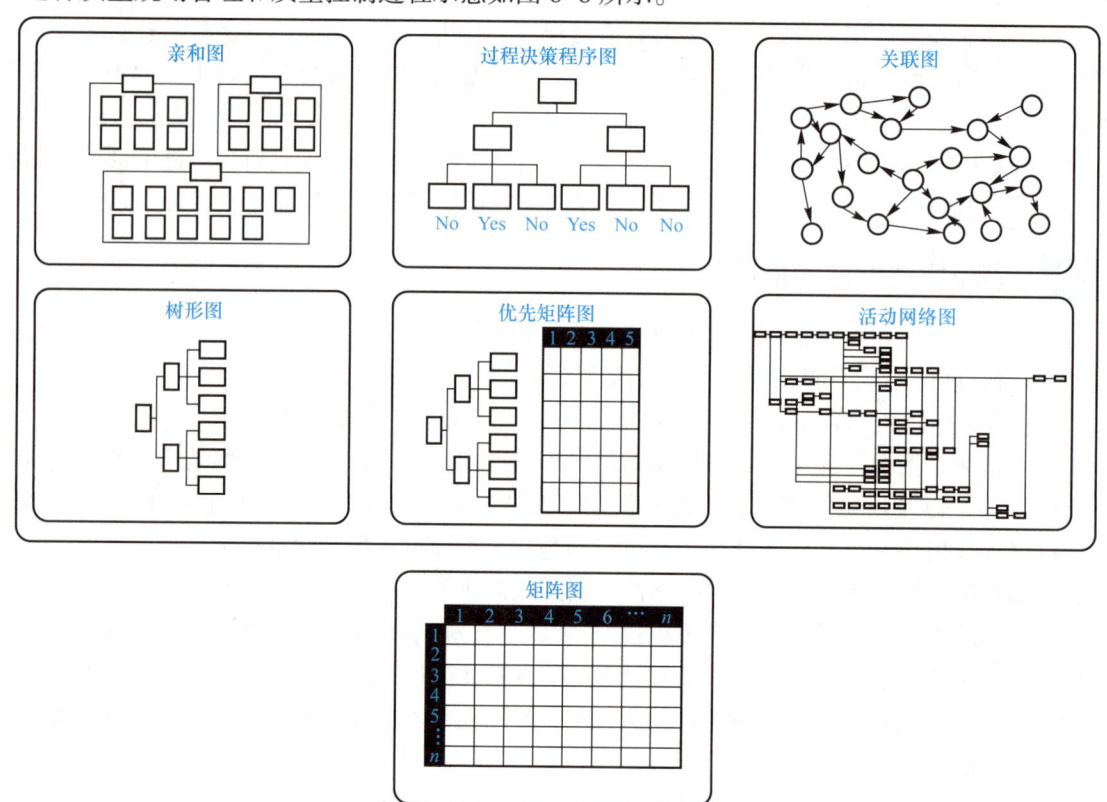

图 8-8　七种质量规划管理和质量控制过程示意图

2. 质量审计

质量审计是一个独立的结构化审核，用以决定项目的运作是否符合公司及项目的政策、程序。质量审计的目的是：确认所有的好的/最佳做法；找出所有的缺陷/差距；在自己的组织和产业中，与同类项目进行交流；积极主动地提供协助，以改善流程的执行，从而有助于提高工作效率，并强调，每一次质量审计都要为积累组织的经验和教训做出贡献。

通过采取后续行动解决问题，可以减少质量成本。质量审核可以是预先安排的，也可以是随机的，可以由内部审计，也可以由外部审计。质量审计也能证实批准的更改请求（包括纠正措施、缺陷补救和预防措施）的执行。

3. 过程分析

过程分析就是根据流程改善方案中的一般步骤，找出需要改善的地方。同时，也要检查流程运作中遇到的问题、限制因素和未增加价值的活动。过程分析包含了根源分析，这是一种识别问题、探究根源、发展防范措施的特定技术。

四、项目质量保证的成果

1. 组织过程资产
组织过程资产必须被更新，其中包含了质量标准。

2. 变更请求
质量改善涉及质量政策、流程和程序的有效性的实施。可以提出修改要求，并使其提交更改控制流程审核，从而对改善方案进行综合考虑。为了采取矫正行动、预防性行动，或执行瑕疵补救，可以要求更改。

3. （增订）项目管理方案
项目管理方案包含的主要内容有：质量管理方案、进度管理方案、造价管理方案。

4. （增订）项目档案
项目文件应及时更新的有：质量审计报告、培训方案、过程文档。

第四节 项目质量控制

成本、时间、质量是三个主要的项目管理目标。尽管不同的项目目标有差异，但是无论如何，不能因为项目的时间和预算的限制而影响项目的质量。因此，项目质量监控是项目质量管理的核心，也是对项目施工质量进行监控的重要方法，每一个项目小组都应该重视项目质量的控制。

一、项目质量控制概述

1. 项目质量控制概念
质量控制是指使项目、体系和过程的固有特性达到规定的要求，即满足顾客、法律、法规等所提出的质量要求。因此，质量控制是通过采取一系列的作业技术和活动对各个过程实施控制的过程。

项目质量控制是指通过认真规划，不断进行观测检查，以及采取必要的纠正措施，来鉴定或维持预期的项目质量或工序质量水平的一种系统。或者说，项目质量控制是指对于项目质量实施情况的监督和管理的过程。

2. 项目质量控制问题
确保内部和外部的监督管理协调一致，发现与质量标准的不同，处理产品和服务过程中不满意之处，对质量标准进行审查，以确定可能实现的目标和费用—效率问题，如果有必要，还可以修改项目的质量标准或特定的项目目标。项目的特定结果包括：项目的最后产品（可交付的成果等）或者服务，以及项目进程的结果。项目质量控制通常是由项目质量控制部门来完成，但项目施工的质量必须由项目管理机构的人员来控制。

项目质量管理的目标是项目所需的所有生产要素、工序、计划、验收、决策等。

项目质量管理应重点解决以下问题：①对项目质量进行规划优化；②对项目质量采取有效的预防措施；③敏锐观察异常因素的存在，并及时采取措施从而消除其对项目质量的影响；④对项目质量进行准确的评估。

3. 项目质量控制主要特点

项目质量控制有别于普通产品控制，其主要特征体现在以下方面：

（1）多种因素对产品质量有一定的影响。项目实施过程是一个动态过程，其影响因素也是动态的。这些因素有的是可以预见的，有的是无法预测的，有的对项目的质量影响很小，有的对项目的质量影响很大。因此，加强对项目质量的影响因素的管理与控制，是项目质量控制中的一个重要环节。

（2）分阶段进行质量管理。由于项目建设中各阶段的工作任务与结果不尽相同，因此各阶段的质量管理内容与控制要点也不尽相同。

（3）质量容易出现变异。质量变异是指项目质量资料的不一致。造成这一变异的原因有两方面：一是偶然的；二是系统性的。由偶然性变化引起的变异对项目质量的影响比较小，但却是频繁出现的，很难被发现，也很难被消除，而由系统因素引起的系统变异对项目质量有很大的影响，因此，在项目质量管理中，应采用适当的方法和手段，对项目质量的变化进行识别与控制。

（4）容易出现错误的判断。项目的复杂性和不定性，使得项目质量数据的采集、处理和判断变得复杂，从而导致项目质量的判断出现偏差。这就要求在项目质量控制中采用科学的方法，尽量降低判断误差。

（5）项目一般不能解体、拆卸。对已经加工好的产品可以解体、拆卸，并对其进行检验，但是项目通常无法做到这一点。因此，在项目质量管理中，要重视项目进度，重视对项目阶段性成果的检查与记录。

（6）项目质量受成本和工期的制约。项目质量并不是单独的，而是由成本、时间等因素决定的。在项目质量管理中，不仅要考虑成本、工期等因素的影响，还要兼顾成本、工期等因素的制约，才能保证项目质量、费用、工期均能达到预定的目的。

4. 项目质量控制内容

项目质量控制是项目的一个重要环节，它具有与之相适应的基础和结果，并具有使项目质量控制得以顺利进行的手段和技术。运用系统化的视角来分析项目质量管理，可以得到项目质量控制的流程。项目质量控制的依据、工具与技术和成果如图8-9所示。

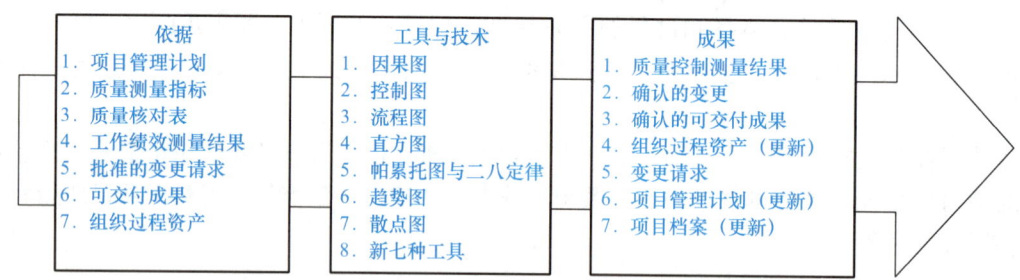

图8-9 项目质量控制的依据、工具与技术和成果

5. 项目质量控制步骤

对项目质量进行有效的管理是确保和改善项目质量的关键。所谓控制，就是为了有效地达到项目的既定质量标准，确保项目按照正确的方向发展，从而执行相应的方法和措施。主要包括观察项目的执行，并且把观察的结果和规划或者标准进行对比。该控制程序具有无限循环的特性，通常采用下列方法：①选择控制对象。②为受控对象设定标准或目的。③制订执行计划并确定保障措施。④按照日程安排工作。⑤跟踪观察，检查。⑥识别和分析偏差。⑦基于偏差，采取相应的应对措施。

二、项目质量控制的依据

1. 项目管理计划

根据项目管理计划,质量管理规划要求对产品进行质量控制。质量管理规划说明了在项目中的质量控制是怎样被执行的。

2. 质量测量指标

质量测量指标用非常具体的语言,描述如何对项目或产品属性以及质量控制过程进行测量。比如,把费用控制在预算的 ±12% 以内,就可以计算出每一项交付的费用,并决定其与预算的偏差。质量测量的主要内容有:正确性、预算控制、缺陷频率、故障率、可用性、可靠性、测试覆盖面等。

3. 质量核对表

核对表格是一个结构化的工具,它经常会详细地列出每一项,以验证所需的一系列步骤是否被实施。根据项目实际情况和不同的需求,可以简化检查表。很多机构都有标准的定期工作清单。

4. 工作绩效测量结果

根据项目的活动,衡量工作表现,从而评价与计划相一致的实际进度。工作绩效的衡量标准有:①与计划相比较的实际技术表现;②实际进展绩效(与计划对比);③实际费用表现(与规划对比)。

5. 批准的变更请求

在整个变更控制程序中,通过对变更控制状态的更新,可以分辨出哪些变化是被核准的,哪些是未被核准的。经核准的更改要求可能包含不同的修改,例如缺陷补救、修改的工作方式、修改的进度计划。确认所核准的更改是否已经被及时执行。

6. 可交付成果

7. 组织过程资产

对执行质量管理流程有影响的组织过程资产有:①质量标准与政策;②工作准则;③问题与不足报告流程以及解决方式。

三、项目质量控制的工具与技术

在质量管理方面,有很多应用程序,如表 8-3 所列出的 7 个常用老工具和 7 个新的工具及它们在 PDCA 周期中的角色。其中,老七大工具以数理统计的方式,对质量管理过程中的偏差进行追踪、分析、反馈;新七大工具按照逻辑推理和对资料进行分析的方式,发现问题,消除遗漏,引发构思,协调沟通。

1. 老七种工具

这些工具与技术也被称为"石川七大基本质量工具"。

(1)因果图。也叫"石川图"或"鱼骨图",由日本石川馨于 1943 年首次提出。复杂问题中多种因素之间的关系无法得知,对于处理问题比较困难,而因果关系图则能直观地展示出不同的因子与可能的问题和结果之间的关系。图 8-10 为鱼骨图。

表 8-3 质量控制工具应用

		老七种工具							新七种工具						
		因果图	控制图	流程图	直方图	帕累托图	趋势图	散点图	亲和图	关联图	系统图	矩阵图	鱼刺图	PDPC法	矩阵法
P	选择目标	O	O		O	A				A	O				
	现状调查	O	O	A	O	A			A	O	O	A			O
	原因分析	A	A			A	A	A	0			A	A	A	
	制定决策	O									0	0	A	A	
D	实施对策			A		O	O						O	O	O
C	效果检查	A	O	A	A	O					O	A			
A	巩固措施														
	遗留问题			O		O	A								

注：A 代表特别有用，O 代表有用。

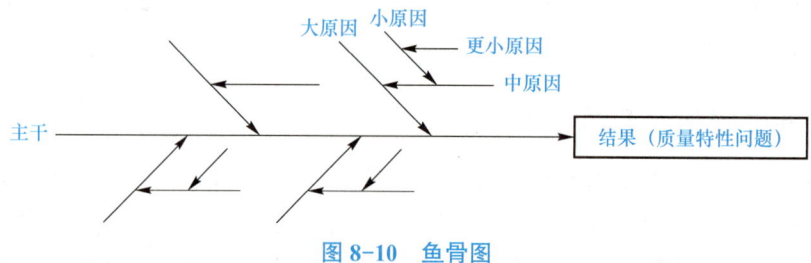

图 8-10 鱼骨图

鱼骨图是一种思维工具，在使用的时候，没有任何条条框框的限制。但在实际工作中，人们归纳出五种画法：人、机、料、法、环，一般来讲，项目质量问题来源于这五大类：

1）人，是指操作者的人为因素，例如操作错误、能力不足、交流不顺畅等。

2）机，指的是设备和工具，如机械故障、损失、控制失效等。

3）料，是指原料品质方面的问题，例如规格、型号、标准或供应链。

4）法，指的是制度和方法上的问题，比如不够完善，程序不够健全。

5）环，指的是自然条件、市场的波动、政策的变化。

因果关系图的应用有以下五个方面：

1）问题的确认。这一步通常包含了诸如帕累托图、控制图和直方图这样的其他统计处理控制工具。

2）选择各学科间的头脑风暴团队。根据需要的技术、分析和管理的知识来决定问题的成因，挑选出一个由各个领域的专家组成的头脑风暴团队。

3）绘制问题框和主要箭头。包含了原因评估的问题描述，以主箭头为主要分类依据。

4）具体的分类。识别问题框中的问题类型。八大问题的主因是时间、机器、方法、材料、能源、测量、人员和环境。

5）对纠正行为进行证实。对问题进行原因分析，并找出造成这些问题的主要原因。根据这两个步骤来确定行为的纠正。正如因果分析法，把因果关系图倒过来，问题箱就变成了纠正行为箱。

（2）控制图。在实施质量控制时，必须对控制图表中有关的数据进行采集、分析，以明确项目进度和产品质量状况。控制图可以直观地显示一个流程随着时间的流逝发生的改变和什么时候产生的改变，从而判断流程是否处于受控状态。控制图表的使用很大程度上是为了避免出错，而非检测和排除错误。控制图论认为，有两种不同的变异：第一种变异是由于"偶然原因"而产生的随机变异。这些变化是由各种因素引起的，这些因素都是长期存在的，不容易辨认的，它们的作用在整个变化中只占很小的一部分，没有任何一部分是重要的。但是，所有这些无法确定的意外因素的综合效应都是可以测量的，并且偶尔被确定为进程。为了解决或者修正这些意外的因素，管理决定必须对资源进行分配，从而改善流程和系统。第二种变异是在特征处理中的真实变化。这些变异是可以识别的、非过程的、内在的，至少从理论上是可以被排除的。这些可以确定的原因叫作"可查原因"和"特殊原因"。这些问题可以归咎于原材料的不均匀、工具的破损、工艺或操作的问题、生产或检测装置的不稳定等。

（3）流程图。该方法主要应用于项目质量控制，对项目实施过程中出现的质量问题进行分析，并对其产生的原因进行分析，以及对产生和发展的过程进行研究。在实施质量控制时，可以利用流程图找出一个或几个失败的阶段，并找出改善工艺的可能。在进行风险分析时，可以使用流程图。

（4）直方图。直方图是一种表示某一特定情形出现的纵向条形图。直方图对项目质量资料进行处理和整理，以发现其分布规律，确定项目全过程是否正常。其具体方法是：将测量得到的质量数据分成不同的组，每个组含有的数据就是频率，而组的中间数值是每个组的上限和下限的平均值。图 8-11 是一种直方图。

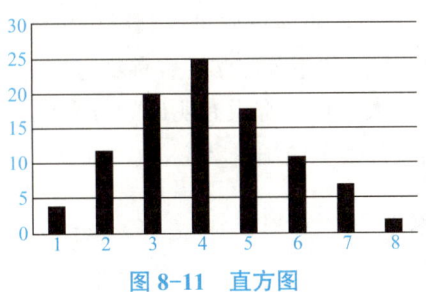

图 8-11　直方图

（5）帕累托图与二八定律。帕累托图是按照出现次数顺序排列的一种特殊的直方图，它表明了每个被确定的原因所造成的错误数量。分类是为了有针对性地采取正确的措施。项目小组首先要解决的问题是找出造成最多缺陷的原因。

帕累托图理论上与二八定律相关。二八定律指出，数量较少的因素往往会导致大部分问题或缺点。这个定律也就是常说的"80/20"法则，即 80% 的问题都是 20% 的原因引起的。帕累托图还被用来集合各类数据，同时进行 80/20 分析。图 8-12 为二八定律的图解。

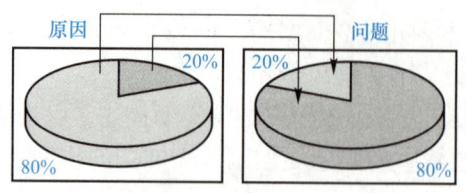

图 8-12　二八定律图解

（6）趋势图。趋势图是一张没有边界的控制图表，它反映了某些改变的历史和格局。这是一种以出现次序表示数据点的线性图表。趋势图能够反映过程的趋势、过程的变化，或过程的恶化和改善。在此基础上，利用趋势图和相应的数学方法，对其进行趋势分析，从而对其进行预测。通常在监控中使用趋势分析：

1）技术表现。发现了多少不足或缺陷，有多少错误还没有被修正。

2）费用和计划执行情况。在不同的时间，有多少活动在完成时发生了显著的偏差。

（7）散点图。散点图是一种反映两种物质的质量相互关系的图表，它具有直观、简单的优点，可以对两个测定值进行相关性分析。利用散点图直观地观察数据的相关性，不仅能得出定性的结论，还能在观测过程中剔除异常数据，提高了计算方法的估计精度。观测散点图主要是观测点的分布状况，粗略地估算各变量间是否存在相互关联，由此得出两个变量的基本关系，以便为项目质量管理提供依据。图 8-13 为一种散点图。

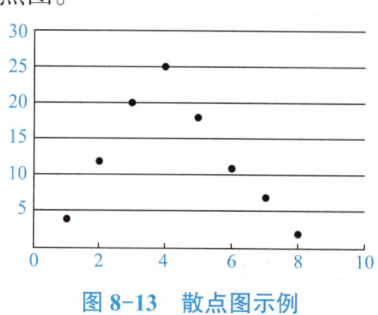

图 8-13　散点图示例

2. 新七种工具

项目管理理论日趋成熟、日趋完善，项目管理实践经验日益丰富，实际项目管理工作中遇到的问题越来越复杂、越来越困难，七种新的项目质量控制手段也随之产生，它们是亲和图、关联图、系统图、矩阵图、鱼刺图、PDPC 方法和矩阵方法，在前文已经有了描述。

不管是老七大工具，还是新七大工具，都没有明确的分界线，要想在项目管理中达到有效的质量控制，必须把这些工具有机地结合起来使用。

四、项目质量控制的成果

1. 质量控制测量结果

质量控制测量结果是以质量计划中所指定的形式，对质量控制的成果进行书面记录。

2. 确认的变更

对被修改或修复的目标进行审查，做出是否同意或不同意的决定，并将其告知有关人员。被拒的物体可能会被重新加工。

3. 确认的可交付成果

质量管理的目标之一是要确保产品的交付是正确的。执行质量控制程序的最后结果是对可交付产品的肯定。已确认的可交付产品是为正式接收而进行的验证程序的基础。

4．组织过程资产（更新）

组织过程资产需要进行更新，包括：

（1）已完成的核对清单。如果采用了核对表格，那么完成的核对表格就会被纳入项目的档案中。

（2）吸取教训的文件。偏差的原因、实施纠正措施的原因，以及其他从质量管理中获得的经验，应该被列入项目和实施机构的历史资料库。在项目的整个生命周期中，应该总结和记录所学到的经验，并且至少要在项目结束时完成。

5．变更请求

如果建议的纠正措施、预防措施或缺陷补救措施导致项目管理计划的变化，那么就必须按照已有的执行总体变更控制程序提交更改申请。

6．项目管理计划（更新）

有必要对项目管理计划进行更新，其中包括：质量管理方案和过程改善方案。

7．项目档案（更新）

项目档案必须更新，包含质量标准。

五、项目质量改进

项目质量管理的重点在于如何使项目质量达到最佳，也就是确保和改善项目质量。所以，在实施项目质量管理的过程中，必须对项目质量进行优化和改进。

1．项目质量改进的概念

ISO9000中对项目质量改进的定义是：项目质量改进是质量管理中的一部分，其目的是达到质量要求。就项目本身来说，在项目实施过程中，每个组织都会或多或少地改善项目、实施过程管理，这就是所谓的"质量改善"。改善项目质量是项目的永恒追求和目标，而不是一次性或暂时的。

2．项目质量改进的特征

（1）项目质量改进的范围很大。其内容包括产品质量、过程质量、系统质量、服务质量和经济效益的改善。过程质量改善一般对项目活动的具体步骤采取质量控制的方法。而这些具体事项包括新技术、新厂房设备、新工艺调整等。提高顾客的服务质量，主要是加深对顾客的了解，与顾客及时沟通，对顾客的需求做出快速的回应。经济效益的改善主要表现在质量成本的降低、质量收益的增加等方面。

（2）明确了项目质量改善的方向。通过对生产过程的调查，搜集各种资料，进行科学的分析，为今后的生产工艺提出改进措施，使产品质量达到新的水平。

（3）提高项目质量，保证项目的效果和效益。项目质量改善通常是指通过对项目质量实施具体的改善措施和方法来达到其目标。通过对以往及已有的资料进行分析，提出了一些有针对性、客观性的改进措施，从而保证了工作的效率和效果。在此，效果是指计划的完成和计划完成的程度，而效率是计划成果与所利用的资源的关系。在质量改善中，如果以效益为代价，以较高的成本换取效果，则会导致质量改善工作的失败。

（4）项目质量改善是一个不间断的过程。项目的质量改善不是一件简单的事情，它是一个循序渐进并循环的过程，属于长期不间断的工作。只有不断改善，客户的需求和期待才能得到满足，才能不断地寻求方法来减少成本和提高产品的质量和效益。

3．项目质量改进的目标

（1）项目质量整体改善的目标。项目质量整体改善目标是指项目的整体质量水平，即项目的一次验收合格率、质量优良、工期完成率、客户满意率、质量损失的程度、项目质量管理的水平。

（2）项目质量改善的特定目标。项目的特定改善目标按照项目整体质量目标进行了分解，主要包括：由客户需求引发的质量改善；由项目特性引发的质量改善；由项目工艺特性引发的质量改善。

4. 项目质量改进需要的环境条件

项目质量改善还必须具有合适的环境条件，即环境状况应该有助于改善项目的质量。而这一环境状况既包括精神因素、物质因素，也包括组织内部和外部环境。

（1）组织管理者的领导与支持。无论是投资方、使用方还是承包商，他们的上级主管对于提高项目质量起着至关重要的作用。认识到这一点，管理者将会支持所有的改善工作，并带领员工改善项目工程，因此，提高项目质量是组织的根本目的，也是一项重要的工作。

（2）对质量改善的目标进行了清晰的界定。在实施质量改善的过程中，各个层面都要注意提高客户满意度和提高工作效率，制定明确的改善目标，统一认识，加强合作，并定期审查目标，以准确地反映客户的需求。通过这种方式，在各个层次进行质量改善工作，就有了一个清晰的方向。

（3）有效地执行QC团队的工作。及时组织QC团队，把生产和工作中的员工组织起来，根据公司的经营战略、方针目标和实际情况，利用质量管理的理论和方法，达到提高质量、降低消耗、提高人的素质和经济效益的目的。

（4）行为规范。企业要想做好质量管理工作，就必须建立起一套新的、统一的行为规范。以下几点对提高项目质量非常重要：

1）优先考虑内部和外部客户的需求。
2）从企业到客户全链条提高质量。
3）清楚地告知所有的员工，在组织中的质量责任以及所有的经理的责任。
4）强调持续改善质量是每位员工的一项重要工作。
5）改善流程，解决问题。
6）持续改善所有过程。
7）注重建立信息交流的通道。
8）推动各部门及员工间的合作，互相尊重。
9）注重以事实为依据，基于定性和定量数据的分析做出决定。

（5）沟通与协作。在进行质量改善的过程中，交换与合作将有助于在相关机构和个人之间消除隔阂，并将其延伸至整个供应链，涵盖企业和客户。要使每位员工都能积极地参与质量改善，彼此间的信任就显得尤为重要。

（6）采取适当的激励手段。在质量改善方面，应给予参与改善的员工以激励，从而在企业内部建立一种积极的质量改善文化。

（7）对职工进行定期的教育与训练。教育与训练对于改善质量的环境非常重要。公司的所有员工，包括公司的高层，都应该定期地进行质量管理的理论和方法的教育和训练。所有的教育和训练项目都要进行审查。另外，教育与训练的成效也要定期评估。

（8）为提高质量提供相应的人力、物力和资金，以提高产品的质量。项目质量改善是项目质量管理的重要环节，只有认识到对项目质量的长期持续改善，才能使项目质量达到要求。

本章小结

本章全面讨论了有关项目质量的内容、方法和理论。在项目质量的定义中，需要明确其与普通质量管理的区别。在项目质量管理中，需要提前明确项目质量管理的原则。项目质量管理是项目管理中重要的管理过程，不仅要对产品和服务质量负责，而且要达到客户的技术需求，使客户满意。由于项目质量管理的重要性和功能的广泛性，项目质量管理在项目管理中占有重要地位。

项目质量管理的过程主要包括三个环节，分别是项目质量规划、项目质量保证和项目质量控制。

项目质量规划是确定项目和产品质量要求和标准并制定现实计划的过程，是项目管理的重要环节，具有与之相适应的手段和技术。其步骤包括设定质量目标、识别顾客、确定顾客需求、开发项目特征、开发过程特征、设定过程控制输入操作的流程，通过多种方法和手段制定出明确详细的项目质量计划。

项目质量保证是对项目全面评估后，提出复核质量要求的证据，使项目能够符合有关的质量标准的系统性活动。质量保证是对质量要求进行审核，包括对测量结果进行质量控制等内容。项目质量保证程序是项目管理的重要环节，具有相应的基础和结果，可以通过手段和技术保证项目顺利实施。

项目质量控制是项目质量管理的核心，是对项目施工质量进行监控的重要方法。项目质量控制是通过认真规划、不断进行观测检查，以采取必需的纠正措施，来鉴定和维持预期的项目质量和工序质量水平的系统。项目质量管理的重点在于如何使项目质量达到最佳，也就是确保和改善项目质量。所以，在实施项目质量管理的过程中，必须对项目质量进行优化和改进。

第九章 项目人力资源管理

CHAPTER 9

学习目标

- 了解项目人力资源管理的概念与内容
- 掌握项目人力资源管理规划的依据和方法
- 熟悉项目团队组建的内容和方法
- 熟悉项目团队建设的方法
- 掌握项目团队管理的内容和方法

第一节 项目人力资源管理概述

一、人力资源管理的概念

人力资源管理是指依据组织活动目标、业务活动的内外部因素，采用科学合理的方法，对组织成员思想、心理、情绪和行为进行有效的指导管理，激发组织成员的创造性想法，设法实现组织的目标。

二、项目人力资源管理的概念

项目人力资源管理是指依据项目目标，采取科学有效的方法，对项目组织成员进行合理的沟通、挑选、训练、考核、激励，让他们融入项目组织中，与项目组织的其他成员建立有效的团结协作关系，各司其职、各有所长地为实现项目目标一起努力的过程。主要包括两个方面：一是对项目的外在因素进行管理，调配适当的项目组织人力资源来满足实际需求。二是对项目组织人力资源的内在因素进行管理，通过对项目组织成员的思想与行为进行有效干预，充分挖掘项目组织成员的各种潜能。

三、项目人力资源管理的主要内容

项目人力资源管理的主要内容包含项目人力资源的规划、开发、有效配置、合理评估、正确激励、建设项目团队、提高项目组织成员能力以及监督调整人力资源等。通过这种管理过程来激发项目组织成员的能动性和创造性以实现原先设定的项目目标、提高项目的效益。其有4个基本管理过程：项目人力资源管理规划、项目团队组建、项目团队建设、项目团队管理。

第二节　项目人力资源管理规划

在项目人力资源管理规划过程中，详细清楚安排项目组织的角色及其成员承担的责任，结合项目组织成员的特性合理制订人员配备管理计划。项目角色可设定为个人也可设定为小组，这些小组或个人并非都来自项目组织内部，也可来自项目组织外部。另外，人员配备管理计划主要内容是确定何时、以何种方式招募人员进入项目组织，或何时、以何种方式离开项目组织，还可以规定训练的需求、激励奖赏计划、合规性问题、安全问题等对项目组织的影响。

人力资源管理规划的依据、工具与技术和成果如图 9-1 所示。

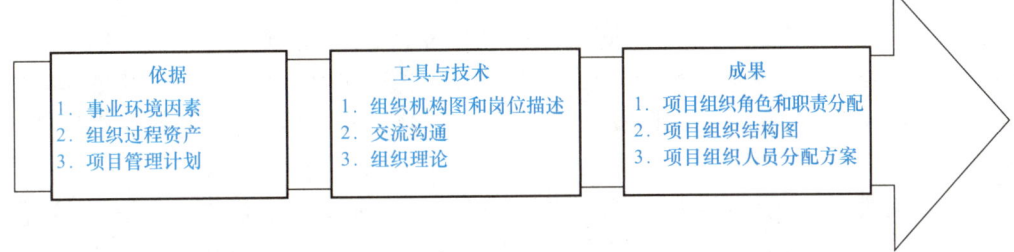

图 9-1　项目人力资源管理规划的依据、工具与技术和成果

一、项目人力资源管理规划的依据

项目人力资源管理规划的依据如下：

1. 事业环境因素

事业环境因素是指项目组织和项目面对的内部和外部因素，包含项目发起情况、项目团队成员所在组织的具体情况，以及项目环境情况等。项目人力资源管理规划要依据的事业环境内外部因素还有国家的经济、政治、文化的宏观情况，行业发展趋势的中观情况，以及企业发展及运营的微观情况，还要考虑项目组织涉及的经济、科技、市场、地理位置、人才部门等因素。

2. 组织过程资产

组织过程资产是指已经完成项目生成的信息和项目组织的所有规章制度等内容，为项目人力资源管理规划的开展提供借鉴。这些已有信息包含：已完成项目留下的项目人力资源管理规划的有关资料，以往项目人力资源管理规划过程中积累的经验教训，以及项目人力资源分配计划等。

3. 项目管理计划

项目管理计划包含许多项目自身的有关信息，这就要求在制订项目人力资源计划时要考虑项目需求、项目的进度安排以及项目自身的局限等。这些信息的具体内容如下：

（1）项目分析工作。项目工作的分解和制作项目活动的清单是项目工作最为重要的内容。之所以项目人力资源管理规划与设计依据项目任务而制定，是因为项目组织的存在就是为了实现项目任务，而且项目人力资源管理规划和设计的第一步就是进行项目组织分解。所以项目任务就是项目分析工作的根据。

（2）项目所需的人员。即使项目人力资源管理规划和设计过程中会给出项目组织的框架模型，但还是需要项目组织依据项目人员基本预测来研究参与人员的数量。这种人员需求量的预测包含项目整体的人员需求量以及具体项目环节人员需求量的预测数据，也需要对这些人员的能力和素质进行预测。

（3）项目进度计划。项目进度计划是指对项目开展的先后顺序予以安排，可以依据项目进度安排更深层次的研究项目在哪些阶段，需要多少以及什么类型的人员，这些人员何时进入项目组织，何时离开项目组织等。所以，项目进度计划也成为项目人员分配和备用计划制定的重要依据之一。

（4）项目限制因素。开展项目会受许多因素限制，既有内部的因素，也有外部的因素，会制约项目方案的设计和选取。主要限制因素有项目实施组织的自身局限、各种规章制度及规定的限制、项目管理团队能力局限、项目关键成员能力要求限制等。

二、项目人力资源管理规划的工具与技术

项目人力资源管理规划的工具与技术如下：

1. 组织机构图和岗位描述

可以借助各式各样的格式来记录项目组织成员的任务和责任。这些记录格式基本可以分为三种类型，即层级组织结构、矩阵结构以及文字阐述结构。无论选取哪种方法，它们的目的都是实现项目目标，所以要保证每一项工作都有具体的责任承担者，还要确定每一个项目组织成员都足够明白自己的责任。

（1）层级结构图。工作分解过程的主要目的是把项目科学高效地分成各个工作包。可借助工作包结构来明确各个层级的职责范围。要把项目活动和分解后的工作包进行结合，这样既可找到组织分解的位置，又可以清晰了解应承担的所有责任。

（2）矩阵结构图。借助职责分配矩阵来表现工作和项目组织成员之间复杂的关系。在复杂项目中，需要把矩阵结构图进行多层级划分。比如，可以把复杂项目分为多个简单小组，这样可以发挥简单小组成员的团结协作作用，实现人力资源的优化配置。矩阵结构也可称为表格，可以反映出与每项活动有关的具体人员和每项具体项目的有关人员。表 9-1 所示的矩阵称为 RACI［Responsible（有责）、Accountable（负责）、Consult（征询意见）、Inform（通报）］矩阵，其左侧代表各项活动，右侧的活动 1～5 表述各项职责的详细程度。

表 9-1 RACI 形式的职责分配矩阵

活动	人员				
	活动 1	活动 2	活动 3	活动 4	活动 5
定义	A	R	I	I	I
设计	I	A	R	C	C
开发	I	A	R	C	C
测试	A	I	I	R	I

（3）文字阐述形式。若某项目职责需要详细的描述，可以采用文字叙述的表现形式。通常，这种生成的文件包含职位、责任、能力和资格等信息。这些描述的信息对未来的项目非常有参考意义，可以在整个项目过程中总结经验教训来服务项目目标的实现。

2. 交流沟通

可以借助与项目组织和行业中的内外部人员进行交流沟通，增强对各类人员的影响效力以及人

际关系。人力资源的交流沟通形式有正式会谈和非正式会谈两种。增加交流沟通的次数是在项目初期经常被采用的有效措施。

3. 组织理论

组织理论主要是对项目人员、团队和组织单位的行为方式进行详细阐述。利用经过检验的理论，有助于减少人力资源管理规划所不必要的时间，进而提高项目人力资源管理规划的效率。

三、项目人力资源管理规划的成果

对项目人力资源进行规划会得出相应的结果，这份结果就是对项目组织成员应负责的工作和应承担的责任、项目组织结构图和项目组织人员分配方案内容做出详细具体的安排。

1. 项目组织角色和职责分配

对项目组织成员的工作和责任进行分派与安排，包含两个方面的内容：一是项目的利益相关者之间工作与责任的分配；二是项目组织内部成员之间工作与责任的分配。在项目内部成员工作与责任分配中，对项目经理的工作和责任的分配是最为重要的。项目成员的工作与责任的分配结果可用表格形式呈现，如表9-2所示。

表 9-2 责任分配矩阵的基本格式

相关责任	张磊	李念	王力	赵扬	钱琪
项目机会分析	N	A	N	N	N
项目评估	N	A	N	N	N
项目设计	A	N	M	N	N
项目计划	A	N	M	N	N
项目实施	N	N	M	E	E
项目完工交付	N	N	N	N	N

2. 项目组织结构图

借助项目组织结构图的方式呈现项目团队成员及其沟通关系。一般情况下，项目组织结构图可以附有一系列相关的说明材料，这样可以全面且详细地描述项目组织中工作信息传递和交流沟通关系。依据项目的实际需要，项目组织结构可以采用正式或非正式表现形式，这与项目规模大小和重要程度有关。比如，一个500人的医疗救援团队的项目组织结构图应比20人的内部项目组织结构图更加详细。

3. 项目组织人员分配方案

项目组织人员分配方案是项目人力资源规划过程中要进行的活动。这就明确要求了在项目实施团队中，需在何时配备何种及多少人员，以及这些人员何时进入项目组织、何时离开项目组织。在制订项目组织人员分配方案时要考虑到成员获取信息的安排、成员获得时间的安排、成员进入项目和离开项目的时间、成员的培训计划、成员激励方案、人员分配方案的合规性与合法性检查计划。

9-1 项目组织人员分配方案的流程

（1）项目成员获取信息的安排。依据项目特征，安排哪些项目成员获取与项目有关的哪些信息，以及对获取信息数量与质量的把控。

（2）项目成员获得时间的安排。由于项目的各个过程需要耗费的人力、物力不同，所以要依据具体的项目阶段来规划该阶段项目人员获取信息数据的时间长短。

（3）成员进入项目和离开项目的时间。项目组织成员何时进入项目、何时离开项目不是随意的，要根据项目进行阶段的具体情况，合理安排人员的进入与离开。

（4）成员的培训计划。每一个项目都是不同的，没有刚好对应的项目团体。要结合具体项目的实际情况，来判断项目所需人员类型与数量。通过对项目分析与了解，可制定出项目所需人员的技能与素质培训计划，经过专业培训后的项目成员应更加符合项目的特征，进而加速项目的运行。

（5）成员激励方案。由于人们的工作效率会随着工作时间的变长而降低，为了提高项目成员的工作效率，要在合适的时点进行激励，而激励形式的选取要结合项目时点和人员特点，进而改变项目成员消极怠工的情况，提高项目运行效率。

（6）项目人员分配方案的合规性与合法性检查计划。在经历过以上步骤后，会得到具体的项目人员分配方案，但是不可将该计划直接用于项目人力资源管理，而是对生成的项目人员分配方案进行合规性与合法性检查。要与相关的项目内部规章制度进行比对，也要与外部环境中的规章制度进行比对，以防计划有关内容违法违规。

第三节　项目团队组建

组建项目团队就是借助各种方法来获取实现项目目标所需的人力资源，在组建的过程中形成项目团队，这个组建活动也是项目人力资源管理工作的重要组成部分。这一组建工作的主要目标是保证项目组织能够得到所需要的人力资源，并安排与项目团队成员角色和特点相适应的工作以及推动项目组织成员之间科学高效的相互协作。合格的人力资源是实现项目目标的关键所在。项目团队组建的依据、工具与技术和成果如图 9-2 所示。

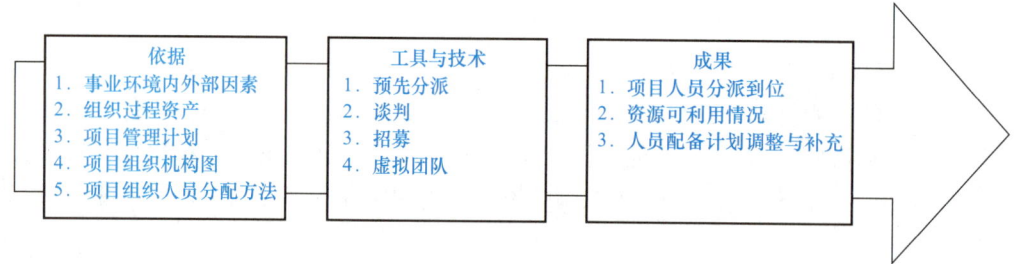

图 9-2　项目团队组建的依据、工具与技术和成果

一、项目团队的含义

为了实现项目目标而组建的团结协作的成员队伍，称为项目团队。项目团队的根本任务就是在项目主导者的带领下，为实现项目的具体目标，项目组织成员之间进行交流、分工、团结协调来完成具体的项目任务。另外，这种项目团队依项目的开展而组建，依项目的完工而解散，不是一直存在的。

二、项目团队的形成

通常，一个团队从组建到发挥作用要经历四个不同的阶段：形成阶段、碰撞阶段、正规阶段和表现阶段。

1. 形成阶段

在这一阶段所有项目成员会因为共同的目标而聚集在一起。项目团队形成过程中，项目成员之间比较陌生，所以成员会怀着激动、兴奋和紧张的心情期待项目的开展。项目成员会期待自己的伙伴，也会担心其他伙伴不会接受并认可自己。在这一阶段，团队的士气是最高的，期望值也是非常高的，也会保持乐观积极的态度。尽管在此之前成员们互不相识，但他们仍然会相信对方，迫不及待地想投入实际工作中。一旦成员们开始工作了，就必然会出现意见不合等情况，这就会进入碰撞阶段。

9-2 项目团队形成经历的四个不同阶段

2. 碰撞阶段

当项目开始运行后，会出现各种各样的问题，与项目开始之前的预期形成落差。因为团队成员的成长背景、思维方式、技能水平、工作习惯和方式不同，在成员与成员磨合期间，可能会产生分歧与矛盾，这都会和预期形成强烈反差，会影响到项目团队成员之前的士气和信心。有的成员可能会积极应对，化解冲突与矛盾；而有的成员可能会消极面对，产生抱怨等负面情绪，逃避或推卸责任。出现碰撞是正常的，许多项目团队都会经历这一阶段，如何有效化解这种冲突与矛盾才是关键所在。若处理不当可能导致项目团队解散。

3. 正规阶段

在经过形成阶段、碰撞阶段后，要从这两个阶段收集整理信息形成规范，而这就是正规阶段的主要内容。要把这些信息制定成团队规则，包括团队目标、工作流程、任务分配等。

经过碰撞阶段后，成员士气大幅下降，人与人之间的信任变弱。职责分工不当导致运行混乱，引发成员之间相互推卸责任，此时正是建立团队规则的最佳时机。只有把人情关系变成硬性规定，才能约束和维持团队成员之间的分工与协作。

4. 表现阶段

经过正规阶段的修正，在明确的团队规则指导下，让每个成员清楚地知道自己的责任与任务，也要适度了解其他成员职责。在一段时间的磨合之后，默契度会得到提升，团队士气也会恢复。这种正向优化就是团队规则的表现阶段，正向作用于项目的实施，使项目的发展呈现向好态势。

三、项目团队组建的工具与技术

为项目实施而聚集人才的过程就是项目团队的组建过程，在这个实现项目目标的人才聚集过程中要使用一定的工具与技术，具体如下：

1. 预先分派

为了更好地了解和熟悉项目内容，有些项目团队成员已经预先在项目中开展工作了，这或许是由于竞标过程中对预先分派特定成员先展开项目工作做出了承诺，也或许是因为项目的特殊性需要具有特殊技能的成员，更或许是因为项目章程中就预先对分派项目工作做出了明确的规定。

2. 谈判

项目人员的分派大多是需要通过谈判与协商达成的。项目管理团队的谈判对象主要包括职能经理和项目实施过程中其他的管理团队。

（1）与职能经理进行谈判。就项目完成所需的成员数量和成员的能力事项与职能经理展开谈判与协商，以确保项目在规定的时间内高质量完成。

（2）与项目实施过程中的其他管理团队进行谈判。为了在负责的项目阶段争取最好的人员配置组合，在人员分配谈判的过程中，团队的影响力和组织关系起着重要作用。比如，一位职能经理在决定把一位十分出色的人员分配到哪一项目的思考过程中，会把所有可能的结果预想一遍，并一一分析和权衡每种分配结果给自己带来的利弊。

3. 招募

为实现组织目标，需要各式各样的人才为项目服务，这就需要竭尽全力为项目的完成聚集人力资源。

（1）对一般项目团队成员进行选拔。在完成人才聚集之后需要对这些人员进行识别和甄选，从中挑选出具备完成项目所需能力和素质的人员。对项目组织的成员进行选拔不仅可以节省项目组织的经费，还可以为广大应聘者提供一个展现才能与知识的公平舞台。当然，这个选拔过程不是随心所欲的，而是需要采用科学合理的方法来保证选拔结果的可靠性。项目团队成员选拔主要通过以下过程进行：

9-3 项目团队成员选拔的过程

1）资格审查与初选。所谓资格审查，就是检查应聘者的条件与项目要求是否符合，这是一种初步审查工作。所谓初选，就是对所有通过资格审核的应聘者的初步筛选。之所以要进行资格审查和初选是因为要从所有的应聘者中筛选出能够进入下一轮测试的人员，这个过程一般要完成两件事：一是对应聘者的申请材料进行核实；二是对应聘者的身体健康进行检查。

2）系列测试。所有通过资格审查和初选的应聘人员都要在面试前进行一系列的测试，包括心理测试和智能测试等内容。心理测试侧重考察应聘者的心理承受能力、价值观和情商等。智能测试侧重考察应聘者的智力状况、专业知识和技能的掌握情况。

3）面谈。采用面谈方式能够加深项目组织对应聘者的了解，在选拔项目经理或是关键核心成员时面谈是一种非常重要的甄选方法。面谈大体分为初步面谈、单人面谈、小组面谈、结构化或非结构化面谈、最终面谈等不同的方式。

4）全面评估。完成面谈后还需要就应聘者的整体进行全面分析与评价，以反映出每一位应聘者的特点与情况，再依据整体评价结果将所有应聘者进行综合素质的分析与比较。

5）对项目团队成员进行甄选。这是为项目选拔人才最重要的一个步骤，预先指定好甄选标准，将通过以上步骤应聘者的条件与甄选标准一一比对，便可很快得出成员甄选的决策。一般情况下，甄选决策有两种模式，即以单项评价为主和以综合评价为主。以单项评价为主适用于选拔一般性的项目团队成员，以综合评价为主适用于选拔项目经理或关键核心成员。

（2）对项目经理或关键核心成员的选拔。因为项目经理和其他关键核心成员在项目运行中发挥着至关重要的作用，所以他们的选拔要采取沟通与协调的方式进行。

1）与候选人进行初步交流。就有关项目和职位的内容与候选人进行初步沟通交流，了解候选人的能力、参与项目工作的期望值以及希望从项目中获得多少回报等，借助这种初步交流掌握更多关于候选人的信息。

2）对现有候选人进行排序。依据目前手头所掌握的材料和初步交流沟通的结果，结合项目所需人才的实际情况进行综合考量与评价，按照综合得分对候选人进行排序。排序的结果可以反映出哪些人员更适合成为项目团队的成员。

3）按照排序的先后与候选人再次进行沟通。依据排序结果与最佳候选人展开进一步的沟通，若不能与第一顺序候选人达成共识，则需要与第二候选人展开沟通，以此方式进行下去直到双方达成共识为止。

在有些情况下，由于项目本身的原因无法得到最好的人力资源，这时就需要对项目的某些要求进行取舍。这种取舍不是随意的，是要根据项目的特征而展开的，不能因一味追求最好的人力资源而改动关键项目要求，与项目目标背道而驰。事实上，选择什么样的人员进入项目团队，与项目管理者团队的工作思维和方法有很大关联。

另外，"态度"问题也是选择人员的一项基本原则。"态度"就是人员是否对组织的工作方向有一致的认同，是否愿意不遗余力地为实现项目目标而努力奋斗。许多项目经理在选拔人员时会更加关注人员的综合素质与基本能力，较少关注和重视人员的态度如何。如果某人员具备很好的综合素质与技能，非常适合项目，但其态度是消极懒散的，那么他依然不会对项目产生价值。

4．虚拟团队

虚拟团队是指一组具有共同目标的，在完成任务的过程中几乎没有见过面的人员。电子通信设备大大便利了虚拟团队的组建和构成。借助这种虚拟团队模式可以做到：

（1）能够组建和构成在同一个项目组织工作，而工作地点比较分散的团队。

（2）为项目团队邀请更多的具有特殊技能和专业知识的专家参与到虚拟团队中，不受地理位置的约束。

（3）把居家办公的成员纳入虚拟团队，扩大人员规模，给项目带来人力资源的规模效应。

（4）由工作时间不一样的员工组建虚拟团队，保证了虚拟团队24小时都在运行的状态。

（5）把行动不便的成员纳入虚拟团队。

（6）重新启动那些因差旅费过高被否定的项目。

在组建和构成虚拟团队的过程中，成员之间无法面对面地进行讨论交流，所以制定合理的沟通规划显得格外重要。这可能需要花额外的时间来设定明确详细的目标、制定冲突化解机制、召集人员开会与决策以及共享成功的荣誉。

四、项目团队组建成果

项目团队组建成果主要包含以下内容：

1．项目人员分派到位

在合适的人员被分派到合适的岗位上时，即可宣布项目的人员分配工作顺利完成。相关文件有项目团队名单，应发放给项目团队成员的备忘录，还要把项目团队成员的名字插入对应的项目管理计划中。

2．资源可利用情况

可利用的资源状况记录了每一位项目团队成员在项目上可工作的时长。为了制订出有效且可靠的最终进度计划，必须有效了解每一项目团队成员与时间安排的冲突，比如休假时间和对其他项目组的承诺时间等。

3．人员配备计划调整与补充

在完成具体人员的职责与工作分派后，可能会因为项目条件过于理想化而与实际人员工作能力和素质不匹配，这时便要对人员分配管理计划进行调整与更改。出现其他一些情况也可能需要对人员分配管理计划进行改动，如升职、降职、离职、生病等。

第四节 项目团队建设

对项目团队进行建设旨在提高项目团队成员的能力和相互协作配合效率,进而提升项目的效益。

(1)提升项目团队成员的技能,以更好地服务于项目目标的实现。

(2)增强项目团队成员之间的相互信任和凝聚力,以提升项目团队成员之间相互配合协作的效率,进而提升项目的产出能力。

高效的团队协作与配合是一个相互帮助、共同分担的过程,借助有利的表达方式与项目团队成员进行交流沟通,分享信息和资源。若尽早开展项目团队建设活动可尽早获得效益,且项目团队建设不是一个孤立的过程,而是持续不断的过程,贯穿项目周期的始终。

项目团队建设的依据、工具与技术和成果如图9-3所示。

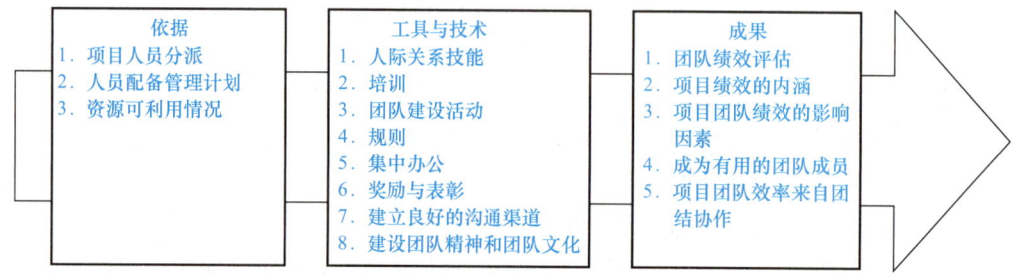

图9-3 项目团队建设的依据、工具与技术和成果

一、项目团队建设的目标

项目团队的建设是指为实现项目目标所需的人力资源并组成项目团队开展工作的过程,呈现了项目人力资源聚集的成果。要想让一组项目团队成员经过发展成为一个具备高效协作与配合能力的团体,需要不断地开展项目团队建设活动,不断对项目团队进行优化与完善,以提高项目团队的质量,助推项目目标的实现。

1. 项目团队成员对项目目标的清晰理解

在项目的组建与构成过程中,首先要确保每一个项目成员对自己要实现的项目目标有明确清晰的认识和理解,还要使得每一位项目团队成员对项目结果能够带来的益处有一致看法和期许,这样才能使团队工作卓有成效。

2. 项目团队成员要清晰理解自己的职责

在制订项目计划时,要让项目团队成员都参与进来,这样可以提升他们在项目中的参与度,还可以指导他们如何把自己的工作与项目目标进行有机结合,提升项目运行效率和效果。在整个团队工作期间,应引导项目团队成员之间相互尊重、友爱,尊重对方的知识、技能与经验,并认可他人为实现项目目标而付出的努力与辛劳。通过这样的方式让每一位项目团队成员都清楚自己的职责,认真完成任务。

3. 项目团队成员要为实现项目目标付出努力

应激起项目团队成员对于实现项目目标付诸行动的强烈愿望。项目团队成员应该以为实现项目目标付出时间和行动而感到快乐，以自己为实现项目目标做出贡献而感到骄傲。比如，为了实现项目进度计划，自愿延长工作时间来完成工作任务。

4．项目团队成员间要协作互助

在一个具有良好氛围的项目组织中，项目团队成员可以没有顾虑地就他们真实的疑惑、想法和情感进行坦诚交流。在这个交流的过程中，项目团队成员可能会说出自己的困境等，其他成员会帮助他脱离困境；或是分享自己的看法，欣然接受大家的批评和建议。

5．项目团队成员之间要坚定互信

一个良好的项目团队，成员之间是相互友爱、相互理解、相互信任并相互依赖的。身处在项目团队中的每一个成员，都非常坚定地相信队友的所行所思，并高度认可队友为实现项目目标所付出的努力。项目团队成员之间相互关心，在承认并保留个体差异的前提下，积极寻求最大的共识，每一位项目团队成员都是独一无二的，共同组成了一个好的团队。

对项目团队进行建设旨在提高项目团队成员的工作能力，以及调和项目团队成员的关系，进而提升项目绩效，最终实现项目目标。

二、项目团队建设的工具与技术

为了更好地实现项目建设目标，要借助有效的工具与技术：

1．人际关系技能

有时称人际关系技能为"软技能"，这种技能在项目团队建设过程中至关重要。当了解了项目团队成员的情感后，可适当地预测其接下来的行为。也要了解项目团队成员所担忧之事，积极主动为他们排忧解难，这样可以大大减少项目管理团队工作中的麻烦。项目管理团队的影响力、创造力、团结协作能力也是十分重要的品质。

9-4 项目团队建设的工具与技术

2．培训

对项目团队开展培训活动，旨在提高项目团队的工作能力。培训的形式可以是正式的，也可以是非正式的。培训方法主要有课堂培训、线上培训、计算机培训、其他项目团队成员提供的职业培训等。

若是项目团队成员对某项技术或知识掌握不牢，那么就可以把这项技能或知识作为项目工作培训的一项内容。计划性培训可依据既定的人员管理计划进行，非计划性培训可根据观察、交流沟通等实际情况决定是否进行。

3．团队建设活动

可以采用定期举办情况报告会的形式进行团队建设活动，也可请专业团队依项目团队特点策划户外活动，这些都是为了融洽人际关系。有些团队活动虽然最初不是为了团队建设，但是若计划活动安排得合理有效，同样可以提升团队的团结协作能力和人际关系的融洽度。开展非正式的沟通和活动也是非常有帮助的，可以正向强化信任度和友好的工作关系。若项目团队成员因无法克服的因素而分散在各地，可以利用网络技术组建虚拟团队，实现项目团队成员之间的交流和分享。另外，可以采取聚餐、举办节日会和生日会等形式进行团队建设。

4．规则

要依据项目实际情况对项目团队成员的行为做出明确的规定，对项目团队成员行为进行约束和指引。在制定的规则中，应明确并详细地阐释什么样的行为是被允许的，什么样的行为是不被允许的，使得项目团队成员的行为有章可循、有据可依。在制定规则的过程中，所有的项目团队成员都应参与进来，发表自己的真实感想和建议，这样才能让项目团队成员更好地理解和执行由自己参与

制定的规则。积极实施这些明确的规则，有利于提高交流效率，增加产出。而且，在这个规则的制定过程中，项目团队成员不同的价值观会发生碰撞，为了降低碰撞的损耗，成员会积极主动地求同存异达成共识，这样制定出来的规则能够得到一致认可，成员会共同遵循和维护。

5. 集中办公

所谓集中办公，就是把需要的项目团队成员安排在一起工作，以此来提高他们之间的协作能力和团结能力，拔高他们整体的工作效率和效果。集中办公是富有弹性的，可以在项目开始时立刻开展，在项目不需要时立即结束，若有需要可以贯穿项目过程的始终。集中办公通常需要借助一间配备电子通信设备、张贴进度计划表的公示区以及休息区的会议室，以加强他们的凝聚力和集体归属感。虽然集中办公有很多好处，但是由于信息技术快速发展，虚拟团队应运而生，降低了使用集中办公方法的频率。

6. 奖励与表彰

团队建设过程中对良好的行为进行表彰和奖励是必不可少的。早在项目人力资源规划阶段就针对奖励和表彰的内容做出了规定。项目管理团队可以利用绩效考核的方式来决定是否进行表彰和奖励，以及表彰和奖励的方式。

团队要对优良行为进行奖励和表彰。如对为了更好地完成进度目标自愿延长工作时间的行为应该给予奖励和表彰；若是因为成员自己不理解计划而做无用功，导致延长了工作时间，就不应该得到奖励和表彰。此外，还要考虑文化差异对奖励和表彰的影响，要设计并实施一套恰当的奖励和表彰制度是非常困难的。

7. 建立良好的沟通渠道

在团队建设过程中，项目团队成员之间的有效良好沟通发挥着关键作用。因为项目是一个整体，而分布在各个阶段的工作人员只对其所进行的工作有了解，所以必须通过沟通交流的方式就与项目有关的风险、进度、成本、质量等内容进行探讨，从而获得更多较为全面的项目信息，更好地从整体视角出发，提升项目团队的团结协作水平和质量。常见的沟通渠道主要有报告、会议、网络社交软件等。

8. 建设团队精神和团队文化

虽然项目组织运营的时间短，但也是需要有团队精神和团队文化的。由于项目营运时间短，项目团队精神与团队文化建设可能不够完善，但基本内涵是有的。这种团队精神和团队文化是项目团队成员在工作的过程中形成的共识，能够更好地指导工作实践，提高项目效益。

三、项目团队建设的成果

项目团队建设成果有以下几项主要内容：

1. 团队绩效评估

随着团队建设活动（如培训、举办活动和集中办公等）的开展，项目团队会以正式或非正式的形式评价项目团队的绩效。有效的团队建设方案和措施可以大幅度提高团队的绩效，进而提高项目目标实现的概率。可以参考以下指标来评价团队的绩效：

（1）技能的提高和专业知识的丰富使得团队成员更出色地完成所分派的任务。

（2）团队成员之间情感的升温使得团队协作能力得到提升，从而促进了团队整体的工作效果。

（3）团队凝聚力得到提升。

2. 项目绩效的内涵

项目运行过程中产生的数据和资料的总和。项目绩效有以下特征：

（1）客观性。单独的项目运行过程不是绩效，单独的项目产出物也不是绩效。这是因为现代项目管理旨在使所有的利益相关者满意，但是每一位利益相关者都会以自己的角度来看待绩效问题。

企业十分重视项目最终带来的商业价值，项目成员在乎他们从项目中获得的知识、技能、人际关系等，而供应商则关心借助项目得到的商业利益有多少。

考虑到不同的项目利益相关者对项目绩效有不同的评价标准，所以评价项目的绩效不能只看最终结果或只看过程。项目绩效应是所有未经有意处理数据的总和，这就要求所有的利益相关者客观地、不加私人偏好地评价客观事实，不是基于经过特殊处理的数据或挑选的信息对项目绩效进行评价。

（2）整体性。项目运行过程是一个动态持续的过程，从开始到结束会受到很多因素干扰，在不同阶段、不同时点会呈现不同的状态，而不同阶段、不同时点的状态会给利益相关者的价值带来不同的影响。尤其是项目组成员，他们会格外重视在项目运行过程中专业知识和技能的增长，在这样的偏好下，他们定会对项目整个过程的数据和资料进行判别，以此为基础来评价项目绩效。

（3）非完全人为性。项目绩效是基于全部利益相关者和运行环境产生的，在项目运行的过程中，利益相关者、项目开展技术、已知和未知因素等，都会影响项目运行状态和项目结果的形成。

3. 项目团队绩效的影响因素

项目团队最大的特点是许多项目团队成员不是本项目组的固定成员，而是通过与其他项目组协调借调过来的，他们来自不同的部门。在项目运行的过程中，项目团队成员的数量以及项目团队成员的职责和任务会发生变动（有些项目团队成员不发生变化），一些项目团队成员可能会接受目前所在项目组经理和原项目组负责人的双重管制。以下因素可能会影响项目团队绩效：

（1）项目团队精神。项目团队和项目团队成员形成的团队精神表现为团队成员对团队的依赖感和归属感。团队成员对项目目标有一致的认同和维护是形成依赖感和归属感的原因。通过一系列的团队建设活动，项目团队和项目团队成员逐渐变成一个命运共同体，不管是精神上还是物质上团队成员和团队都已密不可分。也可以通过一系列的宣传和教育活动，循序渐进地培养团队成员的共荣辱、同命运的坚定意识和深厚情感。要把团队建设成一个有机的整体，团队成员要相互配合、相互协作，培养互帮互助的意识。团队成员之间要彼此尊重、彼此依赖、彼此认可，要同呼吸、共命运。

（2）领导不力。项目经理能力、知识不达标或是项目经理无法充分行使权力影响和管理团队成员行为，也无法带领和指导项目团队成员为实现项目目标而努力，就是领导不力。这一因素是影响项目绩效的最根本因素之一。项目经理要经常反思自己的工作是否有效，不断学习知识技能，提高团队领导力。

（3）目标不明确。目标不明确主要是指项目经理没有让项目团队成员清楚地知道自己所负责工作的目标、范围、质量要求、成本预算和进度计划等内容。项目经理应该经常向项目组成员解释项目目标，主动询问项目组成员是否对工作有疑问并帮助他们解决问题，不遗余力地帮助项目成员了解自己工作的目标以及他们与项目目标之间的关系。

（4）缺乏沟通。缺乏沟通是指，项目团队成员不了解项目工作过程中发生的事情，项目内外部成员之间信息交流不通畅。这既会干扰团队的工作效率，也会影响决策的效果甚至正确性。项目经理可以采取会议、面谈、汇报会等方式进行沟通。另外，项目经理要鼓励项目成员之间开展交流活动与合作，以顺利解决困难和问题。

（5）职责不清。职责不清是指项目团队成员对自己所负责的工作和责任认识不清，也或者是由于管理不当导致一些工作被重复进行。为了避免类似问题，项目经理在项目开始运行之前，就要使每位项目成员明确了解自己所负责的工作，以及他们和其他成员之间的工作关系如何。项目团队在制订项目计划时要明确分解每个团队成员的工作和责任。最好把分解的结果形成纸质文件，分发到每一位项目成员手上，以便他们随时随地查阅，减少职责不清带来的低效率问题。

（6）缺乏激励。缺乏激励是指在项目管理过程中，项目经理采用的激励措施力度不够，或是激励机制有问题。这会严重影响团队的绩效。针对这样的情况，项目经理需要明确了解每一位项目成员的激励因素，营造一个良好的工作氛围。

（7）规章不全。制度规章不健全是指整个项目团队没有制定恰当的制度和规章来管理和约束团队及项目团队成员的行为和工作，所以项目经理要预先制定管理制度和规章，并把这些管理制度和规章形成书面文件分发给团队成员。如果制定的制度和规章效力低，要及时停止制度和规章的运行，并对这些制度和规章进行修改和调整。

4．成为有用的团队成员

成为一位有用的团队成员，这对每一位团队成员来说都是一件令人开心和充实人生的事情。而这种向上的过程和这种成长的经历，都不是轻易实现的，这需要每一位团队成员具备坚韧的品格、富有责任感、努力工作、积极主动学习新事物接受新思想，并且这种进取心要潜移默化地成为一种自发自愿的主观意识和主动行为。虽然项目的最终负责人是项目经理，但是这种完成项目的责任需要每一位成员的参与，所有的成员相互学习、相互帮助、相互鼓励共同营造一个积极上进的工作氛围。

做一个有用的团队成员要制订好自己的计划，并且要严格督促自己按计划行事。要为自己设立目标并对自己抱有期望，努力在预算范围内提前高标准、高质量完成工作。成员要高效利用时间，积极主动地推动事情的进展。有用的团队成员不会把自己封闭在狭窄的工作范围内，他们会主动和伙伴交流分享，利用更有用的信息来有效指导自己很好地完成工作。有用的团队成员具有坚毅的品格，迎难而上，乐于和困难作斗争。有用的成员也不会故意干扰其他团队成员的工作，还会帮助伙伴解决困难，以此共同推进项目组工作进度。

有用的团队成员不会故步自封，而是会积极主动与其他成员进行有效交流和沟通。他们会主动就项目和自己所负责的工作分享自己的意见和建议；他们会想方设法与项目经理开展及时有效的交流和沟通；他们会主动分享对项目有建设性的意见和建议，有强烈的责任感去发现项目可能存在的问题，而且也不会因这些问题去指责和埋怨其他项目组成员、客户和项目负责人。高效的团队成员会主动挖掘问题，会不遗余力地解决问题。面对问题时，他们不会逃避，而是想方设法应对问题并提出解决措施，也愿意与其他团队成员合作，哪怕这不是自己分内的事。

有用的团队成员会努力营造积极上进、和谐的工作环境。他们尊重团队成员之间的差异，尊重其他团队成员的工作和想法，找出最大同心圆。他们更不会骄傲自满和固执己见，因为他们清楚地知道这样的态度对项目有严重的危害。他们会把项目整体成员的成功置于首位。

5．项目团队效率来自团结协作

一个项目团队能够有效开展工作需要团队的团结协作。如项目组中充斥着明争暗斗、尔虞我诈，无疑这个项目组就像一盘散沙一样没有任何抵抗力和战斗力。项目本身、项目团队和项目管理体系三者之间的有机搭配就是项目团队的团结协作。

项目成功的前提和项目团队成功组建的前提都是项目团队成员之间的团结协作。要成为真正意义上的团队，项目团队成员之间的相互信任和共同分担是关键所在。特别是内容复杂的项目，无法详细地把项目任务拆分给具体的人员时，任何规章制度都无法胜过项目团队成员之间良好的人际关系。之所以有的项目组没有充分发挥项目团队成员之间人际关系的作用，是因为过度关注成员的技能和专业知识，而忽视项目团队成员之间的差异性。

项目团队不同成员掌握的知识和技能是不一样的，所以项目团队成员之间除优势互补外，团队成员的性格也要互补。比如，领导型的成员，能够为项目指引方向，使之不断靠近项目目标直至项目目标的实现,能够帮助项目团队成员形成成果意识,激发项目团队成员的各种潜能和斗志;社交型的成员,能够活跃工作氛围,调和成员之间的矛盾,他们的存在不会导致简单的内部冲突发展到不可收拾的局面;协作型的成员,具备与生俱来的善协作能力,给项目带来事半功倍的效果;智慧型的成员,心思缜密、思维灵活,能够一针见血地分析项目中存在的各种问题,他们对项目质量也有严格把控,能够帮助项目明确范围、识别风险,并制订出有效的计划。

当然,项目团队成员性格的多样性,也会引发管理困难的问题,若项目团队成员不懂如何对待这种性格差异,势必会造成项目团队成员之间的猜忌、攻击和隔阂,严重阻碍高效团队的形成。

对项目组成员的选择要经过严格的分析与把控。要开展工作分析,根据分析结果确定项目有哪些工作以及这些工作需要由具备什么知识和技能的人员来完成,这些事情马虎不得。

除了项目团队成员的特点和项目任务特点之外,另一关乎项目绩效的因素是采用什么样的工具和工作方法进行项目管理。在挑选项目团队成员时,容易产生只要选择能力与态度俱佳的人员就可以实现项目目标这样的假设。选择合适的成员固然重要,但配以合理有效的项目管理方法才能产生好的效果,才能提升团队工作效率,减少团队成员冲突。

第五节　项目团队管理

项目团队管理,是对团队成员的工作表现进行追踪、反馈,解决问题以及协调工作,从而优化项目绩效。项目管理团队将关注团队表现,处理冲突,解决问题和评估团队成员绩效。在实施团队管理之后,可对员工配置管理方案进行更新,提出变更的请求,并对问题进行处理,为企业的业绩评价和企业的数据库增添新的内容。项目团队管理的依据、工具与技术和成果如图9-4所示。

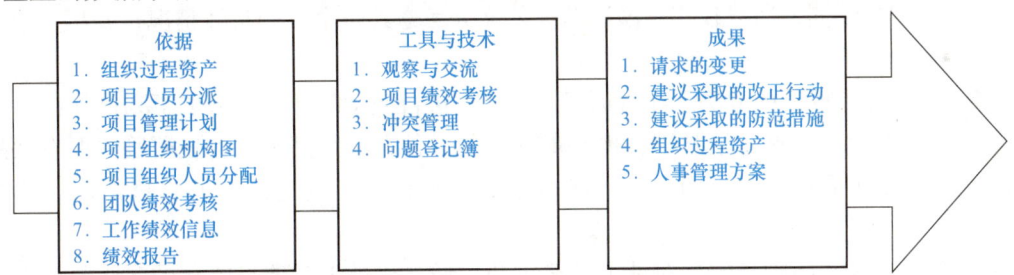

图9-4　项目团队管理的依据、工具与技术和成果

一、项目团队管理的工具与技术

进行项目团队管理可以提高项目团队成员的工作能力,以下介绍几项主要的管理方法:

1. 观察与交流

通过与项目组成员的沟通和观察,可以了解他们的工作状态和工作态度。项目管理小组将监督有关的指标,例如,计划应该达到的结果、团队成员的成果、与其他成员的关系。

2. 项目绩效考核

采用正式或非正式的项目绩效考核,要根据项目工期长短、复杂程度、组织政策、劳动合同、定期沟通的数量和质量而定。项目团队成员从其主管那里获得反馈。考核数据也是用"360度"反馈的方法,从与项目团队成员有交往的人员处收集有关的考核信息。"360度"是指从多种不同渠道,例如上级领导、同级同事、下属人员获取某一成员绩效情况的反馈信息。

在项目实施过程中，绩效考核的目标是重新确定角色与职责，安排特定的时间在紧张复杂的工作环境中，为团队成员提供积极反馈，发现尚未解决的问题，制定个人培训计划，并为以后阶段制定明确的目标。

在工程实施过程中，绩效评估的目的是重新设定角色和分清责任，在一个充满压力和复杂的工作环境中，为员工提供正面的回馈，发现尚未解决的问题，制订个性化的训练方案，为未来的发展制定明确的目标。

以业绩评估为基础，对项目组人员实施激励管理。

（1）对项目组成员激励的意义。项目小组成员激励，是指经理采取多种措施和方法，以调动员工的工作积极性，充分发挥其潜能和创造力，有效地达到项目团队的目的。通俗地说，"激励"就是"激发"和"鼓舞"，即调动"主动性""积极性"和"创造性"。从心理学的观点来看，激励是一种能激发人们行为的动力。将外界的激励转变为内在的精神动力，可激发人们的积极性，并形成强有力的推动力量，促使项目成员为达到项目团队的目的而采取措施。

（2）对项目组成员的激励作用。在项目人力资源管理中，这种激励作用可以从以下三个层面理解：第一，通过激励，可以有效地提升项目组成员的工作效率，充分挖掘他们的潜能，激发他们的工作热情，调动他们的工作积极性。第二，激励可以帮助项目达成总体目标。激励能使项目小组成员之间的个体目标与项目小组的目标保持一致，使其更加具有针对性和创造性，从而实现项目目标。第三，激励对提高项目组成员能力具有重要意义。激励能使员工的行为发生变化，激发其学习积极性，提升其工作能力，进而提升团队整体素质。

（3）对项目组成员进行激励。在实施项目团队的激励机制时，要遵循最根本的激励原则。一是激励只是为鼓励项目团队成员实现组织目标的一种管理努力。二是公平性，项目组的成员会将自己的收入和贡献的比例与其他人进行对比，以此来衡量自己是否得到了公正的对待。三是需求，它的核心是满足项目团队的实际需求，并以此来改善项目的业绩。四是个体差异性，项目组成员个体差异很大，并且需要也不同，所以在实施激励时，要充分考虑到每个人的具体情况，并尽可能地激发每个成员的工作热情。

（4）鼓励项目小组成员的方法。在对项目小组成员进行激励时，一般采取下列措施：

1）物质和荣誉奖励。这是最基础，也是最常用的一种方法。其中，物质奖励主要有薪酬、奖金等，而荣誉奖励则是对个人或团体的一种较高的评价，它能满足人们的自尊需求，使人奋发向上。

2）参与激励。参与激励指的是对员工的尊重和信任，让员工对项目团队的实际状况有一个全面的认识，并能让他们更好地参与到决策中来。同时，项目小组的各种规章制度也起到了制约作用，使得员工遵守规则，也就是对其进行约束与奖惩的双重激励。

3）环境和目标激励。目的动机，是通过实现项目的目标而产生的一种动力。由于项目目标是团队成员工作的重要组成部分，因此，它可以激发所有团队成员在理念和信仰层面上的积极性。良好的工作与居住环境能使职工的健康需要得到充分的满足，同时也能产生某种压力，促使他们更加努力地工作。

4）模型激励和情感激励。模型激励是指在满足项目团队成员的模仿与学习需求的基础上，使其行为符合项目组的目标。情感激励，就是通过情感因素来激发成员的工作热情。主要是指加强员工与员工之间的交流，尊重员工，关心员工，培养员工平等、友好的关系。

3. 冲突管理

有效地管理冲突，能提升工作效率，增进良好的工作关系。矛盾的根源包括资源匮乏、进度安排的次序以及个体的工作方式等。团队规则、团队规范、成熟的项目管理实践（例如交流计划和角色定义）可以降低冲突。如果能够妥善处理这些分歧，将会大大有助于消除不同的观点，从而激发创意并做出正确的决策。如果这些差异变成了消极的影响，那么，团队成员应该首先承担起解决彼此之间矛盾的责任，并且在矛盾加剧时，项目管理者应该帮助团队成员达成一个令人满意的结果。小组成员应尽早解决矛盾，私下里直接合作解决最好，如果持续发生毁灭性的冲突，就必须采用更加正规的做法，包括纪律处分。

（1）工程冲突的根源。在工程的整个生命周期中，存在着诸多冲突，主要表现为以下七个方面：

1）时间安排冲突。指两件或多件要做的事情在时间上有重合，以至于无法完成工作。项目经理在整个过程中有可能在同一时间需要完成多项工作，进而造成时间安排存在重叠。

2）项目的优先级发生冲突。项目优先级是指在项目资源短缺时，企业在项目中如何合理配置资源。在某些情况下，由于没有明确的项目优先性，会出现各个项目部门之间的资源竞争。

3）项目中的人力资源冲突。这一矛盾的根源在于项目团队与功能部门之间的竞争，若不能合理地调整组织架构，或无法做出正式的承诺，则难以解决为项目组提供人力资源服务的问题。

4）技术上的矛盾。项目团队成员来自多个行业，对项目实施所需技术的认识不尽相同，对技术的理解也不尽相同，从而增加项目整合的难度。而且，在一定程度上，工程都是创新的，当然会遇到许多技术上的问题。

5）管理流程的冲突。项目管理的特点和企业的经营模式是完全不同的，每个项目都有自己的特色，所以每个项目都会采用不同的方法进行管理，难免会产生流程上的冲突。

6）项目团队中的个体差异。个人性格的不同，会在生活中产生一些矛盾，尽管性格上的矛盾没有其他矛盾那么强烈，但是要解决起来也很困难。此外，性格问题也很容易与技术和交流问题相混淆。技术人员之间、技术人员和项目管理人员之间，在技术问题上的争论，也许是因为个人的矛盾。

7）工程成本发生冲突。项目成本冲突与项目进度矛盾类似，项目成本是项目管理的基础指标，项目成本发生冲突的原因大致有两种：一是项目没有足够的、专门的项目成本；二是项目的成本无法按时支付。

（2）如何解决项目小组的矛盾。项目小组内部的矛盾不能仅由项目经理一人来解决，而是要由相关的小组成员来协调和解决。如果处理得当，矛盾就会成为一个积极的方面。如果处理不好，就会对团队造成很大的负面影响，会削弱团队之间的交流、团结和合作，也会削弱团队成员之间的信任。有五种方式能够解决项目小组的冲突：

1）逃避或后退。为了防止矛盾升级，使这些卷入冲突的成员退出，从而避免对峙。规避和后退，既可以是冲突双方的自愿行为，也可以是项目管理者在处理冲突时所必须采取的行动。这样的处理方式，可以更快地解决当前的矛盾，但也会在双方心中积累矛盾，为以后的发展埋下隐患。

2）竞争或强迫。这是一种单赢的解决方式。这一观点认为，在冲突中取得胜利才是最好的解决方式，所以，这样的处理方式经常会以一方的失败而结束。这意味着，不管结果怎样，其中一方都会感到沮丧，并且有可能使他们的工作热情降低，或者干脆放弃这个项目。所以，这是一种比较极端的做法，它常常使项目小组付出更多的代价。

3）调解或取消。这个方法就是尽量找到冲突双方的共同点，并通过求同存异来解决矛盾。该方法仅能缓解矛盾，而非完全化解，其最大的优势是能够顺利地处理目前的矛盾，而不会引起项目小组的骚乱。但是，由于不能完全化解这一矛盾，这一矛盾很有可能在未来的某一时期再次发生。

4）妥协和配合。这需要冲突双方寻找一种妥协解决问题的办法，以达到某种程度上的满意，并由此消除冲突。这需要冲突各方做出妥协和理解，并且为了达到项目的目的而进行协作。该方法需要冲突各方考虑到整个工程的利益，所以这个办法很难实施。

5）解决问题和矛盾。这种方法要求团队成员积极应对，努力找到最佳、综合的解决冲突方法。这是一种很好的冲突解决办法，可以将冲突双方之间的分歧降到最低。但是，要达到这个目的，不仅需耗费大量的时间和精力，还会产生危险。

德国社会学家齐美尔创立的"宣泄"学说有助于人们更彻底地化解矛盾。齐美尔主张，矛盾与冲突不能被隐藏或压抑，必须让它表现出来，发生、显现，也就是宣泄。这有利于不同的观点和情绪的宣泄，有利于矛盾双方的心理平衡，有利于矛盾的化解。换句话说，和解无法化解矛盾，只能将矛盾隐藏起来，唯有将矛盾彻底宣泄出来，才能根除矛盾。采用"泄愤"的项目冲突管理方式，需要由项目主管或经理为工程建设营造一定的环境和条件，以保证工程的正常运转。

除了以上提到的方式，项目小组还可以通过多种方式来解决这些问题，每个问题都有各自的原因，因此无法对以上的方法优劣进行单一的评判，最好是根据双方的个性、原因和性质来选择团队冲突的解决办法。但可以确定的是，在项目团队建设中，解决团队矛盾是一个非常重要的问题。

4．问题登记簿

当项目小组在管理工作中发生问题时，可以将具体问题的处理和问题处理的时间制成一个书面的登记册。问题记录可以帮助小组成员在问题得到解决之前关注问题的发展。解决问题可以消除阻碍团队达到目的的各种障碍，这些障碍包括意见分歧、需要调查的情况、分配到特定的专案小组成员的意外或新的责任。

二、项目团队管理成果

项目团队的管理成果如下：

1．请求的变更

员工配置的改变，不管是出于个人的意愿，或是因为不能控制的事件，都会对项目的其他方面产生影响。如因人员配置问题而导致项目进度延误或预算超支，则可进行更改。

2．建议采取的改正行动

在人力资源管理方面，可以采取改变人员配置、提供额外培训、制定纪律等措施。人事变动涉及重新分配工作、将部分工作外包以及替换已离开的员工。项目经理团队还应决定何时以及如何根据团队表现给予奖励和认可。

3．建议采取的防范措施

当发现可能或即将暴露的人力资源问题时，项目经理可以制定防范措施，以减少问题的可能性和影响。防范措施可以包括：当成员不在时，为保证所有责任都得到落实而开展交叉训练；为保证完成任务而增加人员的工作时间。

4．组织过程资产

（1）企业业绩评估的基础。项目小组成员应该为组织定期的业绩评估提供资料，以评估与他们有密切联系的其他小组成员。

（2）所得的经验教训。从项目中获得的经验和教训应该作为机构历史数据库中的一个组成部分。在人力资源方面获得的经验有：

1）项目岗位的描述、人员管理方案形成标准化的模板文档。

2）成文的规则、冲突管理方法、奖惩机制。

3）经验证的虚拟小组做法、中心工作做法、谈判、培训和建立小组的方法。

4）对小组成员专长的了解。

5）典型问题及解决方案归档在册。

5. 人事管理方案

通过的更改要求和改正行动可以使人事管理计划得到更新，这是项目管理方案的一个组成部分。计划的更新包括：新的角色、新的培训和奖励、认可的决策。

本章小结

本章对项目人力资源管理的内容进行了全面的介绍，对项目人力资源管理的定义进行了概述，项目人力资源管理的主要内容包含项目人力资源规划、开发、有效配置、合理评估、正确激励、建设项目团队、提高项目组织成员能力以及监督调整人力资源等。

项目人力资源管理是在项目目标的导向下，采用科学的办法，对项目成员进行管理、选拔、培训、评估、考核，使其融入团队中，充分发挥自身潜能，从而实现项目目标。

项目团队组建是借助各种方法获取支持项目目标实现所需要的人力资源，组建形成项目团队。旨在保证项目组织能够获取所需的人力资源，并安排与项目团队成员角色和特点相适应的工作以及推动项目组织成员之间进行科学高效的协作。

项目团队建设旨在提高项目团队成员的能力和相互协作配合效率，是提升项目效益的管理过程，也是一个不断优化完善的过程，可以通过人际关系技能、培训、团队建设活动、规则、集中办公、奖励与表彰、建立良好沟通渠道、建设团队精神和团队文化等方式，最终达到提高团队组织效率的目的。

项目团队管理是对团队成员的工作表现进行追踪、反馈，解决问题以及协调工作，从而不断优化团队绩效的过程。通过观察与交流、项目绩效考核、冲突管理、问题登记簿的方式，不断地更新处理团队问题，这也是团队管理的重要方式。

思政课堂

全面贯彻习近平新时代中国特色社会主义思想，要深刻领悟"两个确立"的决定性意义。新时代十年的伟大变革，是在以习近平同志为核心的党中央坚强领导下、在习近平新时代中国特色社会主义思想指引下全党全国各族人民团结奋斗取得的。党确立习近平同志党中央的核心、全党的核心地位，确立习近平新时代中国特色社会主义思想的指导地位，反映了全党全军全国各族人民共同心愿，对新时代党和国家事业发展、对推进中华民族伟大复兴历史进程具有决定性意义。新时代新征程上把中国特色社会主义事业推向前进，最紧要的是深刻领悟"两个确立"的决定性意义，增强"四个意识"、坚定"四个自信"、做到"两个维护"，自觉在思想上政治上行动上同以习近平同志为核心的党中央保持高度一致。

第十章 项目沟通管理

CHAPTER 10

学习目标

○ 了解项目沟通管理的含义和过程
○ 熟悉项目沟通计划的编制方法和内容
○ 学会项目沟通管理的方法,能够使用不同的项目沟通方式
○ 掌握项目沟通控制管理的依据和方法

第一节 项目沟通管理概述

一、项目沟通的含义

美国著名的管理学家西蒙认为:"沟通是一种程序,组织中的每位成员可以借此程序将其所决定的想法传递给其他成员。"沟通是一个行为过程,在这个过程中,不同的行为主体可以利用各种不同的载体来实现双向的信息流动,从而形成行为主体的感知并实现特定的目标。

在本书中,围绕以人为本的理念,专门把项目沟通管理列为一个单独的知识领域。美国项目管理协会建议项目经理应该将不少于75%的时间用来沟通,这表明了沟通在项目中的重要性。大多数人理解的沟通,就是善于表达,其实我们无须在沟通技巧上耗费过多的时间,能适当掌握一些针对具体事情做出具体判断的技巧就可以了。实施项目管理的时候,如果不能充分认识到沟通交流的重要性,就会很容易让项目处在风险中。如果未能与需要沟通的人进行适当的沟通,便会使项目面临的风险大大增加。

管理是项目整个活动过程的神经中枢,而沟通是推进项目建设各方管理的纽带。项目沟通(Project Communication)和一般沟通的流程一样,需要由信息发送者通过一定渠道将信息传递给接收者,并且接收者能够适时给予回应(见图10-1)。在本书中,项目沟通管理是指项目成员与项目干系人之间对项目信息所进行的发出、接收、传递及互相理解的流程。

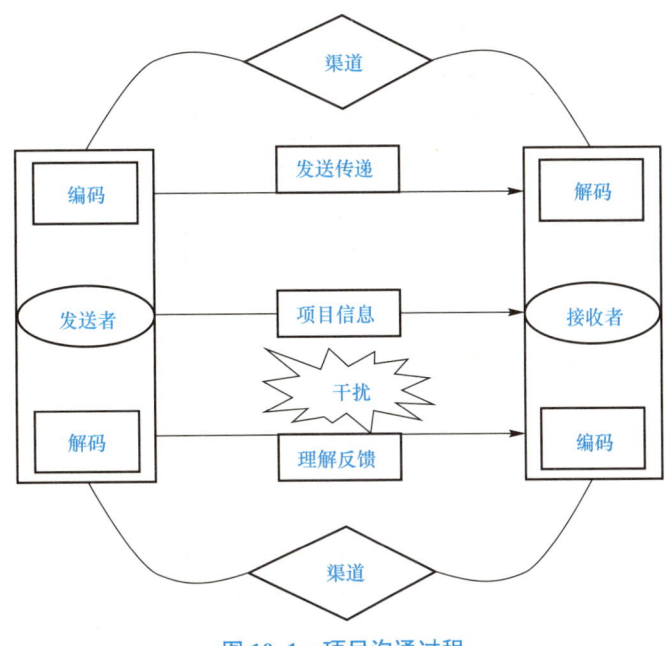

图 10-1 项目沟通过程

二、项目沟通管理的含义

项目沟通管理（Project Communication Management）是在项目管理中推进其他各方进行管理的纽带，项目各干系人之间的流畅沟通是项目成功的关键。例如项目团队和客户之间的沟通可以使产品或者服务获得客户的满意与忠诚，项目团队和项目供应商之间的沟通可以建立并维持长期良好的合作关系，项目团队之间的内部沟通可以保持员工高昂的工作热情，促进项目目标的达成。项目沟通管理是贯穿项目周期全过程的活动。项目沟通管理是对项目信息的内容、传递路径、传递过程进行综合管理，保证项目信息的完整采集并及时准确传递的活动。

三、项目沟通管理的过程及相互关系

项目沟通管理包括三个方面：项目沟通计划管理、项目沟通管理、项目沟通控制管理。项目沟通计划管理是根据项目利益相关者的信息需求和要求以及组织可用的资产，选择正确的沟通方法并制订合理的沟通计划的过程。项目沟通管理是根据沟通管理计划进行收集、生成、发布、检索、存储、管理以及最终处置项目信息的过程。项目沟通控制管理是对整个项目生命周期中的沟通进行监督、控制，以确保满足项目各干系人对信息的需求的过程。

上述的三个过程之间相互联系并相互作用。沟通成功包括两部分内容：第一部分是根据项目的需要与干系人的需要而开发出的一份合适的沟通策略，基于这份沟通策略而制订的沟通管理计划保证合适的信息能够通过不同的形式与方法成功传达给干系人。这些相关信息构成了成功沟通的第二部分，即项目沟通。项目沟通是建立在沟通策略和项目沟通作为有效沟通的基础上的沟通管理计划的产物（见图 10-2）。

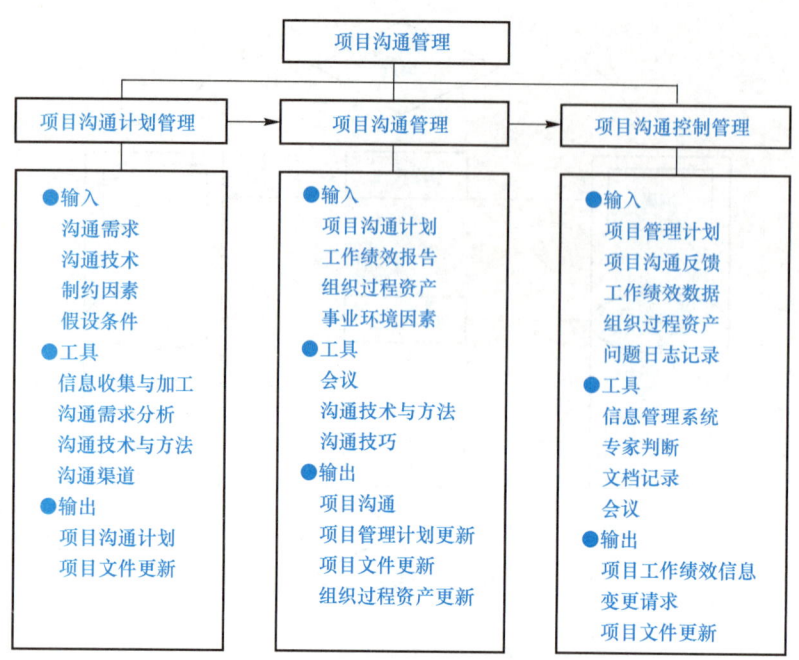

图 10-2　项目沟通管理三个主要过程及其相互关系

第二节　项目沟通计划管理

一、项目沟通计划管理概述

1. 项目沟通计划的概念

项目沟通计划是在整个项目过程中对沟通工作、沟通方式、沟通渠道的规划，并规定了项目干系人之间沟通的内容、人员范围、沟通方式、沟通时间或频率。对于大多数项目来说，项目早期阶段的一个重要部分是项目沟通计划的内容。同时，应根据计划实施结果定期检查项目沟通计划，必要时根据计划实施结果进行修改。图 10-3 展示了项目沟通计划管理的信息流向。

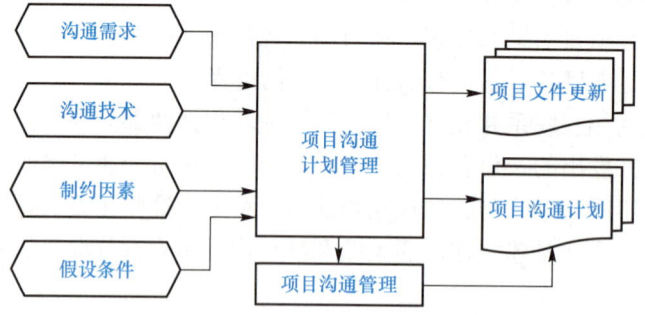

图 10-3　项目沟通计划管理的信息流向

2. 项目沟通计划的管理依据

（1）沟通需求。沟通需求对项目干系人所需要的信息内容、类型和格式进行分析，以确定信息是否有价值和项目干系人是否需要。沟通需求是项目干系人所需信息的总和。需求是根据信息的格式和类型来定义的。项目资源只能通过信息和沟通来扩展。顺畅的沟通使项目成功，缺乏沟通导致项目失败。项目资源应该用于并且只能用于交流信息。项目沟通所需的信息包括项目团队与项目干系人之间的责任，整个项目过程所涉及的行业、技术、部门，项目所需成员，项目团队与外界的关系。

10-1 项目沟通计划管理的依据

（2）沟通技术。信息沟通、传递的方式有很多种，而采用哪种沟通方式最有效，主要取决三个主要因素：一是沟通方式的可能性，某些沟通方式在某种情景或场合下是不合适的。二是对于信息需求的迫切程度，如果项目要求信息的更新速度快，可以采用口头或者非正式沟通；如果对于信息的需求并不迫切，可以采用书面沟通（如定期提交书面报告等）或者正式沟通。三是团队中成员个人的能力状况，应根据团队成员能力、特征、经验等来选择有效的沟通方式。

（3）制约因素。每个项目都有约束，例如项目的内部和外部因素。在为项目制订沟通计划时，需要考虑项目的约束条件，不要超出项目所能达到的范围。项目管理的三个约束因素是范围、时间及成本。项目管理最终目的是运用科学的方式和工具，在工作范围、时间和成本之间寻找一种均衡关系，让所有项目干系人都可以尽量地满足。制约因素是限制项目管理者做出各种选择的因素。例如，若需要大量采购某种项目资源，那么处理合同的信息便需要有更多的考虑。而项目按合同执行时，某些特定的条款同样也会影响到沟通计划。

影响项目沟通计划的制约因素如下：①技术的有效性。已完善的操作系统是不是运行良好？操作系统是否必须进行某些更改？②信息需求的及时性。项目管理的胜利是不是取决于对频繁更新消息进行及时的通报？或者单纯定期报告就可以了？③预期的项目管理人员配置。策划中的沟通系统能否同项目参与方的经历和专业知识相融合？或是进行大规模的训练和教学？④项目工期的延长。项目完成前现有的科技是不是早已发生了变化以至于必须采用新的科技？

（4）假设条件。在为项目制订沟通计划时，需假设一定的条件来代替项目沟通计划执行时有可能遇到的无法确定的情况，从而制定相应的紧急情况预备方案，以确保项目沟通计划的成功执行。就计划而言，假设因素被认为是确定性因素。假设会包含一定的风险，它们可以是在本处就确定的，也可以是风险识别过程中输出的。

二、项目沟通计划管理的内容

1. 准备工作

对于信息的收集与处理工作，包括项目沟通内容信息、项目沟通方式信息、项目沟通的时间以及一段时间内沟通次数信息、项目信息出处与最终使用者信息。制订项目沟通计划的一个重要部分是处理沟通计划中收集的信息，信息只有经过处理才能为项目沟通计划的制订提供帮助。

2. 确定项目沟通需求

收集和处理信息工作完成后，需要确定项目干系人对于项目内部及外部管理的信息需求、项目技术的信息需求、项目实施的信息需求、项目和公共关系的信息需求。

3. 选择沟通渠道和方式

（1）口头沟通。口头沟通是通过面对面交谈的形式进行的交流，是最常用的沟通交流形式。主要包括：口头报告、讨论、座谈、演讲及电话联系等。口头沟通的优点：可以看到交流对方的反应；能得到即时的反馈；能够补充阐述；可以用语气与动作进行强化；可以判断沟通是否成功；有利于建立共识；有利于改善交流双方之间的关系。口头沟通的缺点：经常出现"口说无凭"的情况；长时间沟通得到的成果较少；不能与太多人进行双向沟通；容易祸从口出；对于不擅于交流的人通常不利；交流内容容易变得烦琐。

（2）会议沟通。会议沟通是一种耗时较长且经常用于解决烦琐问题的交流方式。当人们参与到决策过程中时，他们会对决策产生更多的义务，因为通过会议沟通利用群体参与决策的过程，会使他们更好地了解政策的背景、性质和必要性，而且因为自身的参与，人们更容易持赞成的态度。会议沟通的优点：可以提供更多信息；可以产生更多更好的决策和更大胆的决策；可以产生更高的生产效率，因为团队成员在工作时为了取得社会认可从而会更加认真负责。会议沟通的缺点：会产生耗时且低效的群体思维；会有群体压力；会有从众心理；会有来自专家和领导的压力；团队成员之间会出现推卸责任的现象。

（3）书面沟通。书面沟通是以文字作为桥梁进行交流的沟通方式，主要有文档、书面报告、邮件及合同等形式。书面沟通的优点：沟通耗时较短；它可以是正式的或者非正式的并且可长可短；它一般不受场地限制；它能够使作者不受任何压力地表达自己的意思；可以仔细思考用词，使作者清楚地表达想要表达的信息内容，可以减少写作过程中受他人想法的影响；有观点清晰及思维严密等特点；书面材料是准确的凭证，书面文字可以同时传递给多人相同的信息。书面沟通的缺点：不易随时更改，有时文字冗长不方便阅读；无法接收到及时的反馈；无法确保材料是否已被接收并准确理解。

4．编制项目沟通计划

编制项目沟通计划是在完成准备工作的基础上，来确定项目沟通需要达到的目标。根据项目沟通的目标，列出项目沟通需要完成的工作。根据项目沟通情形等要求，进一步安排项目沟通需要完成的工作，确定每个项目干系人的职责，并且要做好资源准备和估算的工作。除此之外，包括以下特殊内容：

（1）文件保存的方式。沟通计划首先要明确信息的存储方式、信息的读写权限、各种项目文件和辅助文件等的存储位置以及相应的读写权限。

（2）沟通列表存储所有项目干系人的联系方式。

（3）工作汇报的方式。明确下级对上级汇报工作的方式、时间及格式。

（4）统一的项目文件格式。制定统一的文件模板以进行项目标准化管理。

（5）沟通计划的维护人。明确项目沟通计划有变时，由谁进行更改。

（6）各类信息的传递方式。制定各类不同信息的传递方式。

（7）更新和修订项目沟通计划的办法。当项目沟通计划制订所依据的客观条件发生变化或发生意外情况，需要修改项目沟通计划时，项目干系人必须按照事先规定的条件和方法，来保持一致的意见。

表 10-1 是一个简单的项目沟通计划表。

表 10-1　项目沟通计划表

项目名称：										
项目干系人	沟通需求			信息搜集		信息归档		信息发布		备注
	需求信息	需求时间	需求方式	搜集方式	搜集人	归档格式	负责人	发布方式	发布人	
制订人：　　　　项目经理：　　　　批准日期：										

第三节　项目沟通管理

一、项目沟通管理的概念和依据

1. 项目沟通管理的概念

项目沟通管理是为了确保项目信息的完整的收集和及时、准确的传递而对项目信息内容、传递渠道、传递过程进行综合管理的活动。项目沟通管理的首要任务是促进项目干系人之间进行有效的交流。图10-4展示了项目沟通管理的信息流向。

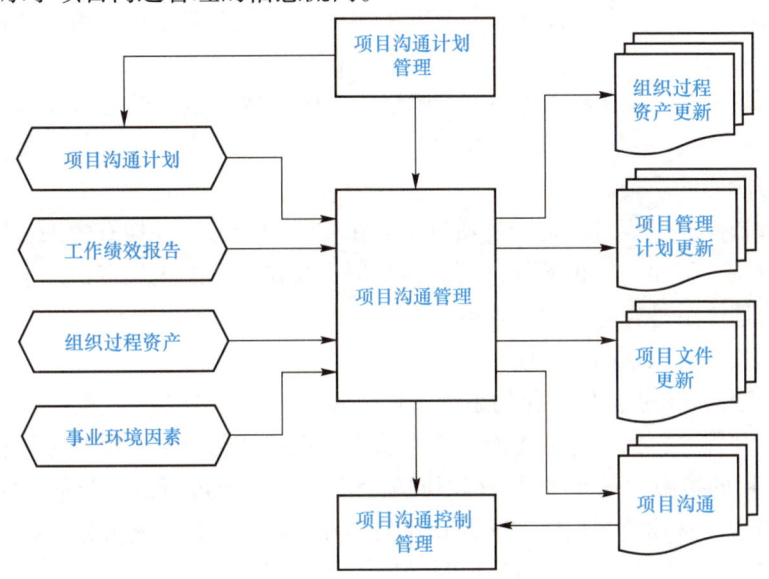

图 10-4　项目沟通管理的信息流向

2. 项目沟通管理的依据

（1）项目沟通计划。项目沟通计划的目的是规范并监督控制沟通项目。项目沟通计划确定项目干系人的沟通需求，确定团队项目的哪些干系人需要哪些信息，确定所需信息的种类、时间及传递的方式。

项目沟通计划是一个文件，它主要提供以下信息：

1）收集和储存信息的方式：具体介绍如何搜集和存储各类信息资料。采用的方法应当包括更新、更正、收集和发送公开材料。

2）发送的结构：具体介绍各类信息将采用哪种方式传递给项目干系人。

3）待发送信息的描述：包括格式和内容。

4）产品的进度：显示每种类型沟通产生的时间。

5）在预定的沟通中检索信息的方法。

6）修改和精练项目沟通管理的方案。

（2）工作绩效报告。绩效报告是绩效信息的收集和发布工作。负责人应定期将标准数据和实际数据进行对比，以便知晓并交流项目进度和阶段成果。

主要包括以下内容：

1）当前阶段报告的工作完成情况：罗列出此阶段完成的所有工作。

2）列出报告阶段计划但未完成的工作情况：罗列出这一报告阶段已经计划好的，但是没有完成的所有工作。

3）项目进度出现偏差的根本原因：罗列出未按照计划完成的所有工作，并识别进度产生偏差的原因。

4）对于即将完成项目截止期日的影响：罗列出未按计划完成的工作，并确定对于整个进度的影响。

5）计划进度偏差的纠正或者预防举措：确定所有弥补进度偏差的措施或者预防未来产生进度偏差的举措。

6）本阶段所使用的资金：记录本阶段使用的资金。

7）成本发生偏差的根本原因：对于超支或者未使用的资金，识别发生偏差的根本原因。

8）成本偏差对于项目预算或者应急资金的影响：说明成本偏差对于预算是否有影响或者是否需要增加应急资金。

9）计划成本偏差的纠正或者预防举措：确定所有弥补成本偏差的措施或者预防进度偏差的必要举措。

10）目前报告阶段的质量。

（3）组织过程资产。组织过程资产是项目团队在实践中所形成并拥有的来自任何项目参与组织的计划、流程、政策、程序与知识库等，可以促使项目获得成功的无形资产。组织过程资产的累计是一种衡量项目管理体系是否完备的重要标志。

一般组织过程资产由以下两类构成：

1）组织指导工作的流程：标准化的组织工作流程，如行业准则、政策、标准产品和项目的生命周期、质量标准和程序；标准化的指南、工作结构、提案评估标准，以及工作状况衡量标准；模板；组织过程中采用的指南和标准需要根据不同项目各自的特点进行适当调整；组织通信信息要求；项目收尾阶段的指南；财政控制程序；问题和缺陷管理过程决定的问题和缺陷控制、识别、处理决定和活动项目追踪；变更控制过程；风险控制过程。

2）组织知识库：过程测量数据库用来收集和提供测量过程和产品的数据；项目文件；项目历史信息和经验教训知识库；问题和缺陷管理数据库；结构管理知识数据；财政数据库。

（4）事业环境因素。事业环境因素是不受项目团队控制，但能够对项目沟通工作产生影响的客观因素，包括组织文化、结构和治理，现有人力资源状况，项目干系人风险承受力，已有的沟通渠道，项目管理信息系统等。这些因素是大部分计划过程的输入依据，可能会优化或限制项目管理决策，对输出与结果产生影响。可以从以下内容把握事业环境因素：项目经理必须接受和适应的内外部客观因素；与项目相关或能影响项目结果的任何内外部环境因素。这些因素来自任何项目参与组织；事业环境因素可能对项目管理的弹性产生影响；通常是项目会被间接影响，但会直接影响项目的那些因素，项目团队必须接受。

项目经理需要考虑组织过程资产和事业环境因素。调整组织的过程通常以组织过程资产为指南，以满足不同项目各自的特点。事业环境因素则可能影响项目管理的弹性。除 PMBOK 中项目管理过程导致事业环境因素发生更新外，事业环境因素一般不会因项目管理更新。可以从以下几个方面来区分组织过程资产和事业环境因素：

1）从来自组织内部还是外部进行区分：事业环境因素一定来自外部；组织过程资产和事业环境因素都可以来自内部。

2）以是否可以选择来进行区分：组织过程资产可以进行选择；事业环境因素不可选择。

3）以"系统"结尾的多为事业环境因素；以"程序"结尾的多为组织过程资产。事业环境因素和组织过程资产具有并集。

二、项目沟通管理的方法与结果

1. 项目沟通管理的方法

（1）会议。项目团队应在合同的执行全过程经常召开会议并定期召开重要会议。主要会议有项目启动会、定期例会、质量控制和审查会议、业务部门或承包单位协调会、项目进度审查会、安全会议、项目收尾会议及其他与项目相关的会议。

通过每日会议、例会、季度检查、年终总结等方式，让团队成员对项目成本、进度、技术、质量、安全等方面做阐述，以解决发现的问题。通过前面的这些工作可以发现问题、解决问题，提升团队成员的管理水平，但不能解决所有问题，团队成员必须以认真严谨的态度对待工作，掌握施工现场的第一手资料，从而为沟通奠定基础，取得沟通的最好效果。

（2）沟通技术与方法。沟通的形式多种多样，按照信息推送与接收方式，可以分为交互式沟通、推式沟通与拉式沟通。

交互式沟通是指两方或两方以上进行的信息交流，确保沟通者达成一致意见，包括会议、电话、视频会议等。交互式沟通的优点：特定情况下，是效率最高的沟通方式。有问题可以当面澄清或者解决，非常适用于头脑风暴法等。项目干系人的语气和动作可以促进沟通的进度。交互式沟通的缺点：特定情况下，难以形成决策，有时会陷入扯皮中；如果有 N 名干系人参与沟通，沟通的路径就会有 $N(N-1)/2$ 条，控制不好会陷入混乱；难以协调各方时间以保证全员参与会议。对此提出以下建议：明确的话题和会议目的。会议进行中要有强有力的话题、进度控制。保证准时开始，按时结束。尽早发出会议邀请，"占住"所有干系人的时间，保证重要的干系人能按时出席会议，并发表意见。对于无法出席的干系人，尽量使用视频会议或者电话等实时性强的工具使其参与到会议中。明确干系人的身份：哪些人是必须出席的，哪些人是可以出席也可以缺席的；哪些人是必须进行决策的，哪些人是发表意见的，哪些人是纯粹的听众；等等。控制好各个角色，该主动的一定不能沉默；该聆听的一定不能喧宾夺主。解决复杂、困难问题时采用头脑风暴，尽量使用交互式沟通。

推式沟通把信息传递给需要接收这些信息的沟通者，包括信件、报告、邮件、传真、新闻稿等。推式沟通的优点：当无法与沟通者获得及时联系时，常采用这种方法。推式沟通的缺点：这种方法无法确保对方能够收到并正确理解信息。对此提出以下建议：推式沟通多为书面形式，适用于重要非紧急的事情。当参与方较少时，比如只有两方时，适宜采用推式沟通。当参与方较多时，如果可能产生多次信息交互，应尽量减少沟通数量，将大问题分解成小问题单独沟通。推式沟通发布信息时，特别要注意受众的背景，尽量减少误解、歧义的发生。必要时，需要对方提供回执，甚至让对方复述沟通内容，以确保信息被接收并正确理解。使用推式沟通时，应充分考虑受众的感受，尊重对方的私人空间和私人时间。

拉式沟通适用于向大量接收者传递大量信息的情况，接收者可以自主查询信息内容，包括企业内网、在线课程、知识库等。拉式沟通的优点：适宜团队成员较多的沟通，特别是团队成员在不同的地方；沟通成本相对较低；信息可以被存储；有利于对信息的更新进行追踪；团队成员可以提供信息来源。拉式沟通的缺点：搭建维护信息源的成本较高；需要对信息安全进行保护；信息沟通实时性较差。对此提出以下建议：团队成员众多时，可以使用拉式沟通。团队成员间具有相近的文化，使用相互可以听懂的语言。团队成员之间文化素养越相近，那么团队成员之间的互相理解程度越高；团队成员的文明素质越高，团队成员间的合作共享意识越高。

（3）沟通技巧。一个项目涉及的信息内容、项目干系人以及传递方式众多，若没有一定的沟通技巧，不仅不能提高沟通效率，更不能保证沟通的有效性。因此，掌握一定的沟通技巧在项目沟通管理工作中必不可少。有效发送信息的技巧：信息发送方式（How），信息内容（What），信息需要者（Who），发送信息的时间（When），发送信息的地点（Where）。关键沟通技巧：善于倾听，并与对方有一定的眼神交流。有效反馈技巧：正面的反馈，就是赞扬对方的正确行为，促使这种行为继续发生；建设性的反馈，就是针对对方的不足，给出一些建议。避免负面反馈，负面反馈会影响对方情绪，对沟通效果产生不利影响。

对于项目团队经理来说，沟通能力是管理者必须具备的。可以从以下几个方面促进团队沟通：

1）团队文化。项目经理要营造一个积极的团队氛围。积极是指对自己的工作抱有很高的期望值，并为达到期望而努力。但同时也要未雨绸缪，有充足的自信来应对项目中的潜在风险。项目经理要善于对经历过的困难和失误进行分析，将其经验传授给团队成员，并在今后的项目中寻找最佳的解决方案。项目经理要以目标为导向，通过目标来制定工作分解结构（WBS），把项目划分成各个阶段。项目经理和团队成员一起在规定期限内完成阶段目标。

2）团队管理。道格拉斯·麦格雷戈把人分为两类："X 理论"下的人是懒惰的，缺乏进取精神和创意，不愿积极工作并逃避承担责任。"Y 理论"下的人是勤奋的，能主动承担责任，能够按照组织战略自主地进行自我指挥和控制。对于这两类人要采取不同的管理方法。例如，对"Y 理论"成员要合理分权和授权，使用参与式和协商式的管理；对"X 理论"成员，要适当实施惩罚制度。明确每位成员的职责和阶段目标。

3）团队建设。项目经理需要协调团队成员提高工作效率。马斯洛需求理论提出了人的五个需求——生理需求、安全需求、社交需求、尊重需求和自我实现需求。项目经理在团队建设中要从优势（Strength）、劣势（Weakness）、机会（Opportunity）和威胁（Threats）四个方面对团队成员各方面进行分析。通过分析，能够发现团队成员的兴趣和优点以及改善的方向，从而制定出每位成员的发展计划。成员的生理需求、安全需求和社交需求属于缺失性需要，容易得到满足，而尊重需求和自我实现需求相对而言较难满足。对成员的观点、行为、成果进行适当表扬以满足高层次需求，提高团队成员积极性。

作为项目经理，起码要能清楚简洁地表达自己的意思。如果项目经理也是业内的专家，那么在交谈时，千万不要有居高临下的感觉，要换位思考去理解对方。

2. 项目沟通管理的结果

（1）项目沟通。项目沟通过程牵连信息的产生、传递、接收和理解等一连串的活动。项目沟通可能包括绩效报告、项目进度、成本等。项目沟通也可能会受各种因素影响，如信息的紧迫性、信息发布的方式、信息的机密程度等。

（2）项目管理计划更新。项目管理计划提供了关于项目基准、沟通管理和项目干系人管理方面的信息。每个部分的信息可能需要根据项目目前绩效与项目绩效测量基准（the Project Performance Measurement Baseline）之间的对比情况进行更新。项目绩效测量基准是一个经过批准同意的项目工作计划，用于比较项目执行情况、测量偏差，以便于进行项目控制管理。通常是项目范围、进度、成本参数、技术和质量参数等的整合。

（3）项目文件更新。项目文件更新可能包括项目问题的记录、项目进度等。

（4）组织过程资产更新。组织过程资产更新可能包括项目干系人通知、项目报告、项目介绍、项目过程记录、项目干系人反馈、经验教训。

第四节 项目沟通控制管理

一、项目沟通控制管理的概念和依据

1. 项目沟通控制管理的概念

项目沟通控制管理是对沟通进行监视、控制,以确保满足项目各干系人对信息的需求的过程。其首要任务是在任何时间都能保证信息的流通处于最佳状态。项目沟通控制过程可能会使项目沟通管理工作中某些环节重新开始,这种重复性体现了项目沟通管理各过程的持续特征。应该仔细评估和控制项目沟通的影响和对影响的反应,以确保在正确的时间把正确的信息有效传递给项目干系人。图10-5展示了项目沟通控制管理的信息流向。

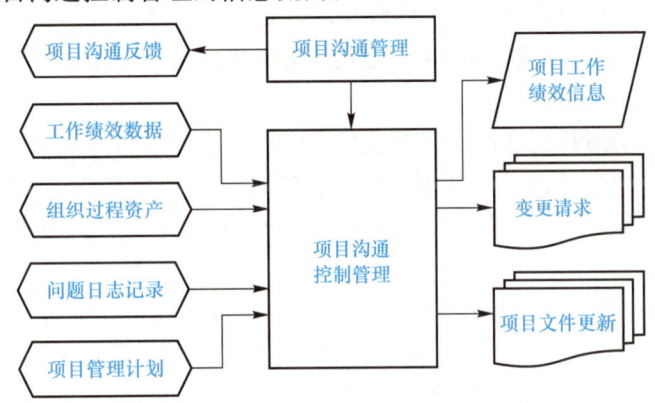

图 10-5 项目沟通控制管理的信息流向

2. 项目沟通控制管理的依据

（1）项目管理计划。项目管理计划是项目的主计划,又被称为总体计划,它确定了项目沟通控制管理的方式,包括项目执行的过程、项目的生命周期、项目的里程碑和阶段划分等全局性内容。项目管理计划描述了项目的执行、监控与收尾过程,整合了其他各个管理过程与所有子管理计划。它能为控制沟通过程提供有用的信息,比如项目干系人的沟通需求和适用的沟通技术；发布信息的原因；发布所需信息的时间限制和一段时间内信息发布的次数；发布信息的主体；接收信息的主体。

项目管理计划是一份文件,用以协调所有的项目计划,有助于指导项目的实施与控制。在其他领域中建立的计划可以被看作是整个项目管理计划的一个补充。项目管理计划也包含了项目规划的假定和决策,包括项目利益相关者之间的沟通,确定重要的管理审查的内涵、外延、时间,并为进度测量和项目控制提供参考。项目的管理方案应当是灵活的,可以根据环境或者项目的不同而有所改变。这些计划应该很好地帮助项目经理领导项目团队并评价项目状态。项目经理必须综合运用项目管理知识,创建并整合一个项目管理计划,来帮助团队执行项目工作。

（2）项目沟通反馈。在控制沟通过程中,需要对沟通进行监督并将沟通情况汇报给有关人员。不同的项目沟通在形式、详细程度、正式程度和保密等级上大不相同。

（3）工作绩效数据。工作绩效数据反映了项目成果、未完事项、阶段工作效果、项目质量、项目进度的时间节点等。工作绩效数据是在项目工作的过程中收集到的原始数据，原始数据在进行加工后，用于和绩效测量基准进行对比分析。

（4）组织过程资产。报告模板、政策、标准、程序、沟通技术和媒介等都会影响控制沟通过程。

（5）问题日志记录。问题日志首要任务是记录项目发生的问题并对问题的解决进行追踪。它有助于团队成员了解并解决问题。问题日志的记录是控制沟通过程的重要依据。

二、项目沟通控制管理的方法和结果

1．项目沟通控制管理的方法

（1）信息管理系统。信息管理系统主要包括纸质文件管理、电子通信管理、项目管理电子工具。信息管理系统具有以下功能：数据处理功能，包括数据收集和输入、数据传输、数据存储、数据加工和输出；预测功能，应用现代数学、统计和模拟等方法，实现对未来的预测；计划功能，合理制订各部门计划并向相关人员提供计划报告；控制功能，分析各部门计划执行情况，如果与计划产生差异，及时分析差异原因；辅助决策功能，根据数学模型及大量数据信息，分析有关问题的最佳解决办法，辅助有关人员进行最优决策。

10-2 项目沟通控制管理的方法

（2）专家判断。专家判断是项目团队对项目沟通的影响、是否应采取行动、应采取什么行动、行动任务划分及行动时间安排的重要依据。专家判断可以来自拥有特定知识或受过特定培训的主体，例如顾问；项目干系人，包括客户或发起人、专业和技术协会、行业团体、主题专家、项目管理办公室（PMO）。

（3）文档记录。项目负责人为确保沟通的连续性和易评估性，应采用文档记录的方法进行项目沟通控制管理。主要以项目计划、总结、问题记录等信息为依据，来推动项目执行。主要文档输出有项目计划、问题日志记录、经验教训记录、项目总结等。

（4）会议。项目团队之间需要通过会议展开讨论和对话，以便更新和沟通项目绩效以及满足项目干系人的信息需求。

2．项目沟通控制管理的结果

（1）项目工作绩效信息。工作绩效信息是通过对各个控制流程中的项目绩效数据进行综合分析而获得的。在此基础上，将数据转换成信息，并将其以特定的形式传递给项目干系人，满足其信息需求，从而为项目的决策提供可靠的依据。工作绩效信息是通过沟通进行传递的，包括成果的状态、变更请求的执行以及完工所需估算。

（2）变更请求。变更请求是关于修改文档、项目成果或基准的正式提议。变更请求通过之后不仅会变更相关文档、项目成果或基准，其他部分也可能随之改变。变更请求可以来自内部或者外部；可以是直接的，也可以是间接的；可以是自主变更，也可以是政策或者合同强制的。变更请求可能包括：新的或修订的成本估算、活动排序、进度日期、资源需求和风险应对方案分析、修改项目管理计划和文件、纠正措施、预防措施。

（3）项目文件更新。控制沟通过程可能引起项目文件的更新，比如沟通管理计划中可能需要更新的内容包括：活动资源需求、活动属性、日历、风险登记册。

本章小结

本章全面介绍了有关项目沟通管理的内容、方法和理论。从项目沟通管理的定义介入，从项目沟通计划管理、项目沟通管理和项目沟通控制管理三个方面全面介绍了项目沟通管理。同时介绍了三个过程之间的相互作用关系。

项目沟通计划是在项目实施过程中对沟通工作、方式、渠道的规划，同时也规定了项目干系人之间沟通的内容、人员范围、沟通方式、沟通实践或频率。通过口头沟通、会议沟通、书面沟通等方式，按照一定的格式内容编制项目沟通计划。

项目沟通管理其实是通过对沟通内容、传递渠道、传递过程的管理，促进项目信息完整的收集和及时、准确的传递。在项目沟通计划、工作绩效报告、组织过程资产以及事业环境因素的基础上，通过会议和沟通技术及技巧，确保项目沟通管理的有效。

有了项目沟通计划和项目沟通管理，还需要对项目沟通进行控制，以确保满足项目各干系人对信息的需求。项目沟通控制需要对项目沟通的全过程进行监控和管理，从而在项目实施过程中对项目沟通环节进行纠偏和优化。

第十一章 项目风险管理

CHAPTER 11

学习目标

○ 了解项目风险管理的含义及内容
○ 学会风险识别的方法，能够对项目风险进行识别
○ 掌握项目风险定性分析的方法和内容，能够对风险进行定性分析
○ 掌握定量风险分析的内容和方法
○ 了解项目风险监控的依据和方法

第一节 风险管理

一、风险、风险管理的含义和风险管理规划的含义及内容

1. 风险、风险管理和风险管理规划的含义

风险是指从项目的筹备、运行到结束，整个过程中遇见的所有可能导致项目无法进行的事项。而风险管理是指对项目从筹备、运行到结束整个过程中遇到所有可能导致项目无法进行的事项进行识别和应对的活动。风险管理规划是指对项目风险管理活动进行策划和安排，这是进行项目风险管理的必要步骤。风险管理规划的主要内容包括确定项目风险管理的整体方案、选定合适有效的风险识别和应对的方法、明确风险定义的标准等。风险管理规划的主要作用是对风险管理活动的具体形式进行决策，它的决策结果将成为整个项目风险管理过程中的指导性文件。同时，在对项目风险进行规划的整个过程中需要考虑许多因素，如项目图表、风险管理策划、项目客户与利益相关者的风险承担极值等。

2. 风险管理规划的内容

对风险管理进行策划和安排可以在一定程度上保证进行的项目风险管理活动、项目风险高低和项目重要性的合理匹配，为整个风险管理活动提供足够的时间与资金资源，更好地确定风险识别、应对和量化的标准。在项目规划过程的早期就应该完成风险管理规划过程，这样安排对于完整介绍本章内容和其他过程至关重要。

风险管理规划的依据、工具与技术和成果如图 11-1 所示。

第十一章 项目风险管理

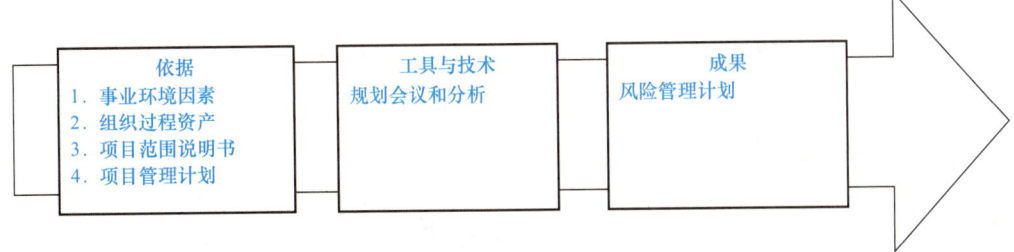

图 11-1 风险管理规划的依据、工具与技术和成果

二、风险管理计划

对风险管理进行规划所得到的结果是风险管理计划。风险管理计划就是对于项目运行过程中可能遇到的风险的描述，以及对风险的管理活动如何开展的详细指导性文件。风险管理计划越完整、越具体、越准确，对之后的风险管理活动安排工作越有益。

11-1 风险管理计划主要包括的内容

1. 方法论

方法论是指在风险管理活动中所使用的方法和工具，以及在风险管理活动中所获得数据的来源与形式。

2. 角色与责任

安排好风险管理团队成员在不同类型的风险管理活动中所承担的角色任务，明确他们职责，要使这些成员明确地知道，在某一特定的活动过程中自身是处于关键部分还是处于辅助部分。

3. 预算

预算是明确整个风险管理过程中使用资源和费用的多少，并对如何分配和使用进行安排。

4. 时间

安排整个项目期间进行风险管理活动的次数与时间间隔，并设定风险控制点的出现时间与阶段。

5. 风险分类

风险分类是提供一个将风险进行区分和归类的依据和标准，有利于对风险进行系统的分类或归类，用以保证风险管理的效用。

6. 风险概率与影响的定义

在一般情况下，项目组织会给出风险概率与影响程度的数值。这些数值的真实准确度与可靠度共同决定了项目风险定性分析过程中的重要因素。鉴于此，项目组织给出数值的判断依据在风险计划中就能得到明确的规定。这些标准数值依据反映出客户与利益相关者对风险承担的极限值。

7. 修正的利益相关者风险承担极限值

经过完善且详细的风险管理规划以后，项目管理组织要与客户、利益相关者进行充分有效的沟通，借此对他们不正确的项目风险判断和预期做出适当的改变，进而对他们的风险承担极限值进行调整。

8. 报告形式

报告形式的作用是对项目风险管理的表现形式与具体内容做出详细描述，并规定将何种风险管理结果记录分类归档，对何种风险进行单独识别分析和应对以及如何高效地与客户进行沟通交流等。

9. 跟踪

跟踪是指确定对哪些风险管理活动的步骤与内容进行记录与归档，以方便以后对项目进行分析、总结等。

第二节 风险识别

一、风险识别的含义

项目风险识别是进行项目风险管理的前提和关键。风险识别是指对于影响项目进度的可能性因素进行确定，并将这些影响因素按性质进行分类汇总形成文档。

风险识别是项目风险管理活动的主导者识别风险的可能来源、明确风险发生的条件与环境、描述风险的特点并评价风险影响程度的过程。风险识别需明确下列三个因素：

11-2 风险识别的三个因素

（1）风险来源。包括时间、成本、费用、工具、法规等。

（2）风险事件。是指能够给项目运行带来或好或坏的影响的事项。

（3）风险征兆。是指实际风险事件本质的外部表现。

通常参加风险识别活动的人员主要有项目经理、项目团队成员、风险管理团队、项目团队之外的特殊领域专家、顾客、最终受益者、其他项目经理、利益相关者和风险管理技术专家等。以上人员是风险识别活动过程中的主要参与者，也可以鼓励所有有关人员参与到风险识别的过程中。

二、风险识别的内容

风险识别就是一个不断进行并重复的过程。随着整个项目活动的开始与运行，各种风险随时可能出现。风险出现的时间与阶段以及由哪些员工参与哪些过程皆会因项目的不同而不同。在项目开展的整个过程中，项目团队所有成员都应该参与到风险识别过程中，这样有利于识别风险并制定出应对风险的具体措施，进而形成团结协作的氛围，并使他们持续存在一种高度的责任意识与责任感。除了项目团队的内部成员外，利益相关者也可为项目提出客观有效的信息。在完成风险识别过程后即可进入下一过程，即风险的性质分析过程。当然，如果是经验丰富的项目经理，在完成对项目风险的识别过程后可直接进入定量风险分析过程。在某些情况下，也可以只通过风险识别这一过程来明确风险的具体应对措施，同时也需对这些措施加以记录、分类与归纳，以便在制定风险应对规划过程中开展进一步的分析和规划。风险识别的依据、工具与技术和成果如图11-2所示。

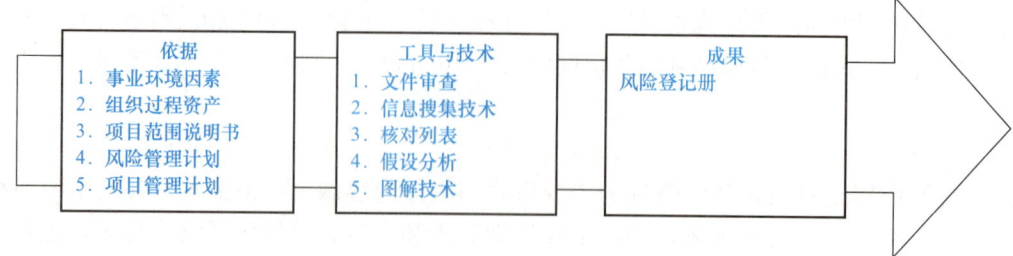

图 11-2 风险识别的依据、工具与技术和成果

三、风险识别的工具与技术

通常，整个风险识别过程中需要借助一定的工具和技术，这种做法有利于提高风险识别的效率，还会减少漏洞的产生。在项目运行过程中要结合具体的情况选择特定的工具与技术。

1. 文件审查

文件审查是指利用整个项目过程中的文件，包括项目规划、项目设想、项目前期文件资料等内容开展审查，从审查过程中发现任何可能存在的风险因素的一种活动。项目运行的各种计划方案及其运作均有可能存在威胁项目继续运行的各种风险。

11-3 风险识别的工具与技术

2. 信息搜集技术

信息搜集技术就是借助有关渠道收集并获取各种有关信息来分析项目风险的方式，具体方法包括以下几种：

（1）头脑风暴法。头脑风暴法是在风险识别过程中经常使用的方法。风险识别过程中的头脑风暴就是借助会议的形式，充分激励与会者创造性思维的迸发、发散性思维的碰撞和专家的专业知识来识别项目运行过程的风险。在开展头脑风暴过程中应努力做到：

1）鼓励成员在会议上充分发言以分享自己的各种思想。

2）激励大家对成员之间分享的想法提供修正意见和建议。

3）不准诋毁或否定他人给出的意见或建议。

4）在整个会议过程中，会议的主导者应对会议进行引导，并对会议的内容及时进行记录、分类与归纳。

开展头脑风暴活动是为了利用成员多样性思维碰撞出的结果，整理得出一份丰富的风险排列表，有利于在后期的风险性质分析过程中得到更完善的定义。使用头脑风暴方法能够激励和培养人们思维的创造性，迸发出新奇的观点。在开展头脑风暴的过程中不允许以任何方式阻拦或否定参与者的想法与观点的提出。

（2）德尔菲法。这种方法的实质就是专家们针对某一问题各抒己见，然后通过讨论整理得出一种科学高效的解决问题的方法。而在项目风险管理过程中专家以不透露真实姓名的方式参与到活动中。项目主导人采用答卷的方式让专家们对可能的风险事项畅所欲言。在完成作答后由主导人收回答卷，对所有回答内容进行分类汇总，并将整理后的结果让专家们浏览，请他们再给出进一步的意见和建议。反复进行几轮这样的活动之后会大致得出对于项目风险的一致看法。德尔菲法能够有效减少极端值的影响，还能有效杜绝个人意见的过度影响。

（3）交流访问法。具有丰富经验的项目成员与具有专业知识的专家的交流访问有助于更好地进行风险识别活动。分派到该项任务的项目成员应首先选择合适的交流访问对象，在交流访问前向他们简明扼要地分享项目的有关信息，如项目运行流程图、项目任务安排表、项目的运行条件等，在此基础上交流访问对象会根据自身的专业知识及经验对项目可能遇见的风险进行识别。

（4）根源分析法。根源分析法就是将项目风险形成的根本原因进行透彻解读与分析。通过这种刨根式分析不仅能够找出具体产生风险的原因，还可以更加细化项目风险的成因。当得出项目风险形成的根本原因时，可以立即采取针对这种原因的有效措施，从根源切断风险的产生与发展因素。

（5）SWOT分析法。SWOT这种优劣势分析法在项目决策过程中得到了广泛的推广与应用，

而项目风险识别过程也可采用此种分析方法。S 是指项目本身的优越点（Strengths），W 是指项目自身的不足之处和天生弱点（Weaknesses），O 是指项目在筹备、运行过程中可能获得的外部机会（Opportunities），T 是指项目运行过程中可能受到某些因素阻碍的威胁（Threats）。采用 SWOT 分析法对风险进行识别，就是对项目本身的优越点，项目自身的不足之处和天生弱点，项目在筹备、运行过程中可能获得的外部机会，以及项目运行过程中可能受到某些因素阻碍的威胁进行综合、全面、有效的分析。

项目的优缺点仅指项目的本身，且具体表现在项目运营资金的充实度、项目过程管理中使用技术的熟练度等。通常，外部环境无法直接干预项目本身的运行，有些外部因素通过与项目内部因素的结合影响项目的实施。外部因素对于项目的实施既有好处，又会给项目实施带来副作用。如人工智能（Artificial Intelligence）在工厂的广泛应用，一方面提高了工厂的运作效率，减少了资源浪费；另一方面一些基础工人纷纷被辞退，导致失业率上涨，可能引发一系列就业、社会动荡问题等。表 11-1 是一个项目进行 SWOT 分析的例子。

表 11-1 项目进行 SWOT 分析的举例

项目自身条件		项目外部环境	
优势	劣势	优势	劣势
具有清晰的项目目标 具有较为宽松的项目工期 具有成熟的项目技术 有类似项目的管理经验 有凝聚力强的项目队伍	项目资金不足 施工设备老化 沟通上存在语言障碍	本项目完成后，有可能继续下一个项目 原材料价格有下降趋势	项目所在地的政局不稳，汇率不稳

3．核对列表

核对列表（check list）是一种管理活动中经常用来统计分析数据的方法。采用这种方法对风险进行识别，可以将许多可能发生风险的因素罗列出来，便于风险识别成员对所列因素进行检查校对，借以判断项目运行过程中是否存在列表上的风险因素或类似因素。核对列表上存在的风险因素是以前项目风险识别过程中出现的风险，还是前期风险识别工作的成果，能够拓宽项目管理人员的思路，引起项目管理人员的发散性思考。一家处于成熟期的公司或者一位具有丰富经验的项目经理要熟练掌握并灵活运用风险识别检查列表。检查列表通常包括以下内容：

（1）项目管理成与败的详细原因，具体示例见表 11-2。

（2）项目其他方面进行规划所得到的结果，如范围、资金、时间、成本、质量、采购与合同、人力资源与沟通的规划成果。

（3）项目产品或服务的详细解释清单。

（4）项目组成员所具备的能力与技术。

（5）项目可能利用的资源。

表 11-2　项目管理成与败原因

项目管理成功的原因	项目管理失败的原因
项目目标清楚、风险措施切实可行： （1）与项目各参与方共同决策 （2）项目各方的责任和承担的风险明确 （3）项目所有设计和采购、实施都进行多方案比较 （4）对项目规划阶段进行了潜在问题分析（包括组织和合同问题） （5）委派敬业的项目经理并给予充分的授权 （6）项目团队建设、项目团队能力、沟通与协作，集体讨论项目重大风险问题。 （7）制定了针对外部环境变化的预案并及时采取了行动 （8）项目组织建设表彰和奖励及时、有度 （9）对项目成员进行了有计划和针对性的培训	项目决策前未进行可行性研究或论证： （1）项目提出非正常程序，从而导致项目业主缺乏动力 （2）沟通不够，决策者远离项目现场，项目各有关方责任界定不清 （3）规划工作做得不细，计划无弹性或缺少灵活性 （4）项目分包层次太多 （5）把工作给了不称职的人，同时又缺少检查指导 （6）变更不规范、无程序，或负责人、责任、项目范围、项目计划变更频繁 （7）信息收集不够，未征求各方的意见 （8）未能对经验教训进行分析 （9）其他错误

以下是制作检查列表的过程：

（1）具体且准确描述出相关问题，保证项目各方对问题有统一的看法。

（2）分配好搜集资料的成员，明确资料的来源，要满足以下要求：

1）要根据项目的特点安排资料搜集人员，获取资料的渠道可以是多样化的。

2）选派的资料搜集人员要有足够的耐心、细心、专业知识技能，为所搜集到的资料提供质量保证。

3）搜集资料的过程不可片面，要找到风险数据的规律性。

4）当总体中有不同性质的样本时要进行分类。

5）设计一种使用效率高的核对表。

4．假设分析

所有的项目都会有自身一系列的存在前提。这些前提是一定状态下的产物、是得到认可的因素，通常这些假设前提都含有一定程度的风险。在对这些假设前提因素进行分析的过程中可以深度挖掘这些假设前提的有效性和准确性。

5．图解技术

在风险识别过程中图解技术是经常被采用的一种方法，这种方法能够有效帮助项目成员深度分析和高效识别项目风险所处的具体环境，项目不同环节之间存在的不同风险，以及项目风险形成的原因和风险对项目的其他影响。

四、风险识别的成果

风险识别的成果会体现在风险登记册上，也会把所识别出的风险以及在风险识别过程中获得的其他有关信息一一列举在上面，如风险的类型、风险的重要程度、风险可能发生的时间与节点、引发风险的根本原因、风险发生的直接因素等，见表 11-3。

表 11-3　风险登记册（风险识别结果）格式举例

序号	风险事件	所属类别	发生时间	风险来源（发生环节）	触发器/征兆	潜在应对措施
1						
2						

续表

序号	风险事件	所属类别	发生时间	风险来源（发生环节）	触发器/征兆	潜在应对措施
3						
4						
5						
6						

有的公司也会把相关的风险应对方法列举在风险登记册上，这些风险应对方法会在风险规划过程中得到更进一步的分析。

风险识别是一个持续不断推进的过程，在持续的识别过程中能识别出新的风险类型，这就需要对原先的风险类型进行补充、优化、更新，同时也需要将整个风险管理规划过程形成的风险分解模块进一步完善。

由于这些被识别出的风险可能会影响项目的其他方面，所以在某一阶段的风险识别过程完成以后，需要依据已识别出的风险对项目管理的其他方面做出适当的改变和调整。

风险登记册在整个项目管理过程中是至关重要的。通常，在完整的项目管理与项目风险管理过程中，项目的管理人员尤其是项目的风险管理人员会经常利用该风险登记册，也会在项目整体运行过程中对其进行完善与更新，如图11-3所示。

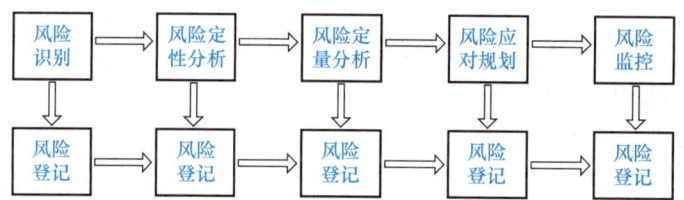

图11-3　风险登记册在项目风险管理过程中不断使用与更新

第三节　风险定性分析

一、风险定性分析的含义

风险定性分析是对已经识别出的风险根据重要性进行排序的方法，如风险的量化分析或风险应对策略制定等。项目组织可以根据风险的重要性对非常重要、比较重要的风险给予格外的关注，借此改善并提高项目的绩效。风险定性分析就是依据风险发生的概率以及风险发生后可能会给项目要实现的目标带来的影响等，对识别的风险按重要性进行评估。

借助风险发生概率与风险影响类别定义以及与专家的交流沟通学习，可大大降低风险识别过程中所使用数据的偏差。项目风险管理人员应该充分利用已经掌握的项目风险数据和资料，深刻理解项目风险管理的结果与意义。

二、风险定性分析的内容

风险定性分析是在风险规划过程中根据风险的重要程度确定优先顺序的一种有效、便捷、经济合理的方法，为风险定量分析奠定了必要的基础。在项目运行的整个过程中，需要对风险定性分析进行一定频率的检查与完善，以应对项目风险的变化。风险定性分析需要利用风险管理规划过程和风险识别过程得到的结果。完成风险定性分析后，可以开启风险定量分析部分的活动或是开启风险对应规划过程的活动。风险定性分析的依据、工具与技术和成果如图11-4所示。

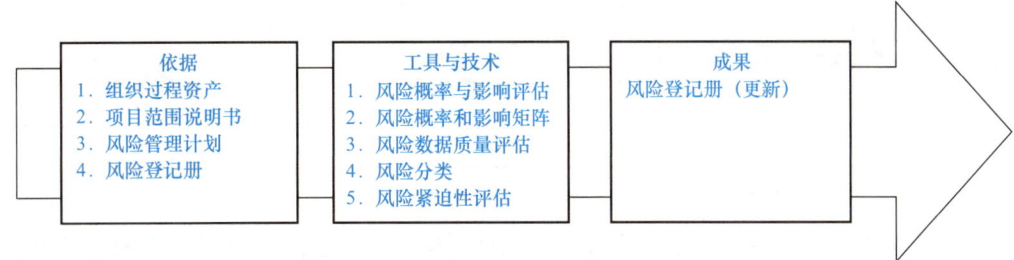

图 11-4　风险定性分析的依据、工具与技术和成果

三、风险定性分析的依据

1．组织过程资产

在开启风险定性分析过程前或是定性分析过程中均可以借鉴以前项目的风险数据资料或是总结的经验教训等。

2．项目范围说明书

正式明确了项目所应该产生的成果和项目可交付的特征，并在此基础上进一步明确和规定了项目利益相关者之间希望达成共识的项目范围，为未来项目的决策提供一个管理基线。

3．风险管理计划

在风险定性分析过程中经常使用一些风险管理计划中的关键要素，如风险管理者的职责、风险管理活动的资金、风险管理活动计划进度、风险类型、风险发生的概率、修正后的利益相关者风险承受度。当然，在具体项目风险管理规划过程中需对这些要素进行调整和修改。

4．风险登记册

风险登记册中已识别的风险事项成为风险定性分析的关键依据。

四、风险定性分析的工具与技术

1．风险概率与影响评估

风险发生可能性有多大就是风险概率。一旦风险发生，可能会正向或负向影响到项目的其他方面，如目标、进度、成本、质量等，这种影响就是风险影响评估。

11-4　风险定性分析的工具与技术

2．风险概率和影响矩阵

根据风险的重要程度对风险进行排序，有助于开展进一步的风险定量分析并制定风险应对措施。在已定的风险概率和影响级别的基础上对风险进行分级，借助概率表和影响矩阵，评估风险事项的重要程度。概率表和影响矩阵设定了各类风险概率与影响的搭配，并给出了这些搭配的重要性程度。依据组织的偏好与喜爱程度，适当地借助文字与数字表示。常用的风险概率表与影响矩阵如表11-4所示，深色区域表示高风险，中等色区域表示低风险，浅色区域表示中等风险。一般情况下，项目开展之前项目组织就会预先界定风险级别，且会记入组织过程资产。

表 11-4 常用的风险概率表与影响矩阵

	概率					机会				
0.90	0.05	0.09	0.18	0.36	0.72	0.72	0.36	0.18	0.09	0.05
0.70	0.04	0.07	0.14	0.28	0.56	0.56	0.28	0.14	0.07	0.04
0.50	0.03	0.05	0.10	0.20	0.40	0.40	0.20	0.10	0.05	0.03
0.30	0.02	0.03	0.06	0.12	0.24	0.24	0.12	0.06	0.03	0.02
0.10	0.01	0.01	0.02	0.04	0.08	0.08	0.04	0.02	0.01	0.01
	0.05	0.10	0.20	0.40	0.80	0.80	0.40	0.20	0.10	0.05

注：每一项风险按照发生的概率及其发生所造成的影响划分等级。

风险得分能够指导风险应对措施。比如，若某项风险的发生会给项目目标带来消极影响，并且处于影响矩阵的高风险区域，预示项目需要采取具有针对性的、重要的积极应对措施。对于处于浅色区域的风险，无须给予过多的关注，只要及时观察与反馈即可。

还有一种方法是依据风险发生概率与影响严重程度，分成 1～5 个层级，如表 11-5 所示。

表 11-5 风险概率和影响矩阵

		可能性				
		可能性极小 1	可能性较小 2	可能性中等 3	可能性较大 4	可能性极大 5
影响程度	影响极大 5	风险需要关注	风险较大	风险严重	风险严峻	风险严峻
	影响较大 4	风险较小	风险需要关注	风险较大	风险严重	风险严峻
	影响中等 3	风险很小	风险较小	风险需要关注	风险较大	风险严重
	影响较小 2	风险极小	风险很小	风险较小	风险需要关注	风险较大
	影响极小 1	风险极小	风险极小	风险很小	风险较小	风险需要关注

按照表 11-5 风险的列示，不同层级的风险采取不同的应对办法。具体如下：

风险严峻：每日都必须安排人员对风险进行实时监控，定期召开风险分析讨论会议。项目经理、其他相关人员要参与风险分析会议，如需要的话邀请项目发起方和客户参与会议。

风险严重：每日都要安排专职人员实施风险监控程序。

风险较大：安排人员专项负责该事项。

风险需要关注：安排人员对风险进行必要的监控，把关键事项放在会议上讨论分析。

风险较小：对必要项目给予关注，必要时在会议上加以说明和讨论。

风险很小：需要时给予关注。

风险极小：暂时不予关注。

3．风险数据质量评估

风险定性分析得出的数据需要具备可靠性，这是建立在使用准确无误的数据基础之上的。风险数据质量分析是一种利用相关的风险评估数据来管理风险的方法。利用这种方法可检查人们对于风险的理解以及风险有关数据的准确性、可信度和完整性。

4. 风险分类

根据风险的来源、可能的影响范围或其他方面进行分类归纳，这是风险定性分析过程中经常使用的一种方法。这样做有利于项目风险管理人员迅速分析出项目的哪个阶段容易发生风险，便于风险管理人员提早制定出风险应对策略与方案。

5. 风险紧迫性评估

风险紧迫性评估就是对风险应对措施进行排序，因为有的风险事项带来的后果很严重，但该风险事项不紧急；而有的风险事项带来的后果不严重，但该风险事项非常紧急，可能会影响项目下一步的开展，这就需要及时处理。所以，对风险紧要性进行评估进而制定风险应对策略是一种有效的工具。

五、风险定性分析的结果

（1）项目风险的排序清单。是指借助风险概率和影响矩阵以及风险的重要程度对风险进行分类的文件。项目管理者可以利用这份清单，先集中时间和精力处理排在清单前端的风险，以便提高项目的效果。表11-6是一个风险排序清单的示例。

表11-6 项目风险的排序清单示例

优先级	风险描述	概率	影响	风险值
1	需求发生变化，尤其是开发后期的需求发生变化	5	5	25
2	开发计划执行受到严重影响	5	5	25
3	人员流动，关键项目成员流失	5	4	20
4	开发目标不明确或摇摆不定	4	4	16
5	项目经费超支或不足	4	4	16
6	产品定位错误，包括市场定位和定位的及时性	3	5	15
7	开发环境及过程管理混乱	3	5	15
8	产品质量存在较多缺陷	3	4	12
9	项目经理经验不足	3	3	9
10	技术方案有缺陷，系统架构有问题	2	4	8

（2）对风险进行分类可以查清哪些因素会导致风险的发生，或者是在项目运行的过程中应对哪些相似因素给予格外关注。借助对相似因素的把握，风险应对措施的有效性会得到提高。

（3）确定近期需要采取应对措施的风险表单。重点标出那些急需应对的风险，提醒后面步骤对其优先处理。那些相对不是急需处理的事项也应列出，表示后期给予一定的监控。

（4）进一步分析风险列表。需要对个别风险进行更多的分析，如风险定量分析或风险应对措施的实施。

（5）风险定性分析结果的特点。在重复进行风险分析过程中，可能某一项风险的趋势会愈加明显，从而对重要性和紧急性的变化更加关注。

第四节 定量风险分析

一、定量风险分析的含义

定量风险分析是指对每一项风险的发生概率进行预测，分析风险发生给项目目标带来多大的影响，以及对项目整个的风险数值范围进行分析。定量风险分析是在各种可能性都有的情况下进行决策所使用的一种量化方法。

风险定性分析完成后就会进入到定量风险分析，而对于一些经验丰富的项目经理人来说，在风险识别过程后便会进入定量风险分析过程。在某些情况下风险应对策略的制定无须定量风险分析过程，使用什么样的方法取决于时间、预算以及对风险和后果进行定性分析或定量分析的必要程度有多少。在完成风险应对规划过程后，要再次进行风险定量分析，确定是否有效降低了项目整体的风险。反复开展风险定量分析得到的结果可以反映出是否需要对风险管理措施进行增加或减少。这是风险应对规划过程中的一项依据。

定量风险分析的依据、工具与技术和成果如图 11-5 所示。

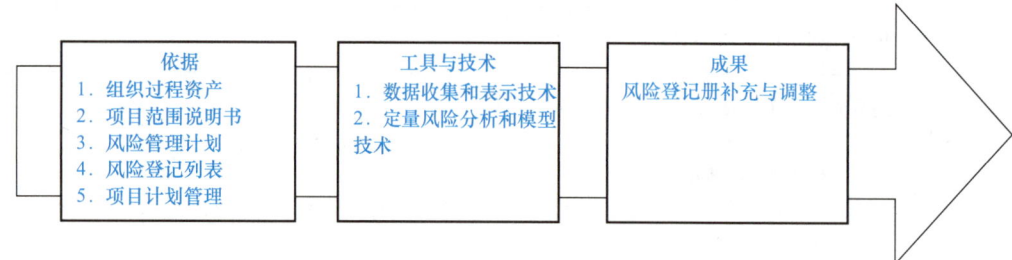

图 11-5　定量风险分析的依据、工具与技术和成果

二、定量风险分析的依据

1．组织过程资产

组织过程资产就是以前开展类似项目时收集整理的数据信息，风险管理专家对于类似项目研究的结果，或是由其他渠道获取的风险数据资料。

2．项目范围说明书

项目范围说明书明确了何时可以交付项目成果以及为了完成项目而必须进行的工作。一些项目运行假设前提和项目的目标也会在项目范围说明书上予以列示，从中探查项目风险分析的相关因素。

3．风险管理计划

针对风险定量分析这个过程来说，风险管理者职责、风险管理活动经费、风险管理活动进度安排、风险分类的结构性分析与修正的利益相关者、风险忍受度是风险管理计划的关键因素。

4．风险登记列表

在风险定量分析过程中需要把关键项目列示在风险登记列表上，如已识别出的风险事项、项目风险的重要程度以及风险的分类等。

5. 项目计划管理

项目计划管理有两部分内容：一是对项目进度进行管理，就是对项目进度的制定进行把控。二是对项目成本进行管理，就是对项目费用的规划、结构等进行控制把关。

三、定量风险分析的工具与技术

1. 数据收集和表示技术

（1）访问交流。通过交流访问可以量化项目风险对项目目标带来影响的程度的大小。在量化风险的过程中，要及时与项目利益相关者和有关专家展开关于风险事项的专题讨论。要根据风险的概率分布类型来决定收集何种信息以及收集多少信息。如借助三角形分布，可以按照低风险、高风险和最有可能这样的类型进行收集。表11-7为通过风险审查得出的成本估算和范围的例子。

表11-7 通过风险审查得出的成本估算和范围

项目成本估算和成本范围			
工作分解结构要素	低风险	最有可能	高风险
设计	4	6	10
建设	10	20	35
试验	11	15	23
项目总计		41	

通过对风险的审查结果可以决定每一项工作分解结构要素的三点计算值。

（2）概率分布图。使用连续概率分布可表示数值的不确定性，比如活动进度的开展时间或项目运行的成本等。而使用不连续分布可表示不确定事件，比如经过测试得到的结果。

2. 定量风险分析和模型技术

通用的定量风险分析技术包括以下三种：

（1）敏感性分析。可以借助敏感性分析明确何种风险事件对项目有重大的潜在干扰。可以将全部不确定因素控制在基准值以下，以及分析项目的各个要素的不确定性会对目标产生多大的影响。

（2）预期值分析。预期值分析就是对预期货币价值进行分析，使用该方法是在某种不确定性前提条件下。先要分析得出风险事项发生的概率有多少以及风险事项可能带来的收益或损失，然后把两项相乘就可以得到风险事项的期望值。如进行一次100美元的赌注，也许可以获得1000美元的收益，也许可以获得500美元的收益，也许得不到一分钱，见表11-8。

表11-8 预期值分析举例

得失量 I（美元）	赢的可能性 P（%）	期望货币价值 $EMAI$（美元）
1000	1	10
500	20	100
0	79	0
总计	100	110

（3）模型和模拟。使用项目模拟方法就是利用一个模型把明确设定的各种不确定性换算成这些不确定性对于项目目标可能产生的潜在影响。

四、定量风险分析的成果

定量风险分析的结果要记录在风险登记册上。在风险识别过程中就形成了风险登记册，同样进行定量风险分析后也会对风险登记册进行更新与完善。在整个项目管理计划的编制中，风险登记册是重要的组成部分。对风险登记册进行补充与完善的内容主要有以下几项：

（1）项目的概率分析。对项目的潜在进度和成本结果进行预测就是项目的概率分析。在分析的过程中会列出大概的竣工日期与项目工期成本以及成本的置信度水平。这项结果会与利益相关者的风险忍耐度水平进行结合，以起到量化时间与应急储备金的作用。通过应急储备金可以将超过原水平的项目目标的风险可能性降至可接受的低水平。

（2）实现成本和时间目标。借助现有的计划安排和对目前面临的风险的认识，来量化估算实现成本和时间目标的可能性。

（3）风险量化结果排序表。这份风险量化结果排序表是根据风险的重要程度进行排序，包括可能对项目产生重大积极或消极影响的风险事项，需要获得最高成本应急储备金的风险事项和对关键路径有重大影响的风险事项。

（4）定量风险分析结果可能显示趋势。反复进行风险分析，得到的一些结果可能会反映出显而易见的趋势。可以依据这种趋势得出结论，来改善风险应对措施。

第五节　风险应对规划

一、风险应对规划的含义

风险应对规划就是寻找机会增加实现项目目标的可能性，制订方案以减少阻碍事项，设计并决定应对策略的过程。通常，风险应对规划过程在风险定性分析和定量分析完成以后开展，包含安排风险应对负责人承担已获得资金支持的风险应对措施的责任。

实施风险应对规划首先应依据风险的重要程度处理风险，如果需要的话，应在预算、进度安排和项目管理计划过程中加入资源和活动。制定的风险应对措施务必要符合风险的重要性水平，这样才能有效、合理、及时应对风险。另外，应当有与项目有关方商议确定风险应对措施的主要负责人。一般情况下，从几个备选方案中挑选最佳方案以应对风险。风险应对规划的依据、工具与技术和成果如图 11-6 所示。

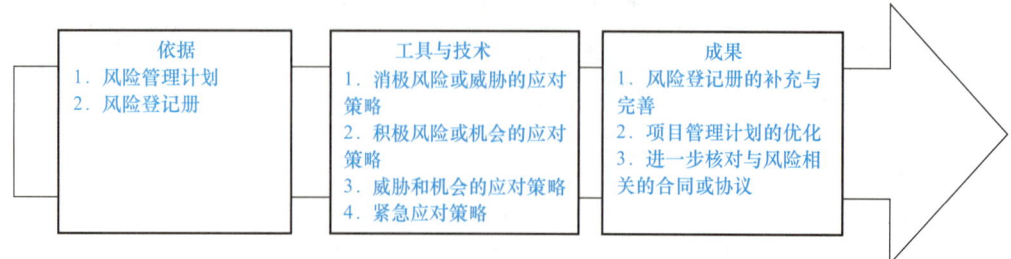

图 11-6　风险应对规划的依据、工具与技术和成果

二、风险应对规划的依据

1. 风险管理计划

关于风险管理计划的关键内容主要有：角色与责任，风险分析定义，低风险、中等风险和高风险的分类界限值，开展项目风险管理需要的时间与成本。在制定风险应对规划时，要注意相关人员、时间与成本等事项。

2. 风险登记册

风险识别过程中会首次形成风险登记册，在后来的风险定性分析与定量分析过程中会对风险登记册进行补充与完善。并且，在风险应对策略制定过程中，或许要重新分析已识别出的风险、风险发生的根本原因、潜在的应对措施、风险应对负责人、风险信号等。

仅就风险应对规划过程来说，风险登记手册给予的重要依据有以下几条：①项目风险重要程度排序表；②近期应采取措施的风险清单；③进一步识别和分析风险清单；④风险定性分析；⑤风险结果呈现的趋势；⑥发生风险的根本原因；⑦对风险的分类；⑧影响较低的风险观察清单。

三、风险应对规划的工具与技术

可以采用多种不同的应对策略。应依据每项风险的性质与特点挑选可以带来最大效果的策略及其组合，借助风险分析技术与工具选定最恰当的应对方法。要制订详细清楚的行动计划，执行该项策略。为了提高风险应对的效用，可以选定主要策略和备用策略以备不时之需。一般情况下，需要对时间或成本分配应有的应急储备金。最后，还可以设计制定一份应急策略，并分析实施应急策略的条件与情形。

1. 消极风险或威胁的应对策略

一般情况下，会使用以下三种策略应对可能对项目目标有消极影响的风险事项：

（1）规避。规避风险并非完全消除风险（风险是无法完全消除的），而是通过一些事先预防措施降低风险发生的可能性，利用弥补措施减少风险发生后带来的损失。如对一些可能阻碍项目目标实现的事项进行有效干预，优化项目运行的环境，进而提高项目整体的运行效率和效果。

（2）转移。转移风险就是将风险造成的损失的承担设法转移给第三方，也就是通过转移风险将管理责任推到另一方，而不是彻底消除风险。当然，这种转移风险活动并不是零成本，而是需要对风险转移的接受方支付一定费用。转移风险的工具是多种多样的，有保险、担保书等。可以以合同或非合同的方式将风险转移给另一方。

（3）减轻。减轻风险是指在风险引发损失之前，采取积极的风险解决措施，降低风险发生的概率以及减少风险可能会引发的损失，这比对风险进行事后补救要更加有效。比如一项建筑工程可以通过提高建筑标准、引进高质量材料、加强建筑材料的防火防潮性能等来减少不必要的损失。

2. 积极风险或机会的应对策略

一般情况下，会使用以下三种策略应对可能对项目目标有积极影响的风险事项：

（1）开拓。若项目组织希望借助有利机会实现项目目标，便可采用有积极影响的风险应对策略。采用积极策略的目的在于扩大有利机会的影响程度，进而消除与风险有关的不确定性。这种措施可以为项目争取更多的资源，提高项目运行效率以缩短项目周期或者使项目完成质量超过既定水平。

（2）分享。分享策略是指把与风险有关的责任按一定标准分配给极有可能为项目带来益处的第三方。比如，建立风险应对策略定制的合作关系、形成以管理为目标的专业团队等。在分享的过程中借助风险与第三方的有机结合正向强化积极风险事项促进作用。

（3）提高。提高策略的目的是设法提高积极风险的发生概率，寻找这些积极风险因素的诱发器，以此来调整积极风险发生的概率。可通过强化积极风险的成因，正向强化其触发条件，提高积极风险发生的可能性。

3．威胁和机会的应对策略

之所以对风险的威胁或机会采取接受策略是因为基本无法消除项目的所有风险。如果采用这种策略，表明项目管理团队针对某些风险事项已决定不改变项目原先的计划，或表明项目管理团队对于某些风险项目已经无计可施。接受策略分为消极接受和积极接受，前者是指不采取任何措施应对风险，将其留在项目内，待其发生时再行处理；而后者是指发挥主观能动性制定相关措施，如对时间与成本进行测算、处理已识别的潜在阻碍因素等。

4．紧急应对策略

当特定风险事件发生后才需使用紧急应对策略。若项目管理团队认为能够提供充分的预警信号，则会设计确定一项应对策略，目的是当特定的情况发生时才实施紧急应对策略。还需要明确并跟踪分析引发风险发生的因素，对这些因素给予高度重视。

四、风险应对规划的成果

风险应对规划过程得到的结果如下：

1．风险登记册的补充与完善

在之前进行风险应对规划过程中，会对风险登记册进行更进一步的补充与优化，这时的风险登记册已经比较具体，可以依据风险登记册采取行动。

和风险定性分析与定量分析过程得到的结果相比，经过风险应对规划过程的内容更新。风险登记册新增添的内容有：

（1）根据风险登记册中记载的每一风险事项制定的应对策略要得到各个参与方的认可。
（2）针对已选方案的应对策略，制定详细的措施与行动计划。
（3）风险承担者的任务分派。
（4）每项风险应对措施所耗费的资金与时间成本。
（5）实施应对策略可能带来的二次风险事项。
（6）紧急应对策略及其预警信号。
（7）备用方案。
（8）依据风险分析得到的结果和项目组织的风险忍受度制订应急储备计划。

2．项目管理计划的优化

根据确定采用的风险应对措施，通过集成变更控制过程对项目管理计划进行更新。

3．进一步核对与风险相关的合同或协议

对此类合同与协议依照采购管理规定的有关过程展开管理。

第六节　风险监控

一、风险监控的含义

风险监控就是跟踪并分析已识别出的风险，监察剩余风险，识别出新的风险，调整风险管理计划，确保风险计划的实施，评价风险应对措施的效果。这个风险监控过程会存在于项目运行的整个过程，包含风险监视与风险控制双重含义。项目风险监控是以风险的阶段性、渐进性为基础而开展的一种项目管理活动。若风险事件真的发生，就要实施风险管理计划中制定的应对措施；若项目的有关情况发生变化，需重新进行风险识别与分析，制定新的应对措施。一种高质量的风险监控机制，能够预先为决策者提供有效的信息，进行风险防范。项目风险监控的具体内容就是在项目的整体运行中依据风险管理计划以及项目风险发生的可能性和后果，实施项目风险监控活动。

风险监控也许会涉及选择代替措施、应急措施或备用计划，采取修正行动，或调整项目管理计划。风险应对的负责人应当定期向项目经理汇报关于计划实施的有效性、新发现的事项，中途为应对风险所采取的纠正措施。风险监控包含了对组织过程资产以及与项目利益相关的经验教训数据资料库进行补充与完善。

风险监控的依据、工具与技术和成果如图 11-7 所示。

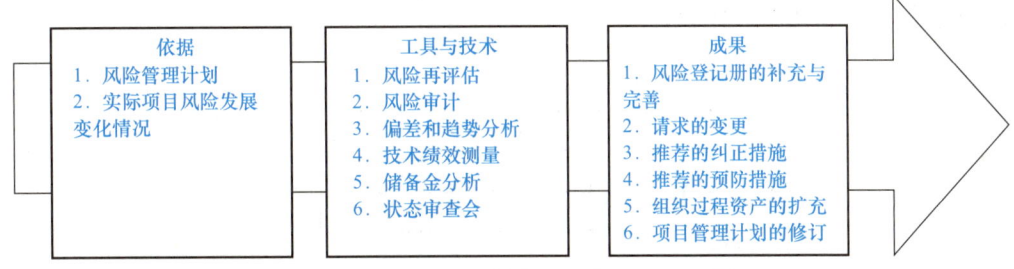

图 11-7　风险监控的依据、工具与技术和成果

二、风险监控的依据

1. 风险管理计划

项目风险监控会根据风险管理计划而有序展开，若识别出了新的风险，需立刻对风险管理计划进行更新与完善，所以风险管理计划是开展项目风险监控工作的基础。

2. 实际项目风险发展变化情况

有些项目风险真的会发生，而有的项目风险不会发生。项目风险的实际发展情况变化也是开展项目风险监控工作的重要依据。这些风险如发生变化会体现在工作绩效信息变动、经批准的变更请求、绩效报告册和风险登记册中。

三、风险监控的工具与技术

1. 风险再评估

在风险监控过程中经常需要对新的风险进行识别与分析以及再次评估风险。项目团队需定期对项目风险进行再评估，以及时获得有关风险的新数据信息。比如，项目的消极风险发生的可能性增大，以及消极风险发生可能给项目带来严重损失，这就需要重新识别消极风险，并采取有效应对措施，把损失降到最低。同时，还需要开展额外的风险应对规划和风险控制活动。

2．风险审计

风险审计关键在于检查、记录并核对风险应对策略。

3．偏差和趋势分析

应借助绩效数据信息对项目展开趋势审查。可利用实现价值分析与项目偏差分析等分析方法实现对项目整体绩效进行监控的目标。通过分析得到的结果可以展现项目竣工时在成本与进度目标方面的偏离程度。

4．技术绩效测量

技术绩效测量是风险管理技术的一种。根据所选定的关键参数识别和衡量进展，目的在于尽早识别恶化趋势，及时采取纠正措施。典型参数包括重量、能量、计算机内存大小和其他类似项。

5．储备金分析

在项目运行的整个过程中，消极或积极的风险可能会对预算和进度紧急储备金有负向或正向的影响。储备金分析就是随意检查在项目的任一时点的剩余储备金和剩余风险量，借此明确储备金是否充足。

6．状态审查会

应定期召开项目状态审查会议。这项会议的时长取决于已识别的风险、风险的重要程度以及解决的难易度。以一定频率对风险展开讨论，能够有效识别和明确风险的特征，提高风险应对措施的有效性。

四、风险监控的步骤与内容

项目风险监控的具体步骤如图 11-8 所示。

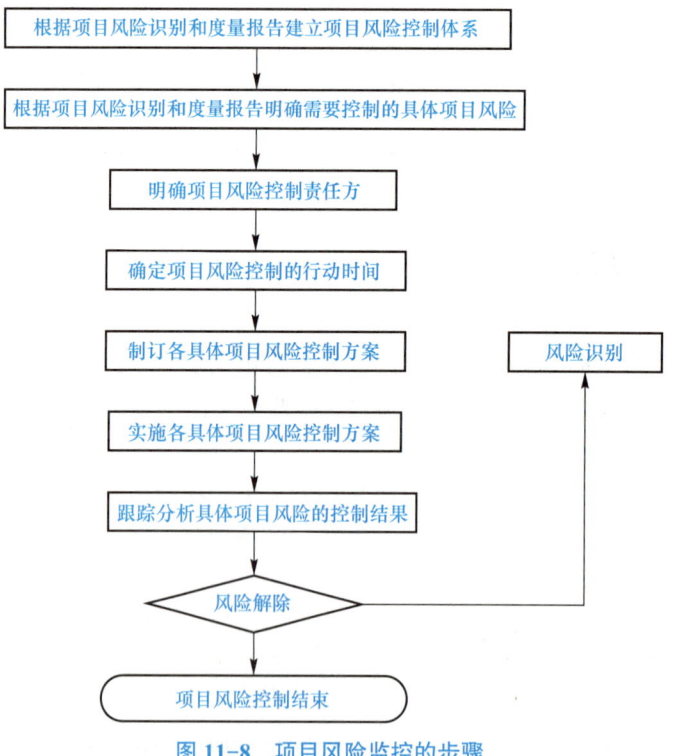

图 11-8　项目风险监控的步骤

1. 建立项目风险控制体系

建立项目风险控制体系是指在实施项目之前要依据项目的风险识别和分析结果列出所有可能的风险信息，为整个项目整体制定风险控制方针政策、项目风险监控具体流程以及项目风险监控的有效管理机制，包含项目风险负责制、项目风险信息上报制、项目风险监控策略决策制、项目风险控制的分享交流制等。

2. 明确需要控制的具体项目风险

依据项目风险识别与分析所得到的具体有关项目风险的数据资料信息来明确需要控制的具体项目风险事项，进而确定何种风险需要进行控制、何种风险需暂时忍耐以及放弃对何种风险的监控。一般情况下，以上的决定要按照项目具体风险引发后果的严重程度和项目风险发生的可能性以及项目风险控制时间、资金的情况而确定。

3. 明确项目风险控制责任方

明确项目风险控制的责任方就是把风险控制的责任分配并落实到具体工作人员。需要实施控制的项目风险的环节皆要清楚细致地落实到具体的负责人员，并明确规定他们应承担的具体责任。并且，与项目风险控制有关的工作都需要特定的人员一对一地直接负责，不可转移到其他无关人员，更不可能任命与项目组织无关人员来承担项目风险控制的责任，如果违反上述规定势必会拖慢项目实施的进度、增加项目实施的成本、降低项目实施的效率和效果。

4. 确定项目风险控制的行动时间

明确项目风险控制活动的时间就是要针对不同的项目风险控制活动的特征设定不同的时间进度计划和安排，确定解决项目风险所需的具体时间长度。若没有具体的时间节点，很多项目风险问题的处理会被拖延，甚至浪费时间和资源。时间控制会提醒项目风险控制人员充分发挥主观能动性，想方设法地解决风险，进而提高应对效率。相反，如果没有这种压迫感，可能会因拖延错过最佳控制时机，给项目带来不必要的损失。

5. 制订各具体项目风险控制方案

需要由实施项目风险控制活动的人员负责项目风险控制具体方案的制订，依据项目风险的特征和时间安排来制订详细的项目风险控制方案。在这一过程中，需要尽力找出能够应对项目风险的所有控制方案，再对所有方案进行可行性分析，预测各个项目风险控制方案的实施效果，最终敲定最优的项目风险控制方案和备用方案。此外，还需要根据风险发展的不同阶段制订特定阶段所用的项目风险控制方案。

6. 实施各具体项目风险控制方案

依据上一步确定的具体的项目风险控制方案进行项目风险控制活动。在开展具体的项目风险控制活动中，需实时关注项目风险的变化与发展，并依据观察得出的结果及时调整项目风险控制方案。而有些项目风险的控制方案无法预先做出，经常是与项目风险的发展同步进行的。比如，在项目的运行过程中，因外部情况发生巨变而引发了某种风险的发生，这是无法预料的，但又必须解决项目风险，这时项目风险控制方案的制订与实施就是同步的。

7. 跟踪分析具体项目风险的控制结果

跟踪分析具体项目风险控制结果就是利用跟踪分析得到的信息进行分类汇总，来判断这项项目风险控制活动是否达到控制效果，以及项目风险是否有新的变化情况等。如此便可形成实施—反馈—再实施的有机循环反馈机制，有效指导项目风险控制活动的实践过程。这个反馈与指导过程几乎是同步展开的。借助跟踪分析得出项目风险控制活动的数据资料，再依据跟踪分析得出的信息去修改完善具体的项目风险控制方案和实施过程，这种循环过程要持续到风险事件得到完整解决的时点。

8．判断项目风险是否已经消除

若根据以上步骤得出某项项目风险已经完全解决，那么就表明这项项目风险的具体控制工作已经完成。如果根据以上步骤得出某项项目风险未完全解决，就表明需要重新开启项目风险识别与分析程序，也就是说，需要重新借助项目风险识别的方法展开对项目风险新一轮的识别与分析，依据新的控制方法在整个过程中进行项目风险控制活动。

五、风险监控的成果

1．风险登记册的补充与完善

（1）再次对风险评估的结果、风险审计与风险定期核查的结果进行比对分析，完善有关细节。补充的内容有可能性、影响程度、后果严重程度以及风险登记册需补充的其他内容。

（2）项目风险实际管控结果的分析与记录，有助于为以后的项目经理开展风险管理活动提供借鉴，更好地进行项目风险规划活动。

2．请求的变更

若出现突发情况需采取紧急应对措施，这时通常会变更项目管理计划，以更好地应对与化解项目风险。而这种变更需要得到批准，批准后的变更请求可有效服务于整个项目风险控制过程。经审核的变更请求可以作为指导项目风险监控过程和项目风险实施过程的依据。

3．推荐的纠正措施

纠正措施是指因项目风险发生变化或突发情况而采取的应急措施，要对原先制订的计划做出调整和修改。

4．推荐的预防措施

采取预防措施可以有效防范一些不必要的风险事项，要对原先的计划做出调整和修改，这也符合项目管理计划的要求。

5．组织过程资产的扩充

在整个项目管理过程中会产生很多的信息，可为以后的项目开展提供借鉴，要对这些新产生的信息进行处理并记录在组织过程资产中。对于风险管理计划模块，如包含项目风险概率和影响矩阵的风险登记册，可在项目完成阶段展开收尾工作。在项目管理活动中获取的经验教训，有助于丰富组织经验教训资料库。

6．项目管理计划的修订

若发生的变更请求对项目风险管理过程产生影响，便需要修改并调整对应部分的项目管理计划，以应对变更事项的存在和影响。

本章小结

本章主要介绍了项目风险管理相关的定义，风险是在项目筹备、运行到结束整个过程中存在的所有可能导致项目无法进行的事项。风险管理则是对项目中的风险进行识别、应对的管理活动。

项目风险管理的过程包括风险管理、风险识别、风险定性分析、定量风险分析、风险应对规划、风险监控等管理活动。

风险管理是通过风险管理计划对项目运行过程中可能遇到的风险的描述，以及对风险管理活动开展过程进行详细描述的指导性文件。风险管理计划越完整、越具体、越准确，则越有利于有效地安排风险管理活动。

风险识别是指对于影响项目的可能因素进行确定，并将这些影响因素进行分类汇总。风险可以通过文件审查、信息搜集技术、核对列表、假设分析和图解技术等方法识别，不断推进风险识别的过程。准确的风险识别能够为后续的风险应对、风险监控活动提供良好的基础。

风险定性分析是评估已识别风险影响及其可能性的过程。风险定性分析的目的是利用已识别风险的发生概率、风险发生对项目目标的相应影响，以及其他因素，例如时间框架和项目费用、进度、范围和质量等制约条件的承受度，对已识别风险的优先级别进行评价。不同项目成员因知识和经验的不同，对同一项目所做的风险评价也可能不同。风险定性分析是对项目风险进行应对的重要前提。

定量风险分析是对每一项风险的发生概率进行预测，分析风险发生给项目目标和项目整体带来多大影响，以及对项目整个的风险数值范围进行分析的过程。在对项目风险定性分析过程完成后就会进入该环节。反复开展定量风险分析得到的结果可以反映出是否需要对风险管理措施进行增加或减少。

风险应对规划是根据已有的风险信息，对可能出现的风险制订解决方案，设计并决定应对策略的过程。可依据风险的重要程度处理风险，制定的风险应对措施务必要符合风险的重要性水平，这样才能有效地进行风险应对、节约资源、提高效率。

风险监控是跟踪并分析已经识别出的风险，监察剩余风险、识别出新的风险，调整风险管理计划，确保风险计划的实施，并对风险应对措施的效果进行评价的过程。风险监控需要对风险管理的所有环节进行跟踪和观察，是对项目风险管理的调优、控制的过程。

思政课堂

全面贯彻习近平新时代中国特色社会主义思想，要坚持好、运用好贯穿其中的立场观点方法。必须坚持人民至上，站稳人民立场、把握人民愿望、尊重人民创造、集中人民智慧；必须坚持自信自立，中国的问题必须从中国基本国情出发，由中国人自己来解答；必须坚持守正创新，敢于说前人没有说过的新话，敢于干前人没有干过的事情，以新的理论指导新的实践；必须坚持问题导向，不断提出真正解决问题的新理念新思路新办法；必须坚持系统观念，不断提高战略思维、历史思维、辩证思维、系统思维、创新思维、法治思维、底线思维能力；必须坚持胸怀天下，拓展世界眼光，深刻洞察人类发展进步潮流，积极回应各国人民普遍关切，为解决人类面临的共同问题作出贡献。我们要在学习贯彻中认真领会这"六个坚持"，做到知其言更知其义、知其然更知其所以然。

第十二章 项目采购管理

CHAPTER 12

学习目标

○ 了解项目采购的类型与原则
○ 熟悉项目采购计划编制的依据和方法
○ 了解项目采购计划的实施过程，掌握供应商选择的方法
○ 了解合同管理的内容，掌握合同管理的方法

第一节 项目采购管理概述

一、项目采购

1. 项目采购的内涵

项目采购就是为了实现项目目标而进行的从项目外部购买所需物资的过程，项目采购与传统采购的主要区别见表12-1。

表12-1 项目采购与传统采购的主要区别

	传统采购	项目采购
供应商、买方关系	可变	稳定
合作管理	可变	长期
合同期限	短期	长期
质量问题	检验、再检验	无须入库检验
与供应商的信息沟通	采购订单	采购订单、网络
信息沟通频率	离散的	连续的
对库存的认识	资产	资金的占用
供应商数量	多，越多越好	少
设计流程	先确定产品、供应后询价	供应商参与产品、工艺设计
交货安排	每月	根据项目进度
仓库	大，自动化	小，灵活

2. 项目采购的类型

按照项目的采购形态、采购方式、采购人和采购复杂性可以将采购管理进行如下分类。

（1）按项目采购形态分类，项目采购分为有形采购和无形采购。

1）有形采购。包括工程采购和货物采购。

①工程采购。工程采购是指通过招标或者其他可以选择的方式选择项目的承包方的过程，简单来说就是选择合格的、符合要求的项目承办方来承担项目的建设工作，与此同时，确定与项目相关的服务等。

②货物采购。指通过招标或其他方式采购项目建设所需投入物的活动。货物指机械、设备、仪器、仪表、办公设备、建筑材料等，包括与之相关的服务，如运输、保险、安装、调试、培训、初期维修等。此外，药品、种子、农药、化肥、教科书、计算机等专项合同采购，尽管采用不同的标准合同格式，但都可以归入货物采购种类中。

2）无形采购，也可以说是服务采购。它是通过招标或者其他可以选择的方式购买服务的过程。

咨询服务采购是项目采购的重要组成部分，包括外聘专业的咨询公司进行采购和聘请单一的项目咨询专家进行采购。

（2）按项目采购方式分类，项目采购分为招标采购和非招标采购。

1）招标采购。包括国际竞争性招标、有限国际招标和国内竞争性招标。

2）非招标采购。包括询价采购、直接采购、自营工程等。

（3）按采购人分类，项目采购分为个人采购、家庭采购、企业采购和政府采购。

1）个人采购。指个人使用资金来采购的行为。

2）家庭采购。指以家庭为单位发生的采购行为。

3）企业采购。指企业发生的采购行为。

4）政府采购。指政府机关使用财政性资金依法制定采购目录，并且按照集中采购目录采购货物、工程和服务的行为。

（4）按采购的复杂性分类。从项目的复杂性的角度来说，并不是所有的项目的复杂性都是一样的。有些项目的规模比较大，有些项目的规模比较小；有些项目的风险比较高，有些需要承担的风险较小，甚至可以说没有风险。有些采购相较来说需要买卖双方花费很长的交易时间，而有些则可以到公开的市场立即购买。

3. 项目采购的范围

项目采购的范围如下：

（1）确定所要采购的货物、工程或服务的规模、类别、规格、性能、数量和合同或标段划分。

（2）市场供求现状的调查分析。

（3）确定招标采购的方式，包括国际竞争性招标、国内竞争性招标以及其他采购方式。

（4）组织招标、评标、合同谈判和签订合同。

（5）合同的实施与监督。

（6）合同执行中对存在问题的处理。

（7）合同支付。

（8）合同纠纷的解决等。

4. 项目采购的原则

项目采购的基本原则与项目的发起人和项目的出资人的利益密切相关，不同的项目有不同的项目投资者，不同投资者有不同的采购倾向。但是，不管投资者的倾向如何，项目采购的根本目的还是为项目提供必要的实物、服务以及其他性质的物资等，而且，采购直接影响到项目的经济效益和项目质量。项目采购从本质上来说是将社会资源重新分配的一种方式，在市场化的经济体制之下，社会资源的再分配必须遵循市场的经济规律，因此项目采购过程必须遵循市场经济的普遍规律。

（1）经济性和效率性原则。项目采购的经济性和效率性原则指的是所采购的工程、实物和服务应该具有优良的品质，以及在项目要求的合理时间内完成采购。项目采购是项目实施或执行过程中的关键阶段和主要内容，所以项目承包商必须特别重视项目采购的经济性和效率性。

12-1　项目采购的原则

（2）均等竞争性原则。项目采购的均等竞争性原则指的是在项目采购的过程中给予合格的项目竞争者均等的竞争机会，这项原则包含两方面的意义：所有的供货商都可以参加项目的预审、投标、报价；所有的供货商的资格预审申请、投标的问价报价都必须受到公平、公正的对待。

（3）透明性原则。项目采购的透明性原则指的是在项目采购的整个过程中高度公开、透明。项目采购的透明性主要强调包括招标、评标、中标在内的整个采购过程中的公开、公正性。强调采购透明性原则有利于提高整个采购活动的客观性，也是对前两个采购原则的有效支持。

（4）质量标准原则。质量标准原则是在项目采购管理过程中必须长期坚持和逐步明确起来的又一个重要的原则，它强调采购的各种实物材料和产品服务符合项目管理要求。一旦委托采购的材料实物不符合项目管理质量标准，则往往会造成整个项目的质量相对低下，达不到客户对整个项目产品质量的要求，进而造成项目成本进度失控甚至整个项目的失败。

5．项目采购的方式

为了保证项目既定目标的实现，项目所需资源的采购方式有以下几种：

（1）公开招标采购，它又被称为无限竞争采购。是指一个项目委托招标承办单位通过对社会媒体发布各种招标信息吸引尽可能多的潜在的合格投标者，广泛公开征集合格投标项目意向书，并对已征集的所有合格投标项目意向书信息进行分析，对所有投标委托单位进行投标资格条件审查批准后，允许所有投标受托单位共同进行项目投标评审的方式。

（2）有限竞争性招标。有限竞争性招标又被称为邀请招标或者选择招标，它是指经过投标单位的批准，以投标邀请书的方式，邀请5个以上的特定供货商投标的采购方式。

（3）竞争性谈判采购。竞争性谈判采购指的是就采购的相关事宜进行谈判的过程，可经批准邀请三家以上的供货商参与谈判。

（4）询价采购。询价采购指的是为了确保价格的竞争性，买方会向多个供货商进行询价比较，以选择最符合预期的供方。

（5）单一来源采购。单一来源采购指的是项目组织直接向一个供货商购买，当不能或者不便进行竞争性招标时或者竞争性招标的优势已经不存在时，可以采取此方法。

一个项目的采购过程，到底采用什么样的采购方式，必须考虑到是否能够有利于维护项目组织利益所需要的资源，并且不影响项目完工。

二、项目采购管理的内涵

项目采购管理指的是为了项目采购计划的顺利完成，对整个过程进行的一系列的计划、组织、指导、控制和协调的工作。

项目采购管理是保证项目高质量完成的关键性活动，一旦项目采购的实物或者服务没有达到项目规定的标准，项目的质量就会降低，从而影响项目的成本和进度，最终导致整个项目的失败。所以说项目管理的总目标就是以最低的成本保证为项目提供满足要求的产品。

三、项目采购管理的作用

项目采购管理不仅可以降低成本，使得每个项目采购的平均成本有所降低，而且可以避免各种合同纠纷的发生，同时规范整个项目的采购程序，保证企业内部管理制度的严谨，按时交货。

1. 降低项目成本

项目实施前期，采购方式是否成熟经济、合理有效，既影响着投资项目成本，又关系着项目本身是否能快速达到预期的最高经济效益。若是采购前计划比较翔实和周密，项目后期采购筹划工作就能做得好。项目采购计划不但可以快速降低投资成本，购买到更加适合该项目的实际货物，而且在以后货物设计制造安装以及提供服务的过程中，可以避免产生或解决各种纠纷。

2. 避免合同纠纷

健全的项目采购管理工作，要求在有充分资料调查及分析掌握市场情况、准确地掌握市场变化和趋势预测信息的前提下制订项目采购计划，从而保证预算既符合产品市场行情，又留有一定调整余地。签订合同后，双方在以后如何确定结算货款或约定服务等方面均应权责分明，为避免日后发生价格调整或某些不可预见性的费用，还应预先在合同中做出相当明确清晰的规定，避免产生合同纠纷。

3. 规范采购程序，严谨内部制度

因为项目采购工作涉及巨额的预算资金，同时会涉及各种复杂关系，如果没有一套比较完善严谨的工作程序机制和有效的内部资源牵制制度，难免会出现贪污、腐败、浪费资产的现象。一个周密有效的项目采购程序应该是一整套有效规范的组织内部制衡制度。例如政府在选择招标承包商时，应该首先尽量考虑选择合理规范的、竞争公平的采购招标的程序标准和严谨规范的支付管理方式，从而保证从行政制度上做到最大程度地避免政府贪污、腐败问题及税收浪费等现象的发生。

4. 如期交货，保证货物质量

一项很好的政府采购工作，理应通过招标进行，并且在采购招标文件中对采购的货物及服务的主要规格、交货方式、履行期限等内容做出具体细致的规定。供货商本身或者其承包商在具体的表述方案中应充分考虑自己的供货能力及承包服务的能力。在正式签订书面招标采购合同协议之后还要明确双方相应的权利与责任，不应该模糊和相互推卸责任。另外，还必须制定履行合约的保证以及违约赔偿办法，这样才能够保证合同的顺利实施，最终如期交货，使得项目按照原定计划顺利实施。

四、项目采购管理的过程

项目采购工作是一项系统性的、复杂的工作，要想这份工作能够有条不紊地顺利进行，必须遵循一定的采购程序。

1. 准备工作

在实施项目采购工作之前，项目组织及其采购代理人必须清楚地知道所需采购产品的有关情况。

根据项目的要求及任务实施的需要，确定项目所需采购的商品或服务的品种、类型、性能规格、质量要求、指标参数和数量等。

（1）了解产品市场情况，熟悉采购产品所属的商品市场环境（包括国际市场和国内市场）变化、

价格趋势和现货供求变动情况，及时全面掌握所需采购产品的相关市场信息，建立起良好动态的市场信息跟踪反应机制。

（2）了解产品或服务方面的有关保险、损失赔偿的法律法规及通行惯例。

（3）如果需要亲自到国际市场采购，还应特别注意了解有关国家的汇率情况、国际贸易费用及支付方法等信息。

（4）如果项目建设自有资金准备不足，需要考虑以政府贷款或者融资租赁的方式采购出口大型设备，那么还需要充分了解相关国家的利率政策、出口信贷政策以及融资租赁的基本条件，等等。

2. 采购计划的详细制订

采购计划制订指的是明确能够从项目外部采购哪些产品和服务以便能够完全满足项目成功实施所需要的资源。在制订采购计划过程中需要特别明确项目实施需要投入哪类产品、什么时候采购、如何采购、具体采购多少等，且能根据上述问题做出具体明确的回答，编制出全面可行的项目采购计划。

3. 项目采购计划的实施

项目采购计划执行过程主要应包括询价计划制订、询价和最后选择三个重要方面。询价计划的制订，必须根据项目采购计划或者编制的其他有关采购文件，确定对供方评价的标准。询价时也应该尽最大的可能去争取供方的最低报价、投标或者建议书。选定供方时，根据前期询价时获得供方报价及其他各种相关信息，按照询价计划制订过程确定的评价标准，从所有符合的供货商中选择至少一个或者多个进行有关采购合同的初步洽谈，最终签订采购合同。

4. 合同管理

包括与上一过程选定的供应商进行项目采购合同谈判，合同签订后履行项目采购合同中的约定，以及对履约活动进行管理。

项目采购管理的几个过程不是割裂的，与项目其他工作存在相互依存的关系，同时也存在着不同程度的重叠交叉。采购管理的好坏直接影响到项目其他各方面管理的成功与否。在项目采购管理过程中，要力求将其内容与项目的其他管理方面紧密地结合起来，只有这样，才能保证项目的采购工作顺利实施，同时保证项目其他部分的工作也能顺利进行。

第二节 项目采购计划编制

一、项目采购计划编制概述

1. 项目采购计划编制的过程

制订项目采购计划是项目采购管理的首要任务，为了了解从外部采购什么产品或者服务能够最好地满足项目需求，需要编制项目采购计划，项目采购计划编制的依据、工具与技术和成果如图 12-1 所示。

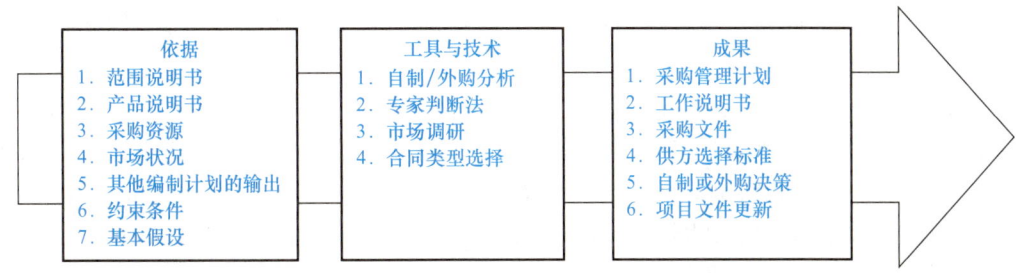

图 12-1 项目采购计划编制的依据、工具与技术和成果

2. 项目采购计划的内容

制订项目采购计划就是确定需要从项目组织外部购买哪些物质和服务以满足整个项目的需要。要采购什么、采购时间、如何采购、采购数量，这些都是采购计划中需要明确的问题。

（1）采购什么。这一问题首先需要解决的就是项目采购对象。适用性、通用性、可获得性、经济性是项目采购计划管理对所采购产品的四个要求。项目组织首先应该形成说明采购需求的书面文件，书面文件中应该包含所采购产品的详细规格、质量和采购时间，这些文件是日后与供货方进行交易时的依据。

（2）采购时间。采购时间是项目组织需要安排计划的。采购过早或者过晚都会导致库存出现问题，进而导致项目整体工期变化。产品入库之前的订货、合同商谈及签订都是需要时间的，故在确定采购时间时，必须要在产品投入日，向前推至合理的时间，以便为订购和作业留出适当的时间。

项目采购计划的管理必须根据项目整体进度与资源需求和生产及运输产品的时间确定产品的采购订货时间。并且，交货时间也必须合适，以便满足项目进度，必须说明的是，交货只能有少许提前的情况，绝不允许有推迟的情况出现。以上是项目采购管理必须遵循的。

（3）如何采购。这主要指的就是采购方式、大致方针和具体的条件等。比如交货方式与地点、供给方式、运输方式等。采购方式指的是采购的办法、使用何种采购形式。

（4）采购数量。不管是什么项目，进行采购的数量一定要在合理的范围内，如此一来就必须要进行计划管理。产品的采购数量根据实际情况确定，项目不同，采购数量不同。有些需要大量资源且消耗快的项目，可以使用经济订货批量模型计算采购数量，反之，智力密集型的软件研发项目，所需产品成本低，不需要经济订货批量模型确定采购数量。另外，项目存货的资金、时间价值、批量采购的折扣等也是确定采购数量时需要考虑的问题。

3. 项目采购编制前期准备

项目采购不一定必须遵循制定的采购程序，最重要的是项目组织及采购负责人在采购前必须对所要采购的物资的各项要求了解得清楚明白。除了货物情况，负责人还必须熟知国内外市场的情况，这些都是必须在采购准备和采购过程中细致妥善做好的事情。一旦出现错误，就会出现采购工作拖延，采购预算超支，采购的货物或服务不合适、不满意，当出现这些情况时就会对项目造成损失，影响整个项目的顺利完工。

（1）项目设计准备。做好项目设计是采购的先决条件，一个项目的技术水平决定其所要采购的内容。主要应考虑以下三个方面：

1）先进的技术设备应和其他产品、服务匹配。即使先进产品有很多好处，但是如果它不能与其他产品和服务相匹配，那么先进技术和设备也很难充分发挥作用。

2）项目的技术和劳动力密集程度。项目的技术必须与劳动力密集程度达到平衡。

3）技术保持在恰当水平，应该同时满足最低成本和最佳效果。采购项目技术水平过高或者过低都会影响供货商的竞争意愿。技术水平高，竞争性小；技术水平低，竞争性大。

（2）掌握市场情况。通俗来说就是熟知与项目有关的资源的市场信息，这是采购准备必需的条件之一。这些市场信息包括：

1）对货物采购来说，对所在市场进行广泛而深入的调研分析，熟知采购内容、货物的来源、加工、规格参数，掌握国内外行情是一项很重要的工作，并且在此基础上做出可实施的采购目录。

2）在工程项目的采购和咨询方面，市场调整的重点应该是国际和国内的建筑业和咨询业的供求关系，了解有关领域的承包商和顾问公司的业绩、技术实力、声誉，材料市场和建筑市场的价格波动，国内外咨询专家的薪酬水平。

3）就项目的采购和顾问而言，由于缺乏可靠的市场信息，在采购过程中常常会出现决策失误，从而采取不适当的采购方式，或者在预算编制上出现差错。一个好的营销信息系统应当包含三个要素：

①建立重要的商品来源记录，以便在必要时提供有关不同供应商提供的产品的性能和可靠性的有关资料。

②为同类商品制定价格目录，使采购者能够从竞争的价格中获益。

③通过对市场状况的分析和预测，做出市场预测，让采购者在制订采购计划、决定将来如何安排采购活动以及将来采取何种市场采购组织方式时，有更可靠的基础。

这一具体任务要求项目组织、客服、采购代理机构通力合作、共同承担。采购代理机构应该格外重视市场调查资料和市场信息。必要时还可由企业聘用咨询专家来负责帮助其制订企业采购计划，提供有关需求信息，直到全面参与采购工作的决策全生命周期过程。

二、项目采购计划编制的依据

1. 范围说明书

范围说明书中说明了项目目前的界限以及与项目范围相关的要求、制约因素和假设条件。包括产品范围描述、服务描述和成果描述、可交付成果清单和验收标准、有关技术问题的重要信息或可能影响成本估算的事项以及各种制约因素等。制约因素是指限制买卖双方选择的各种因素。最重要的制约因素是资金是否到位，其他制约因素包括：要求的交付日期、现有的技术资源和相关的组织政策等。

项目范围说明书提供了在采购过程中应予以考虑的项目需求与策略方面的重要信息，同时也为项目及其产品、服务和成果规定一系列可交付成果和验收标准，并考虑应纳入采购文件中的使用元素，以及在合同中提供给卖方的所有元素。

2. 产品说明书

它包含了采购计划中必须关心的有关产品的技术和其他较为重要的信息。产品说明书与工作说明书有所不同，前者内容更加广泛，其说明的是整个项目的最终产品；而后者是卖方提供的最终产品的某一部分。但是，如果项目组织选择采购整套产品，这两者的差别就不存在了。

3. 采购资源

如果项目执行中的组织单位还没有组成正式的项目采购部门，那么该项目团队就必须自己寻求资源或请专家支持其项目资源采购活动。一个项目所需的资源往往是各种各样的，这些资源的来源也是各种各样的。一个项目的最主要来源应包括下述四个方面：项目业主/客户、外部的劳务市场、分包企业和项目咨询专家以及其他物料设备供应商。

4. 市场状况

在编制采购计划时，必须指定专人或成立一个工作小组进行采购调查，掌握相应的信息，分析市场什么时候提供产品、由哪个供应商提供以及使用的合同条件等。

（1）对所需采购的产品用途的调查。对市场提供产品的调查内容主要包括：对采购产品的综合分析，包括市场价格、期限、年使用管理费用、交通运输方式等信息；对采购产品生产运作过程的综合分析；对采购产品具体用途的综合分析，包括主要功能及次要功能，有或无替代用品等分析；对采购产品供求的综合分析；对采购产品成本与价格的综合分析。

（2）对供应方的调查。供应方即是项目所需服务、产品的提供者，为交易的另一方。对供应方情况掌握得越多，就会占据越有利的交易谈判地位。采购方人员首先尽可能多地去了解现有的及潜在的供应方的经营状况和市场地位，同时，适当缩小选择供应方的范围，这样才可使采购方主管集中精力研究及分析关键供应方。

5. 其他编制计划的输出

项目管理由项目启动、计划、执行、控制和收尾五大过程构成，而采购计划也仅仅是辅助的一部分，与其他计划之间存在着相互作用。因此，在确定采购计划时也必须适当兼顾其他项目管理计划。这些项目管理计划一般对于项目的采购计划具有重要约束或指导作用。项目的工作分解结构、组织分解结构和已识别出的风险对于正确做出项目采购计划不可或缺。

6. 约束条件

它是用来限制项目组织合理选择项目所需的资源的各种因素。对于我国许多项目来说，最为普遍的约束之一是项目资金的可获得性。在制订项目采购计划时，一定要重点考虑企业自身项目资金的限制，可能需要牺牲采购资源的质量水平，而去积极寻找价格更低，但在各方面又能同时符合整体项目需求条件的资源。

7. 基本假设

由于项目实施期间伴随着大量的、变化不定的各种环境因素，项目实施组织在采购衔接过程中，面对复杂的国内社会经济环境可能做出一些客观合理的推断，这种基本条件假设对制订项目采购计划也是极其关键的。

三、项目采购计划编制的工具与技术

1. 自制/外购分析

项目由两部分组成：一部分是"自制"；另一部分是"外购"。决定自制还是外购是编制项目采购计划重要的内容。

自制/外购分析是一种属于工作范围定义的一般性的管理技术。在进行分析时，必须将直接成本与外部采购成本、企业长远发展目标以及项目目前的需求等因素结合起来。具体来说，主要由五个方面组成：经营战略分析、成本分析、资源配置分析、需求分析以及其他要素分析。自制/外购的理由分析见表12-2。

表12-2 自制/外购的理由分析

自制的理由	外购的理由
• 自制成本更低 • 增加、维持企业的规模 • 无合适的供应方 • 供应更有保障，供需更加协调 • 质量要求极高或很独特，供应方无法达到要求 • 利用或避免过剩资源的闲置 • 避免对单一供应商的依赖 • 保守技术秘密 • 竞争、政治、社会或环境等因素迫使项目自制	• 外购成本更低 • 缺乏管理或技术经验 • 与供应方已经建立了良好的合作关系，供应方有能力提供合格产品或服务 • 生产能力不足 • 选择供应源与替代品比较灵活 • 产品受到专利或商业秘密的保护

利用转折点分析法进行自制或外购选择决策分析，是一种普遍采用的管理方法，可以用来确定某种具体产品是否可以由实施组织自己生产出来，而且节省成本。

2. 专家判断法

专家判断法是指首先由那些目前已经具备特定专业知识背景的或受过一定相关行业专项知识技术应用训练的个人或专家提出其判断。

（1）专家会议法。首先组织邀请有关方面的权威专家，通过参加会议的方式，对有关采购产品市场的最新信息进行研究分析及预测，然后在专家充分判断预测的基础上，综合分析专家意见，得出其相应判断结论。

（2）德尔菲法。是在专家个人综合分析与判断研究和召开专家会议的基础上，通过进一步探索发展而形成。依靠一众调查专家"背靠背"实事求是地发表自己的意见，并重复几轮，对分散的意见逐步适当地进行收敛，尽可能取得一致的结论。德尔菲法的工作流程如图 12-2 所示。

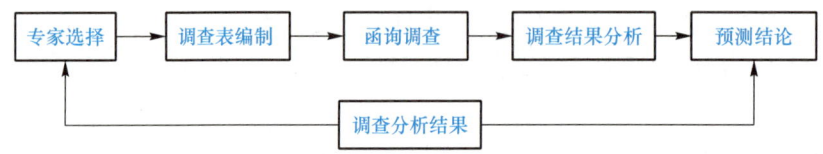

图 12-2　德尔菲法的工作流程

（3）头脑风暴法。头脑风暴法是一种定型化思维的训练方法。具体的做法是邀请一定数量的专家，由较为熟悉研究对象、善于进行启发与思考的人主持会议，对所预测研究对象未来的发展变化趋势做出充分的判断。通过与专家面对面的思想信息碰撞交流，引起双方思维的共振，产生思维组合的效应，激发创造性思维，在一个较短的酝酿时间周期内能取得想法一致的成果。

（4）层次分析法。是针对各种非定量决策问题特别使用的一种决策评价分析方法。层次分析法是通过建立和使用两两比较判断矩阵，分层而有效地将包括决策者自身众多个人因素在内的所有决策的因素加以综合考虑进行决策的过程。

3. 市场调研

通过实地参观考察以了解相关行业情况并进一步评估供应商能力。采购团队同时还可以进一步考虑从研讨会、在线评论、市场数据库以及其他渠道得到的信息，充分地了解整个行业的市场情况。

4. 合同类型选择

买卖双方如何分担合同的风险取决于合同的类型。所以通常选择的合同类型就决定了承担风险的程度。合同类型的选择需要考虑很多因素，其中四个关键因素如下：项目的生命周期、采购风险的识别、技术挑战性以及项目管理者对所需采购产品的界定能力，如图 12-3 所示。

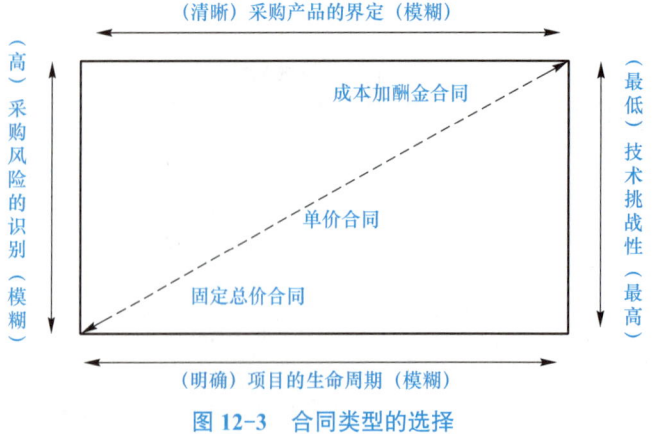

图 12-3　合同类型的选择

在项目采购过程中，除了需要考虑以上四个关键因素以外，还应该具体分析竞价范围、成本价格、项目紧急程度、合作合同（即是否允许其他卖方介入）、转包范围的限定等因素。

第三节 项目采购计划实施

一、询价计划编制

询价计划编制包括支持询价工作所需的文档准备工作。询价计划编制的依据、工具与技术和成果如图12-4所示。

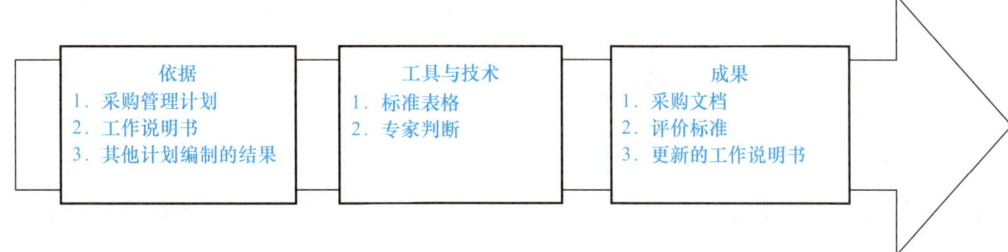

图12-4 询价计划编制的依据、工具与技术和成果

1. 询价计划编制的依据

（1）采购管理计划。

（2）工作说明书。

（3）其他计划编制的结果。需要审查其他的计划编制结果，确保询价计划编制与项目进度计划的一致性。

2. 询价计划编制的工具与技术

（1）标准表格。标准表格包括标准合同、采购项目的标准说明书，以及所需标书文档全部或部分的标准化版本。进行大量采购的组织应将这类文档进行标准化。

（2）专家判断。

3. 询价计划编制的成果

（1）采购文档。采购文档用于向可能的卖主索要建议书。当主要依据价格做供方选择时（如购买一般性商业产品或标准产品），通常采用术语"投标"和"报价"；非价格考虑事项，例如技术、技能或方法最为重要时，通常采用术语"建议书"。不过，这些术语也经常相互交换使用。应注意不要对使用某一术语所可能带来的暗示意义做无保证的推测。

经常使用的采购文档常用名称为投标邀请、邀请提交建议书、邀请报价、谈判邀请和承包商初步答复。

采购文档一般包含项目的工作说明书、期望回复的说明书和项目所需要的所有合同条款。对采购文档的整体框架进行设计的最终目的是方便供应商做出准确、全面的回复。采购文档必须同时满足严格性和灵活性，前者用来确保回复的一致性和可比性，后者用来更好地考虑符合要求的提议。

（2）评价标准。这是采购文档的必要部分，它的作用是对所有建议书进行打分排序。

如果可以从其他方面的信息中迅速获得采购项目，那么评价的标准就不仅仅限于价格了；反之，则需要做出支持其他方面信息评估的文档。

（3）更新的工作说明书。在询价计划编制过程中，可能确定对一项或多项工作说明的修改。工作说明书编制的过程中，有些说明事项可能需要修改，这就形成了更新的工作说明书。

二、询价

询价是从预期的卖主那里获取有关项目需求如何被满足的意见反馈（建议书或标书）。本过程绝大部分工作可能由买主承担，此时，项目一般没有成本发生。

1. 询价的依据

询价的依据有采购文档和符合要求的卖方清单。有些项目承包方有包含卖方信息的清单，但是若没有就不得不去挖掘这些信息。比较普通的信息可以通过信息提供机构或者某些数据库获得，更为特殊的信息就需要去卖方现场进行调研获得。

2. 询价的工具与技术

（1）投标者会议。投标者会议（也是标前会议）指的是为了保证让可能的卖方达成对采购的一致认识，在开始做建议书之前，与可能的供应商召开的一次会议。

（2）广告。为了吸引更多的供应商，一般可以在大型出版物或者杂志上发布广告。绝大部分政府会要求对政府合同的分包必须公开刊登广告。

3. 询价的成果

建议书（或投标书）是卖方准备的说明，是提供所要求物品的能力和意愿的文档。它是按照有关采购文档的要求准备的。

三、供方选择

供应商的选择包含了接受建议书（或投标书）和确定选择供应商的评估准则。在供应商选择的决策中，除成本和价格外，还应该考虑到不同的采购方式。

1. 供方选择的依据

（1）建议书（或投标书）。投标书是卖方编制的一份文件，它表明了卖方有能力和愿意提供所需要的产品，一般包括技术（方法）和商业（价格），这两个方面可以单独进行评估。根据相关采购文件的规定，设计方案可以通过口头方式确定。

（2）评估准则。为评估供应商的能力和产品的品质，评估标准可能包含供应商以往制造的产品或服务样本，或者是供应商的业绩记录。

（3）组织政策。参与采购的机构一般都会制定一项正式的政策，以影响计划评估。

2. 供方选择的工具和技术

（1）合同谈判。指在合同签订前，就协议本身和要求做出澄清，达成一致意见。

在一个复杂的采购项目中，合同的谈判可以是一个单独的输入（例如一个问题或一个未确定的列表）和输出（如谅解备忘录）。

（2）权重制度。权重制度是用来量化质量的资料，以最大限度地降低人为偏差对供应商的选择。该权重体系包含：

1）对每一项评估指标进行加权。

2）用每一项评估准则为卖主评分。

3）得分与加权相乘。

将所得的乘积进行综合，得到综合得分。

（3）筛选系统。指对一个或者许多个评价标准所设定的最低要求。

（4）独立估算。对于采购项目来说，项目组织为了检查报价的价格编制自己的估算。

3. 供方选择的成果

合同规定了卖方提供特定产品的义务、买方付款的义务，合同是约束买卖双方的协议，是受法律约束的。协议、分包合同、采购订单都是合同的别称。

合同协议可简可繁，通常(但不总是)反映产品的简单性或复杂性。多数组织单位有成文的政策和程序指定能够签订这种协议的组织代表，一般称为采购当局的授权。

第四节 项目合同管理

一、项目合同概述

合同管理是项目在实施的过程中极其关键的工作，它代表了项目采购的实施阶段。合同相关各方，包括建设业主、承包商负责人和专业咨询的工程师，都十分重视项目合同内容的实际管理等工作。合同质量管理好坏直接关系到该项目最终实施进度是否正常，各方投资者的正当利益关系是否能够切实得到妥善保护。

1. 合同

合同，又称契约。合同是当事人之间设立、变更、终止民事法律关系的协议。当事人可以是双方，也可以是多方。民事关系指民事法律关系，由权利主体、权力客体和内容三部分组成。合同具有以下法律特点：

（1）合同是双方的法律行为。合同文本中的各种合法协议订立属于当事人的共同合意，是合同涉及人员所表示出基本内容一致且合法有效的意见，是正式合同民事关系法律行为。若不是合意，则合同不具备法律效力。

（2）在合同订立时双方当事人具有绝对平等地位。任何社会单位机构不得随意非法干预，这是双方当事人有权自由表达其意志的法理前提，也是各种合同当事人权利、义务之间相互独立对等联系的基础。

（3）合同是一种独立合法正当的法律行为。合同是基于国家立法规定的又一种社会法律制度。合同订立必须完全遵循本国法律、行政法规有关的原则规定，并最终为该国的法律所承认、支持并给予司法保护，这是使合同最终具有法律效力的必要前提。

（4）合同关系是法律关系的一种。和其他的道德约束不同，合同按照法律的规定制定，具有法律上的约束力。所以如若不按照合同去做，将会承担法律责任。

2. 项目合同

项目合同指项目发包方与该项目承包方间为尽快完成合同指定范围的投资项目，明确各方各项权利事项和各项义务责任而依法达成一致的正式协议。

项目合同也是合同的一个类别，其特点如下：

（1）涉及利益相关者较多。合同中的标的（物）具有多样性，所以项目合同一般涉及各方面的买卖方，同样，项目合同的签订也一定会牵扯各种各样的当事人和关系人。

（2）条款数众多。由于许多项目往往复杂程度相当高，并且牵扯的利益相关方很多，所以，合同所包含的条款也非常多，包括项目实施有关的条款以及违反合同的相关条款。因此，在鉴定项目合同时，一定要充分综合、全面系统地认真考虑上述多种利害关系和社会多方面复杂的矛盾因素，仔细推敲斟酌每一条款，如果稍有不慎，可能会导致合同正常履行的失败。

（3）合同标的（物）的多样性。所谓标的（物）的多样性，就是指项目规定的任何内容都可以成为项目合同的标的（物）。

（4）签订形式正规。由于标的（物）涉及金额较为庞大，各个方面的关系错综复杂，所以签订时必须采取书面的形式，并且过程要严格遵守各方面的要求。就目前来说，不同的项目合同都潜移默化形成了自己规范的合同文件。

3．项目合同的类型

（1）根据合同标的物分类，项目合同可以分为勘察设计合同、工程监理合同、土建安装合同、材料设备供应合同、加工订货合同、工程咨询合同等。

（2）根据合同规定的工程范围和承包关系分类，可以将合同分成总包合同和分包合同。

1）总包合同是指由业主和总承包商就项目承包内容订立的一种合同。

2）分包合同是指由总承包人将项目的一部分或单项工程转包给另一名分包商，以完成该合同。

（3）根据合同计价方式分类，分为总价合同、成本补偿合同和工料合同。

1）总价合同。为采购产品定一个总价的合同就是总价合同，它包括以下几种类型：

固定总价合同（FFP）。FFP是最常用的合同类型。大多数买方都喜欢这种合同，因为采购的价格在一开始就确定，并且不允许改变（除非工作范围发生变更）。卖方有义务完成工作，并且承担因不良绩效导致的任何成本增加。在FFP合同下，买方应该准备定义拟采购的产品和服务，对采购规范的任何变更都会增加买方的成本。

总价加激励费用合同（FPIF）。这种总价合同形式为买方和卖方提供了一定的灵活性，即允许存在一定合理比例区间的买卖双方绩效标准之间存在偏离，同时在买方实现合同既定预期业绩目标时给予适当的财务性报酬奖励。

总价加经济价格调整合同（FP-EPA）。如果项目履行合约的时间非常长，那么这种合同就可以被使用，它帮助买卖双方保持多种的长期关系。它非常特殊，当其他条件发生变化时，它可能发生变化，但是必须规定哪些财务指标可以用来调控价格，并且事先规定好调整价格的方式。

2）成本补偿合同。除了卖方完成工作所花费的成本外，成本补偿合同还会额外多付一笔钱作为卖方的利润，这可作为卖方提前或按时完成工作的奖励。最常见的三种成本补偿合同为成本加固定费用合同（CPFF）、成本加激励费用合同（CPIF）和成本加奖励费用合同（CPAF）。

如果买方的工作范围在合同签订时已无法被准确定义，还需要买方在合同签订以后及时调整，或者，如果卖方项目工作本身存在一定程度的成本风险，就可以直接采用项目成本补偿合同，这使该项目本身具有了较大的灵活性，以便日后重新设计安排调整卖方项目的工作。

成本加固定费用合同（CPFF）。为卖方报销履行合同工作所发生的一切可列支成本，并向卖方支付一笔固定费用。该费用以项目初始成本估算的某一百分比计算。费用只能针对已完成的工作来支付，并且不因卖方的绩效而变化。除非项目范围发生变更，否则费用金额维持不变。

成本加激励费用合同（CPIF）。除了支付卖方实施合同的所有支出外，当卖方完成规定绩效时，还多付给卖方先前已经确定好的激励费用。在此合同中，若预算超出，则按照买卖双方事先商量好的比例分摊。

成本加奖励费用合同（CPAF）。买方向卖方支付费用的前提是卖方按照合同规定满足一定绩效，并且激励费用是根据买方对卖方绩效的主观印象确定是否给予奖励费用。

3）工料合同（T&M）。工料合同是既具有成本补偿合同的特点，也具有总价合同的某些特点的混合型合同。

二、合同管理方法

想要做好企业合同履行管理等工作，必须做到先在准确熟悉各项合同条款含义及原则的基础上，采用清晰明确的各方责任主体划分方法和全面严密高效的各种合同行政管理方法，事先预防处理一切有可能因此产生的纠纷。我们从以下三个基本方面讨论合同管理方面的研究方法：

1. 明确责任划分

这里说的三方责任主体划分一般是指施工项目业主代表（以下简称业主）、承包人代表和项目监理高级工程师三方当事人之间的合同责任划分，这将是工程合同责任中的一项重要且有效的关系划分机制。

土建施工（工程）合同的主要当事人是业主和承包人，是合同的主要两方。监理工程师不属于合同的任何一方，但他在项目执行中具有重要作用，FIDIC合同中具体规定了监理工程师的职责。以下分别对业主、承包人、监理工程师在项目执行过程中各自的责任和义务作一概括说明。

（1）业主的责任与义务。自发出中标通知书之日起，业主除了要选择和任命监理工程师并将其任命和授权书面通知承包人，作为合同一方还有以下的责任与义务：

1）准备合同。在中标成功后，若有需要，需要与承包商签订合同。

2）同意或者不同意承包人的转让要求；在这个问题上，也可把部分批准权授权给监理工程师。

3）负责依法审查项目承包人是否违规提供了虚假信息的书面担保合同履约函和书面银行保函等申请文书及其电子复印件，一并出具传真给相关银行并审查对方是否依法审核为合格，并负责及时按规定予以相应银行书面批准并受理异议或予以书面决定拒绝办理。

4）支付动员费预付部分，前提是有预付款保函；支付材料和设备到场的预付部分，前提是监理工程师认证过；最后，在规定期限向承包商付款，前提是有中期和最终支付证书。

5）负责工程用地指标的统一征用报批和拆迁移民土地安置征用及拆迁补偿费等征地行政手续，并保证按照建设项目工程进度计划，向土地承包人免费提供建设项目施工辅助用地，同时按规定给予项目承包人用地权。

6）如果合同有规定条款，业主也能接受已完成部分的工程，并且交接后，可以组织竣工验收。如果有承包人应承担的延期赔偿，若符合合同条款，可直接在支付款中扣除规定赔付金额。

7）合同变更。工程变更的金额超过整体金额的10%或者超过合同条款的规定时，就需要业主办理。

8）承包人违约的情况下，处理中止、终止或撤销合同等事务。

9）超过监理权限情况下，按照合同要求，批准项目适当延期。

10）对于按合同要求监理工程师应在发出指示、指令或做出有关金额和时间补偿的决定之前，要和业主协商一致的事情，业主应及时做出反应，不宜拖延。

此外，业主应负责编制并向上级和贷款单位报送规定的各种财务、统计报表或报告。业主还应负责组成工程验收委员会或小组，进行已完工程的初步验收和最终验收，以及缺陷责任期终了时的检验，颁发有关证书。

（2）承包人的责任与义务。负责确保在建设工程合同文件内容规定期限之相应时间段内，按照工程建设合同格式说明和工程合同技术规范要求，为承揽工程之其中任意一个合同标的工程及项目工程进行科学文明规范施工及作业，切实确保如期完成以上各项合同工程并达到质量标准。

现对该合同承包人义务内容进行更为系统的、综合性更强的、详细全面的论述，大致归纳并介绍如下：

1）在合同规定的时限内，承包人应尽可能迅速地提交合同要求的各种担保和保险单据，并开始施工。

2）科学选择各种施工组织方法并充分保证其措施的稳妥性、可靠性和工程安全性。

3）在工程完成后，承包商必须按照监理工程师的指示，在工程完成后对其进行维护和管理，直至工程正式交给业主。

4）总承包人的单位都要按合同规定及时对其主要负责职员以及本人财产和有关技术劳务人员财产负责，并应当积极设法为其各主要组成人员财产安全办理一些有必要的安全保险。

5）工程在开挖现场遇到无法提前预见的任何自然障碍或恶劣自然条件，例如，不良的矿山地质、水文状况影响等，承包人应预先通知矿山监理的工程师，由采矿监理的工程师发出相应指示。

6）业主违约。承包人有权主张依法暂停所有该工程施工、减缓该项目工程进度或直接要求或终止执行该分包合同，并依权提请法院要求给予承包人相应的延期通知处理期限以及对罚款和（或）额外增加的合理费用等的法律补偿。

7）对于较大型项目或特别复杂项目的隐蔽工程，几个联合投标人之间可以自愿组成施工联合体，中标确认后即当选为中标联合体承包商。

8）对于有多个承包人根据各自的合同，同期在一个现场或同一条路线上进行作业的工程项目，每个承包人必须给予其他承包人合理的协作和方便，以及提供工作的机会。

2. 坚持现场业主会议制度

在建筑合同施工管理工作中，现场业主会议制（又称工地会议）是促进业主方和施工监理及工程师单位做好建设工程项目全过程管理监督的另外一种直接有效监督措施。按照每次不同时间的具体任务安排和活动目的，现场协作会议大致可归纳为以下三种形式：

（1）第一次现场会议。承包人入驻工地后第一次会议，主要是制定例会程序、检查开工准备、陈述工程计划。这次会议由监理工程师主持，与会人员中有主要承包人一方的股东代表、项目经理、监理高级工程师负责人及技术人员代表、业主代表。

（2）例行现场会议。这是监理工程建设项目开工后需定期临时召开的施工现场管理会议，其工作任务之一是及时解决项目施工现场反映的各类有关建设项目工程进度、工程质量、工程费用支付及项目延期、索赔情况等问题。例行的现场工作会议频率一般规定为每月至少一两次，但遇紧急事项时可随时提前召开。例行工作现场会议通常要有另外一个临时常备工作议程，以便事先做好准备工作，避免遗漏事项。

第一次的现场正式会议和二次例行的现场正式会议，都必须事先准备正式有效会议议程、详细无误的现场会议记录，会议记录资料一经工程监理专业工程师签名和实际承包人签章认可，就会成为正式书面有效文件，对现场双方人员均有约束力。

（3）每日现场协调。指在特定的时间地点，对前段时间进行工作总结和对下一阶段的工作进行安排。每日的现场协调工作是指开展协调联络工作，它可以及时发现问题并做出改进和纠正，讨论的内容视工程进展各阶段的具体情况而定。

3. 严密的管理手段

合同管理工作既要有明确的责任分工，又要有一系列严密的、行之有效的管理手段，包括严格的审批程序、良好的通信和函电往来系统，以及健全的文档与记录管理制度。

（1）审批程序。按照 FIDIC 合同条款规范进行合同备案管理，必须认真按照民法典各个基本条款范本中条款所特别规定的文件报批审核程序权限和报送审查部门批复意见的审核时限认真办事，绝对不允许有其他任何严重损害履行该合同严肃性的情形，故意和无理拖延。在审批程序和时限上，具体要按合同条款所述，严格执行。

（2）通信和函电往来系统。业主方已经研究决定把项目合同在实施过程管理工作中规定的各种通信作业任务完全统一委托交付给项目工程专业监理工程师，所以委托专业监理工程师作业所用大型专业电子通信设施仪器装备和各类现代化智能交通装备等配套设备是否已经完备齐全、及时准确、快捷，是今后工程建设十分重要的科学考察评估的新方向。

（3）制定文档格式与归档记录相关管理与制度。在监理整个承包项目管理工作中，文档设计与工程记录文档的统一管理，对于实施施工合同管理工作起着特别重要的作用。项目业主、质量监理工程师本人和总承包商都必须重视设计并做好有关文档记录内容的规范化管理工作。

三、项目合同的签订与履行

1. 项目合同的谈判与签订

项目合同的谈判与签订是项目合同管理中的重要环节。没有合同谈判与签订的成功进行，就没有合同的顺利履行。

（1）项目合同条款的谈判。合同文本谈判工作指的是工程业主与总承包商各方经过一系列认真或仔细周密的会谈、商讨、讨价还价，将有关双方过去在工程建设招投标工作实践中相互达成一致的某些协议内容具体化或只做某些简单增补充实与少量删改，对上述所有重要合同条款重新进行严格法律性认证，最终依法订立出一份对当事双方主体都具有一定法律约束力的完整合同文件协议的整个过程。

1）合同的谈判准备。在进行最后合同的正式谈判前的准备阶段及开始执行工作步骤之前，一定要注意事先扎实深入和全面细致地做好一切前期思想准备、组织及领导人员准备、资料信息收集与准备工作等，做到知己知彼，为合同正式的谈判目标的最终成功实现奠定更为坚实的理论基础。

①谈判双方的根本目的。这当然是我们必须明确处理的首要问题。谈判进行前，双方首先是要尽可能确定自己谈判的总目标，从而有针对性地提前进行各种准备，并及时采取相应的具体谈判方式和各种谈判应对策略。

②谈判的原则和态度。围绕着谈判目标的实现，要确立自己在谈判中的基本历程和原则，从而确定谈判中哪些问题是必须坚持的，哪些问题可以做出合理的让步以及让步的程度等。同时，还应具体分析在谈判中可能遇到的各种复杂情况及其对谈判目标实现的影响，谈判有无失败的可能，遇到实质性问题争执不下时如何解决等。

③谈判对手的谈判意图。合同的谈判是双方斗智斗勇式的较量活动，企业只有在充分准确了解其对手方的实际意图，并对此事先有较为充分正确的思想准备之后，才能真正在谈判实践中始终掌握主动权。这里所说的意图，包含对方谈判的诚意和动机两个方面。

2）合同的谈判过程。项目合同的谈判一般分为如下三个阶段：

①初步洽谈阶段。在这个过程中，双方主要是为了达到一个合理的预期的效果，在此过程中讨论双方最有兴趣的条款，就一些条款向对方说清楚。有些问题可以当场说清楚，有些不可以，所以为了澄清这些问题，双方必须保持适当的联系，也为下一阶段的谈判做准备。

②实质性谈判阶段。这一阶段主要是买卖双方都在对另一方有充分了解的基础之上，对合同的关键性条款进行谈判。关键性条款主要有：标的，质量和数量，价款或酬金，履行的期限、方式和地点，验收方法，违约责任等。

标的。合同权利义务的对象就是标的。它要求买卖双方必须认真对待。假如一个项目合同的标的非常复杂,那么就必须详细清楚地叙述明白,绝不允许出现漏掉条款以及术语概念混淆的情况。

质量和数量。项目与采购项目合同管理中要求的质量规范与数量规范就是指合同应特别严格注明合同标的物要求的数量、质量。由于产品数量安全和商品质量直接涉及当事人双方各自的合同权利与履约义务,所以必须慎重处理,这一问题在涉外购销合同中尤为突出。另外,还要充分注意如何对产品质量标准制定达成共识。

价款或酬金。这项活动是谈判中重要的讨论部分。第一,需要先确定总金额,用哪种货币支付。第二,需要考虑汇率问题,选择汇率稳定的货币。第三,需要考虑汇率浮动,注意购入外汇的时间。第四,需要把握价格,可采用市场、比价、询价等形式。

履行的期限、方式和地点。履行的方式和地点直接关系到以后可能发生的纠纷管辖地;履行的方式和运杂费、保险费由何方承担,关系到标的物的风险何时从一方转向另一方。

验收方法。包括验收时间、验收标准及验收的人员或机构。

违约责任。双方针对可能影响项目完成的情况制定违约的相关条款,规定法律责任及如何赔偿。

③签约阶段。项目的合同必须清晰明了、具体完整,不能使用模棱两可、容易产生歧义的词语。控制限定性条款,明确规定合同生效的条件、有效期以及合同延期条件。在合同签订前,组织专业人士反复推敲,确定一致意见后再签订。

(2)项目合同的签订。项目合同的签订通常包括要约邀请、要约、还约和承诺四个阶段,其中基本的、必不可少的、主要的是要约和承诺两个阶段。

1)要约邀请,主要指项目当事人一方向另一方就有关项目合同订立的某些条款提出询问,即该项目合同订立的其他有关实质性交易等条件事项的口头询问。要约邀请在一个通常意义的商业项目合同正式签订活动中,并非必不可少的环节。要约邀请本身只是一种项目当事人意欲要求同另一方或者当事人双方进行合同交易的口头表示,因而也并没有产生实质上的行政约束力。要约邀请具有试探的性质,用来了解对方的交易条件和交易诚意,以判断是否有与对方继续谈判协商的必要。

2)要约。指一方向另一方提出条件,并且达成协议的一种意思表示。参与双方为要约人和受要约人,要约具有法律效力,不可随意撤回,下面是构成要约的三个条件:

①要约必须是特定的当事人(承约商或客户的一方)所做的意思表示,并且指向特定的当事人。

②要约必须是订立项目合同的建议,即项目的当事人与另一方当事人有订立合同的诚意。

③要约的内容要"十分确定"。要约成立的条件有两个:一是必须具有一个合同可以成立的条件;二是要约的内容要清晰明了,不能存在模糊不清的现象。要约是否已经具备使合同最终成立有效的全部条件,主要取决于该要约中的那些实质性内容、主要条件是否"十分确定",即有关合同的标的、数量、价格、成本约束、付款方式、项目执行时间等主要条款规定是否明了、清晰。

3)还约。还约是指受要约人不同意或不完全同意要约人提出的条件,为了进一步协商,对要约的条件提出修改意见。

还约虽然对原有的要约进行了拒绝,但是它形成了新的要约,这样一来,原要约失去作用。所以还约也是一项具有约束力的新要约。

在通常发生的项目和交易合同谈判阶段，一方当事人在谈判要约文件中提出的全部条件与要约另一方当事人认为能够充分接受要约的其他条件可能不太完全吻合的特殊情况是经常会发生的。但是，仅仅从行政法律含义上讲，还约环节并非构成交易前磋商协议的第一个基本的环节，也就是说，交易条件的最后达成一般都不应该经过还约环节。

4）承诺。如果一方收到另一方的要约后，对对方表示赞同，同意其列出的条款，愿意按照其条款签订合同，就会做出承诺。承诺是同意的体现。它既是一种商业上的行为，也具有法律意义。想要承诺有效，必须具备以下条件：

①承诺必须由受要约人做出。

②必须在有效期内接受。

③承诺或接受必须是无条件同意要约的全部内容。

由于有些项目合同协议的特殊性质，即可能涉及的关系较为复杂、金额巨大、标的价值极大等，在对项目合同协议的谈判磋商实践中，无论是提出要约邀请，还是承诺接受或拒绝接受，都必须采取书面形式。

2. 项目合同的履行

合同买卖双方在约定的合适的时间、地点，用合适的方式全方位完成自己需要做的工作，这就是合同的履行。

（1）履行形式。合同履行形式有以下两种：

1）实际履行。切实按照合同规定的合同标的交付条件来履行。它实际上已经渐渐成为当代我国履行合同法规体系的主要基本原则。

2）适当履行，也即当事人必须保证质量和数量，按照法律和合同的要求完成。如若质量有问题，一方有权利拒绝。所以在签订合同时，一定要确保对标的物的质量、数量等做出详细的规定。

（2）履行期限和地点。合同履行的期限，是指义务人向权利人履行义务的时间。双方当事人应当在合同中明确规定日期，不能明确规定的，也必须注明某年某季或某年上半年、下半年。

1）通知义务。指项目合同的双方当事人负有将合同的有关事项通知给对方当事人的义务。通知义务按照时间可划分为订立合同时的通知义务与履行合同中的通知义务。

2）协助义务。指在合同实施的过程中，买卖双方必须给予对方必要的、力所能及的协助，这是双方的一项义务。这项义务的内容非常广泛，但是大部分的协助都是任意的，只有必要的、不可或缺的协助才能被称作协助义务。所以，在确定是否存在此义务时，应谨慎。

3）合同保密的义务。指合同双方当事人各自负有随时为利益对方保守其秘密资料的义务，在现今的信息社会，尤其是在国际商业合作中更是如此。商业秘密合同及其中有关国家秘密事项对于保密合同当事人各方来说同样至关重要，如果第三者因为过错未能如实为对方当事人保守秘密，而导致其他人知道对方的秘密，给对方造成实际利益损害的，应当对此承担责任。

需要特别强调的是，保密义务不仅在合同履行过程中有，在合同的订立过程中以及合同履行完毕后的一定时期内也会存在。

3. 项目合同的变更、解除和终止

在合同实施过程中，可能会因为一些意外情况，无法按计划履行合同，从而致使合同变更、解除甚至终止。

（1）项目合同变更的特征。项目合同的变更通常是指由于一定的法律事实而改变合同的内容和标的的法律行为。它的特征有：项目合同的双方当事人必须协商一致；改变合同的内容和标的；合同变更的法律后果是产生新的债权和债务关系。

（2）项目合同解除的特征。项目合同的解除，是指消灭既存的合同效力的法律行为，其主要特征有如下三点：项目合同的双方当事人必须协商一致；合同当事人应恢复原来的义务；项目合同解除的法律后果是消灭原合同的效力。

（3）合同变更或者解除的条件。根据我国现行的法律以及法律实践来看，符合以下条件就能变更和解除合同：在不损害国家利益的前提下，双方自愿协商同意；由于不可抗力使得合同的义务不能完成；其中一方在合同期限内没有完成分内的义务，并且在允许推迟的时间内仍未完成；项目双方的任意一方违反合同条款，严重影响初始订立合同的目标或者让项目的履行成为不必要；解除合同的条件已经出现。

项目合同的变更与终止都要经过一系列的手续。按照我国现行相关法律和司法实践，其诉讼程序大致如下：

一方对项目合同要求变更或者解除，应以书面方式通知对方。

另一方在收到关于变更或者解除项目合同的通知后，应对此及时做出书面意见答复，如果同意，该项目合同的变更或者解除将产生法律效果。

事实上，上述两个步骤与签订合同的程序大体上是一样的，一方提出要约，一方做出承诺或接受，两者的不同之处在于，项目合同的变更和终止都是基于原有的合同。

除由于不可抗力事件等致使订立项目合同规定的当事人全部义务不能履行或者另一方当事人单方违反该项目合同，以致产生损害或者影响订立该项目合同期望能够实现的目的的情况之外，在协议达成之前，原项目合同仍然有效。任何一方不得以变更和解除为借口而逃避责任和义务，否则仍要承担法律上的后果。

（4）终止项目合同。在合同中，双方在履行各自的全部责任或者达成协议目的后，合同将被终止。《民法典》规定合同的终止理由有：

1）由于履行，合同结束。
2）由于管理关系，合同结束。
3）由于不可抗力因素，合同终止。
4）双方混同为一方，合同终止。
5）经双方协商一致后，合同终止。
6）仲裁机关或法庭对合同的终止做出裁决。

4．项目合同的索赔

索赔是指在项目和采购合同协议的正常履行实施环节中，合同一方因另一方逾期不履行协议或没有按时恰当有效履行本合同当事人所预先设定好的责任义务而遭受损失时，向缔约对方提出所能提出相应的民事赔偿救济要求或民事补偿给付要求，是一种经济上的行为。

索赔具有以下基本特征：

（1）索赔是双向的。承包人和发包人均可向对方索赔，但发包人很少向承包人索赔。在工程中经常发生、比较难处理的问题是承包人向发包人的索赔，它也因此成为工程师合同管理的重点。承包人索赔的范围非常广泛，因承包人自身原因而造成工期延长、成本增加，都有可能向发包方索赔。

（2）实际发生了损失才能索赔，包括经济损失和权利损害。经济损失是因对方行为造成合同外的额外支出，常见的有管理费用、原材料费用、劳动费用；权利损害是虽然对方没有造成其经济上的损失，但是造成了权利上的损害，如恶劣天气导致停工，承包人有权要求延长工期。有时上述两者同时存在，有时两者独立存在，但只要有一者实际发生，就可以索赔。

（3）索赔是一种未经对方确认的单方行为。因为索赔是单方行为，所以其对另一方并未形成约束力，索赔的内容能否实现，必须经过确认（如双方协商、调解或仲裁）。大部分索赔都可以通过协商谈判和调解等方式获得解决，只有在双方坚持己见而无法达成一致时，才会提交仲裁或诉诸法院求得解决，即使诉诸法律程序，也应当被看成遵法守约的正当行为。

四、项目合同收尾

合同收尾是项目采购管理最后一项需要完成的工作，工作内容包括合同文档、正式验收和收尾。

1. 合同收尾的概念

首先要对产品进行核实，判断是否所有的工作都正确、令人满意地完成了；其次需要更新记录以反映最终结果，并将其归档以备后用。在合同收尾过程中还常常要重新进行采购审计，以及时明确应从采购执行过程中吸取到的教训。合同收尾处理的一些具体程序也可以完全由该合同条款等进行规定。

合同收尾的两种情况：一种是项目已经按照原合同要求完成，合同收尾意思就是已经结清各项账目并了结了合同；另一种是因为没有按合同期限全部履行到位而被迫提前终止。

2. 项目合同收尾的实施

合同收尾负责对从整个项目合同采购计划一直到合同收尾管理全过程中的所有相关合同文件等进行审计，生成一套包括完整合同索引等的电子合同文档并作为整个合同项目记录中的最后一部分。同时，按照双方在书面合同协议书中规定的可交付成果收尾和管理收尾的各项要求，向各单位提供电子合同文件和完成验收的相关正式书面通知。合同收尾的依据、工具与技术和成果如图12-5所示。

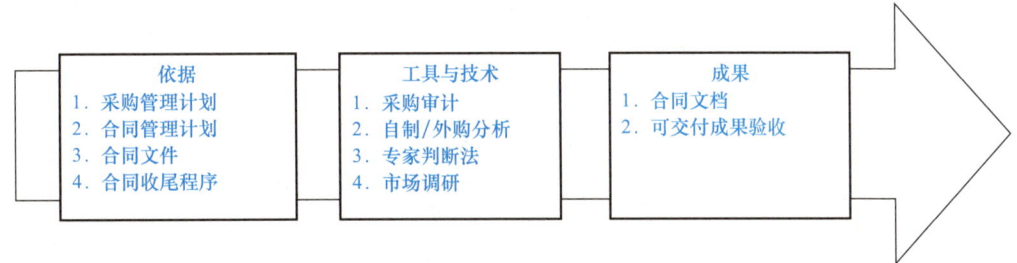

图 12-5　合同收尾的依据、工具与技术和成果

（1）合同收尾的依据。合同收尾的依据包括采购管理计划、合同管理计划、合同文件、合同收尾程序四个方面。

（2）合同收尾的工具与技术。合同收尾的工具与技术包括采购审计、自制/外购分析、专家判断法和市场调研。其中，采购审计指的是复审相关的过程，以确定这些过程是否符合正确的需要，并且是否按照标准得到了正确的实施。采购审计就是对从采购计划编制到合同管理的整个采购过程的系统审查。采购审计的目的是总结出在采购过程中获得的经验教训，包括成功和失败的经验，以便本项目其他采购过程或实施组织内其他采购项目时借鉴。

（3）合同收尾的成果。一是合同文档。要形成一套完整清晰的并编订有索引格式的项目合同文件资料（包括已收尾的合同），并要求将其结果纳入整个项目最终档案记录之中。二是可交付成果验收。买方可以通过委托其正式授权公司的项目合同管理员直接发出可交付合同成果未被正式验收合格或被拒绝接收的书面通知。三是撰写经验教训记录。进行项目经验教训分析总结并提出技术改进建议，为公司将来制定更好的产品采购规划方案和产品实施生产过程提供借鉴。

本章小结

项目采购管理是为了实现项目目标管理从外部采购所需物资的活动。根据项目的需求可对项目采购活动进行分类。项目采购具有经济性和效率性、均等竞争性、透明性、质量标准性等特点。项目采购管理不仅可以使每个项目采购的平均成本有所降低，还可以避免各种合同纠纷的发生。同时通过规范整个项目的采购程序，使得企业内部管理制度更为严谨，有效保证了按时交货以及按时交货后的生产质量。

项目采购计划编制是对项目所需采购资源制订计划的活动。项目采购计划明确各种关键信息，才能够保障、满足项目的需求。项目采购计划的编制可以通过自制/外购分析、专家判断法、市场调研、合同类型选择等方式，保证采购计划制订的有效性。

项目采购计划的实施是对项目采购活动执行的过程，主要包括询价计划编制、供方选择等主要活动。询价过程可基于多种依据和方法保证价格的合理性。在供应商选择中，除了价格和成本外，还需要考虑不同的采购方式。

项目合同管理是项目实施过程中极其关键的工作。合同质量的好坏直接关系到该项目最终实施进度是否合理。依据不同的合同类型，需要采用合理的合同管理方法。合同签订后，双方必须遵照合同约定内容严格执行。

参考文献

[1] 樊海云. 信息化规划与实践 [M]. 北京：清华大学出版社，2008.
[2] 苏强，耿强. 电信企业信息系统建设理论与实践 [M]. 北京：电子工业出版社，2009.
[3] 孔晓. 项目管理与招标采购 [M]. 北京：中国计划出版社，2009.
[4] 胡士菱. 信息系统监理工程师实用手册 [M]. 北京：中国铁道出版社，2009.
[5] 左美云. 信息系统项目管理 [M]. 北京：电子工业出版社，2009.
[6] 美国项目管理学会（PMI）. 项目管理知识体系指南（PMBOK2000）[Z]. 北京现代卓越管理技术交流中心，2001.
[7] 中国项目管理研究委员会. 中国项目管理知识体系与国际项目管理专业资质认证标准 [M]. 北京：机械工业出版社，2001.
[8] [美] 杰克·吉多（Jack Gido），[美] 詹姆斯·P.克莱门斯（James P. Clements）. 成功的项目管理 [M]. 张金成，等，译. 北京：机械工业出版社，1999.
[9] 戚安邦. 现代项目管理 [M]. 北京：对外经济贸易大学出版社，2001.
[10] [美] H.詹姆斯·哈林顿（H. James Harrington），等. 项目变革管理 [M]. 唐宁玉，等，译. 北京：机械工业出版社，2001.
[11] 冯之楹，何永春，廖仁兴. 项目采购管理 [M]. 北京：清华大学出版社，2000.
[12] [美] 理查德·默奇. IT项目经理实践入门 [M]. 简学，译. 北京：电子工业出版社，2002.
[13] [美] 凯西·施瓦尔贝. IT项目管理 [M]. 王金玉，等，译. 北京：机械工业出版社，2002.
[14] 左美云，邝孔武. 信息系统的开发与管理教程 [M]. 北京：清华大学出版社，2001.
[15] 左美云，周彬. 实用项目管理与图解 [M]. 北京：清华大学出版社，2002.
[16] [印] Pankaj Jalote. 软件项目管理实践 [M]. 施平安，译. 北京：清华大学出版社，2003.
[17] 毕星. 项目管理 [M]. 上海：复旦大学出版社，2000.
[18] 卢有杰. 现代项目管理学 [M]. 北京：首都经济贸易大学出版社，2004.
[19] 万华琳，田志强. 试论项目施工过程成本管理 [J]. 人民长江，2004（6）：57-58.
[20] 赵涛. 项目成本管理 [M]. 北京：中国纺织出版社，2004.
[21] 杨永英. 施工企业项目管理 [M]. 北京：中华工商联合出版社，1999.
[22] 刘牛生. 施工项目管理中的成本控制 [J]. 施工企业管理，2006（9）：60.
[23] 万寿义. 现代企业成本管理研究 [M]. 大连：东北财经大学出版社，2004.
[24] 刘月. 工程项目成本管理中存在的问题及对策 [J]. 科技信息，2007（17）：23-25.
[25] 龚春林. 关于工程项目成本控制若干问题的探讨 [J]. 经济师，2007（4）：289.
[26] 姚兵. 施工项目管理概论 [M]. 北京：中国建筑工业出版社，1995.
[27] 殷焕武. 项目管理导论 [M]. 北京：机械工业出版社，2005.

[28] Normann R, Ramirez R. From value chain to value constellation: Designing interactivestrategy [J]. Harvard Business Review, 1993, 71 (4): 65-77.

[29] Charles B Stabell, Ystein D Fjeldstad. Configuring value for competitive advantage: Onchains, shops, and networks [J]. Strategic Management Journal, 1998, 19 (5): 413-437.

[30] Pohlen T L, Lambert D M. Supply chain metrics [J]. International Journal of Logistics Management, 2001, 12 (1): 1-19.